헌법사례 연습

김현철

■ **약력**

서울대학교 (법학사)
연세대학교 (법학석사, 법학박사)
법원행정고등고시 합격 (제7기)
법원사무관 (춘천지방법원, 헌법재판소)
법원서기관 (헌법재판소)
헌법연구관보 (헌법재판소)
헌법연구관 (헌법재판소)
부장연구관 (헌법재판소)
미국 Santa Clara Law School 및
UNLV Law School Visiting Scholar
전남대학교 법학전문대학원 교수 (현)

■ **저서**

기록형 로스쿨 공법실무 (초판 2015년, 제3판 2018년)
판례 헌법소송법 (초판 2011년, 제5판 2019년)
미국헌법상 평등보호와 한국헌법재판소의 위헌심사기준 (2012년)
형벌규정에 대한 위헌결정의 시적 효력에 관한 연구 (공저, 2013년)
헌법불합치결정의 기속력과 개선입법의 구제범위에 대한 연구 (공저, 2017년)
헌법소송의 특수성과 다른 소송법령 준용의 범위 및 한계에 대한 검토 (공저, 2019년)

■ E-mail: hckim77@jnu.ac.kr

헌법사례 연습

인 쇄 2020년 12월 10일
발 행 2020년 12월 15일

저 자 김현철
발행인 정병석
발행처 전남대학교출판문화원

등 록 1981년 5월 21일 제53호
주 소 61186 광주광역시 북구 용봉로 77
전 화 062-530-0571~2
마케팅 062-530-0573
팩 스 062-530-0579
홈페이지 http://www.cnup.co.kr

가 격 20,000원

ISBN 978-89-6849-750-6 (93360)

이 도서의 국립중앙도서관 출판예정도서목록(CIP)은 서지정보유통지원시스템 홈페이지(http://seoji.nl.go.kr)와 국가자료종합목록 구축시스템(http://kolis-net.nl.go.kr)에서 이용하실 수 있습니다.
(CIP제어번호: CIP2020051585)

헌법사례 연습

김 현 철

전남대학교출판문화원

머리말

변호사시험의 과목은 공법, 형사법, 민사법, 그리고 선택과목으로 이루어져 있고, 시험유형은 선택형과 논술형으로 구성되어 있다. 논술형은 사례형과 기록형을 말하는데, 양자 모두 문제해결능력을 평가하는 시험이다.

선택형이든 논술형이든, 사례형이든 기록형이든 먼저 기본이론 내지는 법리를 충분히 익힌 후에 주어진 사례에 이를 적용하여 문제를 해결해야 한다. 보통 사례형 문제의 해결은 "IRAC"의 순서를 거치게 된다. 즉, Issue(서론, 쟁점의 정리) → Rule(기본이론, 법리) → Application(적용, 포섭) → Conclusion(결론, 사례의 해결)이 그것이다. 이와 같은 점을 고려하여, 이 책은 헌법 및 헌법소송법의 기본이론을 바탕으로 학생(수험생)들의 문제해결능력을 향상시키는 것을 목표로 하고 있다.

이 책은 3개의 장으로 구성되어 있다. 제1장은 각 헌법소송의 적법요건을 다루었고, 제2장은 헌법재판소가 헌법재판에 적용하고 있는 위헌심사기준을 다루었으며, 제3장은 사례형 문제와 그 해설을 채점기준과 함께 제시하였다. 그러므로 학생(수험생)들은 먼저 제1장과 제2장을 공부한 후에 제3장의 사례문제를 풀어보면 좋을 것이다. 사례문제는 각 100점 만점으로 하여 변호사시험 답안지로 1장(4면)을 작성하는 분량이다. 다만, 해설과 채점기준에 기술되어 있는 것은 학생(수험생)들의 이해를 돕기 위하여 설명을 자세히 한 것이므로 학생(수험생)들은 이를 답안지 1장의 분량으로 요약하여 작성해야 할 것이다.

제3장의 사례문제는 헌법조문상 기본권의 순서나 이 책 제2장에 서술된 위헌심사기준의 순서대로 되어 있지 않으므로, 학생(수험생)들은 이 책 뒷부분에 있는 '찾아보기'를 참조하면 좋을 것이다. 이 책이 법학전문대학원 수업현장의 학생들에게, 또는 변호사시험을 준비하는 수험생들에게 실질적인 도움이 되기를 바란다. 이 책이 출간될 수 있도록 도와주신 전남대학교 당국과 출판문화원 직원 선생님들께 감사드린다.

2020년 12월
저자 김현철

참고문헌

■ 단행본

계희열, 헌법학(中), 박영사, 2007.

권영성, 헌법학원론, 법문사, 2010.

김철수, 헌법학(하), 박영사, 2008.

김하열, 헌법강의, 박영사, 2018.

_____, 헌법소송법, 박영사, 2018.

김현철, 판례헌법소송법, 전남대학교출판문화원, 2019.

남복현, 헌법재판소 결정의 소송법적 효력, 한국학술정보(주), 2013.

성낙인, 헌법학, 법문사, 2020.

신 평, 헌법재판법, 법문사, 2011.

양 건, 헌법강의, 법문사, 2020.

이성환외, 정당해산심판제도에 관한 연구 (헌법재판연구 제15권), 헌법재판소, 2004.

이준일, 헌법학강의, 홍문사, 2019.

이철환, 행정법 일반이론, 전남대학교출판부, 2016.

전광석, 한국헌법론, 집현재, 2019.

정연주, 헌법소송론, 법영사, 2019.

정재황, 新헌법입문, 박영사, 2015.

정종섭, 헌법학원론, 박영사, 2014.

_____, 헌법소송법, 박영사, 2019.

한수웅, 헌법학, 법문사, 2020.

허 영, 한국헌법론, 박영사, 2019.

_____, 헌법소송법론, 박영사, 2014.

홍성방, 헌법학(하), 박영사, 2010.

■ 논문 등

김문현, “대통령의 국민투표부의권”, 고시계, 2006년 2월호.

김수연, “기본권주체로서의 외국인”, 유럽헌법연구 제7호, 유럽헌법학회, 2010.6.

김태호, “생명윤리 및 안전에 관한 법률 제13조 제1항 등 위헌확인”, 헌법재판소결정해설집(2010), 헌법재판소, 2011.

김하열, “탄핵심판에 관한 연구”, 박사학위논문, 고려대학교 대학원, 2005.12.

방승주, “헌법재판소의 헌법합치적 해석의 효력”, 법학논집 특별호, 고려대학교 법학연구소, 1997.

_____, “국가배상법 제2조 제1항 단서에 대한 한정위헌결정의 기속력”, 인권과정의 제304호, 대한변호사협회, 2001.12.

송기춘, “우리 헌법상 대통령 탄핵제도에 관한 소고”, 공법연구 제32집 제5호, 한국공법학회, 2004.6.

여운국, “한나라당 대통령후보 이명박의 주가조작 등 범죄혐의의 진상규명을 위한 특별검사의 임명 등에 관한 법률 위헌확인”, 헌법재판소결정해설집(2008년), 헌법재판소, 2009.

이명웅, “위임입법의 위헌심사기준 및 위헌결정사례 분석”, 저스티스 통권 제96호, 한국법학원, 2007.

이성환, “헌법재판소 결정의 효력에 관한 연구”, 박사학위논문, 서울대학교 대학원, 1994.

_____, “한정위헌결정의 기속력”, 세계헌법연구 제2호, 세계헌법학회 한국학회, 1997.

이승우, “대통령 노무현에 대한 탄핵심판결정의 평석”, 헌법판례연구[6], 박영사, 2004.

장명봉, “헌법재판소의 위헌정당해산심판”, 헌법재판의 이론과 실제 (금랑김철수교수 화갑기념논문집), 박영사, 1993.

정강찬, “보건범죄단속에 관한 특별조치법 제6조 위헌제청”, 헌법재판소결정해설집(2007년), 헌법재판소, 2008.

정문식, “헌법 제72조”, 헌법주석서 Ⅲ, 법제처, 2010.

정종섭, “탄핵심판에 있어 헌법재판소의 탄핵여부결정권”, 헌법실무연구 제6권, 박영사, 2005.12.

천재현, “전투경찰대설치법 제5조 등 위헌소원”, 헌법재판소결정해설집(2016년), 헌법재판소, 2017.

최희수, “위헌정당해산제도에 관한 연구”, 정당과 헌법질서 (심천계희열박사 화갑기념논문집), 박영사, 1995.

_____, “법률의 위헌결정의 효력에 관한 연구”, 박사학위논문, 고려대학교대학원, 2001.

허완중, “헌법재판소 결정의 기속력”, 헌법판례연구 제13권, 집현재, 2012.

홍석한, “위임입법의 헌법적 한계에 관한 고찰”, 공법학연구 제11권 제1호, 한국비교공법학회, 2010.

목 차

제1장

적법요건

헌법재판 중 규범통제형 헌법소원심판,[1] 권리구제형 헌법소원심판,[2] 권한쟁의심판,[3] 정당해산심판,[4] 탄핵심판[5]의 적법요건을 살펴본다. 법원의 제청에 의한 위헌법률심판[6]은 그 법적 성격이 '구체적 규범통제'로서 적법요건으로는 대상적격과 재판의 전제성이 주로 문제되는데, 이는 규범통제형 헌법소원의 경우와 동일하다. 따라서 위헌법률심판의 적법요건은 따로 기술하지 아니하고 규범통제형 헌법소원 부분에서 필요한 부분을 언급하기로 한다.

제1절 규범통제형 헌법소원심판

헌법재판소법(이하 "헌재법이라 한다) 제68조 제2항에 따른 헌법소원의 적법요건으로는 ① 대상적격(법률), ② 청구인적격(법원에 위헌제청신청을 하였다가 기각 또는 각하 결정을 받은 자가 청구할 것), ③ 재판의 전제성, ④ 청구기간, ⑤ 변호사강제주의, ⑥ 일사부재리 등이 요구된다.

1. 대상적격

위헌법률심판 및 규범통제형 헌법소원심판의 대상은 "법률"인바(헌재법 제41조 제1항, 제68조 제2항), 여기에서 말하는 법률은 형식적 의미의 법률 및 그와 동일한 효력을 가진 명령이다. 그 밖에 조약, 유신헌법하의 긴급조치[7][8]나 관습법[9][10]도 법률의 효력을 가

1) 헌법재판소 실무에서 사용하는 사건부호는 "헌바"이다.
2) 헌법재판소 실무에서 사용하는 사건부호는 "헌마"이다.
3) 헌법재판소 실무에서 사용하는 사건부호는 "헌라"이다.
4) 헌법재판소 실무에서 사용하는 사건부호는 "헌다"이다.
5) 헌법재판소 실무에서 사용하는 사건부호는 "헌나"이다.
6) 헌법재판소 실무에서 사용하는 사건부호는 "헌가"이다.
7) 헌재 2013.3.21. 2010헌바70등 : "긴급조치는 유신헌법 제53조에 근거한 것으로서 그에 정해진 요건과 한계를 준수해야 한다는 점에서 이를 헌법과 동일한 효력을 갖는 것으로 보기는 어렵다. (…) 유신헌법이 규정하고 있던 적법절차의 원칙(제10조 제1항), 영장주의(제10조 제3항), 죄형법정주의(제11조 제1항), 기본권제한에 관한 법률유보원칙(제32조 제2항) 등을 배제하거나 제한하고, 표현의 자유 등 국민의 기본권을 직접적으로 제한하는 내용이 포함된 이 사건 긴급조치들의 효력을 법률보다 하위에 있는 것이라고 보기도 어렵다. 결국 이 사건 긴급조치들은 최소한 법률과 동일한 효력을 가지는 것으로 보아야 하고, 따라서 그 위헌여부

지는 것이므로 위 규범통제 심판의 대상이 된다.

2. 위헌제청신청 기각 또는 각하 결정을 받은 자가 청구할 것

헌재법 제68조 제2항은 "법률의 위헌여부심판의 제청신청이 '기각'된 때에는" 그 신청을 한 당사자가 헌법재판소에 헌법소원심판을 청구할 수 있다고 규정하고 있다. 그러나 헌법재판소 판례에 의하면, 당사자가 위헌법률심판 제청신청의 대상으로 삼지 않았고 또한 법원이 기각 또는 각하결정의 대상으로도 삼지 않았음이 명백한 법률조항이라 하더라도 예외적으로 ① 위헌제청신청을 기각 또는 각하한 법원이 위 조항을 실질적으로 판단하였거나, ② 위 조항이 명시적으로 위헌제청신청을 한 조항과 필연적 연관관계를 맺고 있어서 법원이 위 조항을 묵시적으로나마 위헌제청신청으로 판단을 하였을 경우[11]에는 헌재법 제68조 제2항

심사권한도 헌법재판소에 전속한다." [법률효력설]

8) 대법원은 반대의 입장이다. 즉, 대법원은 2010.12.16. 선고한 2010도5986 (대통령긴급조치위반 등의 범죄사실로 유죄가 확정된 판결에 대한 재심절차의 상고심) 판결에서 대통령긴급조치위반의 점에 대해 무죄를 선고하면서, "(유신헌법 제53조 제1항 및 제2항에 따른) 긴급조치는 국회의 승인이나 동의 등 입법권 행사라는 실질을 전혀 가지지 못한 것으로 헌법재판소의 위헌심판 대상이 되는 '법률'에 해당한다고 볼 수 없어 긴급조치의 위헌여부에 대한 심사권은 최종적으로 대법원에 속한다."고 판시하였다. [국회관여설]

9) 헌재 2013.2.28. 2009헌바129 : "법률과 동일한 효력을 갖는 조약 등을 위헌법률심판의 대상으로 삼는 것은 헌법을 최고규범으로 하는 법질서의 통일성과 법적안정성을 확보할 수 있을 뿐만 아니라, 합헌적인 법률에 의한 재판을 가능하게 하여 궁극적으로는 국민의 기본권 보장에 기여할 수 있다. 그런데 이 사건 관습법(호주가 사망한 경우 딸에게 분재청구권을 인정하지 아니한 구 관습법)은 민법 시행 이전에 상속을 규율하는 법률이 없는 상황에서 재산상속에 관하여 적용된 규범으로서 비록 형식적 의미의 법률은 아니지만 실질적으로는 법률과 같은 효력을 갖는 것이므로 위헌법률심판의 대상이 된다." [법률효력설]

10) 대법원은 반대의 입장이다. 즉 대법원은 2003.7.24. 선고한 2001다48781 판결에서, "관습법이란 사회의 거듭된 관행으로 생성한 사회생활규범이 사회의 법적 확신과 인식에 의하여 법적 규범으로 승인·강행되기에 이른 것을 말하는 바, '상속회복청구권은 상속이 개시된 날부터 20년이 경과하면 소멸한다'는 관습은 헌법을 최상위 규범으로 하는 법질서 전체의 이념에 부합하지 아니하므로 법적 규범인 관습법으로서의 효력을 인정할 수 없다."고 판시하면서 헌법재판소에 위 '관습법'의 위헌여부심판을 제청하지 아니한 채, 종전에 '위 관습을 법적 규범인 관습법으로서의 효력이 있는 것으로 보아 이를 적용할 수 있다'고 한 선례(대법원 1981.1.27. 선고 80다1392 판결 ; 대법원 1991.4.26. 선고 91다5792 판결 ; 대법원 1998.4.24. 선고 96다8079 판결 등)를 변경하였다. [국회관여설] 그리고 대법원 2009.5.28.자 2007카기134 결정에서는, 관습법은 헌법재판소의 위헌법률심판의 대상이 아니라는 이유로 위헌법률심판제청신청을 각하하였다. 이 각하결정에 대하여 청구인이 헌법소원심판청구를 제기한 것이 위 헌재 2009헌바129 사건이다.

에 따른 헌법소원으로서 이 요건을 충족한다.[12)]

3. 재판의 전제성

가. 의의

재판의 전제성이라 함은, 위헌법률심판제청(헌법 제107조 제1항, 헌재법 제41조)이나 규범통제형 헌법소원심판청구(헌재법 제68조 제2항)에는 법률이 헌법에 위반되는 여부가 법원(군사법원 포함)이 담당하는 당해사건의 재판에 전제가 되어야 한다는 것을 말한다. 이러한 재판의 전제성 요건은 위헌법률심판절차 또는 규범통제형 헌법소원심판절차의 "구체적" 규범통제절차로서의 본질을 드러내 주는 요건으로, 이들 절차를 "추상적" 규범통제절차와 구분해 주는 의미를 갖는다.

나. 요건

재판의 '전제성'이라 함은 원칙적으로, 첫째, 구체적인 사건이 법원에 적법하게 계속 중이어야 하고, 둘째, 위헌여부가 문제되는 법률이 당해사건의 재판에 적용되는 것이어야 하며, 셋째, 그 법률이 헌법에 위반되는지의 여부에 따라 당해사건을 담당하는 법원이 다른 내용의 재판을 하게 되는 경우를 말한다. 위 각 요건들을 개별적으로 살펴보면 다음과 같다.

(1) 구체적인 사건이 법원에 적법하게 계속 중일 것

"구체적인 사건이 법원에 적법하게 계속 중이어야" 한다는 것은, 헌재법 제41조 소정의 위헌법률심판 제청사건의 경우에는 위헌제청결정 당시는 물론이고 헌법재판소의 결정시까지 구체적 사건이 법원에 적법하게 계속 중이어야 한다는 의미이다.[13)] 이에 비하여 헌재법 제68조 제2항 소정의 규범통제형 헌법소원사건

---

11) 예컨대, 헌재 2012.3.29. 2010헌바432 : "이 사건 고용의무조항은 청구인이 당해 법원에 위헌제청신청을 하지 않은 조항으로 법원의 기각결정도 없었으나, 이 사건 고용부담금조항이 헌법에 위반되지 않는다고 본 당해 법원의 판단 속에는 사업주의 장애인 고용의무에 대한 판단이 포함되어 있어 당해 법원이 이 사건 고용의무조항을 묵시적으로 판단하였다고 볼 수 있다."

12) 헌재 1998.3.26. 93헌바12 결정 ; 헌재 2001.1.18. 2000헌바29 결정 ; 헌재 2001.2.22. 99헌바93 결정.

13) 다만, 위헌제청신청에 대하여 판단하는 법원의 입장에서는 "위헌제청결정 당시까지" 구체적 사건이 법원에 계속 중이어야 한다는 의미이다.

의 경우에는 "위헌제청신청시" 구체적 사건이 법원에 적법하게 계속 중이어야[14] 한다는 의미이다.[15]

(2) 위헌여부가 문제되는 법률이 당해사건의 재판에 적용될 것

어떤 법률규정이 위헌의 의심이 있다고 하더라도 그것이 당해사건에 적용될 것이 아니라면, 재판의 전제성 요건은 충족되지 않는다. 한편, 심판의 대상이 되는 법률은 법원의 당해사건에 직접 적용되는 법률인 경우가 대부분이겠지만, 당해재판에 적용되는 법률이라면 반드시 직접 적용되는 법률이어야 하는 것은 아니다. 즉, 제청 또는 청구된 법률조항이 법원의 당해사건의 재판에 직접 적용되지는 않더라도 그 위헌여부에 따라 ① 당해사건의 재판에 직접 적용되는 법률조항의 위헌여부가 결정되거나, ② 당해재판의 결과가 좌우되는 경우 등과 같이 양 규범 사이에 내적 관련이 있는 경우에는 간접 적용되는 법률규정에 대하여도 재판의 전제성을 인정할 수 있다.

(3) 그 법률이 헌법에 위반되는지의 여부에 따라 당해사건을 담당하는 법원이 다른 내용의 재판을 하게 되는 경우일 것

이 요건은 다시 다음의 2가지 면에서 살펴볼 수 있다. 첫째, 법원이 심리중인 당해사건의 재판의 결론이나 주문에 어떤 영향을 주는 경우이다.[16] 둘째, 재판의 이유를 달리함으로써 재판의 내용과 효력에 관한 법률적 의미가 달라지는 경우에도 이 요건은 충족된다.[17]

---

14) 실무상 법원에서는 본안사건의 판결선고와 위헌제청신청기각결정을 함께 하는 경우가 많다.

15) 그래서 헌법재판소는 이 부분을 "구체적인 사건이 법원에 계속되어 있었거나 계속 중이어야 하고"라고 표현하기도 한다.(헌재 2016.6.30. 2014헌바62 결정 ; 헌재 2019.11.28. 2018헌바235 등 결정)

16) 헌법재판소는 이 요건은 "법률이 위헌일 때는 합헌일 때와 다른 판단을 할 수밖에 없는 경우, 즉 판결주문이 달라질 경우"에 충족된다고 판시하였다.(헌재 1990.6.25. 89헌가98등 결정)

17) 헌재 1992.12.24. 92헌가8 결정 참조. 한편 헌법재판소는 처음에, 여기서 '다른 내용의' 재판을 하게 되는 경우라 함은 위의 첫째와 둘째의 경우뿐만 아니라 (셋째) 재판의 결론을 이끌어내는 이유를 달리하는 데 관련되어 있는 경우도 포함된다."고 판시하였다(헌재 1992.12.24. 92헌가8 결정 ; 헌재 1993.2.24. 93헌가2 결정 ; 헌재 2002.11.28. 2001헌가28 결정 등). 그런데 헌법재판소는 그 후 헌재 2008.7.31. 2004헌바28 결정, 헌재 2009.5.28. 2006헌바109등 결정, 그리고 헌재 2010.12.28. 2009헌가30 결정 등에서 "그 법률조항의 위헌여부에 따라 재판의 결론이 달라지거나, 이유를 달리함으로써 재판의 내용과 효력에 관한 법률적 의미가 달라지는 경우라야 한다."고 변경하여 판시함으로써 위 (셋째) 부분은 언급하지 않고 있다. 나아가 헌재 2011.11.24. 2010헌바353 결정에서는, "청구인들은 불법행위책임의 요건사실 중 하나인 위법

4. 청구기간

헌재법 제68조 제2항에 따른 헌법소원심판은 위헌여부심판의 제청신청을 기각(또는 각하)하는 결정을 통지받은 날부터 30일 이내에 청구하여야 한다(헌재법 제69조 제2항). 또한 헌법소원심판을 청구하려는 자가 변호사를 대리인으로 선임할 자력이 없는 경우에는 헌법재판소에 국선대리인을 선임하여 줄 것을 신청할 수 있는바, 이 경우 헌재법 제69조에 따른 청구기간은 국선대리인의 선임신청이 있는 날을 기준으로 정하며(헌재법 제70조 제1항), 헌법재판소가 국선대리인을 선정하지 아니한다는 결정을 한 때에는 신청인이 선임신청을 한 날부터 그 통지를 받은 날까지의 기간은 헌재법 제69조의 청구기간에 산입하지 아니한다(헌재법 제70조 제4항). 기간의 말일이 토요일 또는 공휴일에 해당한 때에는 기간은 그 익일로 만료한다(헌재법 제40조 제1항, 제161조).

5. 변호사강제주의

헌법소원심판절차에서는 변호사강제주의가 적용되는바(헌재법 제25조 제3항), 청구인은 대리인을 선임하거나 헌법재판소에 국선대리인선임신청을 하여(헌재법 제70조) 선정된 국선대리인이 헌법소원심판청구서를 제출하여야 한다.

6. 일사부재리

헌법재판소는 이미 심판을 거친 동일한 사건에 대하여는 다시 심판할 수 없다(헌재법 제39조). 다만 헌법재판소는, 헌법재판소에서 이미 합헌결정을 선고받은 같은 당사자(청구인)가 같은 법률조항에 대하여 재차 같은 유형의(규범통제형) 헌법소원을 청구하는 경우라도 당해사건이 다르다면 일사부재리에 위반되는 것이 아니라고 하였다.[18)]

성 부분에 관한 판단은 이 사건 법률조항들{정보통신서비스 제공자의 정보 삭제 또는 임시조치에 관하여 규정한 '정보통신망 이용촉진 및 정보보호 등에 관한 법률'(2008.6.13. 법률 제9119호로 개정된 것) 제44조의2 제1항, 제2항, 제4항}의 위헌여부에 따라 달라지게 되므로 적어도 당해사건의 재판의 이유를 달라지게 할 것이라고 주장하나, 가사 이유 중 일부분의 기재가 달라질 수는 있다 하더라도, 앞서 본 바와 같이 이 사건 법률조항들의 위헌여부에 관계없이 고의 또는 과실이 인정되지 아니한다는 동일한 이유로 이 부분 청구가 받아들여지지 않는다는 동일한 결론에 이를 것인 이상, 이 사건 법률조항들의 위헌여부에 따라 재판의 내용과 효력에 관한 법률적 의미가 달라진다고는 볼 수 없다. 따라서 이 사건 법률조항들의 위헌여부가 불법행위 부분에 관한 재판의 전제가 된다고 할 수도 없다."고 판시하였다.

제2절 권리구제형 헌법소원심판

헌재법 제68조 제1항 헌법소원의 적법요건으로는 ① 기본권주체성, ② 대상적격(헌법소원대상성), ③ 자기관련성, ④ 현재성, ⑤ 직접성,[19] ⑥ 보충성, ⑦ 청구기간, ⑧ 권리보호이익, ⑨ 변호사강제주의, ⑩ 일사부재리 등이 요구된다.

1. 기본권주체성

가. 외국인

헌법에는 외국인이 기본권의 주체가 될 수 있는가에 대해 명시적인 규정이 없고, 다만 제6조 제2항에서 "외국인은 국제법과 조약이 정하는 바에 의하여 그 지위가 보장된다."고 규정하고 있을 뿐인바, 외국인의 기본권주체성에 대하여 학설은 부정설과 긍정설로 나뉘고 있다. 한편 헌법재판소는 '국민' 또는 '국민과 유사한 지위에 있는 외국인'[20]은 기본권의 주체가 될 수 있다고 판시하여[21] 원칙적으로 외국인의 기본권주체성을 인정하였으나, 외국인에게 모든 기본권이 무한정 인정될 수 있는 것이 아니라 '인간의 권리'의 범위 내에서만 인정되는 것(권리성질설)이라고 판시하였다.[22]

그동안 헌법재판소는 인간의 존엄과 가치, 행복추구권, 평등권에 대하여,[23] 근

18) 헌재 2001.6.28. 2000헌바48 결정 참조.

19) 여기의 ③, ④, ⑤ 요건을 총칭하여 "법적 관련성"이라고 한다. 참고로, 2014년 제56회 사법시험 헌법문제 〈제1문〉의 1.에서 "甲과 乙이 제기한 헌법소원의 적법성을 법적 관련성의 관점에서 논하시오."라는 문제가 출제되었는데, 이 문제에서 말하는 '법적 관련성'이란 바로 자기관련성, 현재성, 직접성을 의미하는 것이다. 또한 2017년 8월 법전원 모의시험 공법기록형 문제(제1문의2) 및 2020년 제9회 변호사시험 공법기록형 문제(제1문) 참조.

20) '국민과 유사한 지위에 있는 외국인'에 대한 설명으로, "출입국관리법상의 영주허가를 받은 자를 포함하여 대한민국에 자신의 국적국보다 더 깊은 생활상의 밀접성을 가지지만 대한민국의 국적은 가지지 않은 자"라는 견해{김수연, "기본권주체로서의 외국인", 유럽헌법연구 제7호, 유럽헌법학회, 2010.6, 320면}, "국적법상 우리 국민이 아닌 외국인이라도 우리나라에 입국하여 상당 기간 거주해 오면서 대한민국 국민과 같은 생활을 계속해 온 자(예컨대 귀화할 수 있는 실체적 요건을 갖추고 있는 경우)"라는 견해{헌재 2011.9.29. 2007헌마1083등 결정의 재판관 김종대의 각하의견 및 같은 취지의 재판관 송두환의 위헌의견} 등이 있다.

21) 헌재 1994.12.29. 93헌마120 결정 참조.

22) 헌재 2011.9.29. 2007헌마1083등 결정 참조.

로의 권리 중 "일할 환경에 관한 권리"에 대하여,[24] 그리고 신체의 자유, 주거의 자유, 변호인의 조력을 받을 권리, 재판청구권에 대하여[25] 외국인의 기본권주체성을 인정하였다.[26] 그러므로 살피건대, '국민과 유사한 지위에 있는 외국인'은 '국민'과 같은 기본권의 주체가 될 수 있으나, 그렇지 아니한 외국인은 권리성질설에 따라 '인간의 권리' 범위 내에서만 기본권주체성이 인정될 수 있을 것이다.

나. 단체

(1) 법인격이 있는 사법상의 사단[27]이나 재단

법인격이 있는 사법상의 사단이나 재단이 '성질상 기본권주체가 될 수 있는 범위에서' 청구인능력을 가진다는 점은 명백하다. 헌법재판소는 "우리 헌법은 법인의 기본권향유능력을 인정하는 명문의 규정을 두고 있지 않지만, 본래 자연인

---

23) 헌재 2001.11.29. 99헌마494 결정 참조.

24) 헌재 2007.8.30. 2004헌마670 결정 참조.

25) 헌재 2012.8.23. 2008헌마430 결정 참조.

26) 헌재 2014.8.28. 2013헌마359 : "직업의 자유는 국가자격제도 정책과 국가의 경제상황에 따라 법률에 의하여 제한할 수 있고 인류보편적인 성격을 지니고 있지 아니하므로 국민의 권리에 해당한다. 이와 같이 헌법에서 인정하는 **직업의 자유는 원칙적으로 대한민국 국민에게 인정되는 기본권이지, 외국인에게 인정되는 기본권은 아니다.** 국가정책에 따라 정부의 허가를 받은 외국인은 정부가 허가한 범위내에서 소득활동을 할 수 있는 것이므로, 외국인이 국내에서 누리는 직업의 자유는 법률 이전에 헌법에 의해서 부여된 기본권이라고 할 수는 없고, 법률에 따른 정부의 허가에 의해 비로소 발생하는 권리이다. 헌법재판소의 결정례 중에는 외국인이 대한민국 법률에 따른 허가를 받아 국내에서 일정한 직업을 수행함으로써 근로관계가 형성된 경우, 그 직업은 그 외국인의 생활의 기본적 수요를 충족시키는 방편이 되고 또한 개성신장의 바탕이 된다는 점에서 외국인은 그 근로관계를 계속 유지함에 있어서 국가의 방해를 받지 않고 자유로운 선택과 결정을 할 자유가 있고 그러한 범위에서 제한적으로 직업의 자유에 대한 기본권 주체성을 인정할 수 있다고 하였다(헌재 2011.9.29. 2007헌마1083등 - 직장선택의 자유 인정). 하지만 이는 **이미 근로관계가 형성되어 있는 예외적인 경우에 제한적으로 인정한 것**에 불과하다. 그러한 근로관계가 형성되기 전단계인 특정한 직업을 선택할 수 있는 권리는 국가정책에 따라 법률로써 외국인에게 제한적으로 허용되는 것이지 헌법상 기본권에서 유래되는 것은 아니다." [이에 대하여 재판관 2인은 "(근로의 권리와) 직업선택의 자유는 인간의 존엄과 가치 및 행복추구권과 밀접한 관련을 가지는 권리로서 단순히 '국민의 권리'라고 볼 수 없다. 입국의 자유가 인정되지 않는 외국인의 경우 입국목적 등에 따라 (근로의 권리나) 직업선택의 자유가 제한될 수 있으나, 근로가 허용된 외국인의 경우 그 허용된 범위 안에서 제한되었던 (근로의 권리와) 직업선택의 자유가 회복된다. 더구나 외국국적의 재외동포로 경제활동이 허용되는 체류자격을 갖추고 적법하게 입국한 사람에게 직업선택의 자유가 없다고 하여서는 안 된다."는 반대의견을 제시하였다(본안판단 주장).]

27) 2012년 제1회 변호사시험 공법 사례형 〈제2문〉의 4. (1) 문제 참조.

에게 적용되는 기본권규정이라도 언론·출판의 자유, 재산권의 보장 등과 같이 성질상 법인이 누릴 수 있는 기본권은 당연히 법인에게도 적용하여야 할 것으로 본다. 따라서 법인도 사단법인·재단법인 또는 영리법인·비영리법인을 가리지 아니하고 위 한계 내에서는 헌법상 보장된 기본권이 침해되었음을 이유로 헌법소원심판을 청구할 수 있다."고 판시하였다.[28)]

(2) 권리능력 없는 단체

권리능력 없는 단체라 하더라도 그 구성원과 독립하여 집단적으로 기본권을 행사하는 경우라면 청구인능력을 인정하여야 할 것이다. 헌법재판소도 "법인 아닌 사단·재단이라고 하더라도 ① 대표자의 정함이 있고, ② 독립된 사회적 조직체로서 활동하는 때에는 성질상 법인이 누릴 수 있는 기본권을 침해당하게 되면 그의 이름으로 헌법소원심판을 청구할 수 있다."고 판시하였다.[29)]

2. 대상적격

헌재법 제68조 제1항은 "공권력의 행사 또는 불행사"[30)]로 인하여 기본권을 침해받은 자가 헌법소원을 청구할 수 있는데, 헌재법 제68조 제1항의 규정에 따른 헌법소원은 그 대상적격(심판대상)을 중심으로 법령소원, 처분소원, 재판소원으로 나눌 수 있다.[31)]

3. 자기관련성

헌법소원심판절차에서 자기관련성이 입증되려면 청구인이 그 공권력작용의 수범자, 즉 상대방이라는 점이 인정되어야 한다. 한편 헌법재판소는 제3자의 자

28) 헌재 1991.6.3. 90헌마56 결정 참조.

29) 헌재 1991.6.3. 90헌마56 결정 ; 헌재 2006.1.26. 2005헌마424 결정 등 참조.

30) 헌재 2018.4.26. 2016헌마46 : "헌재법 제68조 제1항은 '공권력의 행사 또는 불행사로 인하여 기본권을 침해받은 자'가 헌법소원을 제기할 수 있다고 규정하고 있고, 여기에서 '공권력'이란 **입법권·행정권·사법권을 행사하는 모든 국가기관·공공단체 등의 고권적 작용**을 말하며(헌재 2001.3.21. 99헌마139등 참조), 그 행사 또는 불행사로 국민의 권리와 의무에 대하여 **직접적인 법률효과를 발생시켜 청구인의 법률관계 내지 법적 지위를 불리하게 변화시키는 것**이어야 한다(헌재 2008.1.17. 2007헌마700 등 참조)."

31) 이에 대한 구체적인 설명은 김현철, 판례헌법소송법, 전남대학교출판문화원, 2019, 273면 이하 참조.

기관련성에 관하여, "제3자(청구인)의 자기관련성을 인정할 수 있는가의 문제는 무엇보다도 ① 입법의 목적 및 실질적인 규율대상, ② 법규정에서의 제한이나 금지가 제3자에게 미치는 효과나 진지성의 정도, 그리고 ③ 규범의 직접적인 수규자에 의한 헌법소원 제기의 기대가능성 등을 종합적으로 고려하여 판단하여야 한다."고 판시하였다.[32)]

4. 현재성

헌법소원의 청구인은 공권력작용과 현재 관련이 있어야 하며, 장래 어느 때인가 관련될 수 있을 것이라는 것만으로는 헌법소원을 제기하기에 족하지 않다. 즉, 청구인이 현재 기본권을 침해당한 경우이어야 한다. 그러나 기본권침해가 장래에 발생하더라도 그 침해가 틀림없을 것으로 현재 확실히 예측된다면 기본권구제의 실효성을 위하여 침해의 현재성을 인정한다.[33)]

5. 직접성

헌법소원의 청구인은 공권력작용으로 인하여 직접적으로 기본권이 침해되어야 하는바, 이 직접성의 요건은 법령소원에서 특히 중요한 의미를 가진다. 여기서 말하는 기본권침해의 직접성이란 "집행행위에 의하지 아니하고 법령 자체에 의하여 자유의 제한, 의무의 부과, 권리 또는 법적 지위의 박탈이 생긴 경우"를 뜻한다.[34)]

한편, 종래 헌법재판소는 집행행위가 예정되어 있는 경우라고 하더라도 ①

32) 헌재 1997.9.25. 96헌마133 결정 ; 헌재 2000.6.29. 99헌마289 결정 : "보건복지부장관은 법인의 해산과 권리의 포괄승계를 규정하는 법(1999.2.8. 법률 제5854호로 제정되어 1999.12.31. 법률 제6093호로 개정된 국민건강보험법을 말함) 부칙 제6조 및 제7조에 의하여 법인인 직장의료보험조합의 기본권이 침해되었을 뿐, 조합원들인 청구인들의 기본권은 침해된 바가 없다고 주장한다. 물론 법 부칙 제6조 및 제7조의 직접적인 수규자는 법인이나, 직장의료보험조합은 공법인으로서 기본권의 주체가 될 수 없을 뿐만 아니라, 법규정의 실질적인 규율대상이 수규자인 법인의 지위와 아울러 제3자인 청구인들의 법적 지위라고 볼 수 있으며, 법규정이 내포하는 불이익이 수규자의 범위를 넘어 제3자인 청구인들에게도 유사한 정도의 불이익을 가져온다는 의미에서 거의 동일한 효과를 가지고 있으므로, (…) 청구인들의 자기관련성을 인정할 수 있다."

33) 헌재 1992.10.1. 92헌마68등 결정 참조.

34) 헌재 1992.11.12. 91헌마192 결정 참조.

"법령이 일의적이고 명백한 것이어서 집행기관이 심사와 재량의 여지없이 그 법령에 따라 일정한 집행행위(기속행위)를 하여야 하는 때," 또는 "법규범의 내용이 집행행위 이전에 이미 국민의 권리관계를 직접 변동시키거나 국민의 법적 지위를 결정적으로 정하는 것이어서 국민의 권리관계가 집행행위의 유무나 내용에 의하여 좌우될 수 없을 정도로 확정된 상태"라면 그 법규범의 권리침해의 직접성이 인정되고,[35] 또한 ② "법령의 적용에 따른 구체적인 집행행위가 존재하는 경우라도 그 집행행위를 대상으로 하는 구제절차가 없거나", "구제절차가 있다고 하더라도 권리구제의 기대가능성이 없고 다만 기본권침해를 당한 청구인에게 불필요한 우회절차를 강요하는 것밖에 되지 않는 경우"에도 당해 법률을 직접 헌법소원의 대상으로 삼을 수 있다고 하였는데,[36] 위 ①과 관련하여 2013.7.25. 선고한 2012헌마934 결정에서 "법령의 규정에 따라 구체적인 집행행위가 필요적으로 예정되어 있는 경우에도 그 집행행위를 대상으로 행정소송 등 구제절차를 먼저 거치지 않은 상태에서 헌법소원심판을 허용한다면, 설령 그 근거 법령에 대하여 위헌결정이 있더라도 이미 집행행위가 확정되어 당연히 무효로 되거나 취소될 수 없는 경우가 발생할 수 있다. 이 경우 헌법소원심판을 청구한 사람은 오히려 권리구제를 받지 못하게 된다. 그러므로 법령에서 특정한 집행행위를 필요적으로 하도록 일의적으로 요구하고 있다는 사정만으로 그 법령 자체가 당연히 헌법소원의 대상이 된다고 볼 수는 없다."고 판시하였고, 이에 따라 지정재판부에서 이러한 경우에 직접성 요건 미비로 각하해 오고 있다.[37]

35) 2016년 제5회 변호사시험 공법 사례형 〈제2문〉의 4. 가. 문제 참조.

36) 헌재 1997.7.16. 97헌마38 결정 ; 헌재 2004.8.26. 2003헌마337 결정 ; 헌재 2004.9.23. 2004헌마192 결정 ; 헌재 2007.12.27. 2004헌마1021 결정 등 참조.

37) 헌재(제1지정재판부) 2014.3.17. 2014헌마157 결정 ; 헌재(제2지정재판부) 2014.6.17. 2014헌마408 결정 ; 헌재(제1지정재판부) 2014.12.30. 2014헌마1048 결정 ; 헌재(제3지정재판부) 2015.1.13. 2014헌마1142 결정 ; 헌재(제1지정재판부) 2016.7.19. 2016헌마535 결정 ; 헌재(제1지정재판부) 2016.8.2. 2016헌마607 결정 ; 헌재(제1지정재판부) 2017.8.8. 2017헌마799 결정 ; 헌재(제2지정재판부) 2017.11.27. 2017헌마1208 결정 ; 헌재(제3지정재판부) 2018.11.6. 2018헌마1034 결정 ; 헌재(제2지정재판부) 2018.12.4. 2018헌마1097 결정 ; 헌재(제3지정재판부) 2018.12.11. 2018헌마1100 결정 ; 헌재(제1지정재판부) 2019.11.26. 2019헌마1246 결정 ; 헌재(제2지정재판부) 2020.2.4. 2020헌마138 결정 등.

6. 보충성

헌법소원은 다른 법률에 구제절차가 있는 경우에는 그 절차를 모두 거친 후에 심판청구를 하여야 한다(헌재법 제68조 제1항 단서). 이를 헌법소원의 보충성이라고 한다. 보충성에서 말하는 "다른 법률에 따른 구제절차를 거친 후"란 다른 법률에 따른 구제절차를 '적법하게' 거친 경우를 말한다. 그러나 헌재법에는 명문의 규정이 없으나 헌법재판소에 의하면 일정한 경우 보충성의 예외가 인정되는바, ① 법령에 대한 직접적인 헌법소원과 같이 법률상 구제절차가 없는 경우나 ② 사전에 구제절차를 거칠 것을 기대하기가 곤란한 경우가 그것이다.

7. 청구기간

헌법소원의 심판은 그 사유가 있음을 안 날부터 90일 이내에, 그 사유가 있은 날부터 1년 이내에 청구하여야 한다(헌재법 제69조 제1항 본문). 그리고 헌법재판소의 판례에 의하면, 위 90일의 기간과 1년의 기간을 모두 준수하여야 적법한 청구가 되는 것이고 그 중 어느 하나라도 경과하면 부적법한 청구가 된다.[38] 한편, 법령에 대한 헌법소원의 청구기간은 그 법령의 시행과 동시에 기본권의 침해를 받게 되는 경우에는 그 법령이 시행된 사실을 안 날부터 90일 이내에, 법령이 시행된 날부터 1년 이내에 헌법소원을 청구하여야 하고, 법령이 시행된 뒤에 비로소 그 법령에 해당되는 사유가 발생하여 기본권의 침해를 받게 되는 경우에는 그 사유가 발생하였음을 안 날부터 90일 이내에, 그 사유가 발생한 날부터 1년 이내에 헌법소원을 청구하여야 한다.

또한 헌법소원심판을 청구하려는 자가 변호사를 대리인으로 선임할 자력이 없는 경우에는 헌법재판소에 국선대리인을 선임하여 줄 것을 신청할 수 있는데, 이 경우 헌재법 제69조에 따른 청구기간은 국선대리인의 선임신청이 있는 날을 기준으로 정하며(헌재법 제70조 제1항), 헌법재판소가 국선대리인을 선정하지 아니한다는 결정을 한 때에는 신청인이 선임신청을 한 날부터 그 통지를 받은 날까지의 기간은 헌재법 제69조의 청구기간에 산입하지 아니한다(헌재법 제70조 제4항). 기간의 말일이 토요일 또는 공휴일에 해당한 때에는 기간은 그 익일로 만료한다(헌재법 제40조 제1항, 민법 제161조).

---

38) 헌재 2004.4.29. 2004헌마93 결정 참조.

기본권침해가 장래에 발생하더라도 그 침해가 틀림없을 것으로 현재 확실히 예측되어 현재성이 인정되는 경우에는 청구기간이 문제되지 않는다. 한편, 법령의 시행과 동시에 그 법령에 의해서 기본권을 침해받았을 경우 청구기간의 기산점은 법령의 시행시점이다. 그러므로 법령의 시행에 유예기간이 있는 경우는 주의를 요한다. 즉, 종래 헌법재판소는 법령의 시행에 유예기간이 있는 경우에도 청구기간의 기산점은 그 법령의 시행시점이라고 하였으나,[39] 헌재 2020.4.23. 2017헌마479 결정에서 (재판관 7 : 2의 의견으로) 법령의 시행일 이후 일정한 유예기간을 둔 경우 이에 대한 헌법소원심판 청구기간의 기산점은 유예기간을 경과한 때부터라고 하여 판례를 변경하였다.

8. 권리보호이익과 헌법적 해명의 필요성

헌법소원제도는 국민의 기본권침해를 구제해 주는 제도이므로 그 제도의 목적상 권리보호의 이익이 있는 경우에 비로소 이를 제기할 수 있다. 즉, 권리보호의 이익이 없는 헌법소원심판청구는 부적법하여 각하를 면할 수 없다.[40] 이와 같이 권리보호이익이 인정되려면 헌법소원심판청구를 인용하면 청구인의 기본권침해가 구제되는 경우라야 하므로, 실제 문제에서는 청구인의 헌법소원이 인용된다면 기본권제한을 초래하는 공권력행사가 제거되어(예컨대, 청구대상 법률조항이 효력을 상실하여) 권리구제가 가능하다는 점을 기술한다.

한편, 헌법소원은 주관적 권리구제뿐만 아니라 객관적인 헌법질서의 보장의 기능도 겸하고 있으므로, 가사 청구인의 주관적 권리구제에는 도움이 되지 않는다 하더라도 같은 유형의 침해행위가 앞으로도 반복될 위험이 있고, 헌법질서의 수호·유지를 위하여 그에 대한 헌법적 해명이 긴요한 사항에 대하여는 심판청구의 이익을 인정할 수 있다.[41]

---

39) 헌재 1996.3.28. 93헌마198 결정 ; 헌재 1996.12.26. 96헌마295 결정 ; 헌재 1999.7.22. 98헌마480등 결정 ; 헌재 2003.1.30. 2002헌마516 결정.

40) 헌재 1997.1.16. 90헌마110 결정 참조.

41) 헌재 1997.11.27. 94헌마60 결정 및 2015년 제4회 변호사시험 공법 사례형 〈제2문의 1〉의 4. 문제 참조.

9. 변호사강제주의

각종 심판절차에 있어서 당사자인 사인(私人)은 그가 변호사의 자격이 있는 경우가 아닌 한 변호사를 대리인으로 선임하지 아니하면 심판청구를 하거나 심판수행을 하지 못한다(헌재법 제25조 제3항). 따라서 청구인은 대리인을 선임하거나 헌법재판소에 국선대리인선임신청을 하여(헌재법 제70조) 선정된 국선대리인이 헌법소원심판청구서를 제출하여야 한다.

10. 일사부재리

헌법재판소는 이미 심판을 거친 동일한 사건에 대하여는 다시 심판할 수 없다(헌재법 제39조). 그러나 변호사인 대리인의 선임이 없어 각하된 경우 또는 다른 법률에 따른 구제절차를 거치지 아니하여 각하된 경우에, 국선대리인의 선임[42] 또는 구제절차의 경료 등 그 흠결을 보정하여 다시 청구한 경우에는 일사부재리가 적용되지 않는다.

제3절 권한쟁의심판

권한쟁의 사건의 적법요건으로는 ① 당사자능력 및 당사자적격,[43] ② 피청구인의 처분 또는 부작위의 존재, ③ 권한의 침해 또는 현저한 침해위험의 가능성, ④ 청구기간, ⑤ 권리보호이익(심판의 이익) 등이 요구된다.

1. 당사자능력

가. 국가기관의 경우

헌재법 제62조 제1항 제1호는 권한쟁의의 당사자가 될 수 있는 국가기관으로

42) 헌재 2003.9.25. 2002헌아36 결정 참조. 사선대리인을 선임한 경우도 마찬가지이다.

43) 당사자적격은 특정의 권한쟁의 사건에서 정당한 당사자로서 심판을 수행하고 본안결정을 받기에 적합한 자격을 말하므로, 당사자능력을 가지는 것을 전제로 구체적인 사안에서 누가 청구인(또는 피청구인)이 될 것인가의 문제이다. 소위 "제3자 소송담당"은 당사자적격의 대표적인 문제이다.

서 "국회, 정부, 법원 및 중앙선거관리위원회"만이 규정되어 있다. 이 규정이 열거규정인가 예시규정인가에 관하여 논란이 있었는데, 헌법재판소는 1995.2.23. 선고한 90헌라1 (국회의원과 국회의장간의 권한쟁의) 사건에서 이 조항을 열거규정으로 보아 당사자능력의 범위를 엄격하게 축소하였다. 그러나 헌법재판소는 1997.7.16. 선고한 96헌라2 (국회의원과 국회의장간의 권한쟁의) 사건에서 헌재법 제62조 제1항 제1호를 한정적·열거적인 조항이 아니라 예시적인 조항으로 해석하는 것이 헌법에 합치된다고 판시함으로써 종전의 입장을 변경하고 당사자의 범위를 크게 확대하였다.[44]

이 결정에서 헌법재판소는, "권한쟁의심판에 있어서 당사자가 될 수 있는 국가기관이란 '국가의사 형성에 참여하여 국법질서에 대하여 일정한 권한을 누리는 헌법상의 지위와 조직'이라고 할 수 있다. 헌법 제111조 제1항 제4호 소정의 '국가기관'에 해당하는지 아닌지를 판별함에 있어서는 ① 그 국가기관이 헌법에 의하여 설치되고 헌법과 법률에 의하여 독자적인 권한을 부여받고 있는지 여부, ② 헌법에 의하여 설치된 국가기관 상호간의 권한쟁의를 해결할 수 있는 적당한 기관이나 방법이 있는지 여부 등을 종합적으로 고려하여 판단해야 한다."고 판시하여 그 기준을 제시하였다.[45]

[그런데 헌재 2010.10.28. 2009헌라6 결정에서 재판관 3인의 반대의견은 "헌법 제111조 제1항 제4호는 '국가기관'이라는 용어를 사용하고 있을 뿐, '헌법기관'이라 표현하고 있지 않다. 또한, 헌재법 제61조 제2항은 '헌법 또는 법률에 의하여 부여받은 권한'을 침해받았거나 침해받을 현저한 위험이 있을 경우 권한쟁의심판청구를 할 수 있다고 규정하여 '법률상 부여된 권한'의 침해도 권한쟁의심판의 청구사유가 될 수 있음을 명언하고 있다. 위 규정들을 살펴보건대, 권한쟁의심판

---

44) 헌재 1997.7.16. 96헌라2 : "헌법 제111조 제1항 제4호에서 헌법재판소의 관장사항의 하나로 '국가기관 상호간, 국가기관과 지방자치단체간 및 지방자치단체 상호간의 권한쟁의에 관한 심판'이라고 규정하고 있을 뿐 권한쟁의심판의 당사자가 될 수 있는 국가기관의 종류나 범위에 관하여는 아무런 규정을 두고 있지 않고, 이에 관하여 특별히 법률로 정하도록 위임하고 있지도 않다. 따라서 입법자인 국회는 권한쟁의심판의 종류나 당사자를 제한할 입법형성의 자유가 있다고 할 수 없고, **헌법 제111조 제1항 제4호에서 말하는 국가기관의 의미와 권한쟁의심판의 당사자가 될 수 있는 국가기관의 범위는 결국 헌법해석을 통하여 확정하여야 할 문제**이다."

45) 그러나 헌법기관이지만 권한쟁의심판에 있어서 심판자가 되는 헌법재판소는 자신이 관련된 분쟁을 스스로 결정할 수 없다는 절차적 정의의 원칙상 권한쟁의의 당사자가 될 수 없다.(헌재 1995.2.23. 90헌라1 결정)

청구를 할 수 있는 국가기관을 '헌법에 의하여 설치된 국가기관'으로 한정하는 것은 전혀 근거가 없을 뿐만 아니라 오히려 규정의 문언에 반하는 것"이라는 의견을 제시하였다.][46]

나. 지방자치단체의 경우

권한쟁의심판청구는 헌법과 법률에 의하여 권한을 부여받은 자가 그 권한의 침해를 다투는 헌법소송이다. 이러한 권한쟁의심판을 청구할 수 있는 자에 대하여는 헌법과 헌재법이 정하고 있는바, 헌법 제111조 제1항 제4호는 국가기관 상호 간, 국가기관과 지방자치단체 간 및 지방자치단체 상호 간의 권한쟁의심판에 관하여 규정하고 있다. 한편, 헌재법 제62조 제1항 제3호는 지방자치단체 상호 간의 권한쟁의심판의 종류로 ① 특별시·광역시·특별자치시·도 또는 특별자치도 상호 간의 권한쟁의심판, ② 시·군 또는 자치구 상호 간의 권한쟁의심판, ③ 특별시·광역시·특별자치시·도 또는 특별자치도와 시·군 또는 자치구 간의 권한쟁의심판만을 규정하고 있다.[47]

따라서 지방자치단체 상호 간의 권한쟁의에서 당사자는 특별시·광역시·도 또는 특별자치도와 시·군·자치구이며, 각 지방자치단체장이 대표한다(지방자치법 제101조). 그러므로 지방자치단체의 장은 - 국가위임사무를 처리하는 국가기관의 지위[48]가 아닌 한 - 원칙적으로 권한쟁의 심판청구의 당사자가 될 수 없다. 한편, 지방자치단체의 의결기관인 지방의회를 구성하는 '지방의회 의원'과 그 지방의회의 대표자인 '지방의회 의장' 간의 권한쟁의심판은 헌법 및 헌재법에 의하여 헌법재판소

---

46) 동 3인의 재판관은 이어서, "① 권한쟁의심판에 관한 헌법 및 헌재법의 관련 규정, ② 권한쟁의심판과 기관소송의 관계, ③ 청구인(국가인권위원회)의 헌법적 위상 및 독립성, ④ 기타 구제가능성 등을 종합하면, 이 사건 권한쟁의심판청구 사건에서 청구인의 당사자능력은 인정되어야 한다."고 주장하였다.

47) 헌재 2016.6.30. 2014헌라1 : "헌법은 '국가기관'과는 달리 '지방자치단체'의 경우에는 그 종류를 법률로 정하도록 규정하고 있으며(헌법 제117조 제2항), 지방자치법은 지방자치단체의 종류를 특별시, 광역시, 특별자치시, 도, 특별자치도와 시, 군, 구로 정하고 있고(지방자치법 제2조 제1항), 헌법재판소법은 이를 감안하여 권한쟁의심판의 종류를 정하고 있다. 즉, 지방자치법은 헌법의 위임을 받아 지방자치단체의 종류를 규정하고 있으므로, **지방자치단체 상호간의 권한쟁의심판을 규정하는 헌법재판소법 제62조 제1항 제3호를 예시적으로 해석할 필요성 및 법적 근거가 없다.**"

48) 헌법재판소의 사례로는 '성남시'가 국가기관인 재결청으로서의 "경기도지사"를 상대로 제기한 헌재 1999.7.22. 98헌라4 사건이 있다.

가 관장하는 지방자치단체 상호간의 권한쟁의심판의 범위에 속한다고 볼 수 없다.[49] 이와 같이 국가의 기관이 권한쟁의심판의 당사자가 될 수 있는 것과는 달리 지방자치단체의 기관, 예컨대 지방자치단체의 장[50]이나 지방의회는 권한쟁의심판의 당사자가 될 수 없다.[51]

2. 피청구인의 처분 또는 부작위의 존재

권한쟁의심판청구가 적법하기 위해서는 피청구인의 처분 또는 부작위가 존재하여야 한다(헌재법 제61조 제2항).

가. 처분

여기서의 처분은 입법행위와 같은 법률의 제정과 관련된 권한의 유무 및 행사상의 다툼, 행정처분은 물론 행정입법과 같은 모든 행정작용 그리고 법원의 재판 및 사법행정작용 등을 포함하는 넓은 의미의 공권력처분을 의미하는 것으로 보아야 한다. 권한쟁의심판의 '처분'을 이와 같이 이해하는 경우 독일연방헌법재판소와 같이 법률에 대한 권한쟁의심판도 허용된다고 볼 여지도 있으나, 우리 헌법재판소는 권한쟁의심판과 위헌법률심판은 원칙적으로 구분되어야 한다는 점에서, 법률에 대한 권한쟁의심판은 '법률 그 자체'가 아니라 '법률의 제정과 관련된 행위'[52] 내지 '법률의 제정행위'[53]를 그 심판대상으로 해야 할 것이라고 하였다.

나. 부작위

부작위는 관련 국가기관이 특정한 행위를 해야 할 헌법상 또는 법률상의 의무

49) 헌재 2010.4.29. 2009헌라11 결정. 이에 대하여 재판관 2인은 "헌재법 제62조 제1항 제3호가 지방의회 의원과 지방의회 또는 그 기관 사이의 권한쟁의를 헌법재판소의 심판대상으로 규정하지 않았다고 하더라도, 그러한 규정은 헌법재판소의 권한쟁의 심판사항을 한정적으로 제한하는 것이 아니고, 지방의회의 의결절차도 법률을 위반하지 않도록 통제하여 적법성을 확보할 필요가 있는 이상, 지방의회 의원도 지방의회나 위원회의 의결절차가 위법하게 자신의 심의·표결권을 침해하는 경우에는 지방의회나 위원회 또는 그 의장을 상대로 권한쟁의심판을 청구할 수 있다고 봄이 상당하다."는 반대의견을 제시하였다.

50) 헌재 2006.8.31. 2003헌라1 결정 참조.

51) 반대견해로 정종섭, 헌법소송법, 박영사, 2019, 526면.

52) 헌재 1997.7.16. 96헌라2 결정.

53) 헌재 2005.12.22. 2004헌라3 결정.

가 존재함에도 불구하고 이를 이행하지 아니하는 경우에 존재하는데, 법적으로 문제되는 부작위만이 해당된다.

다. 장래처분의 문제

① 피청구인의 장래처분이 확실하게 예정되어 있고, ② 피청구인의 장래처분에 의해서 청구인의 권한이 침해될 위험성이 있어서 청구인의 권한을 사전에 보호해 주어야 할 필요성이 매우 큰 예외적인 경우에는, 피청구인의 장래처분에 대해서도 권한쟁의심판을 청구할 수 있다.

3. 권한의 침해 또는 현저한 침해위험의 가능성

권한쟁의심판을 청구하려면, 피청구인의 처분 또는 부작위로 인해 청구인의 권한이 침해되었거나 현저한 침해의 위험성이 존재하여야 한다(헌재법 제61조 제2항). 여기서 '침해'는 과거에 발생하였거나 현재까지 지속되는 침해를 말한다. '현저한 침해위험'은 급박하게 조만간 권한침해에 이르게 될 개연성이 현저히 높은 상황을 이른다.

4. 청구기간

권한쟁의심판의 청구는 그 사유가 있음을 '안 날'로부터 60일 이내, 그 사유가 '있은 날'로부터 180일 이내에 하여야 한다(헌재법 제63조 제1항). 이 청구기간은 불변기간이다(헌재법 제63조 제2항). 처분의 경우에는 처분행위가 있는 때 권한침해 행위는 종료하고 그 위법상태가 계속될 수 있음에 비하여, 부작위의 경우에는 부작위가 계속되는 한 권한침해가 계속된다. 따라서 부작위에 대한 권한쟁의심판은 그 부작위가 계속되는 한 기간의 제약 없이 적법하게 청구할 수 있다. 앞에서 본 장래처분의 경우에도 권한침해가 있기 전에 심판청구를 허용하는 것이므로 청구기간이 문제되지 아니한다.

5. 권리보호이익과 헌법적 해명의 필요성

권한쟁의심판도 그 제도의 목적상 권리보호의 이익이 있는 경우에 비로소 이를 제기할 수 있다. 즉, 권리보호의 이익이 없는 권한쟁의심판청구는 부적법하여 각하를 면할 수 없다. 그러나 헌법재판소는 헌법소원심판과 마찬가지로 권한쟁의심판도 주관적 권리구제뿐만 아니라 객관적인 헌법질서 보장의 기능도 겸하고 있으므로, 청구인에 대한 권한침해 상태가 이미 종료하여 이를 취소할 여지가 없어졌다 하더라도 같은 유형의 침해행위가 앞으로도 반복될 위험이 있고, 헌법질서의 수호·유지를 위하여 그에 대한 헌법적 해명이 긴요한 사항에 대하여는 심판청구의 이익을 인정할 수 있다고 보고 있다.

권리보호이익이 인정되려면 권한쟁의심판청구를 인용하면 청구인의 권한침해 상태가 해소되는 경우라야 하므로, 실제 문제에서는 청구인의 권한쟁의가 인용된다면 권한침해를 초래하는 피청구인의 처분이 제거되어 권한침해 상태가 해소된다는 점을 기술한다.

제4절 정당해산심판

1. 정당해산심판의 대상정당[54)]

정당해산심판의 대상이 되는 정당은 정당법 제17조 및 제18조[55)]의 요건을 구비하고[56)] 중앙당이 중앙선거관리위원회에 등록을 필한 기성정당(旣成政黨)이 원칙이다. 그 밖에 다음의 경우가 문제될 수 있다.

가. 정당등록 직전의 조직

정당법에 따라 정당의 창당활동이 진행되어 중앙당과 법정 시·도당을 창당하고 정당법에 따른 등록절차만을 남겨 둔 상태의 조직도 그 조직의 목적이나 활

54) 2020년 8월 법전원 모의시험 공법사례형 <제1문의 1> 참조.

55) 제17조(법정시·도당수) 정당은 5 이상의 시·도당을 가져야 한다.
제18조(시·도당의 법정당원수) ① 시·도당은 1천인 이상의 당원을 가져야 한다. ② 제1항의 규정에 의한 법정당원수에 해당하는 수의 당원은 당해 시·도당의 관할구역 안에 주소를 두어야 한다.

56) 정당의 등록요건으로 “5 이상의 시·도당과 각 시·도당 1,000명 이상의 당원”을 요구하는 구 정당법(2004.3.12. 법률 제7190호로 개정되고, 2005.8.4. 법률 제7683호로 전문 개정되기 전의 것) 제25조 및 제27조가 청구인의 정당설립의 자유를 침해하여 위헌인지를 다투는 헌법소원사건에서 헌법재판소는 전원일치의 의견으로 기각결정을 선고하였다.(헌재 2006.3.30. 2004헌마246, 판례집 18-1상, 402 이하)

동이 민주적 기본질서에 위배되는 때에는 정당해산심판의 대상이 된다고 본다. 그 이유로는 그와 같은 조직은 "사실상 정당에 준하는 지위"에 있다고 하거나,[57] 그와 같은 조직은 등록 이외의 창당절차를 모두 마침으로써 헌법이 요구하는 정당의 개념표지들을 모두 충족하였고 따라서 등록과는 무관하게 이미 헌법적 의미의 정당의 지위를 획득하는 것이기 때문[58]이라고 한다.

나. 창당준비위원회

정당법 제7조에 따른 신고가 있고 실질적으로 제17조 및 제18조의 요건을 구비하였으나 등록만을 필하지 아니한 이른바 "등록중의 정당(창당준비위원회)"도 여기의 정당에 속한다. 창당준비위원회라는 정치적 결사의 주관적 목적과 객관적 사정을 종합적으로 평가·고려할 때 정당에게 부여된 헌법적 과제 이행의 진지성을 확인할 수 있다면, 창당준비위원회는 현행 정당법의 의미로는 창당의 준비기구에 불과하지만 헌법적 차원에서는 이미 정당의 지위를 갖고 있는 정당으로 보아야 한다. 따라서 그와 같은 진지성이 있는 창당준비위원회는 정당해산심판절차에 의해서만 해산시킬 수 있다고 할 것이다.[59]

다. 방계조직 등

한편 정당으로부터 법적으로 독립되어 있는 '방계조직'이나 정당을 위해 암암리에 활동하는 '위장조직'은 여기의 정당에 속하지 아니하고 일반결사에 불과하므로, 개별법규에 근거하여 등록 내지 허가대상으로 되어 있는 때에는 행정처분의 대상이 된다(행정절차법 제2조 제2호 및 제2장, 민법 제77조, 사립학교법 제34조 등). 그러나, 정당의 조직의 일부를 구성하는 '부분조직'이나 정당의 부분으로서 특수한 과제를 담당하는 '특별조직'은 정당과

---

57) 장명봉, "헌법재판소의 위헌정당해산심판", 헌법재판의 이론과 실제 (금랑김철수교수 화갑기념논문집), 박영사, 1993, 587면.

58) 이성환외, 정당해산심판제도에 관한 연구 (헌법재판연구 제15권), 헌법재판소, 2004, 124면. 다만 동 견해는 정당법상의 등록제도와 등록요건이 정당설립의 자유를 침해하여 위헌이라는 입장이며, 헌법적 의미의 정당개념을 전제로 할 때에만 창당과정의 정치적 결사(아래 창당준비위원회 포함)도 정당해산심판절차의 제소대상이 된다는 것을 무리 없이 논증할 수 있다고 한다.

59) 이성환외, 전게연구(2004), 126면. 정종섭, 전게서(2019), 475면. 반면에 부정하는 견해로, 신평, 헌법재판법, 법문사, 2011, 508면 : "창당준비위원회는 정당으로 이행하기까지 다양한 조직의 구성력을 가지게 되나 전반적으로 보아 그 실체가 충분히 응집되었다고 할 수 없으므로 정당해산심판청구의 피청구인으로 된다고는 할 수 없다."

운명을 같이 한다. 시·도당 등 정당의 일부에 대해서만 해산결정을 내릴 수 있는가 하는 문제가 있으나, 독일과 같이 명문의 규정(연방헌법재판소법 제46조 제2항·제3항)[60]이 없는 우리로서는 인정하기 어려울 것이다.[61]

2. 정당해산심판의 청구

가. 심판청구의 주체

정부는 정당의 목적이나 활동이 민주적 기본질서에 위배될 때에는 국무회의의 심의를 거쳐 헌법재판소에 그 해산심판을 청구할 수 있다(헌법 제8조 제4항, 헌재법 제55조).

현행 헌법은 청구권자를 정부로 국한시키고 있다.[62] 여기서 정부라 함은 입법부·사법부와 대등한 지위에 있는 "행정부"의 개념으로 사용된다. 정부의 정당해산심판의 청구는 국무회의의 필요적 심의사항이다(헌법 제89조 제14호).[63] 국무회의의 심의를 거치지 않은 정당해산심판의 청구는 부적법하다.

나. 청구행위의 법적 성격

정부의 청구권행사가 기속행위이냐(기속행위설) 자유재량행위이냐(자유재량행위설 또는 정치적 재량설)에 대해서 학설이 나누어지고 있다.[64] 독일의 판례와 다

60) 제46조(정당의 위헌여부에 대한 재판) ① 신청이 이유있는 것으로 밝혀진 경우에 연방헌법재판소는 정당이 위헌임을 확인한다. ② **이 확인은 정당의 법적 또는 조직적으로 독립한 부분에 한정시킬 수 있다.** ③ 이 확인에는 정당 또는 정당의 독립한 부분의 해산 및 그 대체조직의 결성금지를 부가하여야 한다. 그 밖에 이 경우 연방헌법재판소는 정당 또는 정당의 독립한 부분의 재산을 공익목적을 위하여 연방이나 지방(支邦)을 위해 몰수를 선고할 수 있다.

61) 최희수, "위헌정당해산제도에 관한 연구", 정당과 헌법질서 (심천계희열박사 화갑기념논문집), 박영사, 1995, 469-470면. 同旨, 허영, 헌법소송법론, 박영사, 2020, 303면. 반면에, 중앙당과는 별개로 특정 시·도당 등 부분조직의 독자적인 활동이 민주적 기본질서에 위배될 경우 이 특정 부분조직에 대한 독립적인 해산심판청구의 가능성을 굳이 배제할 필요는 없다는 견해로 정연주, 헌법소송론, 법영사, 2019, 225면. 같은 취지로 이성환외, 전게연구(2004), 259면. 신평, 전게서(2011), 507면.

62) 반면에 독일에서는 **연방정부** 외에 **연방의회**(Bundestag)와 **연방참사원**(Bundesrat)도 심판청구를 할 수 있고, **주(Land)정부**는 그 주의 영역 안에서만 조직을 갖는 정당에 대해서 심판청구할 수 있다(연방헌법재판소법 제43조 참조).

63) 정부가 심판청구를 취하할 때에도 국무회의의 심의를 거쳐야 할 것이다. 정연주, 전게서(2019), 239면 ; 김하열, 헌법소송법, 박영사, 2018, 750면.

64) 그 밖에 '기속재량행위설'이 있다. 이는 정당해산심판청구권의 행사는 기본적으로 정부의 재량에 속하지만, 정당해산심판제도가 가지는 헌법보호의 기능에 비추어 볼 때, 헌법을 보

수설에 의하면 정부가 위헌정당의 해산심판을 청구하는 것은 정치적 재량에 속하는 일로서 정부의 기속적인 의무는 아니라고 한다.[65] 이에 의하면 청구여부, 청구시기 등의 결정은 정부의 정치적 판단에 달려 있다.

다. 청구절차

국무회의가 위헌정당해산심판의 청구를 의결하면 법무부장관이 정부를 대표해서 정당해산의 심판청구서를 헌법재판소에 제출해야 한다(헌재법 제25조 제1항). 우리 헌법재판소에 청구된 최초의 정당해산심판사건은 2013.11.5. 접수되어 2014.12.19. 선고된 "2013헌다1 통합진보당 해산"이다.[66]

심판청구서에는 해산을 요구하는 정당의 표시, 청구이유를 명시하여야 한다(헌재법 제56조). 또한 정당해산심판의 청구서에는 정당해산의 제소에 관하여 국무회의의 심의를 거쳤음을 증명하는 서류를 붙여야 하고, 중앙당등록대장 등본 등 피청구인이 정당해산심판의 대상이 되는 정당임을 증명할 수 있는 자료를 붙여야 한다(헌법재판소심판규칙 제65조). 정당해산심판에도 일사부재리의 원칙이 적용되기 때문에(헌재법 제39조), 헌법재판소의 정당해산여부의 결정 후에 정부는 동일한 정당을 동일한 사유로 재차 제소할 수 없다.

제5절 탄핵심판

1. 탄핵의 대상과 사유

가. 탄핵의 대상이 되는 공직자

현행헌법 제65조 제1항과 법 제48조는 탄핵의 대상이 되는 공직자로서 대통

호하기 위해서는 위헌정당을 방치하는 것이 위험하다고 객관적으로 판단되는 경우에는 재량의 여지는 소멸되고, 정부에게는 해당 정당에 대한 해산심판을 헌법재판소에 청구하여야 하는 법적 의무가 발생한다고 보는 입장이다. 신평, 전게서(2011), 507면 ; 정종섭, 전게서(2019), 472-474면.

65) 이성환외, 전게연구(2004), 169면 ; 김하열, 전게서(2018), 747면.

66) 한편, 같은 날 2013헌사907호로 "정당활동정지 가처분신청"도 접수되었는데, 위 본안에 대한 결정선고(통합진보당 해산)와 함께 이 신청사건은 기각되었다.

령,[67] 국무총리, 국무위원, 행정각부의 장, 헌법재판소 재판관,[68] 법관,[69] 중앙선거관리위원회 위원, 감사원장, 감사위원 기타 법률이 정하는 공무원을 들고 있다. 헌법재판소 재판관이 탄핵대상이 되는 경우에는 재판관 3인 이상을 동시에 소추할 수 없다(헌재법 제23조 제1항, 제50조). '기타 법률이 정하는 공무원'에는 현행법상 검사(검찰청법 제37조),[70] 경찰청장(경찰법 제11조 제6항),[71] 각급 선거관리위원회 위원(선거관리위원회법 제9조 제2호),[72] 방송통신위원회 위원장(방송통신위원회의 설치 및 운영에 관한 법률 제6조)[73]이 여기에 속한다.

나. 탄핵의 사유

헌법 제65조 제1항과 헌재법 제48조는 탄핵의 사유를 탄핵의 대상이 되는 공직자에 따라 달리 규정하지 않고, "그 직무집행에 있어서 헌법이나 법률을 위배한 때"라고 하여 이를 포괄적으로 규정하고 있다. 그리하여 특히 우리 헌법상 대통령에 대한 탄핵사유는 세계 어느 나라보다도 그 요건이 폭넓게 규정되어 있다.[74]

67) 대통령 권한대행의 경우에도 탄핵소추의 대상이 된다는 의견으로 정종섭, 전게서(2019), 434면 ; 송기춘, "우리 헌법상 대통령 탄핵제도에 관한 소고", 공법연구 제32집 제5호, 한국공법학회, 2004.6, 416면.

68) 독일은 연방헌법재판소 재판관을 탄핵의 대상에서 제외하는 대신, 재판관의 직에 근무할 수 없는 중대한 의무위반행위 등의 특정한 사유가 있을 때 연방헌법재판소 전원합의체(Plenum)의 결정으로 절차를 개시하여 재판관 3분의 2의 찬성으로 재판관 파면의 권한을 연방대통령에게 수권할 수 있도록 하고 있다. 김하열, "탄핵심판에 관한 연구", 박사학위논문, 고려대학교 대학원, 2005.12, 111면.

69) 군사법원법상의 군판사는 군사법원의 "재판관"일 뿐, 탄핵대상인 "법관"이라고 할 수 없다는 견해로 김하열, 전게논문(2005.12), 110면 참조.

70) 검찰청법 제37조(신분보장) 검사는 탄핵이나 금고 이상의 형을 선고받은 경우를 제외하고는 파면되지 아니하며, 징계처분이나 적격심사에 의하지 아니하고는 해임·면직·정직·감봉·견책 또는 퇴직의 처분을 받지 아니한다.

71) 경찰법 제11조(경찰청장) ⑥ 경찰청장이 그 직무집행에 있어서 헌법이나 법률을 위배한 때에는 국회는 탄핵소추를 의결할 수 있다.

72) 선거관리위원회법 제9조(위원의 해임사유) 각급선거관리위원회의 위원은 다음 각호의 1에 해당할 때가 아니면 해임·해촉 또는 파면되지 아니한다.
2. 탄핵결정으로 파면된 때

73) '방송통신위원회의 설치 및 운영에 관한 법률' 제6조(위원장) ⑤ 국회는 위원장이 그 직무를 집행하면서 헌법이나 법률을 위배한 때에는 탄핵의 소추를 의결할 수 있다.

74) 송기춘, 전게논문(2004.6), 429면. 헌재 2017.3.10. 2016헌나1 : "헌법은 탄핵소추 사유를 '헌법이나 법률을 위배한 경우'라고 명시하고 헌법재판소가 탄핵심판을 관장하게 함으로써 탄핵절차를 정치적 심판절차가 아닌 규범적 심판절차로 규정하고 있다. 탄핵제도는 누구도 법 위에 있지 않다는 법의 지배 원리를 구현하고 헌법을 수호하기 위한 제도이다. 국민에 의하여 직접 선출된 대통령을 파면하는 경우 상당한 정치적 혼란이 발생할 수 있지만 이는 국가공동

(1) 직무집행의 의미

여기서 직무란 법제상 소관직무의 고유업무 및 통념상 이와 관련된 업무를 말한다. 따라서 직무상의 행위란, 법령·조례 또는 행정관행·관례에 의하여 그 지위의 성질상 필요로 하거나 수반되는 모든 행위나 활동을 의미한다.[75] 따라서 직무취임 전이나 퇴직 후의 행위는 탄핵의 사유가 되지 아니한다. 헌법재판소도, "헌법 제65조 제1항은 '대통령 (…)이 그 직무집행에 있어서'라고 하여, 탄핵사유의 요건을 '직무'집행으로 한정하고 있으므로, 위 규정의 해석상 대통령의 직위를 보유하고 있는 상태에서 범한 법위반 행위만이 소추사유가 될 수 있다고 보아야 한다. 따라서 당선후 취임시까지의 기간에 이루어진 대통령의 행위도 소추사유가 될 수 없다. 비록 이 시기 동안 '대통령직 인수에 관한 법률'에 따라 법적 신분이 '대통령당선자'[76]로 인정되어, 대통령직의 인수에 필요한 준비작업을 할 수 있는 권한을 가지게 되나 이러한 대통령당선자의 지위와 권한은 대통령의 직무와는 근본적인 차이가 있고,[77] 이 시기 동안의 불법정치자금 수수 등의 위법행위는 형사소추의 대상이 되므로,[78] 헌법상 탄핵사유에 대한 해석을 달리할 근거가 없다." 고 하였다.[79] 탄핵소추절차가 개시된 이후에 탄핵소추를 면탈하게 하기 위하여 임명권자가 피소추자를 전직(轉職)시킨 경우에는, 전직 이전의 행위는 현직중의

체가 자유민주적 기본질서를 지키기 위하여 불가피하게 치러야 하는 민주주의의 비용이다."

75) 이에 따라 대통령의 직무상 행위는 법령에 근거한 행위뿐만 아니라, '대통령의 지위에서 국정수행과 관련하여 행하는 모든 행위'를 포괄하는 개념으로서, 예컨대 각종 단체·산업현장 등 방문행위, 준공식·공식만찬 등 각종 행사에 참석하는 행위, 대통령이 국민의 이해를 구하고 국가정책을 효율적으로 수행하기 위하여 방송에 출연하여 정부의 정책을 설명하는 행위, 기자회견에 응하는 행위 등을 모두 포함한다.(헌재 2004.5.14. 2004헌나1 결정)

76) '대통령직 인수에 관한 법률'은 "대통령당선인"으로 부르고 있다.

77) 이에 대하여 권영성 교수는 대통령 당선전의 행위는 탄핵소추의 사유가 되지 아니하나, **대통령당선자**는 당선자결정과 동시에 '대통령직 인수에 관한 법률'의 규정에 따라 갖가지 헌법적 권한을 행사하고 헌법적 보호와 예우를 받게 되므로, 당선자신분을 취득한 이후에 행하는 행위는 '직무집행과 관련된 것'으로 간주되어 탄핵소추의 사유가 될 수 있다고 한다. 권영성, 헌법학원론, 법문사, 2010, 916면. 나아가 대통령의 임기 개시 전이라도 그것이 대통령이 되기 위한 **당내경선, 대통령선거과정, 또는 대통령직 인수과정**에서의 위헌 또는 위법행위라면 '직무부수행위'로서 직무집행에 속하는 것으로 판단해야 할 것이라는 견해로 송기춘, 전게논문(2004.6), 421면 참조.

78) 헌법 제84조는 "대통령은 내란 또는 외환의 죄를 범한 경우를 제외하고는 **재직중** 형사상의 소추를 받지 아니한다."고 규정하고 있다.

79) 헌재 2004.5.14. 2004헌나1 결정.

행위로 보아야 할 것이다. 이 경우 탄핵결정을 받게 되면 현직에서 파면된다.

(2) '헌법이나 법률을 위배한 때'의 의미

여기서 "헌법"이라 함은 형식적 의미의 헌법뿐만 아니라 헌법적 관행도 포함한다. 따라서 헌법상의 명문규정은 물론이고, 합리적 해석에 의하여 파악할 수 있는 헌법상의 기본원칙뿐만 아니라 판례나 관행에 의하여 확립된 불문헌법도 이에 해당한다. 헌법재판소는 노무현 대통령에 대한 탄핵사건에서 헌법 제66조 제2항(헌법수호 책무), 제69조(취임선서에 의한 의무)에 규정된 대통령의 "헌법을 준수하고 수호해야 할 의무"도 법적 탄핵사유로 인정하였다.[80] 이에 대하여는, 헌법 제66조나 제69조를 대통령에 대한 무제한한 탄핵의 근거로 삼는다면, 이는 동 조항과 같은 포괄적 탄핵근거조항의 적용을 받지 않는 다른 탄핵대상자에 비하여 대통령을 탄핵에 보다 취약하게 만드는 것으로서 형평에 맞지 않을 뿐만 아니라 대통령의 지위, 대통령 탄핵에 있어 가중정족수를 요구하는 우리 헌법의 취지에도 반한다는 견해가 있다.[81]

"법률"도 형식적 의미의 법률뿐만 아니라 법률과 동등한 효력을 가지는 국제조약, 일반적으로 승인된 국제법규 그리고 긴급명령, 긴급재정경제명령 등도 포함된다. 헌법이나 법률을 위배한 때에 국한되기 때문에,[82] 위법차원이 아닌 부당

---

80) 헌재 2004.5.14. 2004헌나1 결정. [그런데 박근혜 대통령 탄핵사건에서는 헌법 제69조 중 '대통령으로서의 직책을 성실히 수행할' 의무 위배여부는 탄핵심판의 대상이 될 수 없다고 하였다. 헌재 2017.3.10. 2016헌나1 : "대통령의 '**직책을 성실히 수행할 의무**'는 헌법적 의무에 해당하지만, '**헌법을 수호해야 할 의무**'와는 달리 규범적으로 그 이행이 관철될 수 있는 성격의 의무가 아니므로 원칙적으로 사법적 판단의 대상이 되기는 어렵다. 대통령이 임기 중 성실하게 직책을 수행하였는지 여부는 다음 선거에서 국민의 심판의 대상이 될 수 있다. 그러나 대통령 단임제를 채택한 현행 헌법 하에서 대통령은 법적으로뿐만 아니라 정치적으로도 국민에 대하여 직접적으로는 책임을 질 방법이 없고, 다만 대통령의 성실한 직책수행 여부가 간접적으로 그가 소속된 정당에 대하여 정치적 반사이익 또는 불이익을 가져다 줄 수 있을 뿐이다."]

81) 김하열, 전게논문(2005.12), 144-145면.

82) 다만, 헌법재판소는 국회가 탄핵소추의결서에서 그 위반을 주장하는 '법규정의 판단'에 관하여 원칙적으로 구속을 받지 않으므로, 청구인이 그 위반을 주장한 법규정 외에 다른 관련 법규정에 근거하여 탄핵의 원인이 된 사실관계를 판단할 수 있다. 또한, 헌법재판소는 소추사유의 판단에 있어서 국회의 탄핵소추의결서에서 분류된 소추사유의 체계에 의하여 구속을 받지 않으므로, 소추사유를 어떠한 연관관계에서 법적으로 고려할 것인가의 문제는 전적으로 헌법재판소의 판단에 달려 있다.(헌재 2004.5.14. 2004헌나1 결정 ; 헌재 2017.3.10. 2016헌나1 결정)

한 정책결정행위나 정치적 무능력으로 야기되는 행위 등은 탄핵의 사유가 되지 아니한다.[83] 헌법과 법률을 "위배"하였다 함은 주로 직무집행에 있어서 헌법과 법률상의 권한을 유월하거나 작위·부작위의무를 이행하지 않는 것을 의미한다. 헌법이나 법률을 위반한 행위를 명시적으로 예시한 입법례도 있으나,[84] 우리 헌법은 이를 구체적으로 적시하지 않고 단지 포괄적으로 규정해 둠으로써 해석론에 맡겨 두고 있다.[85]

2. 탄핵의 소추

가. 탄핵소추의 발의

(1) 국회재적의원 3분의 1 이상 또는 과반수의 발의

탄핵소추는 국회재적의원 3분의 1 이상의 발의로 한다. 다만, 대통령에 대한 탄핵소추 발의만은 국회재적의원 과반수의 발의가 있어야 한다(헌법 제65조 제2항). 탄핵소추의 발의가 있은 때에는 국회의장은 발의된 후 처음 개의하는 본회의에 보고하고 본회의는 의결로 법제사법위원회에 회부하여 조사하게 할 수 있다(국회법 제130조 제1항). 법제사법위원회가 탄핵소추의 발의를 회부받았을 때에는 지체없이 조사·보고하여야 하고, 그 조사에 있어서는 '국정감사 및 조사에 관한 법률'이 규정하는 조사의 방법 및 조사상의 주의의무규정이 준용된다(국회법 제131조 제1항, 제2항).

---

83) 헌재 2004.5.14. 2004헌나1 결정.

84) 예컨대 미국의 경우, 연방헌법 제2조 제4항 제1절에서 "대통령, 부통령 및 미연방의 모든 공무원은 반역죄, 수뢰죄 기타의 중대한 범죄와 비행(treason, bribery, or other high crimes and misdemeanors)에 의해 탄핵되어 유죄판정을 받는 경우에는 파면된다."고 규정하고 있다.

85) 이러한 현행 (헌)법의 태도에 대하여는 "현재의 제도를 평가하자면, 우선 현행 제도는 탄핵제도가 제 기능을 발휘할 수 없을 만큼 억제된 형태를 띠고 있다. 파면의 실체적 요건인 위법행위에 '직무관련성'을 추가하는 것은 비교법적으로 찾아보기 어렵다. 직무관련성의 추가로 인하여 탄핵의 사유는 현저하게 축소되어 있고, 국정운영은 그만큼 왜곡된다. 헌법재판소는 이런 직무관련성이 가지는 제도왜곡의 위험을 인정하고 직무관련성을 덜 엄격하게 해석하고 있으나 직무관련성이라는 요소가 탄핵제도를 왜곡하기는 마찬가지다. 직무관련성을 폐지하고, 탄핵사유가 되는 불법행위를 구체적으로 적시하는 것이 타당하다."고 비판하는 견해가 있다. 정종섭, "탄핵심판에 있어 헌법재판소의 탄핵여부결정권", 헌법실무연구 제6권, 박영사, 2005.12, 212-213면.

(2) 적법절차원칙의 적용여부

헌법재판소는 노무현 대통령에 대한 탄핵심판 사건에서, "국회가 탄핵소추를 하기 전에 소추사유에 관하여 충분한 조사를 하는 것이 바람직하나, ① 국회법 제130조 제1항에 의하면 '탄핵소추의 발의가 있은 때에는 (…) 본회의는 의결로 법제사법위원회에 회부하여 조사하게 할 수 있다'고 하여, 조사의 여부를 국회의 재량으로 규정하고 있으므로 이 사건에서 국회가 별도의 조사를 하지 않았다 하더라도 헌법이나 법률을 위반하였다고 할 수 없고, 한편 ② 국회의 탄핵소추절차는 국회와 대통령이라는 헌법기관 사이의 문제이고 국회의 탄핵소추의결에 의하여 사인으로서의 대통령의 기본권이 침해되는 것이 아니라 국가기관으로서의 대통령의 권한행사가 정지되는 것이어서, 국가기관이 국민과의 관계에서 공권력을 행사함에 있어서 준수해야 할 법원칙으로서 형성된 적법절차의 원칙을 국가기관에 대하여 헌법을 수호하고자 하는 탄핵소추절차에는 직접 적용할 수 없다고 할 것이고, ③그 외 달리 탄핵소추절차와 관련하여 피소추인에게 의견진술의 기회를 부여할 것을 요청하는 명문의 규정도 없다."는 이유로,[86] "피청구인에게 혐의사실을 정식으로 고지하지도 않았고 의견제출의 기회도 부여하지 않았으므로 적법절차원칙에 위반된다."는 피청구인의 주장을 배척하였다.[87][88]

---

86) 참고로, 행정절차법은 "국회 또는 지방의회의 의결을 거치거나 동의 또는 승인을 얻어 행하는 사항"에 대하여는 적용되지 않는다.(동법 제3조 제2항 제1호)

87) 헌재 2004.5.14. 2004헌나1 결정. 同旨, 헌재 2017.3.10. 2016헌나1 결정. [한편, 헌법재판소는 헌재 2008.1.17. 2007헌마700 사건에서, "각급 선거관리위원회의 의결을 거쳐 행하는 사항에 대하여는 원칙적으로 행정절차에 관한 규정이 적용되지 않는바(행정절차법 제3조 제2항 제4호), 이는 **권력분립의 원리**와 **선거관리위원회 의결절차의 합리성**을 고려한 것으로 보인다. 또한 선거운동의 특성상 선거법 위반행위인지 여부와 그에 대한 조치는 가능하면 신속하게 결정되어야 할 뿐 아니라, 선거관리위원회법 제14조의2의 조치가 위반행위자에 대하여 종국적 법률효과를 발생시키는 것도 아니므로, 위반행위자에게 의견진술의 기회를 보장하는 것이 반드시 필요하거나 적절하다고 보기는 어렵다. 이와 같이 선거관리의 특성, 이 사건 조치가 규율하는 행위의 성격, 이 사건 조치의 제재효과 및 기본권침해의 정도 등을 종합하여 볼 때, 청구인에게 이 사건 조치 전에 의견진술의 기회를 부여하지 않은 것이 적법절차원칙에 어긋나서 청구인의 기본권을 침해한다고 볼 수 없다."고 판시한 바 있다.]

88) 이에 대하여는, 헌법재판소가 적법절차원칙을 국가공권력과 국민과의 관계에서 요구되는 절차인 것으로 제한적으로 보고 있는 점에서 심각한 문제점이 있다는 비판이 있다. 즉, 적법절차원칙은 '**형사절차적 적법성**의 보장원리'에서 출발하였지만 오늘날에는 모든 국가작용, 즉 '**입법절차적 적법성**의 보장원리'는 물론이고 '**행정절차적 적법성**의 보장원리'로까지 발전한 것으로서, 여기에서 입법절차는 협의의 법률제정 절차만을 의미하는 것이 아니라 국회의 모든 의결절차를 의미하기 때문이라는 것이다{이승우, "대통령 노무현에 대한 탄핵심판결정의 평석",

(3) 탄핵사유의 시효 및 일사부재리

현행법은 탄핵사유의 시효에 관하여는 규정하고 있지 않으므로, 국회는 탄핵대상자가 공직에 있는 한 언제든지 탄핵소추를 발의할 수 있다고 할 것이다.[89] 이에 대하여는, 장기간 복무가 예정된 법관이나 검사의 경우 아무리 오래 전에 저지른 법위반행위에 대하여도 탄핵소추가 발동될 수 있다고 하는 것은 이들의 신분안정성을 위해서나, 오래된 사실관계에 대한 조사와 판단의 어려움이라는 시효제도의 관점에서 볼 때, 적정한 기간으로 시효를 설정하는 것이 타당할 것이라는 견해[90]가 있다. 한편, 이미 헌법재판소에서 탄핵심판을 받은 사건은 일사부재리 원칙에 의하여(헌재법 제39조) 국회에서 다시 소추발의의 대상이 될 수 없다.

나. 탄핵소추의 의결

(1) 국회재적의원 과반수 또는 3분의 2 이상 찬성

탄핵소추의 의결은 국회재적의원 과반수의 찬성이 있어야 한다. 다만, 대통령에 대한 탄핵소추 의결만은 국회재적의원 3분의 2 이상의 찬성이 있어야 한다(헌법 제65조 제2항). 국회 본회의가 조사를 위하여 법제사법위원회에 회부하기로 의결하지 아니한 때에는 본회의에 보고된 때로부터 24시간 이후 72시간 이내에 탄핵소추의 여부를 무기명투표로 표결한다. 이 기간내에 표결하지 아니한 때에는 그 탄핵소추안은 폐기된 것으로 본다(국회법 제130조 제2항). 본회의의 탄핵소추의 의결은 피소추자의 성명·직위 및 탄핵소추의 사유를 표시한 문서(소추의결서)[91]로 하여야 한다

헌법판례연구[6], 박영사, 2004, 269면}. 또한 이러한 입장은 적법절차원칙이 "형사절차상의 제한된 범위 내에서만 적용되는 것이 아니라, 국가작용으로서 기본권제한과 관련되든 아니든 모든 입법작용 및 행정작용에도 광범위하게 적용된다."고 한 헌법재판소의 기존 판례들(헌재 1992.12.24. 92헌가8 ; 헌재 1998.5.28. 96헌바4 결정 ; 헌재 2001.11.29. 2001헌바41 결정)과 저촉될 뿐만 아니라, 탄핵절차든 징계절차든 공직자가 직무상 위법행위로 피혐의자의 신분이 될 경우 그는 국가기관 담당자로서의 지위와 개인의 지위를 겸유하고 있다는 점을 간과한 것이고, 같은 논리라면 징계절차에 회부된 법관이나 검사, 그 밖의 모든 공무원들에 대하여 적법절차적 보장이 전혀 불필요하다는 것이 되는데 이는 법치주의원리에 비추어 용납될 수 없다는 비판{김하열, 전게논문(2005.12), 162면}이 있었다.

89) 독일의 경우, 탄핵소추는 소추권 있는 기관이 탄핵소추의 기초가 되는 사실을 안 때로부터 3월 이내에 제기해야 한다.(연방헌법재판소법 제50조)

90) 김하열, 전게논문(2005.12), 165면.

91) 헌재 2017.3.10. 2016헌나1 : "소추의결서에는 피청구인이 방어권을 행사할 수 있고 헌법재판소가 심판대상을 확정할 수 있을 정도로 사실관계를 구체적으로 기재하면 된다. (…) 탄핵소

(국회법 第133조). 헌법재판소는 노무현 대통령에 대한 탄핵심판 사건에서, '국회의 탄핵소추의결 과정에서 질의 및 토론절차를 생략하였으므로 부적법한 심판청구'라는 피청구인의 주장에 대하여, "국회법 제93조는[92] '본회의는 안건을 심의함에 있어서 질의·토론을 거쳐 표결할 것'을 규정하고 있으므로 탄핵소추의 중대성에 비추어 국회내의 충분한 질의와 토론을 거치는 것이 바람직하다. 그러나 법제사법위원회에 회부되지 않은 탄핵소추안에 대하여 '본회의에 보고된 때로부터 24시간 이후 72시간 이내에 탄핵소추의 여부를 무기명투표로 표결한다'고 규정하고 있는 국회법 제130조 제2항을 탄핵소추에 관한 특별규정인 것으로 보아, '탄핵소추의 경우에는 질의와 토론 없이 표결할 것을 규정한 것'으로 해석할 여지가 있기 때문에, 국회의 자율권과 법해석을 존중한다면 이러한 법해석이 자의적이거나 잘못되었다고 볼 수 없다."고 판시하였다.[93]

이에 대하여는, 국회법 제130조는 탄핵소추안을 법제사법위원회에 회부하여 조사하게 할 것인가의 특칙, 즉 위원회중심주의를 규정한 국회법 제81조 제1항[94]에 대한 특칙일 뿐, 질의·토론에 관한 제93조의 특칙이 아니며, 대통령에 대한 탄핵소추안은 국가적으로 대단히 중요한 안건인데, 이러한 안건에 관하여 법제사법위원회에 의한 조사와 보고절차를 생략하고서 다시 질의와 토론마저 생략한 채 표결한다는 것은, 국회 의사결정의 정당성을 담보할 수 있는 최소한의 요건마저 흠결하게 되므로 질의와 토론은 생략할 수 없다는 비판[95]이 있었다. 한편 헌법재판소는 박근혜 대통령에 대한 탄핵심판 사건에서는, "피청구인은, 이 사건 소추의결은 아무런 토론 없이 진행되었으므로 부적법하다고 주장한다. 탄핵소추의 중대성에 비추어 소추의결을 하기 전에 충분한 찬반토론을 거치는 것이 바람직하다.

추사유도 그 대상 사실을 다른 사실과 명백하게 구분할 수 있을 정도의 구체적 사정이 기재되면 충분하다."

92) 제93조(안건심의) 본회의는 안건을 심의함에 있어서 그 안건을 심사한 위원장의 심사보고를 듣고 질의·토론을 거쳐 표결한다. 다만, 위원회의 심사를 거치지 아니한 안건에 대하여는 제안자가 그 취지를 설명하여야 하고, 위원회의 심사를 거친 안건에 대하여는 의결로 질의와 토론 또는 그 중의 하나를 생략할 수 있다.

93) 헌재 2004.5.14. 2004헌나1 결정.

94) 제81조(상임위원회 회부) ① 의장은 의안이 발의 또는 제출된 때에는 이를 인쇄하거나 전산망에 입력하는 방법으로 의원에게 배부하고 본회의에 보고하며, 소관상임위원회에 회부하여 그 심사가 끝난 후 본회의에 부의한다. 다만, 폐회 또는 휴회 등으로 본회의에 보고할 수 없을 때에는 이를 생략하고 회부할 수 있다.

95) 김하열, 전게논문(2005.12), 172면.

그러나 국회법에 탄핵소추안에 대하여 표결 전에 반드시 토론을 거쳐야 한다는 명문 규정은 없다. 또 본회의에 상정된 안건에 대하여 토론하고자 하는 의원은 국회법 제106조에 따라 미리 찬성 또는 반대의 뜻을 의장에게 통지하고 얼마든지 토론할 수 있는데, 이 사건 소추의결 당시 토론을 희망한 의원이 없었기 때문에 탄핵소추안에 대한 제안설명만 듣고 토론 없이 표결이 이루어졌을 뿐, 의장이 토론을 희망하는 의원이 있었는데도 고의로 토론을 못하게 하거나 방해한 사실은 없다. 따라서 피청구인의 이 부분 주장도 받아들일 수 없다."고 판시하였다.[96]

(2) 의결방법

헌법재판소에 따르면, 탄핵소추의결은 개별 사유별로 이루어지는 것이 국회의원들의 표결권을 제대로 보장하기 위해서 바람직하나 우리 국회법상 이에 대한 명문규정이 없으며, 다만 국회법 제110조[97]는 국회의장에게 표결할 안건의 제목을 선포하도록 규정하고 있을 뿐이고 이 조항에 따르면 탄핵소추안의 안건의 제목을 어떻게 잡는가에 따라 표결범위가 달라질 수 있으므로, 여러 소추사유들을 하나의 안건으로 표결할 것인지 여부는 기본적으로 표결할 안건의 제목설정권을 가진 국회의장에게 달려 있다.[98] 또한 헌법재판소는 사법기관으로서 원칙적으로 탄핵소추기관인 국회의 탄핵소추의결서에 기재된 소추사유에 의하여 구속을 받는다. 따라서 헌법재판소는 탄핵소추의결서에 기재되지 아니한 소추사유를 판단의 대상으로 삼을 수 없다.[99]

(3) 재량행위

헌법 제65조 제1항은 "대통령 (…)이 그 직무집행에 있어서 헌법이나 법률을 위배한 때에는 국회는 탄핵의 소추를 의결할 수 있다."고 규정함으로써 명문규정상 국회의 탄핵소추의결이 국회의 재량행위임을 밝히고 있고, 헌법해석상으로도 국정통제를 위하여 헌법상 국회에게 인정된 다양한 권한 중 어떠한 것을 행사하는 것이 적절한 것인가에 대한 판단권은 오로지 국회에 있다고 보아야 할 것이다.[100]

96) 헌재 2017.3.10. 2016헌나1 결정.

97) 제110조(표결의 선포) ① 표결할 때에는 의장이 표결할 안건의 제목을 의장석에서 선포하여야 한다. ② 의장이 표결을 선포한 후에는 누구든지 그 안건에 관하여 발언할 수 없다.

98) 헌재 2004.5.14. 2004헌나1 결정.

99) 헌재 2004.5.14. 2004헌나1 결정.

100) 헌재 1996.2.29. 93헌마186 (국회의 탄핵소추 부작위) 결정.

제2장

위헌심사기준

헌법재판소는 국민의 기본권을 침해하는 법령 및 행정행위에 대하여 그 규율대상 및 침해되는 기본권의 유형에 따라 다양한 종류의 위헌심사기준을 적용해 왔다. 이 장에서는 이러한 위헌심사기준을, 형식의 합헌성[1]에 관련된 위헌심사기준과 내용의 합헌성에 관련된 위헌심사기준 그리고 기타의 위헌심사기준[2]으로 나누어, 헌법재판소의 판례를 중심으로 각각 8개씩 살펴보기로 한다.

제1절 형식의 합헌성에 관한 심사기준

1. 명확성원칙

가. 일반적 명확성원칙

법령을 명확한 용어로 규정할 것을 요구하는 명확성원칙은 민주주의와 법치주의의 원리에 기초하여 모든 기본권 제한입법에 요구되는 원칙이다.[3] 법규범이 명확한지 여부는 ① 그 법규범이 수범자에게 법규의 의미내용을 알 수 있도록 공정한 고지를 하여 예측가능성을 주고 있는지 여부 및 ② 그 법규범이 법을 해석·집행하는 기관에게 충분한 의미내용을 규율하여 자의적인 법해석이나 법집행이 배제되는지 여부에 따라 판단할 수 있다.[4] 그러나 이러한 명확성의 원칙을 기계적으로 관철하도록 요구하는 것은 언어적 내지 입법기술적 한계로 인하여 불가능하거나 현저히 곤란하므로, 비록 해당 문언 자체만으로 일의적인 해석이 힘든 경우라 하더라도 당해 법률의 입법목적, 규범의 연혁적 내지 체계적 구조 등을 고려하여 합리적인 해석이 가능하다면 이는 법관의 보충적 해석을 통하여

---

1) 다만, 형식의 합헌성이나 내용의 합헌성이라는 구분은 그 자체로 의미가 있는 것은 아니다. 따라서 답안지에 이러한 구분에 따라 답안의 내용을 작성할 필요는 없다.

2) 이는 변호사시험에서 그 적용가능성이 상대적으로 작다고 생각되는 영역의 위헌심사기준을 모은 것이다.

3) 헌재 2018.2.22. 2016헌바401 결정. [헌재 2001.6.28. 99헌바34 : "명확성의 원칙은 헌법상 내재하는 **법치국가원리**로부터 파생될 뿐만 아니라, 국민의 자유와 권리를 보호하는 기본권보장으로부터도 나온다. 헌법 제37조 제2항에 의거하여 국민의 자유와 권리를 제한하는 법률은 명확하게 규정되어야 한다." 헌재 2017.7.27. 2015헌바286 : "명확성원칙은 **법치국가원리**의 한 표현으로서 기본권을 제한하는 법규범의 내용은 명확하여야 한다는 헌법상 원칙이다."]

4) 헌재 2012.11.29. 2010헌바454 결정.

규범내용이 확정될 수 있는 것이므로 헌법상 명확성원칙에 반한다고 할 수 없다.[5] 그리고 수범자에 대한 행위규범으로서의 법령이 명확하여야 한다는 것은 일반 국민 누구나 그 뜻을 명확히 알게 하여야 한다는 것을 의미하지는 않고, 사회의 평균인이 그 뜻을 이해하고 위반에 대한 위험을 고지받을 수 있을 정도면 충분하며, 일정한 신분 내지 직업 또는 지역에 거주하는 사람들에게만 적용되는 법령의 경우에는 그 사람들 중의 평균인을 기준으로 하여 판단하여야 한다.[6]

나. 죄형법정주의상의 명확성원칙

헌법 제12조 및 제13조를 통하여 보장되는 죄형법정주의원칙은 범죄와 형벌이 법률로 정하여져야 함[7][8]을 의미하며, 이러한 죄형법정주의에서 파생되는 명확성원칙은 법률이 처벌하고자 하는 행위가 무엇이며 그에 대한 형벌이 어떠한 것인지를 누구나 예견할 수 있고, 그에 따라 자신의 행위를 결정할 수 있도록 구성요건을 명확하게 규정해야 하는 것을 의미한다. 그러나 처벌법규의 구성요건이 명확하여야 한다고 하여 모든 구성요건을 단순한 서술적 개념으로 규정하여야 하는 것은 아니고,[9] 다소 광범위하여 법관의 보충적인 해석을 필요로 하는

---

5) 헌재 2010.4.29. 2007헌바40 결정.

6) 헌재 2012.2.23. 2009헌바34 결정.

7) 이를 '법률주의'라고 부르기도 한다. 헌재 2012.6.27. 2011헌마288 : "'법률이 없으면 범죄도 없고 형벌도 없다'라는 말로 표현되는 죄형법정주의는 법치주의, 국민주권 및 권력분립의 원리에 입각한 것으로서 일차적으로 무엇이 범죄이며 그에 대한 형벌이 어떠한 것인가는 반드시 국민의 대표로 구성된 입법부가 제정한 성문의 법률로써 정하여야 한다는 원칙이고, 헌법 제12조 제1항 후단도 '법률과 적법한 절차에 의하지 아니하고는 처벌……을 받지 아니한다'라고 규정하여 죄형법정주의를 천명하고 있는바, 여기서 말하는 '법률'이란 입법부에서 제정한 형식적 의미의 법률을 의미하는 것임은 물론이다." 그 밖에 죄형법정주의 위배여부를 판단함에 있어 법률주의와 명확성원칙을 각 심사기준으로 적용한 사례로 헌재 2012.8.23. 2011헌가22 결정(합헌), 헌재 2016.11.24. 2015헌가29 결정(위헌) 참조. [헌재 2019.5.30. 2018헌가12 : "회원을 호별로 방문하는 행위 등이 금지되는 기간은 형사처벌의 대상이 되는 범죄의 구성요건에 해당하는 사항으로, 이를 심판대상조항이 법률로 직접 규정하지 아니하고 새마을금고의 정관에 위임한 것이 죄형법정주의 중 법률주의에 위반되는지 여부가 문제된다."-위헌]

8) 헌재 2019.11.28. 2017헌바449 : "죄형법정주의의 법률주의는 특정한 범죄행위의 구체적 내용을 하위법령에서 형성하도록 허용하는 경우에도 형벌의 범위는 법률에 구체적으로 설정되어야 하고, 아울러 금지의 실질도 그 대강의 내용은 이미 법률에 의하여 설정되어 있을 것을 요구한다."

9) 한편, 어떤 행위가 법적인 구성요건을 충족시키는가 하는 것에 관하여 구체적인 사건에 있어서 의문이 있을 수 있다는 것은 형법규범의 일반성과 추상성에 비추어 불가피한 것이며, 그러한 사정만으로 형법규범이 불명확하다고 볼 수는 없다.(헌재 2010.3.25. 2009헌가2 결정 ;

개념을 사용하였다고 하더라도 건전한 상식과 통상적인 법감정을 가진 사람이 통상의 해석방법에 의하여 당해 처벌법규의 보호법익과 금지된 행위 및 처벌의 종류와 정도를 알 수 있도록 규정하였다면 헌법이 요구하는 처벌법규의 명확성에 배치되는 것이 아니다. 그렇지 않으면 처벌법규의 구성요건이 지나치게 구체적이고 정형적이 되어 부단히 변화하는 다양한 생활관계를 제대로 규율할 수 없게 될 것이기 때문이다.[10] 그리고 처벌규정에 대한 예측가능성 유무를 판단할 때는 당해 특정조항 하나만을 가지고 판단할 것이 아니고, 법률조항의 문언, 입법목적, 입법연혁, 체계적 구조 등을 종합적으로 고려하여 관련 법조항 전체를 종합 판단하여야 하며, 각 대상법률의 성질에 따라 구체적·개별적으로 검토하여야 한다.[11]

다. 소결

요컨대, 명확성원칙은 법규범의 의미내용이 불확실하면 법적안정성과 예측가능성을 확보할 수 없고 법집행 당국의 자의적인 법해석과 집행을 가능하게 한다는 것을 그 근거로 하므로, 예측가능성 및 자의적 법집행 배제가 확보되는지 여부에 따라 명확성원칙에 위반되는지 여부를 판단할 수 있다. 법규범의 의미내용은 법규범의 문언뿐만 아니라 입법목적이나 입법취지, 입법연혁, 그리고 법규범의 체계적 구조 등을 종합적으로 고려하는 해석방법에 의하여 구체화하게 된다.[12]

2. 법률유보원칙

가. 의의

국민의 기본권은 헌법 제37조 제2항에 의하여 국가안전보장, 질서유지 또는 공공복리를 위하여 필요한 경우에 한하여 이를 제한할 수 있으나 그 제한은 원칙적으로 법률로써만 가능하며, 제한하는 경우에도 기본권의 본질적 내용을 침해할 수 없고 필요한 최소한도에 그쳐야 한다. 이러한 법률유보의 원칙은 '법률에 의한' 규율만을 뜻하는 것이 아니라 '법률에 근거한' 규율을 요청하는 것이므

헌재 2011.9.29. 2010헌바66 결정)

10) 헌재 2004.11.25. 2004헌바35 결정.

11) 헌재 2009.2.26. 선고 2005헌바94등 결정.

12) 헌재 2005.6.30. 2002헌바83 결정 ; 헌재 2010.6.24. 2009헌바43 결정.

로 기본권제한의 형식이 반드시 법률의 형식일 필요는 없고 법률에 근거를 두면서 헌법 제75조[13]가 요구하는 위임의 구체성과 명확성을 구비하면 위임입법[14]에 의하여도 기본권제한을 할 수 있다.[15]

나. 의회유보(본질성이론)[16]

헌법은 법치주의를 그 기본원리의 하나로 하고 있고, 법치주의는 법률유보원칙, 즉 행정작용에는 국회가 제정한 형식적 법률의 근거가 요청된다는 원칙을 그 핵심적 내용으로 하고 있다. 나아가 오늘날의 법률유보 원칙은 단순히 행정작용이 법률에 근거를 두기만 하면 충분한 것이 아니라, "국가공동체와 그 구성원에게 기본적이고도 중요한 의미를 갖는 영역, 특히 국민의 기본권 실현에 관련된 영역에 있어서는 행정에 맡길 것이 아니라 국민의 대표자인 입법자 스스로 그 본질적 사항에 대하여 결정하여야 한다."는 요구, 즉 '의회유보' 원칙까지 내포하는 것으로 이해되고 있다. 이 때 입법자가 형식적 법률로 스스로 규율하여야 하는 사항이 어떤 것인가는 일률적으로 획정할 수 없고 구체적인 사례에서 관련된 이익 내지 가치의 중요성, 규제 내지 침해의 정도와 방법 등을 고려하여 개별적으로 결정할 수 있을 뿐이나 적어도 헌법상 보장된 국민의 자유나 권리를 제한할 때에는 그 제한의 본질적인 사항에 관한 한 입법자가 법률로써 스스로 규율하여야 할 것이다.[17]

---

13) 헌법 제75조는 "대통령은 법률에서 구체적으로 범위를 정하여 위임받은 사항과 법률을 집행하기 위하여 필요한 사항에 관하여 대통령령을 발할 수 있다."고 규정하고 있는데, '법률에서 구체적으로 범위를 정하여 위임받은 사항'에 관한 대통령령을 위임명령, '법률을 집행하기 위하여 필요한 사항'에 관한 대통령령을 집행명령이라고 부른다. **위임명령**을 제정할 수 있는 행정부의 권한은 헌법에 의하여 직접 부여되는 것이 아니라 입법자에 의한 별도의 명시적인 위임을 필요로 하는 반면, **집행명령**을 제정할 수 있는 행정부의 권한은 헌법에 의하여 직접 부여되고 있으므로 법률에 의한 별도의 위임을 필요로 하지 아니하며, 따라서 입법권 위임의 문제도 발생하지 아니한다. 한수웅, 헌법학, 법문사, 2020, 1260-1261면.

14) 이와 같이, 위임된 입법권에 의하여 이루어지는 행정입법은 '위임입법'으로, 입법자가 행정부에 자신의 입법권을 위임하는 것은 '입법위임'으로, 입법권을 위임하는 법률은 '위임법률' 또는 '수권법률'로 각 명확하게 구분하여 명칭해야 할 것이라는 견해로 한수웅, 전게서(2020), 1263면. 헌재 2017.9.28. 2016헌바140 결정에서는 "심판대상조항은 형벌의 구성요건 일부에 해당하는 축산물 가공방법의 기준을 고시에 위임하고 있는데, 이는 기본권을 제한하는 내용의 입법위임이다."라고 하여 위 제안과 같이 '입법위임'이라는 용어를 사용하고 있다.

15) 헌재 2005.2.24. 2003헌마289 결정 ; 헌재 2010.10.28. 2008헌마638 결정 ; 헌재 2016.4.28. 2012헌마549등 결정.

16) 헌재 2009.10.29. 2007헌바63 결정.

다. 법률이 입법사항을 고시 등 행정규칙에 위임하는 것이 허용되는지 여부

(1) 문제의 제기

행정규칙을 포함한 행정입법에의 위임(입법위임)은 행정관료의 전문성과 유연성을 적극적으로 활용할 수 있다는 장점이 있으나, 이러한 현상이 심화될수록 입헌민주주의의 기초인 의회주의, 권력분립주의, 법률유보의 원칙에 근본적인 침해를 가져올 우려가 있다. 의회가 단지 골격입법(skeleton legislation)만을 행하고 실질적인 법규의 내용을 국민의 대표기관이 아닌 행정부로 하여금 정하도록 한다면, 의회를 중심으로 하는 법정립기능 자체가 심각하게 훼손될 수 있다.[18] 그러나 사회적 변화에 대응한 입법수요의 급증과, 종래의 형식적 권력분립주의로는 현대사회에 대응할 수 없다는 '기능적 권력분립론'이 강조되면서 행정부에게 규범정립권한을 부여하는 것이 설득력을 얻고 있으며, 이렇게 위임입법(입법위임)의 사례가 크게 확대되는 것은 이미 전 세계적인 현상이라고 할 수 있다.[19] 이와 관련하여 헌법 제75조 및 제95조에서 규정하고 있는 법규명령(시행령, 시행규칙)[20]에의 위임뿐만 아니라 행정규칙(행정명령)에의 위임이 가능한지에 대하여 위헌 논란이 있다.

(2) 예시설(합헌론)[21]

오늘날 의회의 '입법독점주의'에서 '입법중심주의'로 전환하여 일정한 범위 내에서 행정입법을 허용하게 된 동기가 사회적 변화에 대응한 입법수요의 급증과 종래의 형식적 권력분립주의로는 현대사회에 대응할 수 없다는 기능적 권력분립론에 있다는 점 등을 감안하여 헌법 제40조와 헌법 제75조, 제95조의 의미를 살펴보면, 입법기관이 아닌 제2의 국가기관인 행정기관은 국회에서 법률 등으로 구체적인 범위를 정하여 위임한 사항에 관하여 법정립의 권한을 갖게 되고, 입법자가 규율의 형식을 선택할 수도 있다. 따라서 헌법이 인정하고 있는 위임입법의

17) 헌재 1999.5.27. 98헌바70 결정 ; 헌재 2009.2.26. 2008헌마370 결정 ; 헌재 2012.11.29. 2011헌마827 결정.

18) 이명웅, "위임입법의 위헌심사기준 및 위헌결정사례 분석", 저스티스 통권 제96호, 한국법학원, 2007, 65면.

19) 홍석한, "위임입법의 헌법적 한계에 관한 고찰", 공법학연구 제11권 제1호, 한국비교공법학회, 2010, 215면.

20) 헌법재판소는 보통 대통령령, 총리령, 부령 등을 법규명령이라고 부른다. 헌재 2006.12.28. 2005헌바59 결정 ; 헌재 2008.7.31. 2005헌마667 결정 ; 헌재 2012.2.23. 2009헌마318 결정.

21) 헌법재판소의 다수의견(법정의견)이다.

형식은 예시적인 것으로 보아야 할 것이고, 법률이 어떤 사항을 행정규칙에 위임하는 경우에 그 행정규칙은 위임된 사항만을 규율할 수 있는 것이므로, 국회입법의 원칙과 상치되지 않는다. 다만 행정규칙은 법규명령과 같은 엄격한 제정 및 개정절차를 요하지 아니하므로, 재산권 등과 같은 기본권을 제한하는 작용을 하는 법률이 입법위임을 할 때에는 대통령령·총리령·부령 등 법규명령에 위임함이 바람직하고, 고시와 같은 형식으로 입법위임을 할 때에는 적어도 ① 행정규제기본법 제4조[22] 제2항 단서에서 정한 바와 같이 법령이 전문적·기술적 사항이나 경미한 사항으로서 업무의 성질상 위임이 불가피한 사항에 한정된다 할 것이고, ② 그러한 사항이라 하더라도 포괄위임금지의 원칙상 법률의 위임은 반드시 구체적·개별적으로 한정된 사항에 대하여 행하여져야 할 것이다.[23]

(3) 열거설(위헌론)[24]

우리 헌법은 제40조에서 국회입법의 원칙을 천명하면서, 다만 헌법 제75조, 제95조, 제108조, 제113조 제2항, 제114조 제6항에서 법률의 위임을 받아 발할 수 있는 법규명령으로 대통령령, 총리령과 부령, 대법원규칙, 헌법재판소규칙, 중앙선거관리위원회규칙 등을 한정적으로 열거하고 있다. 그런데 우리 헌법은 그것에 저촉되는 법률을 포함한 일체의 국가의사가 유효하게 존립될 수 없는 경성헌법이므로 헌법에 규정된 원칙에 대하여는 헌법 자신이 인정하는 경우에 한하여 예외가 허용될 뿐 법률 또는 그 이하의 입법형식으로써 그 예외를 인정할 수는 없다. 즉, 우리 헌법과 같이 법규명령의 형식이 헌법상 확정되어 있고 구체적으로 법규명령의 종류·발령주체·위임범위·요건 등에 관한 명시적 규정이 있는 이상, 법률로써 그와 다른 종류의 법규명령을 창설할 수 없고, 더구나 그러한 법규사항을 행정규칙 기타 비법규명령에 위임하여서는 아니 된다. 결국 법률이 행

22) 제4조(규제법정주의) ① 규제는 법률에 근거하여야 하며, 그 내용은 알기 쉬운 용어로 구체적이고 명확하게 규정되어야 한다. ② 규제는 법률에 직접 규정하되, 규제의 세부적인 내용은 법률 또는 상위법령(上位法令)에서 구체적으로 범위를 정하여 위임한 바에 따라 대통령령·총리령·부령 또는 조례·규칙으로 정할 수 있다. **다만, 법령에서 전문적·기술적 사항이나 경미한 사항으로서 업무의 성질상 위임이 불가피한 사항에 관하여 구체적으로 범위를 정하여 위임한 경우에는 고시 등으로 정할 수 있다.** ③ 행정기관은 법률에 근거하지 아니한 규제로 국민의 권리를 제한하거나 의무를 부과할 수 없다.

23) 헌재 2006.12.28. 2005헌바59 (통계청 고시) 결정 ; 헌재 2004.10.28. 99헌바91 (금융감독위원회 고시) 결정 ; 헌재 2017.9.28. 2016헌바140 (식품의약품안전처 고시) 결정 참조.

24) 헌법재판소의 소수의견(반대의견)이다.

정규칙 등에 위임할 수 있는 사항은 집행명령(헌법 제75조 후단)에 의하여 규정할 수 있는 사항 또는 법률의 의미를 구체화하는 사항에 한정되어야 하는 것이고, 새로운 입법사항이나 국민의 새로운 권리·의무에 관한 사항이 되어서는 아니 된다.[25]

라. 위임입법의 한계와 법률유보원칙

헌법 제75조와 제95조는 위임입법의 근거를 마련하는 한편 위임입법의 범위와 한계를 제시하고 있는데, 위임입법의 근거, 범위 및 한계는 그 수범자가 누구냐에 따라 입법권자에 대한 한계와 수권법률에 의해 법규명령을 제정하는 수임자에 대한 한계로 구별할 수 있다.[26]

후자의 경우, 즉 대통령이 법률의 위임에 따라 대통령령을 제정하거나 국무총리 및 행정각부의 장이 소관사무에 관하여 법률이나 대통령령의 위임에 따라 총리령 또는 부령을 제정하는 경우에는, 수권법률이나 대통령령이 규정하거나 위임한 범위 내에서 수임명령을 규정할 수 있을 뿐 수권법률이나 대통령령이 규정하지 아니하거나 위임한 범위를 벗어나는 사항을 수임명령에서 규정하는 것은 위임입법의 한계를 위배하는 것이다.[27] 즉, 모법의 위임범위를 벗어난 하위법령은 법률의 근거가 없는 것으로 법률유보원칙에 위반된다.[28]

그런데 수임명령이 규정한 내용이 수권법률이나 대통령령이 규정하거나 위임한 범위 내의 것인지 여부를 판단함에 있어서는, 당해 특정 법률조항이나 대통령령 조항 하나만을 가지고 판단할 것이 아니라 관련 법규 조항들 전체를 유기적·체계적으로 고려하여 종합 판단하여야 한다. 수권법률이나 대통령령 조항 자체가 위임한 사항과 구체적 범위를 명확히 규정하고 있지 않다고 하더라도 관련 법규의 전반적 체계와 관련 규정에 비추어 위임받은 내용과 범위의 한계를 객관적으로 확인할 수 있다면 그 범위 내에서 규정된 수임명령 조항은 위임입법의

25) 헌재 2008.11.27. 2005헌마161등 결정의 재판관 조대현, 재판관 김종대, 재판관 목영준의 반대의견. 同旨, 헌재 2004.10.28. 99헌바91 결정의 재판관 권성, 재판관 주선회, 재판관 이상경의 반대의견 ; 헌재 2006.12.28. 2005헌바59 결정의 재판관 주선회, 재판관 김종대, 재판관 목영준의 반대의견 ; 헌재 2011.2.24. 2009헌바13등 결정의 재판관 김종대, 재판관 목영준의 반대의견 ; 헌재 2016.2.25. 2015헌바191 결정의 재판관 박한철, 재판관 이정미, 재판관 이진성의 반대의견 ; 헌재 2017.9.28. 2016헌바14 결정의 재판관 이진성의 반대의견.

26) 헌재 2010.10.28. 2008헌마408 결정.

27) 헌재 2010.4.29. 2007헌마910 결정.

28) 헌재 2010.4.29. 2007헌마910 결정 ; 헌재 2012.5.31. 2010헌마139등 결정.

한계를 위배하는 것이 아니다.[29)]

3. 포괄위임금지원칙

가. 의의

헌법 제75조는 "대통령은 법률에서 구체적으로 범위를 정하여 위임받은 사항과 법률을 집행하기 위하여 필요한 사항에 관하여 대통령령을 발할 수 있다."고 규정하여 위임입법의 근거를 마련하는 한편, 대통령령으로 입법할 수 있는 사항을 법률에서 구체적으로 범위를 정하여 위임받은 사항으로 한정함으로써 위임입법의 범위와 한계를 제시하고 있다. 이와 같이 헌법에서 포괄위임을 금지하는 취지는 만약 하위법령에 대한 포괄위임을 허용한다면, 이는 곧 하위법령이 실질적인 입법을 하게 되는 것이어서 입법권은 국회가 보유하는 것으로 규정한 헌법 제40조에 위반되는 것이기 때문이다.[30)] 포괄위임금지원칙은 법률이 기본권 제한 사항에 관하여 하위법규에 위임할 경우에는 법률에 미리 하위법규에 규정될 내용 및 범위의 기본사항을 구체적으로 규정하여 둠으로써 행정권에 의한 자의적인 법률의 해석과 집행을 방지하고 의회입법과 법치주의의 원칙을 달성하고자 하는 원칙이다. 그러므로 헌법 제75조의 '구체적으로 범위를 정하여'라 함은 법률에 대통령령 등 하위법규에 규정될 내용 및 범위의 기본사항이 가능한 한 구체적이고도 명확하게 규정함으로써 누구라도 당해 법률 그 자체로부터 대통령령 등에 규정될 내용의 대강을 예측할 수 있어야 함을 의미한다. 다만, 그 예측가능성의 유무는 당해 특정조항 하나만을 가지고 판단할 것은 아니고 관련 법조항 전체를 유기적·체계적으로 종합 판단하여야 하며, 각 대상법률의 성질에 따라 구체적·개별적으로 검토하여야 한다.[31)]

위임입법이 대법원규칙인 경우에도 수권법률에서 이 원칙을 준수하여야 하는 것은 마찬가지이다.[32)] 다만, 대법원규칙으로 규율될 내용들은 소송에 관한 절차와 같이 법원의 전문적이고 기술적인 사무에 관한 것이 대부분일 것인바, 법원의 축적된 지식과 실제적 경험의 활용, 규칙의 현실적 적응성과 적시성의 확보라는

29) 헌재 2010.10.28. 2008헌마408 결정.
30) 헌재 2013.7.25. 2012헌바92 결정.
31) 헌재 2009.3.26. 2007헌마1327 결정.
32) 헌재 2014.10.30. 2013헌바368 결정.

측면에서 수권법률에서의 위임의 구체성·명확성의 정도는 다른 규율 영역에 비해 완화된다.[33)]

나. 심사방법

포괄위임금지원칙의 위배여부는 위임의 필요성, 위임입법의 예측가능성 여부로 판단하는데, 처벌조항이나 그 전제인 금지조항의 경우에는 헌법상 죄형법정주의원칙을 고려하여 위임의 필요성과 예측가능성 기준을 보다 엄격하게 해석·적용한다.[34)]

(1) 위임의 필요성

국민의 권리·의무에 관한 사항은 법률로써 규정함이 원칙이나, ① 특히 긴급한 필요가 있거나 미리 법률로써 자세히 정할 수 없는 부득이한 사정이 있거나, ② 규율대상이 지극히 다양하거나 수시로 변화하는 성질의 것이어서 일일이 법률로 규정할 경우 상황에 맞게 적절히 대처할 수 없다거나, ③ 전문적인 지식을 갖춘 행정부로 하여금 이를 정하도록 할 필요가 있는 경우에는 위임입법의 필요성이 인정된다.[35)]

(2) 위임입법의 예측가능성[36)]

법률은 규정할 내용의 일부를 대통령령에 위임할 수 있으나(헌법 제75조), 이 경우 대통령령으로 규정될 내용 및 범위의 기본사항이 이미 법률에 구체적으로 규정되어 있어서 누구라도 당해 법률로부터 대통령령에 규정될 내용의 대강 내지 기본적 윤곽을 예측할 수 있어야 한다.[37)] 이 경우 위임입법의 내용이 국민의 기본권을 직접적으로 제한하거나 침해하는 법규에 해당하는 것이 아니라 혜택을 부여하기 위한 조항이라면 위임입법의 예측가능성을 판단하기 위한 구체성·명확성

---

33) 헌재 2016.6.30. 2013헌바27 결정 ; 헌재 2016.9.29. 2015헌바331 결정. 이에 대하여는 "헌법 제75조는 입법권을 행정부에 위임하는 경우에 한정하여 위임의 명확성을 요청하고 있으므로, 헌법 제75조의 포괄위임금지원칙은 대법원규칙에는 적용되지 않는다."는 재판관 3인의 반대의견이 있다.

34) 헌재 2016.6.30. 2013헌가1 결정 ; 헌재 2016.11.24. 2014헌가6등 결정.

35) 헌재 2007.4.26. 2004헌가29등 결정.

36) '위임의 필요성'은 인정되나 '예측가능성'이 부인된다는 이유로 위헌결정이 선고된 사례로, 헌재 2016.3.31. 2014헌가2등 결정 ; 헌재 2016.11.24. 2014헌가6등 결정.

37) 헌재 1996.8.29. 95헌바36 결정 ; 헌재 1999.1.28. 97헌바90 결정.

의 요구 정도가 보다 완화된다. 한편, 위임의 구체성·개별성은 법률 자체를 기준으로 하며, 시행령의 내용을 보고 사후적으로 법률의 해당 위임조항의 불명확성을 따질 수는 없다. 그러므로 아무리 시행령이 구체적·개별적으로 명확하게 규정되어 있다고 하더라도 모법이 불명확하다면 위임입법의 한계를 초과한 것으로 된다. 헌법재판소도 "위임입법의 허용한계는 법률에 의한 수권에 의거한 명령의 내용이 어떠한 것이 될 수 있을 것인가를, 법규명령에 의하여가 아니라 그보다 먼저 그 수권법률의 내용으로부터 예견 가능하여야 하는 것을 의미하는 것"이라고 판시하였다.[38)]

다. 기타

(1) 처벌법규에 있어서의 위임의 한계[39)]

현대국가의 사회기능증대와 사회현상의 복잡화에 비추어 볼 때 형벌법규를 모두 입법부에서 제정한 법률만으로 정할 수는 없다고 할 것이어서, 이를 행정부에 위임하는 것도 허용된다고 할 것인데,[40)] 범죄와 형벌에 관한 사항에 있어서도 위임입법의 근거와 한계에 관하여 정하고 있는 헌법 제75조가 적용된다.[41)] 그러나 법률에 의한 처벌법규의 위임은 죄형법정주의와 적법절차, 기본권보장 우위사상에 비추어 바람직하지 못한 일이므로, 그 요건과 범위가 보다 엄격하게 제한적으로 적용되어야 한다. 따라서 처벌법규의 위임은 첫째, 특히 긴급한 필요가 있거나 미리 법률로써 자세히 정할 수 없는 부득이한 사정이 있는 경우에 한정되어야 하고, 둘째, 이러한 경우일지라도 법률에서 범죄의 구성요건은 처벌대상인 행위가 어떠한 것일 거라고 이를 예측할 수 있을 정도로 구체적으로 정하고, 셋째, 형벌의 종류 및 그 상한과 폭을 명백히 규정하여야 한다.[42)]

---

38) 헌재 1993.5.13. 92헌마80 결정 ; 헌재 2009.5.28. 2007헌가18 결정.

39) 2005년 제47회 사법시험 헌법 〈제2문의 2〉 : 처벌규정의 위임에 관하여 서술하시오.

40) 헌재 1991.7.8. 91헌가4 결정.

41) 헌재 2013.8.29. 2011헌가19등 결정.

42) 헌재 1991.7.8. 91헌가4 결정 ; 헌재 2004.8.26. 2004헌바14 결정 ; 헌재 2008.7.31. 2005헌마667등 결정 ; 헌재 2012.12.27. 2010헌바489 결정 ; 헌재 2018.1.25. 2016헌바201등 결정.

(2) 명확성원칙과의 관계

(가) 포괄위임금지원칙 위반여부 심사로 족한 경우

범죄와 형벌에 관한 사항에 대한 위임입법의 한계와 관련된 요구는 죄형법정주의의 명확성원칙의 요구와 경합된다고 할 것이고,[43] 죄형에 관하여 법률조항이 그 내용을 해당 시행령에 포괄적으로 위임하고 있다면 이는 죄형법정주의의 명확성원칙의 위반여부의 문제인 동시에 헌법 제75조의 포괄위임금지 여부의 문제가 된다.[44] 포괄위임금지의 원칙은 '행정부에 입법을 위임하는 수권법률의 명확성원칙'에 관한 것으로서 법률의 명확성 원칙이 위임입법에 관하여 구체화된 특별규정이라고 할 수 있다. 따라서 수권법률조항의 명확성원칙 위배여부는 헌법 제75조의 포괄위임금지의 원칙의 위반여부에 대한 심사로써 충족된다.[45]

(나) 양자를 다 심사하는 경우[46]

일반적으로 법률에서 일부 내용을 하위법령에 위임하고 있는 경우, 위임을 둘러싼 법률규정 자체에 대한 명확성의 문제는 포괄위임금지원칙 위반의 문제가 될 것이다. 다만, '위임규정이 하위법령에 위임하고 있는 내용과는 무관하게 법률 자체에서 해당 부분을 완결적으로 정하고 있는 경우' 포괄위임금지원칙 위반여부와는 별도로 명확성의 원칙이 문제될 수 있는바, 위임입법에서 사용하고 있는 추상적 용어가 하위법령에 규정될 내용의 범위를 구체적으로 정해주기 위한

43) 헌재 1997.9.25. 96헌가16 결정 ; 헌재 2002.5.30. 2001헌바5 결정 ; 헌재 2011.11.24. 2011헌바18 결정.

44) 헌재 1996.2.29. 94헌마213 결정 ; 헌재 2010.2.25. 2009헌바38 결정 ; 헌재 2008.7.31. 2005헌마667 결정 ; 헌재 2012.12.27. 2010헌바489 결정.

45) 헌재 2007.4.26. 2004헌가29 결정 ; 헌재 2011.2.24. 2009헌바13 결정 ; 헌재 2015.1.29. 2013헌바173 : "청구인은 심판대상조항이 명확성원칙에 위반된다는 주장도 하고 있다. 그러나 청구인의 주장은 특수면허라는 용어가 다의적이고 모호하여 어떤 경우에 자신에게 적용되는지를 알 수 없다는 것이 아니라, 제1종 특수면허를 받아야 하는 차의 구체적인 범주가 심판대상조항{제1종 특수면허 없이 자동차를 운전한 경우 무면허운전죄로 처벌하면서 제1종 특수면허로 운전할 수 있는 차의 종류를 행정안전부령에 위임하고 있는 도로교통법(2011.6.8. 법률 제10790호로 개정된 것) 제152조 제1호 중 '제80조 제2항 제1호 라목에 따른 제1종 특수면허를 받지 아니하고 자동차를 운전한 사람' 부분}에 규정되어 있지 않다는 취지이다. 따라서 이에 대한 판단은 결국 포괄위임금지원칙 위반여부에 대한 심사로 귀결되므로, 심판대상조항이 명확성원칙에 위배되는지 여부에 대해서는 별도로 판단하지 아니한다."

46) 2015년 8월 법전원 모의시험 공법기록형 헌법문제 참조 (헌재 2014.2.27. 2010헌바483 결정을 기초로 한 문제임)

역할을 하는지, 아니면 그와는 별도로 독자적인 규율내용을 정하기 위한 것인지 여부에 따라 별도로 명확성원칙 위반의 문제가 나타날 수도 있고, 그렇지 않을 수도 있게 된다.[47)]

(3) 정관에 위임하는 경우에도 적용되는지

위임입법이란 법률 또는 상위명령에서 구체적으로 범위를 정하여 위임받은 사항에 관하여 법규로서의 성질을 가지는 일반적·추상적 규범을 정립하는 것을 의미하는 것으로서, 형식적 의미의 법률(국회입법)에는 속하지 않지만 실질적으로는 행정에 의한 입법으로서 법률과 같은 성질을 갖는 법규의 정립이기 때문에 권력분립주의 내지 법치주의 원리에 비추어 그 요건이 엄격할 수밖에 없으니, 법규적 효력을 가지는 행정입법의 제정에는 반드시 구체적이며 명확한 법률의 위임을 요하는 것이다(헌법 제75조).[48)] 그런데 법률이 정관에 자치법적 사항을 위임한 경우에는 헌법 제75조, 제95조가 정하는 포괄적인 위임입법의 금지는 원칙적으로 적용되지 않는다고 봄이 상당하다.[49)]

(4) 지방의회의 조례로 위임하는 경우에도 적용되는지

① 조례의 제정권자인 지방의회는 선거를 통해서 그 지역적인 민주적 정당성을 지니고 있는 주민의 대표기관이고, ② 헌법(제117조 제1항)이 지방자치단체에 대해 포괄적인 자치권을 보장하고 있는 취지로 볼 때 조례제정권에 대한 지나친 제약은 바람직하지 않으므로 조례에 대한 법률의 위임은 법규명령에 대한 법률의 위임과 같이 반드시 구체적으로 범위를 정하여 할 필요가 없으며 포괄적인 것으로 족하다.[50)]

---

47) 헌재 2011.12.29. 2010헌바385등 결정.

48) 헌재 1993.5.13. 92헌마80 결정.

49) 헌재 2006.3.30. 2005헌바31 결정. 헌법재판소는 이어서, "법률이 자치적인 사항을 정관에 위임할 경우 원칙적으로 헌법상의 포괄위임금지원칙이 적용되지 않는다 하더라도, 그 사항이 국민의 권리·의무에 관련되는 것일 경우에는, 적어도 국민의 권리와 의무의 형성에 관한 사항을 비롯하여 국가의 통치조직과 작용에 관한 기본적이고 본질적인 사항은 반드시 국회가 정하여야 할 것인바, 각 국가유공자 단체의 대의원의 선출에 관한 사항은 각 단체의 구성과 운영에 관한 것으로서, 국민의 권리와 의무의 형성에 관한 사항이나 국가의 통치조직과 작용에 관한 기본적이고 본질적인 사항이라고 볼 수 없으므로, 법률유보 내지 의회유보의 원칙이 지켜져야 할 영역이라고 할 수 없다."고 판시하였다. 同旨, 헌재 2001.4.26. 2000헌마122 결정.

50) 헌재 1995.4.20. 92헌마264 결정 ; 헌재 2012.11.29. 2012헌바97 결정 ; 헌재 2019.11.28. 2017헌마1356 결정.

4. 영장주의

가. 의의

헌법 제12조 제1항은 "모든 국민은 신체의 자유를 가진다. 누구든지 법률에 의하지 아니하고는 체포·구속·압수·수색 또는 심문을 받지 아니하며, 법률과 적법한 절차에 의하지 아니하고는 처벌·보안처분 또는 강제노역을 받지 아니한다."라고 규정함으로써, 국가가 신체의 자유를 침해하거나 제한하는 경우에는 적법절차원칙에 따라야 함을 선언하고 있다. 나아가 헌법 제12조 제3항은 "체포·구속·압수 또는 수색을 할 때에는 적법한 절차에 따라 검사의 신청에 의하여 법관이 발부한 영장을 제시하여야 한다."라고 규정함으로써 영장주의를 천명하고 있는바, 영장주의란 위 적법절차원칙에서 도출되는 원리이다.[51] 이와 같이 영장주의란 형사절차와 관련하여 체포·구속·압수 등의 강제처분을 함에 있어서는 사법권 독립에 의하여 그 신분이 보장되는 법관이 발부한 영장에 의하지 않으면 아니 된다는 원칙이고, 따라서 영장주의의 본질은 신체의 자유를 침해하는 강제처분을 함에 있어서는 중립적인 법관이 구체적 판단을 거쳐 발부한 영장에 의하여야만 한다는 데에 있다고 할 수 있다.[52]

나. 영장주의의 적용범위

영장주의는 강제처분에 적용되는데, 학설에 의하면 여기의 강제처분에는 물리적 강제력을 행사하는 경우만을 의미한다는 견해(물리적 강제설) 뿐만 아니라 '상대방에게 의무를 부담하게 하는 처분' 또는 '상대방의 의사에 반하여 실질적으로 법익 또는 기본권을 침해하는 처분'도 포함된다는 견해(심리적 강제설)가 있다. 헌법재판소는, "영장주의는 신체에 물리적 강제력을 행사하는 '직접강제'의 경우에만 적용되고, 형벌에 의한 불이익을 부과함으로써 심리적·간접적으로 강제하는 경우에는 영장주의가 적용되지 않는다."는 입장이다. ① 수사절차에서 발생하는 의무부담 또는 기본권제한의 경우 그 범위가 광범위하여 명확한 기준을 제시해 준다고 볼 수 없고, ② 모든 의무부담 또는 기본권제한을 법관이 발부한 영장에 의하도록 하는 것이 가능하지도 않기 때문이라는 것이다.[53]

51) 헌재 2012.5.31. 2010헌마672 결정.

52) 헌재 1997.3.27. 96헌바28등 결정 ; 헌재 2012.12.27. 2011헌가5 결정.

53) 헌재 2004.9.23. 2002헌가17등 결정.

따라서 음주측정[54]과 지문채취,[55] 그리고 소변채취[56]에는 영장주의가 적용되지 아니한다. 그런데 2008년의 소위 "BBK 사건"에서, 헌법재판소의 다수의견(5인)은 형벌(벌금 1,000만원)이라는 사후제재에 의하여 동행명령을 강제하는 것에 대해 영장주의에 위배된다고 판시하였다.[57] 그러나 헌재법 제23조 제2호 소정의 판례변경을 위한 정족수(재판관 6인 이상)를 충족하지 못하였기 때문에, 영장주의의 적용범위에 관한 선례의 입장은 여전히 유효하다고 할 것이다.[58] 그리하여 헌법재판소는 헌재 2012.12.27. 2010헌마153 결정에서, "구치소장이 검사의 요청에 따라 청구인과 배우자의 접견녹음파일을 제공한 행위는 수사기관이 범죄의 수사와 공소의 제기 및 유지에 필요한 경우 소장에게 접견기록물을 제공할 수 있도록 규정한 관계 법령에 근거한 것으로, 직접적으로 물리적 강제력을 행사하는 등 강제처분을 수반하는 것이 아니기 때문에 영장주의가 적용되지 않는다."고 판시하였다.[59]

다. 영장주의의 예외

(1) 제12조 제3항

입법자는 사전영장주의에 대한 예외를 인정하는 입법을 임의로 할 수 없고,

---

54) 헌재 1997.3.27. 96헌가11 결정.

55) 헌재 2004.9.23. 2002헌가17등 결정.

56) 헌재 2006.7.27. 2005헌마277 결정. 이 결정에서 헌법재판소는 구 행형법 제17조의2에서 교도관이 수용자의 신체검사를 하면서 소변채취를 요구하는 경우 영장주의가 적용되는지에 대하여, "영장주의란 '법관이 발부한 영장에 의하지 아니하고는 수사에 필요한 강제처분을 하지 못한다'는 의미인바, 이 사건에서 문제된 소변채취는 수사에 필요한 처분이 아니고 대상자의 협력이 필수적이라는 점에서 강제처분이 아니기 때문에 영장주의가 적용되지 아니한다."고 판시하였다.

57) 헌재 2008.1.10. 2007헌마1468 결정. 이 결정에서 동행명령조항에 대하여 재판관 8인이 위헌의견을 냈는데, 과잉금지원칙 위반과는 달리 영장주의 위반에 대하여는 재판관 5명만이 참여하였다.

58) 여운국, "한나라당 대통령후보 이명박의 주가조작 등 범죄혐의의 진상규명을 위한 특별검사의 임명 등에 관한 법률 위헌확인", 헌법재판소결정해설집(2008년), 헌법재판소, 2009, 39면 참조.

59) 同旨, 헌재 2015.9.24. 2012헌바302 결정 ; 헌재 2016.11.24. 2014헌바401 : "이 사건 녹음조항 {'형의 집행 및 수용자의 처우에 관한 법률'(2007.12.21. 법률 제8728호로 전부개정된 것) 제41조 제2항 제1호, 제3호 중 '미결수용자의 접견내용의 녹음·녹화'에 관한 부분}은 청구인에 대하여 직접적으로 어떠한 물리적 강제력을 행사하는 강제처분을 수반하는 것이 아니므로 영장주의의 적용대상이 아니다."

헌법이 스스로 인정하는 예외의 경우에 국한해야 한다. 즉, ① 현행범인인 경우와 긴급체포를 요하는 장기 3년 이상의 형에 해당하는 죄를 범하고 도피 또는 증거인멸의 염려가 있는 때(제12조 제3항 단서), 또는 ② 대통령이 비상계엄을 선포한 경우(제77조 제3항)에 한해서 사전영장주의의 예외를 규정할 수 있다. 사전영장주의에 대한 예외로는 사후영장을 들 수 있다.[60)]

(2) 제16조

헌법 제12조 제3항(단서)의 경우와는 달리 헌법 제16조 후문은 "주거에 대한 압수나 수색을 할 때에는 검사의 신청에 의하여 법관이 발부한 영장을 제시하여야 한다."라고 규정하고 있을 뿐 영장주의에 대한 예외를 명문화하고 있지 않다. 헌법 제16조의 영장주의에 대해서도 그 예외를 인정하되, 이는 ① 그 장소에 범죄혐의 등을 입증할 자료나 피의자가 존재할 개연성이 소명되고, ② 사전에 영장을 발부받기 어려운 긴급한 사정이 있는 경우에만 제한적으로 허용될 수 있다고 보는 것이 타당하다.[61)]

60) 따라서 비상계엄하에서도 영장제도 자체를 배제할 수는 없다. 제1공화국의 헌법위원회 결정(1955.10.18)에서도, "비상계엄하에서도 영장제도 자체를 배제하는 것은 인정될 수 없다."고 하였다.

61) 헌재 2018.4.26. 2015헌바370등 결정. 이 결정에서 헌법재판소는 '체포영장을 발부받아 피의자를 체포하는 경우에 필요한 때에는 영장 없이 타인의 주거 등 내에서 피의자 수사를 할 수 있다'고 규정한 심판대상조항{형사소송법(1995.12.29. 법률 제5054호로 개정된 것) 제216조 제1항 제1호 중 제200조의2에 관한 부분}에 대하여 (2020.3.31.까지) 계속적용을 명하는 헌법불합치결정을 선고하면서 "향후 심판대상조항은 ① 체포영장이 발부된 피의자가 타인의 주거 등에 소재할 개연성이 소명되고, ② 그 장소를 수색하기에 앞서 별도로 수색영장을 발부받기 어려운 긴급한 사정이 있는 경우에 한하여 적용되어야 할 것"이라고 판시하였다. [이 결정에 대한 비판적인 평석으로 백형구, "형사소송법 제216조 제1항 제1호의 헌법불합치결정", 법률신문, 2018.9.27.자, 11면(판례평석) : "체포영장이 발부된 피의자가 수색영장이 발부된 후에 은신처를 변경할 가능성이 있다는 점, 피의자의 발견을 위한 수색영장에 피의자의 현재지를 특정할 것을 요구하게 되면 수색영장의 집행이 사실상 불가능하게 된다는 점 등을 고려할 때 **체포영장이 발부된 피의자인 경우에는 그 피의자의 발견을 위한 수색에는 영장주의의 예외가 인정된다**고 해석하여야 한다."] 위 심판대상조항은 2019. 12. 31. 다음과 같이 개정되었다. 「제216조(영장에 의하지 아니한 강제처분) ① 검사 또는 사법경찰관은 제200조의2·제200조의3·제201조 또는 제212조의 규정에 의하여 피의자를 체포 또는 구속하는 경우에 필요한 때에는 영장없이 다음 처분을 할 수 있다.
1. 타인의 주거나 타인이 간수하는 가옥, 건조물, 항공기, 선차 내에서의 피의자 수색. **다만, 제200조의2 또는 제201조에 따라 피의자를 체포 또는 구속하는 경우의 피의자 수색은 미리 수색영장을 발부받기 어려운 긴급한 사정이 있는 때에 한정한다.**」(단서 신설)

라. 형사절차가 아닌 징계절차에도 영장주의가 적용되는지[62)][63)]

(1) 부정설[64)]

헌법 제12조 제3항에서 규정하고 있는 영장주의란 형사절차와 관련하여 체포·구속·압수·수색의 강제처분을 할 때 신분이 보장되는 법관이 발부한 영장에 의하지 않으면 안 된다는 원칙으로(헌재 2015.9.24. 2012헌바302), 형사절차가 아닌 징계절차에도 그대로 적용된다고 볼 수 없다.

(2) 긍정설[65)]

---

62) 헌재 2016.3.31. 2013헌바190 : 전투경찰순경에 대한 징계처분으로 영창을 규정하고 있는 구 전투경찰대 설치법 제5조 제1항, 제2항 중 각 '전투경찰순경에 대한 영창' 부분("이 사건 영창조항") 사건. [이 사건 결정은 전투경찰순경에 대한 징계로 일정 기간 인신구금을 내용으로 하는 영창을 규정한 조항에 대하여 헌법상 영장주의가 적용되는지와 관련하여 헌법재판소에서 처음으로 판단한 것이다. 천재현, "전투경찰대설치법 제5조 등 위헌소원", 헌법재판소 결정해설집(2016년), 헌법재판소, 2017, 54면.]

63) 이 결정 이후 2017.9.20. 국회에 제안되어 현재 법제사법위원회에 계류 중인 군인사법 일부개정법률안(대안)은 병사의 인권신장을 위해 영창을 폐지하고 이를 대체할 수 있도록 감봉·휴가단축·군기교육·견책을 도입하는 것을 주요 내용으로 하고 있다. 위 법률안에 따르면, 영창을 대체하는 '군기교육'이란 국방부령이 정하는 기관에서 군인정신·복무태도 교육 등의 교육훈련을 시키는 것을 말하며 그 기간은 15일 이내이다. 기존의 영창처분과 마찬가지로 군기교육처분일수는 현역복무기간에 산입하지 아니하고, '인권담당군법무관'이 군기교육처분의 적법성에 관한 심사를 한다. 이지훈(군법무관), "군영창 폐지와 그 대안으로서의 군기교육대", 법률신문, 2018.2.26.자, 11면(법조광장) 참조. [군인사법은 2020.2.4. 개정되어 영창제도가 폐지되고 군기교육으로 대체되었다.(2020.8.5.시행) 그런데 위 전투경찰대설치법의 이름이 바뀐 '의무경찰대 설치 및 운영에 관한 법률' 제5조는 의무경찰에 대한 징계로 '영창'제도를 여전히 규정하고 있다.] 한편 헌법재판소는 헌재 2020.9.24. 2017헌바157등 결정에서, 재판관 7(위헌) : 2(합헌)의 의견으로, 병(兵)에 대한 징계처분으로 일정기간 부대나 함정 내의 영창, 그 밖의 구금장소에 감금하는 영창처분이 가능하도록 규정한 구 군인사법 제57조 제2항 중 '영창'에 관한 부분이 헌법에 위반된다는 결정을 선고하였다. 이 결정에서 7인의 다수의견은 과잉금지원칙 위배를 그 이유로 들었는데 그 중 4인의 재판관은 영장주의에도 위배된다는 보충의견을 제시하였다. 한편 2인의 반대의견은 영장주의는 적용되지 않고 적법절차원칙이 적용되는바, 이에 위배되지 않고 과잉금지원칙에도 위배되지 않는다는 의견을 제시하였다.

64) 재판관 4인의 합헌의견 : 심판대상조항이 (영장주의는 적용되지 않음 - 그 이유를 설명하였음) 적법절차원칙과 과잉금지원칙에 위배하여 전투경찰순경의 신체의 자유를 침해한다고 볼 수 없으므로 헌법에 위반되지 않는다고 보았다.

65) 재판관 5인의 위헌의견 : 심판대상조항이 영장주의와 과잉금지원칙에 위배하여 청구인(전투경찰순경)의 신체의 자유를 침해하므로 헌법에 위반된다고 보았다. ["이 사건 영창조항에 의하면 '영창'이란 전투경찰대·함정(艦艇) 또는 그 밖의 장소의 구금장(拘禁場)에 구금하는 것을 말한다. 영창은 소속 경찰기관의 장의 징계의결 요구에 따라 전경 징계위원회에서 의결한다. 전경 징계위원회는 경사 이상의 소속 경찰공무원 중에서 당해 징계위원회가 설치된 경찰기관의 장이 임명하는 3인 이상 7인 이하의 위원으로 구성된다. 징계의결을 요구한 경찰기관

영장주의는 단순히 형사절차에서의 체포·구속에 대한 헌법상의 원칙이 아니라, 그 형식과 절차를 불문하고 공권력의 행사로 국민의 신체를 체포·구속하는 모든 경우에 지켜야 할 헌법상의 원칙 내지 원리라고 보는 것이 타당하다. 따라서 행정기관이 체포·구속의 방법으로 신체의 자유를 제한하는 경우에도 원칙적으로 헌법 제12조 제3항의 영장주의가 적용된다고 보아야 한다.[66]

마. 행정상 즉시강제와 영장주의[67]

(1) 행정상 즉시강제의 개념

행정상 즉시강제란 행정강제의 일종으로서 목전의 급박한 행정상 장해를 제거할 필요가 있는 경우에, 미리 의무를 명할 시간적 여유가 없을 때 또는 그 성질상 의무를 명하여 가지고는 목적달성이 곤란할 때에, 직접 국민의 신체 또는 재산에 실력을 가하여 행정상 필요한 상태를 실현하는 작용이다. 따라서 법령 또

의 장은 징계위원회의 의결에 따라 영창을 집행한다('전투경찰순경 등 관리규칙' 제95조 제1항, 제96조 제1항, 제2항, 제100조 제1항). 그렇다면 이 사건 영창조항에 의한 영창처분은 경찰기관의 장이 전투경찰순경을 구금장에 구금하는 것이므로, 행정기관에 의한 구속에 해당하여 헌법 제12조 제3항의 영장주의가 적용된다. 영장주의 원칙은 앞서 보았듯이 공권력의 행사로 국민의 신체를 체포·구속하는 모든 경우에 지켜야 할 헌법상의 일반적인 원칙 내지 원리라고 보아야 하므로, 경찰조직의 특수성이나 내무생활을 하는 전투경찰순경의 특수한 지위 등을 이유로 하여 그 적용을 배제할 수 있는 성질의 것이 아니다. **영창처분은 전투경찰순경의 의무위반을 이유로 한 징벌의 성질을 지닌 신체의 구속으로서, 그 본질상 급박성을 요건으로 하지 않아 행정상 즉시강제와는 구별되므로,** 영장주의 원칙의 예외에 해당한다고 볼 수도 없다. 위와 같이 전투경찰순경에 대한 영창처분에 대하여 영장주의가 적용됨에도 불구하고, 그 징계의결 요구, 징계의결 및 집행 과정에서 법관의 관여는 전혀 이루어지지 아니한다. 전투경찰순경과 현역군인은 병역의무를 이행하기 위한 복무의 일환이고, 전투력 유지 및 작전수행을 위하여 복무규율을 엄정히 할 필요가 있다는 점에서 유사점이 있다(헌재 2006.12.28. 2006헌가12 참조). 군인사법에 따르면, 징계위원회가 병(兵)에 대한 영창처분을 의결한 경우 징계권자의 처분 전에 인권담당 군법무관의 적법성 심사를 받아야 한다. 인권담당 군법무관의 의견이 징계위원회의 징계의결 사유가 군인사법 제56조에 따른 징계사유에 해당되지 아니한다는 의견인 경우에는 해당 영창처분을 하여서는 아니 된다(군인사법 제59조의2 제2항, 제5항 후문). 전투경찰순경에 대한 영창제도는 위와 같이 영창처분에 대하여 법관 이외의 법률전문가의 판단을 받을 기회도 차단되어 있으므로, 군의 영창제도와 비교하더라도 그 통제장치가 더욱 미약하다고 볼 수 있다. 이와 같이 이 사건 영창조항에 의한 영창처분은 행정기관에 의한 구속에 해당함에도 불구하고, 그러한 구속이 법관의 판단을 거쳐 발부된 영장에 의하지 않고 이루어지므로, 헌법 제12조 제3항의 영장주의에 위배된다."]

66) 2019년 제8회 변호사시험 공법사례형 〈제1문의 2〉 참조 [위 헌재 2016.3.31. 2013헌바190 결정의 반대의견(위헌론)을 기초로 한 주장형 문제임]

67) 2013년 6월 법전원 모의시험 공법기록형 헌법문제 참조.

는 행정처분에 의한 선행의 구체적 의무의 존재와 그 불이행을 전제로 하는 행정상 강제집행과 구별된다.[68] 행정강제는 행정상 강제집행을 원칙으로 하며, 법치국가적 요청인 예측가능성과 법적안정성에 반하고 기본권 침해의 소지가 큰 권력작용인 행정상 즉시강제는 어디까지나 예외적인 강제수단이라고 할 것이다. 이러한 행정상 즉시강제는 엄격한 실정법상의 근거를 필요로 할 뿐만 아니라, 그 발동에 있어서는 법규의 범위 안에서도 다시 행정상의 장해가 목전에 급박하고, 다른 수단으로는 행정목적을 달성할 수 없는 경우이어야 하며, 이러한 경우에도 그 행사는 필요 최소한도에 그쳐야 함을 내용으로 하는 조리상의 한계에 기속된다.[69]

(2) 판례

헌법재판소는, "영장주의가 행정상 즉시강제에 대해서도 적용되는지에 관하여는 논란이 있으나, 행정상 즉시강제는 상대방의 임의이행을 기다릴 시간적 여유가 없을 때 바로 실력을 행사하는 것으로서 그 본질상 급박성을 요건으로 하고 있어 법관의 영장을 기다려서는 그 목적을 달성할 수 없다고 할 것이므로, 원칙적으로 영장주의가 적용되지 않는다고 보아야 할 것"이라고 한다.[70] 또한 대법원도, 행정상 즉시강제에 예외적으로 영장주의가 적용되지 않는 경우가 있다고 한다.[71]

5. 적법절차원칙

가. 의의

헌법 제12조 제1항에서 규정하고 있는 적법절차의 원칙은 국가작용으로서의

68) 즉, 양자는 모두 행정상의 필요한 상태를 실현시키는 사실행위인 점에서 같으나, 강제집행은 선행하는 의무의 불이행을 전제로 하지만, 즉시강제는 선행하는 의무 자체가 부여되어 있지 않다는 점에서 서로 다르다. 이철환, 행정법 일반이론, 전남대학교출판부, 2016, 598면.

69) 헌재 2002.10.31. 2000헌가12 결정.

70) 헌재 2002.10.31. 2000헌가12 결정.

71) 대법원 1995.6.30. 선고 93추83 판결 : "우리 헌법 제12조 제3항은 현행범 등 일정한 예외를 제외하고는 인신의 체포·구금에는 반드시 법관이 발부한 사전영장이 제시되어야 하도록 규정하고 있는데, 이러한 사전영장주의 원칙은 인신보호를 위한 헌법상의 기속원리이기 때문에 인신의 자유를 제한하는 국가의 모든 영역(예컨대, 행정상의 즉시강제)에서도 존중되어야 하고, 다만 사전영장주의를 고수하다가는 도저히 그 목적을 달성할 수 없는 지극히 예외적인 경우에만 형사절차에서와 같은 예외가 인정된다."

모든 입법작용과 행정작용에 광범위하게 적용되는 헌법원리로서, 절차가 형식적 법률로 정하여지고 그 법률에 합치하여야 할 뿐만 아니라 적용되는 법률의 내용에 있어서도 합리성과 정당성을 갖춘 적정한 것이어야 하는 것으로, 특히 형사소송절차에 있어서는 형벌권의 실행절차 전반을 기본권 보장의 측면에서 규율하여야 한다는 기본원리이다.[72] 신체의 자유는 정신적 자유와 함께 모든 기본권의 기초가 되는 것임에도 역사적으로 국가에 의하여 특히 형벌권의 발동형식으로 침해되어 온 예가 많으므로 헌법은 제12조 제1항에서 적법절차의 원칙을 선언한 후 같은 조 제2항 내지 제7항에서 적법절차의 원칙으로부터 도출될 수 있는 내용 가운데 특히 중요한 몇 가지 원칙을 열거하고 있다.[73]

적법절차원칙에서 도출할 수 있는 가장 중요한 절차적 요청 중의 하나로, ① 당사자에게 적절한 고지를 행할 것, ② 당사자에게 의견 및 자료 제출의 기회를 부여할 것을 들 수 있겠으나, 이 원칙이 구체적으로 어떠한 절차를 어느 정도로 요구하는지는 일률적으로 말하기 어렵고, 규율되는 사항의 성질, 관련 당사자의 사익, 절차의 이행으로 제고될 가치, 국가작용의 효율성, 절차에 소요되는 비용, 불복의 기회 등 다양한 요소들을 형량하여 개별적으로 판단할 수밖에 없다.[74]

나. 적용범위

헌법 제12조 제1항은 "법률과 적법한 절차에 의하지 아니하고는 처벌·보안처분 또는 강제노역을 받지 아니한다."라고 하여 적법절차원칙을 규정하고 있는데, 헌법재판소는 이 원칙이 형사소송절차에 국한되지 않고 모든 국가작용 전반에 대하여 적용된다고 밝힌 바 있다.[75] 따라서 공직선거에서 후보자 당선을 무효로 하는 절차에 있어서도 적법절차원칙이 준수되어야 할 것이다.[76]

72) 헌재 1996.12.26. 94헌바1 결정.

73) 헌재 1994.4.28. 93헌바26 결정 ; 헌재 1997.3.27. 96헌바28등 결정.

74) 헌재 2003.7.24. 2001헌가25 결정 ; 헌재 2005.12.22. 2005헌마19 결정 ; 헌재 2011.9.29. 2010헌마68 결정 ; 헌재 2011.11.24. 2010헌바231 결정 ; 헌재 2012.12.27. 2011헌바225 결정.

75) 헌재 1992.12.24. 92헌가8 결정 ; 헌재 1998.5.28. 96헌바4 결정.

76) 헌재 2011.9.29. 2010헌마68 결정. 이 결정에서 헌법재판소는 "이 사건 법률조항{배우자가 선거범죄로 300만 원 이상의 벌금형을 선고받은 경우 그 선거구 후보자의 당선을 무효로 하는 공직선거법(2010.1.25. 법률 제9974호로 개정된 것) 제265조}에 의한 후보자책임의 법적 구조의 특징, 배우자에게 재판절차라는 완비된 절차적 보장이 주어진다는 점, 별도 절차의 채부에 따른 장·단점이 나뉜다는 점 등을 종합하면, 후보자에 대하여 변명·방어의 기회를 따로 부여하는 절차를 마련하지 않았다는 사실만으로 적법절차원칙에 어긋난다고 볼 수 없

그러나 헌법재판소는 노무현 대통령에 대한 탄핵심판 사건에서, "국회가 탄핵소추를 하기 전에 소추사유에 관하여 충분한 조사를 하는 것이 바람직하나, 국회법 제130조 제1항에 의하면 '탄핵소추의 발의가 있은 때에는 (…) 본회의는 의결로 법제사법위원회에 회부하여 조사하게 할 수 있다'고 하여, 조사의 여부를 국회의 재량으로 규정하고 있으므로 이 사건에서 국회가 별도의 조사를 하지 않았다 하더라도 헌법이나 법률을 위반하였다고 할 수 없고, 한편 국회의 탄핵소추절차는 국회와 대통령이라는 헌법기관 사이의 문제이고 국회의 탄핵소추의결에 의하여 사인으로서의 대통령의 기본권이 침해되는 것이 아니라 국가기관으로서의 대통령의 권한행사가 정지되는 것이어서, 국가기관이 국민과의 관계에서 공권력을 행사함에 있어서 준수해야 할 법원칙으로서 형성된 적법절차의 원칙을 국가기관에 대하여 헌법을 수호하고자 하는 탄핵소추절차에는 직접 적용할 수 없다고 할 것이고, 그외 달리 탄핵소추절차와 관련하여 피소추인에게 의견진술의 기회를 부여할 것을 요청하는 명문의 규정도 없다."는 이유로,[77] '피청구인에게 혐의사실을 정식으로 고지하지도 않았고 의견제출의 기회도 부여하지 않았으므로 적법절차원칙에 위반된다'는 피청구인의 주장을 배척하였다.[78]

또한 헌법재판소는 헌재 2008.1.17. 2007헌마700[79] 결정에서, "각급 선거관리위원회의 의결을 거쳐 행하는 사항에 대하여는 원칙적으로 행정절차에 관한 규정이 적용되지 않는바(행정절차법 제3조 제2항 제4호), 이는 권력분립의 원리와 선거관리위원회 의결절차의 합리성을 고려한 것으로 보인다. 또한 선거운동의 특성상 선거법 위반행위인지 여부와 그에 대한 조치는 가능하면 신속하게 결정되어야 할 뿐 아니라, 선거관리위원회법 제14조의2의 조치가 위반행위자에 대하여 종국적 법률효과를

다."고 판시하였다. [4(합헌) : 4(위헌)-합헌(기각)] 한편 헌법재판소는 헌재 2016.9.29. 2015헌마548 사건에서도 -재판관 7 : 2의 의견으로-, 위 조항이 **자기책임원칙 또는 연좌제금지**에 위배되지 않고 **과잉금지원칙**에 위배되어 청구인의 공무담임권을 침해하지도 않는다며 합헌(기각)결정을 선고하였다.

77) 참고로, 행정절차법은 "국회 또는 지방의회의 의결을 거치거나 동의 또는 승인을 얻어 행하는 사항"에 대하여는 적용되지 않는다.(동법 제3조 제2항 제1호) [2호 : 법원 또는 군사법원의 재판에 의하거나 그 집행으로 행하는 사항, 3호 : 헌법재판소의 심판을 거쳐 행하는 사항, 5호 : 감사원이 감사위원회의의 결정을 거쳐 행하는 사항]

78) 헌재 2004.5.14. 2004헌나1 결정.

79) 중앙선거관리위원회 위원장(피청구인)이 청구인(노무현)에게 한 2007.6.7.자 '대통령의 선거중립의무 준수요청 조치'와 2007.6.18.자 '대통령의 선거중립의무 준수 재촉구 조치'(이 사건 조치)에 대한 헌법소원.

발생시키는 것도 아니므로, 위반행위자에게 의견진술의 기회를 보장하는 것이 반드시 필요하거나 적절하다고 보기는 어렵다. 이와 같이 선거관리의 특성, 이 사건 조치가 규율하는 행위의 성격, 이 사건 조치의 제재효과 및 기본권침해의 정도 등을 종합하여 볼 때, 청구인에게 이 사건 조치 전에 의견진술의 기회를 부여하지 않은 것이 적법절차원칙에 어긋나서 청구인의 기본권을 침해한다고 볼 수 없다."고 판시하였다.

다. 영장주의와의 관계

헌법재판소는 헌재 2003.12.18. 2002헌마593 사건에서는 (전원일치의 의견으로) 기각결정을 선고하였는데 위헌심사기준과 관련하여 "헌법 제12조 제1항은 '신체의 자유'에 관한 일반규정이고, 같은 조 제3항은 수사기관의 피의자에 대한 강제처분절차 등에 관한 특별규정이라고 할 수 있다. (…) 그렇다면, 수사기관의 피의자에 대한 구속영장청구 및 그 발부절차 등에 관련된 이 사건 법률조항[80]의 위헌성 여부는 원칙적으로 이에 관한 헌법적 특별규정인 헌법 제12조 제3항 소정의 '영장주의'에 합치되는지 여부에 달려있다고 봄이 상당하다."고 하면서 영장주의를 적용하였다.[81]

그러나 헌법재판소는 헌재 2012.6.27. 2011헌가36 사건에서, "헌법 제12조 제1항은 적법절차원칙의 일반조항이고, 제12조 제3항의 적법절차원칙은 기본권 제한 정도가 가장 심한 형사상 강제처분의 영역에서 기본권을 더욱 강하게 보장하려는 의지를 담아 중복 규정된 것이라고 해석함이 상당하다.[82] 이와 같이 본다면, 이 사건 법률조항[83]은 헌법 제12조 제1항의 적법절차원칙의 특별규정인 헌

80) 수사기관의 피의자에 대한 강제처분에 관한 형사소송법(1995.12.29. 법률 제5054호로 개정된 것) 제201조 제1항.

81) 마찬가지로 **헌재 2008.1.10. 2007헌마1468** 사건에서 '동행명령조항'에 대하여 위헌결정을 선고하면서 심사기준으로 영장주의와 과잉금지원칙을 적용하였다. 다만, 특별검사의 동행명령에 영장주의가 적용되는지 여부에 대하여는 앞에서도 본 바와 같이 재판관 5인만이 동의하였다. 위 **헌재 2016.3.31. 2013헌바190** 결정의 재판관 5인의 위헌의견에서는 위 **헌재 2003.12.18. 2002헌마593** 결정을 원용하면서, "이와 같이 이 사건 영창조항에 의한 영창처분은 행정기관에 의한 구속에 해당함에도 불구하고 그러한 구속이 법관의 판단을 거쳐 발부된 영장에 의하지 않고 이루어지므로 헌법 제12조 제3항의 영장주의에 위배된다. 헌법 제12조 제3항은 헌법 제12조 제1항의 특별규정이므로 이 사건 영창조항이 영장주의에 위배된다고 판단하는 이상, 헌법 제12조 제1항의 적법절차원칙 위반여부를 별도로 판단할 필요는 없다."고 판시하였다.

82) 同旨, 헌재 2012.12.27. 2011헌바225 결정.

법 제12조 제3항의 영장주의에 위배되고, 헌법 제12조 제1항의 적법절차원칙에도 위배된다."고 판시하여 영장주의와 적법절차원칙을 위헌심사기준으로 하여 중복심사하였다.[84)]

라. 과잉입법금지원칙과의 관계

헌법 제12조 제1항의 적법절차원칙은 단순히 입법권의 유보제한이라는 한정적인 의미에 그치는 것이 아니라 모든 국가작용을 지배하는 독자적인 헌법의 기본원리로서 해석되어야 할 원칙이라는 점에서 입법권의 유보적 한계를 선언하는 과잉입법금지의 원칙과는 구별된다고 할 것이다.[85)]

마. 공정한(신속한) 재판을 받을 권리와의 관계

적법절차원칙은 법률이 정한 형식적 절차와 실체적 내용이 모두 합리성과 정당성을 갖춘 적정한 것이어야 한다는 실질적 의미를 지니고 있는 것으로서, 특히 형사소송절차와 관련하여서는 형사소송절차의 전반을 기본권보장의 측면에서 규율하여야 한다는 기본원리를 천명하고 있다고 볼 것이어서,[86)] 결국 포괄적·절차적 기본권으로 파악되고 있는 재판을 받을 권리의 보호영역과 사실상 중복되므로,[87)] 위 법률조항들[88)]이 공정한 재판을 받을 권리를 침해하는 것인지 여부를

83) 법원의 구속집행정지결정에 대하여 검사가 즉시 항고할 수 있도록 한 형사소송법(1973.1.25. 법률 제2450호로 개정된 것) 제101조 제3항

84) 즉, 영장주의에 위배되면 적법절차원칙에도 위배된다는 의미이다. 이와 같은 입장에 따르면, 영장주의에 위배되지 아니하는 경우에는 적법절차원칙 위배여부도 심사한다. 양자 모두 위배되지 아니한다고 판단한 사례로 헌재 2002.10.31. 2000헌가12 결정 ; 헌재 2014.8.28. 2011헌마28등 결정 참조. [한편 헌재 2018.6.28. 2012헌마191 결정에서는 통신비밀보호법 제13조 제2항 본문 중 제2조 제11호 바목, 사목의 통신사실 확인자료에 관한 부분('**허가조항**')은 **영장주의**에 위배되어 청구인들의 개인정보자기결정권과 통신의 자유를 침해하지 않는다고 하였고, 통신비밀보호법 제13조의3 제1항 중 제2조 제11호 바목, 사목의 통신사실 확인자료에 관한 부분('**통지조항**')은 **적법절차원칙**에 위배되어 청구인들의 개인정보자기결정권을 침해한다고 판단하였다.

85) 헌재 1992.12.24. 92헌가8 결정. [형사소송법 제331조 단서는 적법절차원칙에 위배되고, 과잉금지원칙에도 위배되어 헌법에 위반된다] ; 헌재 2011.10.25. 2009헌마691 결정. [교도소장이 수용자가 없는 상태에서 실시한 거실 및 작업장 검사행위는 과잉금지원칙에 위배하여 수용자의 사생활의 비밀 및 자유를 침해하지 않고, 적법절차원칙에도 위배되지 않는다].

86) 헌재 1996.12.26. 94헌바1 결정.

87) 헌재 2011.3.31. 2009헌바351 결정.

88) 증거신청의 채택 등에 대하여 법원의 재량을 인정하고 있는 형사소송법(1987.11.28. 법률 제

판단하는 이상 적법절차원칙 위반여부에 대해서는 따로 판단하지 아니한다.[89] 한편 '신속한 재판을 받을 권리'와의 관계에 관하여 같은 취지의 판례로 헌재 2011.3.31. 2009헌바351 결정[90] 참조.

바. 헌법 제31조 제6항과의 관계

적법절차의 원칙은 법치주의의 구체적 실현원리로서 국민의 기본권을 제한함에 있어 그 절차는 법률로 정하여져야 할 뿐만 아니라 그 법률의 내용 역시 합리성과 정당성을 갖추어야 함을 의미한다. 그런데 이러한 적법절차의 원칙은 법치주의의 이념에서 비롯되어 교원의 권리·의무에 관한 사항을 법률로 정하도록 하는 헌법 제31조 제6항의 교원지위법정주의가 적용되는 영역에서는 이와 구별되는 독자적인 의미를 가진다고 보기 어렵다.[91]

6. 이중처벌금지원칙

헌법 제13조 제1항은 "모든 국민은 … 동일한 범죄에 대하여 거듭 처벌받지 아니한다."고 하여 이른바 '이중처벌금지의 원칙'을 규정하고 있는바, 이 원칙은 한번 판결이 확정되면 동일한 사건에 대해서는 다시 심판할 수 없다는 '일사부재리의 원칙'이 국가형벌권의 기속원리로 헌법상 선언된 것으로서, 동일한 범죄행위에 대하여 국가가 형벌권을 거듭 행사할 수 없도록 함으로써[92] 국민의 기본권

3955호로 개정된 것) 제295조 및 형사소송법(1954.9.23. 법률 제341호로 제정된 것) 제296조 제2항.

89) 헌재 2013.8.29. 2011헌바253등 결정.

90) "적법절차의 원칙은 법률이 정한 형식적 절차와 실체적 내용이 모두 합리성과 정당성을 갖춘 적정한 것이어야 한다는 실질적 의미를 지니고 있는 것으로서, 특히 형사소송절차와 관련시켜 적용함에 있어서는 형사소송절차의 전반을 기본권보장의 측면에서 규율하여야 한다는 기본원리를 천명하고 있는 것으로 이해하여야 하므로, 결국 포괄적·절차적 기본권으로 파악되고 있는 재판청구권의 보호영역과 사실상 중복되는 것이어서, **신속한 재판을 받을 권리의 침해여부에 대한 판단 속에는 적법절차의 원칙 위반여부에 대한 판단까지 포함되어 있다**고 할 것이다."

91) 헌재 2009.5.28. 2007헌바105 결정.

92) 헌재 2015.5.28. 2013헌바129 : "형사판결은 국가주권의 일부분인 형벌권 행사에 기초한 것으로서, 외국의 형사판결은 원칙적으로 우리 법원을 기속하지 않으므로 동일한 범죄행위에 관하여 다수의 국가에서 재판 또는 처벌을 받는 것이 배제되지 않는다. 따라서 이중처벌금지원칙은 동일한 범죄에 대하여 대한민국 내에서 거듭 형벌권이 행사되어서는 안 된다는 뜻으로 새겨야 할 것이다. 대법원도 이와 같은 전제에서 '피고인이 동일한 행위에 관하여 외국에서 형사처벌을 과하는 확정판결을 받았다 하더라도 이런 외국판결은 우리나라에서는 기판력이

특히 신체의 자유를 보장하기 위한 것이라고 할 수 있다. 이러한 점에서 헌법 제13조 제1항에서 말하는 '처벌'은 원칙적으로 범죄에 대한 국가의 형벌권 실행으로서의 과벌을 의미하는 것이고, 국가가 행하는 일체의 제재나 불이익처분을 모두 그 '처벌'에 포함시킬 수는 없다.[93] 또한 이중처벌금지의 원칙은 처벌 또는 제재가 '동일한 행위'를 대상으로 행해질 때에 적용될 수 있는 것이고, 그 대상이 동일한 행위인지의 여부는 기본적 사실관계가 동일한지 여부에 의하여 가려야 한다.[94] 그리고 이러한 이중처벌은 처벌 또는 제재가 동일한 행위를 대상으로 거듭 행해질 때 발생하는 문제로서, 심판대상조항[95]과 같이 하나의 형사재판절차에서 다루어진 사건을 대상으로 동시에 징역형과 자격정지형을 병과하는 것은 이중처벌금지원칙에 위반되지 아니한다.[96]

7. 의사표현에 대한 검열금지

가. 헌법상 사전검열금지원칙[97]

헌법 제21조 제2항은 언론·출판에 대한 허가나 검열은 인정되지 아니한다고 규정하고 있는바, 여기서 말하는 검열은 그 명칭이나 형식과 관계없이 실질적으로 행정권이 주체가 되어 사상이나 의견 등이 발표되기 이전에 예방적 조치로서 그 내용[98]을 심사·선별하여 발표를 사전에 억제하는, 즉 허가받지 아니한 것의

없으므로 여기에 일사부재리원칙이 적용될 수 없다.'고 판시한 바 있다(대법원 1983.10.25. 선고 83도2366 판결)."

93) 헌재 1994.6.30. 92헌바38 결정 ; 헌재 2002.7.18. 2000헌바57 결정.

94) 헌재 2011.10.25. 2009헌바140 결정. 同旨, 헌재 2017.7.27. 2012헌바323 결정.

95) 국가보안법의 죄에 관하여 유기징역형을 선고할 때에 그 형의 장기 이하의 자격정지를 병과할 수 있도록 정한 국가보안법(1991.5.31. 법률 제4373호로 개정된 것) 제14조 중 '제7조 제1항 가운데 찬양·고무·선전 또는 이에 동조한 자'에 관한 부분 및 '제7조 제5항 가운데 제1항 중 찬양·고무·선전 또는 이에 동조할 목적으로 문서·도화 기타의 표현물을 소지·반포한 자'에 관한 부분.

96) 헌재 2018.3.29. 2016헌바361 결정.

97) '1962년헌법'은 제18조 제2항에서, "언론·출판에 대한 허가나 검열과 집회·결사에 대한 허가는 인정되지 아니한다. 다만, 공중도덕과 사회윤리를 위하여는 영화나 연예에 대한 검열을 할 수 있다."고 하여 특정한 표현(영화나 연예)에 대해 예외적으로 검열을 허용하는 규정을 두었다.

98) 헌재 1998.2.27. 96헌바2 : "옥외광고물등관리법 제3조는 일정한 지역·장소 및 물건에 광고물 또는 게시시설을 표시하거나 설치하는 경우에 그 광고물 등의 종류·모양·크기·색깔, 표시 또는 설치의 방법 및 기간 등을 규제하고 있을 뿐, 광고물 등의 내용을 심사·선별하여 광고물을

발표를 금지하는 제도를 뜻하고,[99] 이러한 사전검열은 법률에 의하더라도 불가능하다. 헌법 제21조 제2항이 언론·출판에 대한 사전검열을 절대적으로 금지하는 것은, ① 언론·출판의 자유가 자유민주주의의 존립과 발전에 필수불가결한 중요한 기본권일 뿐만 아니라, 사전검열이 허용될 경우에는 ② 국민의 예술활동의 독창성과 창의성을 침해하여 정신생활에 미치는 위험이 클 뿐만 아니라, ③ 행정기관이 집권자에게 불리한 내용의 표현을 사전에 억제함으로써 이른바 관제의견이나 지배자에게 무해한 여론만을 허용하는 결과를 초래할 염려가 있기 때문이다.[100]

나. 사전검열금지원칙의 요건

그러나 한편, 이러한 사전검열금지원칙은 모든 형태의 사전적 규제를 금지하는 것은 아니고, 의사표현의 발표여부가 오로지 행정권의 허가에 달려 있는 사전심사만을 금지하는데 헌법재판소는, 일반적으로 "① 허가를 받기 위한 표현물 제출의무의 존재, ② 행정권이 주체가 된 사전심사절차의 존재, ③ 허가를 받지 아니한 의사표현의 금지 및 ④ 심사절차를 관철할 수 있는 강제수단의 존재"의 요건을 갖춘 사전심사절차의 경우에만 금지되는 것이라고 판시하여,[101] 절대적 사전검열금지원칙을 제한적으로 적용해 왔다.[102]

다. 행정기관인지 여부의 판단기준

헌법재판소는 헌재 2008.6.26. 2005헌마506 결정에서 행정기관인지 여부의 판

사전에 통제하려는 제도가 아님은 명백하므로, 헌법 제21조 제2항이 정하는 사전허가·검열에 해당되지 아니한다."

99) 헌재 2015.4.30. 2014헌마360 : "심판대상조항{시·군·구를 보급지역으로 하는 신문사업자 및 일일 평균 이용자 수 10만 명 미만인 인터넷언론사가 선거일 전 180일부터 선거일의 투표마감시각까지 선거여론조사를 실시하려면 여론조사의 주요 사항을 사전에 관할 선거관리위원회에 신고하도록 한 공직선거법(2014.2.13. 법률 제12393호로 개정된 것) 제108조 제3항 제4호 및 제7호}은 여론조사결과의 보도나 공표행위를 규제하는 것이 아니라 여론조사의 실시행위에 대한 신고의무를 부과하는 것이므로, 허가받지 아니한 것의 발표를 금지하는 헌법 제21조 제2항의 사전검열과 관련이 있다고 볼 수 없다. 따라서 심판대상조항은 헌법 제21조 제2항의 검열금지원칙에 위반되지 아니한다."

100) 헌재 2010.7.29. 2006헌바75 결정 ; 헌재 2008.6.26. 2005헌마506 결정 ; 헌재 1996.10.4. 93헌가13등 결정.

101) 헌재 2005.2.3. 2004헌가8 결정 ; 헌재 1996.10.4. 93헌가13등 결정.

102) 헌재 2010.7.29. 2006헌바75, 공보 166, 1366, 1373

단기준에 관하여, (1) 심의기관의 구성에 행정권이 개입하고 있는지 여부, (2) 그 위탁받은 업무에 관하여 국가(행정권)의 지휘·감독을 받고 있는지 여부, (3) 행정권이 심의규정의 제정·개정권한을 가지고 있는지 여부, (4) 심의기관이 행정권으로부터 운영비 등 재정지원을 받고 있는지 여부의 4가지 요건을 제시하였다.[103)]

8. 집회에 대한 허가금지

헌법 제21조 제2항에서 금지하고 있는 '허가'는 행정권이 주체가 되어 집회 이전에 예방적 조치로서 집회의 내용·시간·장소 등을 사전심사하여 일반적인 집회금지를 특정한 경우에 해제함으로써 집회를 할 수 있게 하는 제도, 즉 허가를 받지 아니한 집회를 금지하는 제도를 의미한다. 그러므로 위 헌법규정에서 금지하고 있는 '허가'제는 "집회의 자유에 대한 일반적 금지가 원칙이고 예외적으로 행정권의 허가가 있을 때에만 이를 허용한다."는 점에서, 집회의 자유가 원칙이고 금지가 예외인 집회에 대한 신고제[104)]와는 집회의 자유에 대한 이해와 접근방법의 출발점을 달리 하고 있는 것이다. 따라서 집회에 대한 '허가'를 금지하고 있는 위 헌법규정 속에 담겨져 있는 국민들의 가치적 합의는, 집회의 자유가 행정권의 사전판단에 따라 그 허용여부가 결정되는 이상 그것은 언론출판의 자유에 있어서 허가나 검열과 같은 것이므로, 비록 그 허용여부가 행정권의 기속재량[105)]이라고 하더라도 이를 헌법자체에서 직접 금지하겠다는 헌법적 결단의 표현인 것이다.[106)]

---

103) 한편 헌재 2018.6.28. 2016헌가8등 결정에서 헌법재판소는, "광고의 심의기관이 행정기관인지 여부는 기관의 형식에 의하기보다는 그 실질에 따라 판단되어야 한다. 따라서 검열을 행정기관이 아닌 독립적인 위원회에서 행한다고 하더라도, **행정권이 주체가 되어 검열절차를 형성하고 검열기관의 구성에 지속적인 영향을 미칠 수 있는 경우**라면 실질적으로 그 검열기관은 행정기관이라고 보아야 한다."고 요약·정리하였다.

104) 집회의 사전신고제를 규정한 '집회 및 시위에 관한 법률' 제6조 제1항에 대하여 헌법재판소는 이미 2009.5.28. 2007헌바22 사건에서 재판관 6(합헌) : 2(일부위헌)의 의견으로 합헌결정을 한 바 있다 : "이러한 사전신고는 경찰관청 등 행정관청으로 하여금 집회의 순조로운 개최와 공공의 안전보호를 위하여 필요한 준비를 할 수 있는 시간적 여유를 주기 위한 것으로서, 협력의무로서의 신고라고 할 것이다. (…) 집시법 전체의 규정 체제에서 보면 법은 일정한 신고절차만 밟으면 일반적·원칙적으로 옥회집회 및 시위를 할 수 있도록 보장하고 있으므로, 집회에 대한 사전신고제도는 헌법 제21조 제2항의 사전허가금지에 반하지 않는다." [이 부분 판시는 전원일치 의견임]

105) 헌재 1994.4.28. 91헌바14 : "이 단서규정에 따른 야간옥외집회의 허용여부는 헌법이념 및 조리상 관할 경찰관서장의 편의재량사항이 아니고 기속재량사항이라고 해석된다."

106) 헌법재판소는 헌재 2009.9.24. 2008헌가25 결정에서 재판관 5 : 4의 의견으로, "해가 뜨기 전

제2절 내용의 합헌성에 관한 심사기준

1. 과잉금지원칙

가. 의의

국가작용 중 특히 입법작용에 있어서의 과잉입법금지의 원칙이라 함은 국가가 국민의 기본권을 제한하는 내용의 입법활동을 함에 있어서 준수하여야 할 기본원칙 내지 입법활동의 한계를 의미하는 것으로서, 법치국가의 원리에서 당연히 파생되는 헌법상의 기본원리의 하나인 비례의 원칙을 말하는 것이다.[107] 즉, 국민의 기본권을 제한하려는 입법은 그 목적이 정당해야 하고, 방법이 적합해야 하며, 침해의 최소성과 법익의 균형성을 갖추어야 한다.

이나 해가 진 후의 옥외집회('야간옥외집회')를 금지하고, 일정한 경우 관할 경찰관서장이 허용할 수 있도록 한 '집회 및 시위에 관한 법률'(2007.5.11. 법률 제8424호로 전부 개정된 것) 제10조 본문은 야간옥외집회를 일반적으로 금지하고, 그 단서는 행정권인 관할경찰서장이 집회의 성격 등을 포함하여 야간옥외집회의 허용여부를 사전에 심사하여 결정한다는 것이므로, 결국 야간옥외집회에 관한 일반적 금지를 규정한 동법 제10조 본문과 관할 경찰서장에 의한 예외적 허용을 규정한 단서는 그 전체로서 야간옥외집회에 대한 허가를 규정한 것이라고 보지 않을 수 없고, 이는 헌법 제21조 제2항에 정면으로 위반된다."고 판시하였으나{다만 주문의 형태에 관하여는 5(단순위헌) : 2(헌법불합치) : 2(합헌)의 의견으로 헌법불합치결정이 선고되었다}, 헌재 2014.4.24. 2011헌가29 결정에서 재판관 전원일치의 의견으로, "헌법 제21조 제2항에 의하여 금지되는 '허가'는 '행정청이 주체가 되어 집회의 허용여부를 사전에 결정하는 것'으로, 법률적 제한이 실질적으로 행정청의 허가 없는 옥외집회를 불가능하게 하는 것이라면 헌법상 금지되는 사전허가제에 해당하지만, 그에 이르지 아니하는 한 헌법 제21조 제2항에 반하는 것은 아니다. 이 사건 법률조항{일출시간 전, 일몰시간 후에는 옥외집회 또는 시위를 금지하고, 다만 옥외집회의 경우 예외적으로 관할 경찰관서장이 허용할 수 있도록 한 구 '집회 및 시위에 관한 법률'(1989.3.29. 법률 제4095호로 개정되고, 2007.5.11. 법률 제8424호로 개정되기 전의 것) 제10조}의 단서 부분은 본문에 의한 제한을 완화시키려는 것이므로 헌법이 금지하고 있는 '옥외집회에 대한 일반적인 사전허가'라고 볼 수 없다. 한편, 이 사건 법률조항 중 단서 부분은 시위에 대하여 적용되지 않으므로 야간시위의 금지와 관련하여 헌법상 '허가제 금지' 규정의 위반여부는 문제되지 아니한다."고 판시하였다.{다만, 과잉금지원칙 심사에 따른 주문의 형태와 관하여는 재판관 6 : 3의 의견으로 한정위헌결정을 선고하였다(나머지 3인은 전부위헌의견)}.

107) 헌재 1992.12.24. 92헌가8 결정.

나. 구체적 적용

(1) 목적의 정당성

목적의 정당성이란, 국민의 기본권을 제한하려는 입법의 목적이 헌법 및 법률의 체제상 그 정당성이 인정되어야 한다는 것이다.[108)]

※ 목적의 정당성을 부인한 사례

◈ 헌재 1997.7.16. 95헌가6 (동성동본금혼제도)

"동성동본금혼제도의 입법목적[109)]은 이제는 혼인에 관한 국민의 자유와 권리를 제한할 사회질서나 공공복리에 해당할 수 없다."

◈ 헌재 2009.11.26. 2008헌바58등 (혼인빙자간음죄)

"이 사건 법률조항(형법 제304조)의 경우 형벌규정을 통하여 추구하고자 하는 목적[110)] 자체가 헌법에 의하여 허용되지 않는 것으로서 그 정당성이 인정되지 않는다."

(2) 방법(수단)의 적합성

방법의 적합성이란, 입법목적의 달성을 위하여 그 방법이 효과적이고 적절하여야 한다는 것을 말하며, 다만 입법목적을 달성하기 위한 최선의 방법임을 요하지 아니한다.

---

108) 어떤 법률 전체의 입법목적과 심판대상조항의 입법목적은 다를 수 있다. 예컨대, 헌재 2016.4.28. 2015헌바247등 사건에서, "영유아보육법은 **영유아 및 가정의 복지증진에 이바지함**을 목적으로 제정되었고(제1조), 심판대상조항{구 영유아보육법 제40조 제3호 중 '어린이집의 설치·운영자'에 관한 부분('반환명령조항'), 구 영유아보육법 제45조 제1항 제1호 중 '거짓이나 그 밖의 부정한 방법으로 보조금을 교부받은 경우'에 관한 부분('시설폐쇄조항'), 제46조 제4호 중 '거짓이나 그 밖의 부정한 방법으로 보조금을 교부받은 경우'에 관한 부분('자격정지조항')}의 입법목적은 **영유아보육에 대한 재정지원을 위하여 국가와 지방자치단체의 재정건전성을 확보**하는 데 있다."고 판시하였다.

109) 헌법재판소는 동성동본제의 입법목적을, "충효정신을 숭상한 유학, 신분적 계급제도의 정착, 대가족제도, 농경중심사회"라는 사회질서의 유지로 파악하였다.

110) 헌법재판소 혼인빙자간음죄의 보호법익(입법목적)을, "현재 또는 장래의 경건하고 정숙한 혼인생활"이라는 여성에 대한 남성우월의 고정관념에 입각한 것이라고 보았다.

※ 방법의 적합성을 부인한 사례

◈ 헌재 1996.12.26. 96헌가18 (自道소주 구입명령제도)

"헌법 제119조 제2항은 독과점규제라는 경제정책적 목표를 개인의 경제적 자유를 제한할 수 있는 정당한 공익의 하나로 명문화하고 있다. 독과점규제의 목적이 경쟁의 회복에 있다면 이 목적을 실현하는 수단 또한 자유롭고 공정한 경쟁을 가능하게 하는 방법이어야 한다. 그러나 주세법의 구입명령제도는 전국적으로 자유경쟁을 배제한 채 지역할거주의로 자리잡게 되고 그로써 지역 독과점현상의 고착화를 초래하므로, 독과점규제란 공익을 달성하기에 적정한 조치로 보기 어렵다."

◈ 헌재 2005.7.21. 2004헌가30 (자동차운전학원 운영정지)

"운전교육과 기능검정이 철저하더라도 교통사고는 우연적 사정과 운전자 개인의 부주의로 발생할 수 있다는 것을 감안하면, 교통사고를 예방하고 운전교육과 기능검정을 철저히 하도록 한다는 입법목적은 이 사건 조항[111]으로 인하여 효과적으로 달성된다고 할 수 없다. (…) 이 사건 조항은 입법목적을 달성하기 위한 수단으로서 부적절하다."

(3) 침해의 최소성 (최소침해성)

침해의 최소성이란 입법권자가 선택한 기본권제한의 조치가 입법목적 달성을 위하여 설사 적절하다 할지라도, 보다 완화된 형태나 방법을 모색함으로써 기본권의 제한은 필요한 최소한도에 그치도록 하여야 한다는 것을 말한다. 최소침해성 요건은 과잉금지원칙 심사에서 핵심이 되는 부분으로서, 이에는 다음 두 가지 심사방법이 동원된다.

(가) 같은 효과를 낼 수 있는 덜 제한적인 방법이 있는가?[112]

예를 들어, 필요적 취소가 아닌 임의적 취소로도 입법목적 달성이 가능하다면 필요적 취소 규정은 침해의 최소성 원칙에 어긋난다.[113] 그러나, 임의적 규정으

111) '자동차운전전문학원을 졸업하고 운전면허를 받은 사람 중 교통사고를 일으킨 비율이 대통령령이 정하는 비율을 초과하는 때'에는 학원의 등록을 취소하거나 1년 이내의 운영정지를 명할 수 있도록 한 도로교통법 제71조의15 제2항 제8호의 '교통사고' 부분.

112) 미국 연방대법원이 표현한 "Less Restrictive Alternative" (LRA)와 같은 개념이다.

113) 헌재 1998.5.28. 96헌가12 결정 : 형사사건으로 기소된 공무원을 필요적으로 직위해제하는 규정 - 위헌

로는 법의 목적을 실현하기에 부족하고 필요적인 제재규정이 입법목적의 달성을 위하여 반드시 필요한 경우라면, 필요적인 제재규정이라고 하더라도 최소침해성의 원칙에 위배되지 않는다.[114] 한편, 입법자가 입법목적을 달성하기 위하여 가능한 여러 가지 수단 가운데 무엇이 덜 침해적인 것이라고 단정하기 어려운 상황에서 어떠한 수단을 선택할 것인가는 입법자의 형성의 권한 내에 있다.[115] 그러므로 입법자가 택한 수단보다 국민의 기본권을 덜 침해하는 수단이 존재하더라도 그 다른 수단이 효과 측면에서 입법자가 선택한 수단과 동등하거나 유사하다고 단정할 만한 명백한 근거가 없는 이상, 그것이 과잉금지원칙에 반한다고 할 수는 없다.[116]

(나) 침해를 완화시킬 수 있는 경과규정이나 보완조치 등 침해를 최소화하기 위하여 노력했는가?

예를 들어, 헌재 2001.6.28. 2001헌마132 결정에서는 "이 사건 법률조항은 '고객을 유치할 목적으로' '노선을 정하여' 셔틀버스를 운행하는 경우만을 규제하고 있으며, 동법 제73조의 2 제1항 제2호는 대중교통수단이 없는 지역 등 대통령령이 정하는 사유에 해당하는 경우로서 시·도지사의 허가를 받은 경우에는 셔틀버스를 계속 운행할 수 있도록 규정하였고, 또한 동법 제24조 제1항은 건설교통부장관 또는 시·도지사는 여객의 원활한 운송과 서비스의 개선을 위하여 필요하다고 인정할 때에는 운송사업자에게 '노선의 연장 및 변경', '벽지노선 기타 수익성이 없는 노선의 운행'을 명할 수 있도록 규정함으로써 소비자의 불편을 최소화하는 장치를 마련하고 있다."는 이유로, 헌재 2008.12.26. 2007헌바128 결정에서는 "자필증서에 의한 유언시 '날인'요구 규정에는 대법원 판례가 확인한 '무인(拇印)'이라는 보완조치가 있다."는 이유로 침해의 최소성을 인정하였다.

114) 헌재 2002.4.25. 2001헌가19등 결정 ; 헌재 2003.6.26. 2001헌바31 결정 ; 헌재 2012.2.23. 2010헌바479 결정 ; 헌재 2012.4.24. 2010헌바363 결정 ; 헌재 2012.5.31. 2010헌가97 결정.

115) 헌재 2011.2.24. 2008헌바87 결정 ; 헌재 2011.6.30. 2009헌바55 결정. 同旨, 헌재 2012.5.31. 2009헌바170 : "증여세를 회피하는 수단으로 이용되는 명의신탁에 대한 제재방법으로 증여세를 부과하는 광의의 증여의제·추정조항이 다른 대체수단들보다 납세의무자에게 더 많은 피해를 준다고 단정할 수 없으므로, 광의의 증여의제·추정조항은 기본권 제한을 함에 있어서 침해의 최소성 원칙을 준수하였다."

116) 헌재 2009.11.26. 2008헌마114 결정 : 헌재 2012.8.23. 2010헌가65 결정.

(다) 헌법재판소는 헌재 2012.5.31. 2010헌마88 결정에서, "이 사건 법률조항[117]이 사인의 '사생활의 비밀과 자유, 인격권'과 사인의 '표현의 자유'가 충돌하는 상황에서 침해의 최소성 요건을 충족시켰다고 볼 수 있는지 여부는, ① 이 사건 법률조항이 예정하는 임시조치 이외에 정보게재자의 표현의 자유를 덜 제약하면서도 입법목적을 효과적으로 달성할 수 있는 다른 수단이 존재하는지와, ② 이 사건 법률조항에 기한 임시조치의 절차적 요건과 내용 자체가 필요최소한의 정도로만 표현의 자유를 규제하고 있다고 평가할 수 있겠는지 하는, 두 가지 관점에서 살펴볼 수 있다."고 판시하였다.

그런데 헌재 2017.8.31. 2016헌바447 결정{5(합헌) : 3(위헌)-합헌}의 다수의견에 대한 보충의견에서 이진성 재판관은, 침해의 최소성에서는 위 ① 부분만 판단하고, 위 ② 부분 즉 '청구인의 구체적인 기본권 제한정도가 지나치게 과한 것인지 여부'는 법익의 균형성 부분에서 판단하여야 하며, 과잉금지원칙이란 그 이름에서 알 수 있듯이 기본권의 제한 정도가 과잉한지를 살피는 것 즉 법익균형성 심사가 핵심이며, 법익의 균형성 판단 부분에서 청구인의 기본권 제한 정도가 수인한도 내인지를 본격적으로 형량하는 것[118]이 과잉금지원칙을 그 구성요소별로 집중하여 보다 효율적으로 적용하는 것이라고 주장하였다.

(4) 법익의 균형성

법익의 균형성이란, 그 입법에 의하여 보호하려는 공익과 침해되는 사익을 비교형량할 때 보호되는 공익이 더 커야 한다는 것이다. 그러므로 이 항목의 답안을 작성할 때, 그 입법에 의하여 달성하고자 하는 공익(입법목적)과 제한되는 기본권을 구체적으로 적시하여 비교형량해야 한다.

---

117) 정보통신망을 통하여 일반에게 공개된 정보로 말미암아 사생활 침해나 명예훼손 등 타인의 권리가 침해된 경우 그 침해를 받은 자가 삭제요청을 하면 정보통신서비스 제공자는 권리의 침해여부를 판단하기 어렵거나 이해당사자 간에 다툼이 예상되는 경우에는 30일 이내에서 해당 정보에 대한 접근을 임시적으로 차단하는 조치를 하여야 한다고 규정하고 있는 '정보통신망 이용촉진 및 정보보호 등에 관한 법률'(2008.6.13. 법률 제9119호로 개정된 것) 제44조의2 제2항 중 '임시조치'에 관한 부분 및 제4항.

118) "이와 같이 심판대상조항에 의한 **구체적인 재판청구권 제한의 정도는 경미한 반면, 현재의 인지제도를 포기할 경우의 손실**은 경미한 것으로 단정짓기 어렵다. 따라서 인지제도를 설계함에 있어 입법자에게 폭넓은 재량이 주어져 있음을 감안하면, **심판대상조항에 의한 재판청구권 제한은 수인한도를 넘지 않는다**. 따라서 심판대상조항은 법익의 균형성 원칙을 만족시킨다."

※ 한편, 헌재 2018.7.26. 2016헌마260 결정에서 재판관 5인의 반대의견(위헌의견)은 공무원연금법 제32조 제1항 본문 중 "양도·압류"에 관한 부분(압류금지조항)에 대한 판단에서, 동 조항이 입법목적의 정당성, 방법의 적절성뿐만 아니라 침해의 최소성도 인정되나[119] 법익의 균형성에 반하여 과잉금지원칙에 위배되어 위헌이라는 의견을 제시하였다.

다. 완화된 심사

(1) 같은 심사방법, 다른 심사강도

헌법재판소는 직업수행의 자유에 대하여, "직업수행의 자유는 직업선택의 자유에 비하여 상대적으로 그 침해의 정도가 작다고 할 것이어서, 이에 대하여는 공공복리 등 공익상의 이유로 비교적 넓은 법률상의 규제가 가능하다."는 이유로 완화된 과잉금지심사를 한다.[120]

(2) 다른 심사방법의 적용

(가) 상업광고

상업광고는 표현의 자유의 보호영역에 속하지만 사상이나 지식에 관한 정치적·시민적 표현행위와는 차이가 있고, 직업수행의 자유에 있어서도 인격발현과 개성신장에 미치는 효과가 중대한 것이 아니다. 그러므로 상업광고 규제에 관하여 비례의 원칙에 의한 심사를 하더라도 그 중 피해의 최소성 원칙은 '같은 목적을 달성하기 위하여 달리 덜 제약적인 수단이 없을 것인지 혹은 입법목적을 달성하기 위하여 필요한 최소한의 제한인지'를 심사하기보다는 '입법목적을 달성하기 위하여 필요한 범위내의 것인지'를 심사하는 정도로 완화되는 것이

---

119) "공무원연금법상 수급권자와 그 부양가족의 생활안정과 복리향상을 꾀하고 인간다운 생활을 보장하기 위한 압류금지조항의 입법목적은 정당하다. 압류금지조항에 의해 수급권자의 가용소득이 보전되어 생활안정 등에 기여할 수 있으므로 수단의 적합성이 인정되고, 급여수급권에 강제집행을 허용하면 수급권자의 가용소득이 줄어들므로 입법목적을 같은 정도로 달성할 수 있는 다른 수단이 있다고도 단정할 수 없어 압류금지조항은 특별한 사정이 없는 한 침해의 최소성 원칙도 충족한다."

120) 헌재 2017.11.30. 2015헌바377 결정 : "직업수행의 자유는 직업결정의 자유에 비하여 상대적으로 그 침해의 정도가 작다고 할 것이어서, 이에 대하여는 공공복리 등 공익상의 이유로 비교적 넓은 법률상의 규제가 가능하나(헌재 2003.10.30. 2001헌마700등 참조), 직업수행의 자유를 제한할 때에도 헌법 제37조 제2항에 의거한 비례의 원칙에 위배되어서는 안 된다."

상당하다.[121)]

(나) 표현의 방법

일반적으로 국가가 개인의 표현행위를 규제하는 경우, 표현내용에 대한 규제는 원칙적으로 중대한 공익의 실현을 위하여 불가피한 경우에 한하여 엄격한 요건하에서 허용되는 반면, 표현내용과 무관하게 표현의 방법을 규제하는 것은 합리적인 공익상의 이유로 폭넓은 제한이 가능하다.[122)]

(다) 전문분야 자격제도

입법부가 일정한 전문분야에 관한 자격제도를 마련함에 있어서는 그 제도를 마련한 목적을 고려하여 정책적인 판단에 따라 자격제도의 내용을 정함에 있어서 그 내용이 명백히 불합리하고 불공정하지 아니하는 한 원칙적으로 입법부에게 광범위한 형성의 자유가 인정된다.[123)]

---

121) 헌재 2012.2.23. 2009헌마318 (중요한 표시·광고 고시) 결정. 同旨, 헌재 2005.10.27. 2003헌가3 (의료광고규제) 결정 ; 헌재 2008.5.29. 2007헌마248 (세무사명칭 사용제한) 결정 ; 헌재 2016.3.31. 2014헌마794 (세종특별자치시 옥외광고물) 결정 참조.

122) 헌재 2002.12.18. 2000헌마764 : "서명요청 활동은 주민소환청구권 행사의 전제 내지 실현수단의 의미를 가지므로 주민소환제도에 대한 경우와 마찬가지로 그 내용과 방법에 관하여 입법자의 형성의 자유가 인정되는 영역이라고도 할 수 있다. 따라서 이 사건 법률조항 {'주민소환에 관한 법률'(2006.5.24. 법률 제7958호로 제정된 것) 제32조 제1호 중 제10조 제4항에 관한 부분}에 대한 과잉금지원칙 위반여부를 심사함에 있어서는, 일반적인 표현의 자유에 대한 제한에 적용되는 엄격한 의미의 과잉금지원칙 위반여부의 심사가 아닌 실질적으로 완화된 심사를 함이 상당하고, 특히 '피해의 최소성' 요건은 입법목적을 달성하기 위한 덜 제약적인 수단은 없는지 혹은 필요한 최소한의 제한인지를 심사하기 보다는 '**입법목적을 달성하기 위하여 필요한 범위 내의 것인지**'를 심사하는 정도로 완화시켜 판단하여야 할 것이다."

123) 헌재 2007.4.26. 2003헌마947 결정 ; 헌재 2012.3.29. 2009헌마754 : "따라서 변호사라는 전문분야의 자격에 관한 이 사건 법률조항(변호사시험법 제5조 제1항 본문)의 위헌성을 판단함에 있어서는 위와 같은 입법재량을 감안하여 헌법 제37조 제2항의 요구가 다소 완화된다고 할 것이다(헌재 2009.2.26. 2008헌마370 결정). (…) 앞서 본 바와 같이 입법자에게는 전문직 자격제도에 관한 형성의 자유가 인정되고, 변호사 시험에 있어서도 어떠한 제도를 선택할 것인지에 관하여 형성의 여지가 인정된다. 따라서 이 사건 법률조항에 있어서 침해의 최소성 판단은 가장 덜 제약적인 방법인지가 아니라, 완화된 기준으로 **입법목적을 달성하기 위한 필요한 범위 내의 것인지**를 심사하는 방법에 의하여야 할 것이다." 同旨, 헌재 2012.4.24. 2009헌마608등 결정 ; 헌재 2016.3.31. 2014헌마1046 결정.

라. 형벌조항의 경우

입법자가 어떠한 법규위반행위에 대하여 형사적 제재를 부과하도록 규정하는 경우 '신체의 자유'와 '재산권'은 범죄의 설정 및 그 법정형의 종류와 범위를 선택함에 있어 항상 수반되는 제한이라 할 수 있으므로, (다른 기본권침해 여부에 대한 판단은 별론으로 하고) 그 침해여부는 일반적으로 입법자의 선택이 입법재량의 범위 내에서 이루어졌는지를 살펴봄으로써 판단할 수 있다.[124] 형벌조항의 경우 전통적인 의미의 과잉금지원칙을 심사기준으로 판단한 사례도 있으나,[125] 통상의 경우 특히 형사특별법의 경우는 ① 책임과 형벌 간의 비례원칙[126]과 ② 평등원칙(체계정당성)을 심사기준으로 판단하고 있다.[127]

한편, 헌재 2019.6.28. 2018헌바128 결정에서는 "이 사건 각 심판대상조항은 응급환자 본인의 자기결정권이나 일반적 행동의 자유를 제한하지 아니하므로, 위 기본권의 침해여부에 대해서는 더 나아가 살피지 아니한다."고 하면서도, "다

---

124) 헌재 2011.11.24. 2011헌바18 : "이 사건 법률조항{총포와 아주 비슷하게 보이는 것으로서 대통령령이 정하는 모의총포의 소지를 처벌하는 규정인 '총포·도검·화약류 등 단속법'(2003.7.29. 법률 제6948호로 개정된 것) 제73조 제1호 중 "제11조 제1항 본문" 부분}은 유기징역형과 벌금형을 규정하여 모의총포를 소지하지 못하도록 강제함으로써 모의총포를 소지하려는 사람의 신체의 자유 또는 재산권을 제한하고 있다. 이는 입법자가 어떠한 법규위반행위에 대하여 형사적 제재를 부과하도록 규정하는 경우 범죄의 설정 및 그 법정형의 종류와 범위를 선택함에 있어 항상 수반되는 제한이라 할 수 있으므로, 그 침해여부는 뒤에서 보는 바와 같이 위와 같은 입법자의 선택이 입법재량의 범위 내에서 이루어졌는지를 살펴봄으로써 판단할 수 있다."

125) 간통죄 사건(헌재 2008.10.30. 2007헌가17), 혼인빙자간음죄 사건(헌재 2009.11.26. 2008헌바58등), 성매매특별법 사건(헌재 2016.3.31. 2013헌가2), 낙태죄 사건(헌재 2019.4.11. 2017헌바127).

126) 2020년 6월 법전원 모의시험 공법사례형 〈제2문의 5〉 참조. 한편 헌재 2015.10.21. 2014헌바266 결정에서는 '과잉금지원칙 위반여부'라는 표제 아래 "책임과 형벌 간의 비례원칙" 심사를 하고 있다. [헌재 2019.2.28. 2018헌바8 : "책임과 형벌 간의 비례원칙은 과잉금지원칙의 특화된 표현이라고 할 수 있다."]

127) 예컨대 헌재 2019.7.25. 2018헌바209등 결정 참조. 한편, 형법조항에 대하여 이와 같은 심사기준을 적용한 사례로, 헌재 2011.11.24. 2010헌바472 결정(행사할 목적으로 타인의 서명을 위조하고 이를 행사한 자를 처벌하는 형법 제239조 제1항, 제2항) ; 헌재 2017.8.31. 2015헌가30 결정(사무처리를 그르치게 할 목적으로 공무원 또는 공무소의 전자기록 등 특수매체기록을 위작한 자를 10년 이하의 징역에 처하도록 정한 형법 제227조의2 중 "위작"에 관한 부분) ; 헌재 2017.11.30. 2015헌바300 결정(폭행 또는 협박으로 사람에 대하여 추행을 한 자를 10년 이하의 징역 또는 1천500만원 이하의 벌금에 처하도록 규정한 형법 제298조) 참조.

만 이 사건 각 심판대상조항[128]이 응급환자 본인을 포함한 누구든지 응급의료종사자의 응급환자에 대한 진료를 폭행, 협박, 위력, 위계, 그 밖의 방법으로 방해하는 행위를 형사처벌하는 것이 과잉형벌인지가 문제될 수 있으므로 이에 대하여 살펴본다."고 하면서 '과잉형벌에 해당하는지 여부'라는 제목하에 과잉금지원칙심사를 하였다.

2. 본질적 내용 침해금지

가. 의의 및 연혁

헌법 제37조 제2항은 과잉금지원칙과 함께 '기본권이 어떠한 경우에도 그 본질적 내용에 있어서 침해되어서는 안 된다'는 기본권제한의 최종적 한계를 설정하고 있다. 여기에서 기본권의 본질적 내용이란 "만약 이를 제한하는 경우에는 기본권 그 자체가 무의미하게 되는 기본권의 근본요소"를 의미한다.[129] 기본권의 본질적 내용 침해금지 조항은 1960년 제2공화국헌법에서 독일기본법 제19조 제2항[130]을 모방하여 처음 규정하였는데, 유신헌법(제4공화국)에서 삭제되었다가 5공화국헌법(1980년) 때 부활되었다.

나. 과잉금지원칙과의 관계

생명권과 같은 예외적인 경우를 제외한다면, 공권력행위의 위헌심사에 있어서 과잉금지원칙이 준수되었다면 기본권의 제한은 입법목적에 비추어 적정하다는 것을 의미하기 때문에, 일반적으로 본질적 내용이 침해되지 않은 것으로 간주될 수 있다. 과잉금지원칙이 준수되었다는 것은 개인의 자유를 가장 적게 제한하는 수단을 선택하였다는 것을 의미한다. 이러한 점에서, 기본권의 제한이 과잉금지원칙에 부합하지만 본질적 내용을 침해하는 경우는 상정하기 어렵다. 한편, 공

128) '응급의료에 관한 법률'(2012.5.14. 법률 제11422호로 개정된 것) 제12조 중 '누구든지 응급의료종사자의 응급환자에 대한 진료를 폭행, 협박, 위계, 위력, 그 밖의 방법으로 방해하여서는 아니된다.'는 부분('이 사건 금지조항')과 구 '응급의료에 관한 법률'(2015.1.28. 법률 제13106호로 개정되고, 2019.1.15. 법률 제16252호로 개정되기 전의 것) 제60조 제1항 제1호 중 이 사건 금지조항을 위반하여 '응급의료를 방해한 사람'에 관한 부분('이 사건 처벌조항')

129) 헌재 1996.1.25. 93헌바5등 결정. 同旨, 헌재 1989.12.22. 88헌가13 결정 ; 헌재 1995.4.20. 92헌바29 결정.

130) "기본권의 본질적 내용은 어떤 경우에도 침해되어서는 안 된다."

권력행위가 과잉금지원칙에 위반되는 경우 비로소 본질적 내용이 침해되었는지를 판단해야 할 필요성이 있는데, 이 경우 이미 과잉금지원칙의 위반으로 인하여 기본권 제한행위의 위헌성이 확인되었으므로 결과적으로 더 이상 본질적 내용의 침해여부를 밝힐 실익이 없다.[131] 따라서 헌법재판소로서는 기본권의 본질적 내용을 확인할 수 있고 공권력행위가 그 본질적 내용을 침해한다고 판단되는 경우[132] 이외에는 본질적 내용에 대한 판단을 굳이 할 필요가 없을 것이다.[133]

3. 신뢰보호원칙

가. 의의

신뢰보호의 원칙은 헌법상 법치국가 원리로부터 파생되는 것으로, 법률이 개정되는 경우에는 기존 법질서와의 사이에 어느 정도의 이해관계의 상충은 불가피하다고 할 것인바, 이 경우 기존의 법질서에 대한 당사자의 신뢰가 합리적이고 정당한 반면, 법률의 제정이나 개정으로 야기되는 당사자의 손해가 극심하여 새로운 입법으로 달성코자 하는 공익적 목적이 그러한 당사자의 신뢰가 파괴되는 것을 정당화할 수 없는 경우, 그러한 새 입법은 허용될 수 없다는 것이다.[134] 그

131) 한수웅, 전게서(2020), 516면.

132) 이 경우에 과잉금지원칙 위배여부에 대하여는 판단할 필요가 없다.(헌재 1995.9.28. 92헌가11등 결정 참조)

133) 다만 헌재 1997.8.21. 94헌바19등 결정에서는 "이 사건 법률조항{구 근로기준법(1953.5.10. 법률 제286호로 제정되고 1989.3.29. 법률 제4099호로 개정되어 1997.3.13. 법률 제5305호로 폐지된 것 제30조의2 제2항 및 근로기준법(1997.3.13. 법률 제5309호로 제정된 것) 제37조 제2항중 각 '퇴직금' 부분}이 근로자에게 그 퇴직금 전액에 대하여 질권자나 저당권자에 우선하는 변제수령권을 인정함으로써 결과적으로 질권자나 저당권자가 그 권리의 목적물로부터 거의 또는 전혀 변제를 받지 못하게 되는 경우에는, 그 질권이나 저당권의 본질적 내용을 이루는 우선변제수령권이 형해화하게 되므로 이 사건 법률조항은 질권이나 **저당권의 본질적 내용을 침해할 소지**가 생기게 되는 것이다."라고 하면서도, (…) 이 사건 법률조항은 임금과는 달리 '퇴직금'에 관하여는 아무런 범위나 한도의 제한없이 질권이나 저당권에 우선하여 그 변제를 받을 수 있다고 규정하고 있으므로, (…) 그렇다면 이 사건 법률조항은 근로자의 생활보장 내지 복지증진이라는 공공복리를 위하여 담보권자의 담보권을 제한함에 있어서 그 방법의 적정성을 그르친 것이며 침해의 최소성 및 법익의 균형성 요청에도 저촉되는 것이므로 **과잉금지의 원칙**에도 위배된다."고 판시하였다.

134) 헌재 1995.6.29. 94헌바39 결정. 同旨, 헌재 1996.2.16. 96헌가2등 : "신뢰보호의 원칙은 법치국가원리에 근거를 두고 있는 헌법상의 원칙으로서 '특정한 법률에 의하여 발생한 법률관계는 그 법에 따라 파악되고 판단되어야 하며, 과거의 사실관계가 그 뒤에 생긴 새로운 법률의 기준에 따라 판단되지 않는다'는 국민의 신뢰를 보호하기 위한 것이다." 同旨, 헌재

러나 국민들이 국가의 공권력행사에 관하여 가지는 모든 기대 내지 신뢰가 절대적인 권리로서 보호되는 것은 아니다.[135] 따라서 헌법적 신뢰보호는 개개의 국민이 어떠한 경우에도 '실망'을 하지 않도록 하여 주는 데까지 미칠 수는 없다.[136] 또한 국민(청구인)의 구법에 대한 위 신뢰가 보호할 만한 가치가 있다 하더라도 그 신뢰가 영구적으로 보호되어야 하는 것은 아니고, 보호의 범위 및 방법, 보호기간 등 구체적인 사정을 참작하여 신뢰보호가 충분히 이루어졌다고 볼 수 있는 때에는 위 신뢰가 소멸된 것으로 보아야 한다.[137]

나. 심사방법

(1) '법률내용의 위헌여부'와 '종래의 법적 지위에 대한 침해의 위헌여부'

입법자가 법률개정을 통하여 과거에 형성된 '기본권적으로 보호되는 법적 지위'를 축소·폐지함으로써 새로이 규율하는 경우, 자유권(직업의 자유 또는 재산권)과 신뢰보호의 관점에서 이중적으로 개정법률의 합헌성을 심사해야 한다. 즉, 개정법률이 합헌적이기 위해서는 '장래에 있어서' 적용되는 법률[138]이 그 내용에 있어서 헌법에 합치해야 할 뿐만 아니라, 또한 구법에 의하여 형성된 '종래의' 지위에 대한 침해[139]를 정당화해야 한다. 따라서 개정법률의 위헌심사는 '개정법률에 의한 기본권제한이 합헌인지'의 심사(기본권제한의 내용적·실체적 한계에 대한 심사)[140]와 '이러한 기본권제한을 과거에 발생한 사실관계에 확대하는 것이 합헌

2019.7.25. 2017헌마1329 : "신뢰보호원칙이란 국민이 어떤 법적 상태가 장래에도 그대로 존속될 것이라는 합리적인 신뢰를 바탕으로 하여 일정한 법적 지위를 형성한 경우, 국가는 국민의 신뢰를 보호하여야 한다는 원칙이다."

135) 헌재 1996.4.25. 94헌마119 결정.

136) 헌재 1995.6.29. 94헌바39 결정 ; 헌재 1999.7.22. 97헌바76등 결정 ; 헌재 2011.4.28. 2010헌바114 결정.

137) 헌재 2008.9.25. 2007헌마233 결정 ; 헌재 2011.10.25. 2010헌마482 결정.

138) 보통 법률의 本則에 규정한다.

139) 보통 경과조치로 법률의 附則에 규정한다. 그런데 헌재 2012.3.29. 2010헌마443등 사건에서처럼 본칙을 개정하면서 부칙에 경과조치를 규정하지 않는 경우도 있다. 이는 (행정)입법자가 종래의 법적 지위(소위 '기득권')를 보호하지 않겠다는 (소극적) 의사표시를 한 것으로 볼 수 있다. 이러한 경우에는 본칙에 대하여 "규정내용의 위헌여부"(위 2010헌마443등 사건의 경우 재산권 침해여부)와 "종래의 법적 지위에 대한 침해의 위헌여부"(신뢰보호원칙 위배여부)를 함께 심사하게 된다.

140) 대부분 '과잉금지심사'가 행해지나, 공법상 권리(퇴직연금제도의 변동 등)인 경우 합리성심사를 하기도 한다.

인지'의 심사(법률적용범위의 시간적 한계에 대한 심사)라는 이중적 심사로 이루어진다.[141] 이 경우 전자가 위헌이라면 후자는 당연히 위헌의 결과에 이르고,[142] 전자가 합헌이라도 후자는 위헌이 될 수 있다.[143]

(2) 신뢰보호원칙에 의한 심사

이러한 신뢰보호원칙의 위반여부는 한편으로는 침해되는 이익의 보호가치, 침해의 정도, 신뢰의 손상 정도, 신뢰 침해의 방법 등과 또 다른 한편으로는 새로운 입법을 통하여 실현하고자 하는 공익적 목적 등을 종합적으로 형량하여야 한다.[144] 따라서 신뢰보호원칙의 위반여부를 판단함에 있어서는, 첫째, 보호가치 있는 신뢰이익이 존재하는가, 둘째, 과거에 발생한 생활관계를 현재의 법으로 규율함으로써 달성되는 공익이 무엇인가, 셋째, 개인의 신뢰이익과 공익상의 이익을 비교형량하여 어떠한 법익이 우위를 차지하는가를 살펴보아야 할 것이다.[145]

---

141) 한수웅, 전게서(2020), 279면. 2017년 6월 법전원 모의시험 공법기록형(헌법) 문제 참조.

142) 부진정소급입법의 경우에는 이에 해당하는 사례가 없지만, 진정소급입법의 경우에는 그 예가 있다. 즉, 헌재 2006.6.29. 2005헌마165등 결정에서 헌법재판소는, "정정보도청구의 소를 민사집행법상 가처분절차에 의하여 재판하도록 규정한 '언론중재 및 피해구제 등에 관한 법률'(언론중재법) 제26조 제6항 본문 전단 중 '정정보도청구' 부분이 신문사업자인 청구인들의 공정한 재판을 받을 권리와 언론의 자유를 침해하여 위헌이기 때문에, 언론중재법 시행 전의 언론보도로 인한 정정보도청구에 대하여도 언론중재법을 적용하도록 규정한 언론중재법 부칙 제2조 중 '제14조 제2항, 제26조 제6항 본문 전단 중 정정보도청구 부분, 제31조 후문' 부분은 당연히 위헌의 판단을 받아야 한다."고 판시하였다.

143) 이와 같은 예 중 부진정소급입법의 예로는, 변리사자격 부여제도를 바꾸면서(합헌) 기존 특허청 경력공무원 중 일부에게만 구법규정을 적용하여 변리사자격이 부여되도록 규정한 변리사법부칙 사건(헌재 2001.9.27. 2000헌마208 결정), 기존 국세관련 경력공무원 중 일부에게만 구법규정을 적용하여 세무사자격이 부여되도록 규정한 세무사법부칙 사건(헌재 2001.9.27. 2000헌마152 결정)이 있다. [각 헌법불합치-계속적용] 한편 진정소급입법의 예로는, 공무원이 '직무와 관련 없는 과실로 인한 경우' 및 '소속상관의 정당한 직무상의 명령에 따르다가 과실로 인한 경우'를 제외하고 재직 중의 사유로 금고 이상의 형을 받은 경우, 퇴직급여 등을 감액하도록 규정한 공무원연금법 조항은 합헌이나 2009.12.31. 개정된 위 감액조항을 2009.1.1.까지 소급하여 적용하도록 규정한 공무원연금법 부칙조항은 소급입법금지원칙에 위배되어 위헌이라는 사건(헌재 2013.8.29. 2010헌바354등 결정)이 있다. 同旨, 헌재 2013.9.26. 2013헌바170 결정 참조.

144) 헌재 2001.2.22. 98헌바19 결정 ; 헌재 2001.4.26. 99헌바55 결정.

145) 헌재 2009.5.28. 2005헌바20등 결정.

다. 진정소급입법과 부진정소급입법

(1) 진정소급입법

(가) 의의

진정소급입법, 즉 과거에 속하는 이미 종료된 사태에 적용되어야 하는 규정은 원칙적으로 허용되지 아니하며, 특단의 사정이 있는 예외적인 경우에만 허용된다. 즉, "진정소급입법이 허용되는 예외적인 경우로는 일반적으로, ① 국민이 소급입법을 예상할 수 있었거나 법적 상태가 불확실하고 혼란스러웠거나 하여 보호할 만한 신뢰의 이익이 적은 경우나 ② 소급입법에 의한 당사자의 손실이 없거나 아주 경미한 경우에, ③ 신뢰보호의 요청에 우선하는 심히 중대한 공익상의 사유가 소급입법을 정당화하는 경우를 들 수 있다."[146] 헌법 제38조는 "모든 국민은 법률이 정하는 바에 의하여 납세의 의무를 진다."고 하고, 헌법 제59조는 "조세의 종목과 세율은 법률로 정한다."고 규정하여 조세법률주의를 선언하고 있는데, 이는 납세의무가 존재하지 않았던 과거에 소급하여 과세하는 입법을 금지하는 원칙을 포함하는 것이므로, 새로운 입법으로 과거에 소급하여 과세하거나 이미 납세의무가 존재하는 경우에도 소급하여 중과세하는 것은 이에 위반된다.[147]

일반적으로 소급입법이 금지되는 주된 이유는 문제된 사안이 발생하기 전에 그 사안을 일반적으로 규율할 수 있는 입법을 통하여 행위시법으로 충분히 처리할 수 있었음에도 불구하고, 권력자에 의해 사후에 제정된 법을 통해 과거의 일들이 자의적으로 규율됨으로써 법적 신뢰가 깨뜨려지고 국민의 권리가 침해되는 것을 방지하기 위함이다.[148] 따라서 소급입법이 예외적으로 허용되기 위해서는 '그럼에도 불구하고 소급입법을 허용할 수밖에 없는 공익상의 이유'가 인정되어야 한다. 이러한 필요성도 없이 단지 소급입법을 예상할 수 있었다는 사유만으로 소급입법을 허용하는 것은 헌법 제13조 제2항의 소급입법금지원칙을 형해화시킬 수 있으므로 예외사유에 해당하는지 여부는 매우 엄격하게 판단하여야 한다.[149]

146) 헌재 1996.2.16. 96헌가2등 결정.
147) 헌재 2008.5.29. 2006헌바99 결정.
148) 헌재 2011.3.31. 2008헌바141 결정.
149) 헌재 2013.8.29. 2010헌바354등 결정.

(나) 진정소급입법이라고 본 사례

◈ 헌재 2006.6.29. 2005헌마165등【8(위헌) : 1(합헌)[150)]-위헌】

"언론중재및피해구제등에관한법률(언론중재법) 부칙 제2조 본문은 언론중재법의 시행 전에 행하여진 언론보도에 대하여도 동법을 적용하도록 규정하고 있다. 이에 따라 정정보도청구권의 성립요건과 정정보도청구소송의 심리절차에 관하여 언론중재법이 소급하여 적용됨으로써 언론사의 종전의 법적 지위가 새로이 변경되었다. 이것은 이미 종결된 과거의 법률관계를 소급하여 새로이 규율하는 것이기 때문에 소위 진정소급입법에 해당한다. 진정소급입법은 헌법적으로 허용되지 않는 것이 원칙이고 이를 예외적으로 허용할 특단의 사정도 이 부칙조항에 대해 인정되지 않으므로 부칙 제2조 중 '제14조 제2항, 제26조 제6항 본문 전단 중 정정보도청구 부분, 제31조 후문' 부분은 헌법에 위반된다."

◈ 헌재 2011.3.31. 2008헌바141등[151)]【7(합헌) : 2(위헌)[152)]-합헌】

"진정소급입법이라 할지라도 예외적으로 소급입법을 정당화할 수 있는 경우에는 이를 허용할 수 있는바, 친일재산에 내포된 민족배반적 성격과 우리 헌법 전문의 내용에 비추어 친일재산의 소급적 박탈은 충분히 예상될 수 있었다고 보이고, 재산귀속의 대상을 사안이 중대하고 범위가 명백한 네 가지 유형[153)]으로

150) "언론의 허위보도 자체는 보도와 동시에 완료되지만 그로 인한 피해는 보도 후에도 계속 진행되고 확산된다. 따라서 언론중재법 시행 전에 이루어진 허위보도로 인한 피해의 계속을 막기 위하여 언론중재법에 의하여 신설된 정정보도청구권을 적용하는 것이 진정소급입법에 해당된다고 보기 어렵다. 또한 가처분절차에 의하도록 한 것이 헌법에 위반되지 않는다고 보는 이상, 언론중재법 시행 후에 청구된 정정보도청구사건을 가처분절차에 의하여 심리하도록 한 부분도 위헌이라고 볼 수 없다."

151) 이 사건에서 헌법재판소는 러·일전쟁 개전시부터 1945년 8월 15일까지 친일반민족행위자가 취득한 재산을 친일행위의 대가로 취득한 재산으로 추정하는 '친일반민족행위자 재산의 국가귀속에 관한 특별법' 제2조 제2호 후문(친일재산추정규정), 친일재산을 그 취득 원인행위시에 국가의 소유로 하도록 규정한 위 특별법 제3조 제1항 본문(친일재산국가귀속규정) 등이 헌법에 위반되지 아니한다는 결정을 선고하였다.

152) "친일반민족행위자를 단죄하고 친일재산을 국가에 귀속시키는 일이 반드시 필요한 작업이라고 하더라도, 그러한 작업은 헌법에 합치하는 방법에 의하여 이루어져야 한다. 이 사건 귀속조항은 진정소급입법에 의한 재산권의 박탈에 해당된다. 그런데 헌법 제13조 제2항은 4·19민주혁명과 5·16군사쿠데타를 거치면서 각종 소급입법에 의한 정치적·사회적 보복이 반복되어 온 헌정사를 바로잡기 위하여 도입된 것으로서 **예외를 두지 않는 절대적 금지명령**이다. 따라서 이 사건 귀속조항은 별도의 헌법적 근거 없이 진정소급입법에 의해 재산권을 박탈하므로 헌법 제13조 제2항에 위반된다."

153) 「일제강점하 반민족행위 진상규명에 관한 특별법」 제2조 제6호 내지 제9호 소정의 행위,

한정하고 있으며, 친일반민족행위자측은 그 재산이 친일행위의 대가가 아니라는 점을 입증하여 얼마든지 국가귀속을 막을 수 있으므로, '친일재산의 국가귀속규정'이 헌법 제13조 제2항에 위반된다거나 재산권을 침해한다고 볼 수도 없다."[154]

◈ 헌재 2013.8.29. 2010헌바354[155][156) 【7(위헌) : 2(합헌)[157]-위헌】

즉 "을사조약·한일합병조약 등 국권을 침해한 조약을 체결 또는 조인하거나 이를 모의한 행위(제6호), 한일합병의 공으로 작위를 받거나 이를 계승한 행위(제7호), 일본제국의회의 귀족원의원 또는 중의원으로 활동한 행위(제8호), 조선총독부 중추원 부의장·고문 또는 참의(찬의와 부찬의를 포함한다)로 활동한 행위(제9호)"를 말한다.

154) 헌법재판소는 이 결정에서 헌법 제13조 제2항의 소급입법의 금지를 '절대적 금지'가 아니라 '원칙적 금지'로 해석함으로써 진정소급입법을 예외적으로 허용하는 특단의 사정이 있는 경우에는 진정소급입법이 헌법적으로 허용된다는 입장을 밝혔는바, 이에 대하여는 "헌법이 국가의 특정한 행위를 명시적으로 금지하는 경우에는 일반적으로 이를 절대적으로 금지하는 것으로 이해하는 것이 문리적 해석에 부합하는 것이며, 헌법 제13조 제1항(형벌불소급원칙), 제3항(연좌제금지원칙)과 제2항(소급입법에 의한 재산권박탈의 금지)의 체계적 연관관계에서 볼 때, 제1항의 형벌법규불소급원칙과 제3항의 연좌제금지가 절대적 금지인 것과 마찬가지로 제2항도 절대적 금지로 이해하는 것이 타당하다는 점에서, 과연 헌법재판소 다수의견이 헌법의 객관적 의사에 부합하는 것인지 의문이 있다."는 비판이 있다. 한수웅, 전게서(2020), 277면.

155) 헌법재판소의 2007.3.29. 2005헌바33 헌법불합치결정[〈주문〉 : "1. 공무원연금법 제64조 제1항 제1호(1995.12.29. 법률 제5117호로 개정된 이후의 것)는 헌법에 합치되지 아니한다. 2. 위 법률 조항은 2008년 12월 31일을 시한으로 입법자가 개정할 때까지 그 효력을 지속한다."]에 따라 국회는 2009.12.31. 법률 제9905호로 공무원연금법을 개정하면서 동법 제64조 제1항 제1호를 "재직 중의 사유로 금고 이상의 형을 받은 경우(**직무와 관련이 없는 과실로** 인한 경우 및 **소속 상관의 정당한 직무상의 명령에 따르다가 과실로** 인한 경우는 제외한다)"라고 하여 '고의범'을 퇴직급여의 감액사유에서 제외하지 아니하였다.

156) "공무원연금법 제64조 제1항 제1호는 공무원 퇴직급여수급권을 일정한 요건 아래 감액하는 내용으로서 재산권을 제한하는 법률이고, 이 사건 부칙조항{2009.12.31. 개정된 이 사건 감액조항을 2009.1.1.까지 소급하여 적용하도록 규정한 공무원연금법(2009.12.31. 법률 제9905호) 부칙 제1조 단서, 제7조 제1항 단서 후단}은 법적 공백상태에 있던 2009.1.1.부터 2009.12.31. 사이에 기존의 퇴직연금수급권자에 대하여 불이익하게 작용하는 개정 공무원연금법 제64조 제1항 제1호를 소급하여 적용하도록 규정하고 있으므로, 이 사건 부칙조항 역시 청구인들의 재산권을 제한하는 법률로 보아야 할 것이다."

157) "구법조항에 대한 헌법불합치결정 및 그에 따른 개선입법 과정을 볼 때, 이 사건 부칙조항은 위 헌법불합치결정에서 정한 잠정적용 시한이 도과하여 위 법률조항 중 합헌적 부분까지 효력을 상실함으로 인하여 발생한 입법의 공백을 보충한 데에 불과한 것이다. 더욱이 퇴직 공무원들로서는 공무원연금공단으로부터 퇴직연금 등을 전액 지급받으면서 향후 법률개정에 따라 퇴직연금 등의 일부가 환수될 수 있음을 통지받았으므로, 장차 위 법률조항이 개정되면 그에 따라 퇴직연금이 소급적으로 감액·환수될 수 있음을 충분히 예상할 수 있었다고 할 것이고, 따라서 보호할 만한 신뢰이익이 적은 경우에 해당한다. 뿐만 아니라, 국회에서 입법이 지연되었다는 우연한 사정만으로 퇴직연금 등을 전액 지급하는 것은 공무원에

"이 사건에서 청구인들은 2009.1.1.부터 2009.12.31.까지 공무원 퇴직연금을 아무런 제한 없이 지급받고 있었는데, 이 사건 부칙조항으로 인하여 2009.1.1.까지 소급하여 개정 공무원연금법 제64조 제1항 제1호를 적용받게 되었고, 그에 따라 2009년도에 지급받은 퇴직급여액의 2분의 1에 대한 환수처분을 받았다. 그러므로 이 사건 부칙조항은 이미 이행기가 도래하여 청구인들이 퇴직연금을 모두 수령한 부분(2009년 1월분부터 2009년 12월분까지)에까지 사후적으로 소급하여 적용되는 것으로서 헌법 제13조 제2항에 의하여 원칙적으로 금지되는 이미 완성된 사실·법률관계를 규율하는 소급입법에 해당한다."

(2) 부진정소급입법

(가) 의의

부진정소급입법, 즉 장래를 향해서 효력을 갖지만 과거에 발생하여 현재까지 지속되고 있는 사태나 법적 관계를 불리하게 재평가하는 규정은 원칙적으로 허용되지만 개인의 신뢰이익이 입법자의 형성권에 제한을 가하게 되며, 필요한 경우에는 경과규율을 통해 그로 인한 충격을 완화하여야 한다.

(나) 부진정 소급입법이라고 본 사례

◈ **헌재 1996.2.16. 96헌가2등 【전원일치 합헌】**

"만일 법원이 5·18민주화운동등에관한특별법이 처벌하려는 대상범죄의 '공소시효가 아직 완성되지 않았다고 판단'한다면, 위 특별법은 단지 진행중인 공소시효를 연장하는 법률로서 이른바 부진정소급효를 갖게 된다. 헌법 제13조 제1항에서의 가벌성을 결정하는 범죄구성요건과 형벌의 영역(이에 관한 한 절대적 소급효의 금지)을 제외한다면 소급효력을 갖는 법률이 헌법상 절대적으로 허용되지 않는 것은 아니다. 다만 소급입법은 법치주의원칙의 중요한 요소인 법적안정성의 요청에 따른 제한을 받을 뿐이다. 헌법재판소의 판례도 형벌규정에 관한 법률 이외의 법률은 부진정소급효를 갖는 경우에는 원칙적으로 허용되고, 단지 소급효를

대한 일반국민의 신뢰제고, 제재방안의 실효성 확보, 사회 정의와 형평 실현 등의 공익에 반하므로, 이를 제한하는 이 사건 부칙조항은 이러한 **중대한 공익**에 이바지한다. 또한 공무원연금은 만성적인 적자로 국고에 부담이 되고 있으므로, 공무원연금재정의 보전이라는 공익 또한 중대하다고 하지 않을 수 없다. 따라서 이 사건 부칙조항은 신뢰보호의 요청에 우선하는 심히 중대한 공익상의 사유가 소급입법을 정당화하는 경우에도 해당한다. 그렇다면 이 사건 부칙조항은 **예외적으로 소급입법이 허용되는 경우**에 해당하므로 헌법에 위반되지 아니한다."

요구하는 공익상의 사유와 신뢰보호의 요청 사이의 교량과정에서 신뢰보호의 관점이 입법자의 형성권에 제한을 가할 뿐이라는 것이다. 즉, 공소시효제도에 근거한 개인의 신뢰와 공소시효의 연장을 통하여 달성하려는 공익을 비교 형량하여 개인의 신뢰보호이익이 공익에 우선하는 경우에는 소급효를 갖는 법률은 헌법상 정당화될 수 없다."

◈ 헌재 2001.4.26. 99헌바55 【전원일치 합헌】

"이 사건 법률조항[158]은 농어촌특별세법 시행 전에 이미 그 양도되어 과세요건이 완성된 양도소득세 감면분에 대하여 소급하여 그 일부를 농어촌특별세로 부과하려는 것이 아니라, 동법 시행 당시 보유·임대중인 임대주택에 대하여 동법의 시행기간 중 장차 그것이 양도되면 그에 대한 양도소득세 감면분 중 일부를 농어촌특별세로 부과하려는 것이므로, 이는 아직 완성되지 아니하고 진행과정에 있는 사실 또는 법률관계를 규율대상으로 하는 이른바 '부진정소급효'의 입법에 해당하는 것이므로, 원칙적으로 허용되는 것이다."

◈ 헌재 2003.9.25. 2001헌마93등 【전원일치 합헌(기각)】

"연금급여액산정의 기초에 대한 공무원연금법 제27조 제3항, 사립학교교직원연금법 제35조 제3항은 현재 공무원이나 사립학교교직원으로 재직하고 있는 자로서 퇴직연금에 대한 기여금을 납입하고 퇴직하는 경우 장차 받게 될 퇴직연금에 대한 급여액의 산정기초를 종전에 '퇴직 당시의 보수월액'으로 하던 것을 '최종 3년간 평균보수월액'으로 변경한 것이므로, 위 퇴직연금에 대한 기대는 재산권의 성질을 가지고 있으나 확정되지 아니한 형성 중에 있는 권리로서 이는 아직 완성되지 아니하고 진행과정에 있는 사실 또는 법률관계를 규율대상으로 하는 이른바 '부진정소급입법'에 해당되는 것이어서, 종래의 법적 상태의 존속을 신뢰한 청구인들에 대한 신뢰보호만이 문제될 뿐, 소급입법에 의한 재산권박탈의 문제는 아니므로, 위 법률조항은 소급입법에 의한 재산권박탈금지의 원칙을 선언하고 있는 헌법 제13조 제2항에 위반되지 아니한다."[159]

158) 농어촌특별세법 (1994.3.24. 법률 제4743호로 제정된 것) 부칙 제3조 제1항 단서 후단.

159) 한편, "퇴직급여액조정을 '보수인상률연동'에서 '물가상승률연동'으로 개정한 연금액조정 및 그의 경과조치에 대한 공무원연금법 제43조의2, 부칙 제9조, 사립학교교직원연금법 제42조 제1항 중 공무원연금법 제43조의2 제1항을 준용하고 있는 부분 및 동법 부칙 제7조 제1항"에 대하여, 재판관 6인의 다수의견은 "위 본문규정은 재산권 등 기본권을 침해하지 않고, 부칙규정은 법개정 이후의 법률관계만을 규율하고 있을 뿐이므로 이미 종료된 과거의 사실관계 또는 법률관계에 새로운 법률이 소급적으로 적용되어 과거를 법적으로 새로이 평가하

◈ 헌재 2016.10.27. 2015헌바203등 【전원일치 합헌】

"심판대상조항[160]이 청구인의 상속관계에 영향을 미치는 것은, 실종선고가 1990년 개정민법 시행일 이후에 내려진 경우 실종기간이 구법 시행 중에 만료되더라도 상속에 관하여 개정민법의 규정이 적용된다는 점에 있으므로, 재산권 제한에 관하여 부진정소급입법의 성격을 가진다고 할 수 있다."

(3) 형벌불소급원칙[161][162]

(가) 의의

헌법 제12조 제1항 후문은 "… 법률과 적법한 절차에 의하지 아니하고는 처벌·보안처분 또는 강제노역을 받지 아니한다."라고 규정하고, 헌법 제13조 제1항 전단은 "모든 국민은 행위시의 법률에 의하여 범죄를 구성하지 아니하는 행위로 소추되지 아니하며…"라고 하여 죄형법정주의와 형벌불소급원칙을 규정하고 있다. 위 조항들의 근본취지는, 허용된 행위와 금지된 행위의 경계를 명확히 설정하여 어떠한 행위가 금지되어 있고 그에 위반한 경우 어떠한 처벌이 정해져 있는가를 미리 국민에게 알려 자신의 행위를 그에 맞출 수 있도록 하고, 사후입법

는 진정소급입법에는 해당하지 아니하며, (부진정소급입법인지 여부는 언급하지 않고) 다만 그 내용의 변경이 신뢰보호의 원칙에 위배되는 것인지의 여부가 문제될 뿐"이라고 하였다. 반면에 재판관 2인의 반대의견은 위 부칙규정은 (역시 부진정소급입법인지 여부는 언급하지 않고) 신뢰보호원칙에 위반된다는 의견을, 재판관 1인(김영일 재판관)의 반대의견은 위 부칙규정은 헌법이 금지하고 있는 소급입법에 의하여 청구인들의 재산권을 침해한 것이어서 헌법 제13조 제2항, 제23조에 위반된다는 의견을 제시하였다. [합헌 - 6 : 3]

160) 실종기간이 구법 시행기간 중에 만료되는 때에도 그 실종이 개정민법 시행일 후에 선고된 때에는 상속에 관하여 개정민법의 규정을 적용하도록 한 민법 부칙(1990.1.13. 법률 제4199호) 제12조 제2항.

161) 헌재 2017.10.26. 2015헌바239등 결정. [노역장유치조항{1억원 이상의 벌금형을 선고하는 경우 노역장유치기간의 하한을 정한 형법(2014.5.14. 법률 제12575호로 개정된 것) 제70조 제2항} - 합헌(과잉금지원칙), 부칙조항{노역장유치조항을 시행일 이후 최초로 공소제기되는 경우부터 적용하도록 한 형법 부칙(2014.5.14. 법률 제12575호) 제2조 제1항} - 위헌(형벌불소급원칙)]. 이에 따라 대법원은 2018.2.13. 선고한 2017도17809 판결에서, 위헌결정된 형법 부칙 제2조 제1항을 적용하여 노역장 유치기간을 정한 원심(대전고등법원 2017.10.20. 선고 2017노69 판결)을 파기·환송하였다. 헌법재판소의 위헌결정 선고로 위 부칙조항은 헌재법 제47조 제3항 본문에 따라 소급하여 효력을 상실하였기 때문이라는 것이다.

162) 2018년 10월 법전원 모의시험 공법기록형 헌법문제 〈문제 2〉 ("노역장 유치기간의 하한 설정으로 인한 유치기간 연장과 형벌불소급원칙의 적용여부"에 관한 법무법인 내 검토보고서) 참조.

에 의한 처벌이나 가중처벌을 금지함으로써 법적안정성, 예측가능성 및 국민의 신뢰를 보호하기 위한 데 있다(헌재 1996.2.16.96헌가2등 결정 참조).

형벌불소급원칙은 범죄행위시의 법률에 의해 범죄를 구성하지 않는 경우뿐만 아니라, 범죄행위시의 법률보다 형을 가중한 경우에도 적용된다. 형벌불소급원칙은 범죄행위시의 법률보다 형의 상한 또는 하한을 높인 경우에도 적용되며, 주형을 가중한 경우 외에도 부가형·병과형을 가중한 경우에도 적용된다.

(나) 적용범위

형벌불소급원칙이 적용되는 '처벌'의 범위를 형법이 정한 형벌의 종류에만 한정되는 것으로 보게 되면, 형법이 정한 형벌 외의 형태로 가해질 수 있는 형사적 제재나 불이익은 소급적용이 허용되는 결과가 되어, 법적안정성과 예측가능성을 보장하여 자의적 처벌로부터 국민을 보호하고자 하는 형벌불소급원칙의 취지가 몰각될 수 있다. 형벌불소급원칙에서 의미하는 '처벌'은 단지 형법에 규정되어 있는 형식적 의미의 형벌 유형에 국한되지 않는다.

헌법재판소는 일찍이 보안처분인 구 사회보호법상 '보호감호'에 대하여 '상습범 등에 대한 보안처분의 하나로서 신체에 대한 자유의 박탈을 그 내용으로 하는 보호감호처분은 형벌과 같은 차원에서의 적법한 절차와 헌법 제13조 제1항에 정한 죄형법정주의의 원칙에 따라 비로소 과해질 수 있는 것이라 할 수 있고, 따라서 그 요건이 되는 범죄에 관한 한 소급입법에 의한 보호감호처분은 허용될 수 없다.'고 판시하여 '형법이 규정한 형벌' 외의 제재에 대해서도 형벌불소급원칙이 적용될 수 있음을 밝힌 바 있다(헌재 1989.7.14. 88헌가5등 결정 참조). 그 후에도 헌법재판소는 '보안처분이라 하더라도 형벌적 성격이 강하여 신체의 자유를 박탈하거나 박탈에 준하는 정도로 신체의 자유를 제한하는 경우에는 형벌불소급원칙이 적용된다.'고 판시하고 있다(헌재 2012.12.27. 2010헌가82등 결정 ; 헌재 2014.8.28. 2011헌마28등 결정 참조).

대법원도 구 사회보호법상의 '보호감호'에 관하여 사회보호법 시행 이후에 저지른 범죄에 대하여만 보호감호 청구의 대상이 된다고 판시하였고(대법원 1982.2.9. 선고 81도2897 판결 참조), '가정폭력범죄의 처벌 등에 관한 특례법'이 정한 보호처분 중 하나인 '사회봉사명령'에 대하여도, 보안처분의 성격을 가지는 것이나 실질적으로는 신체적 자유를 제한하게 되므로 형벌불소급원칙에 따라 행위시법을 적용하여야 한다는 취지로 판결하였다(대법원 2008.7.24. 선고 2008어4 판결 참조).

이와 같이 헌법재판소와 대법원은 범죄행위에 따른 제재를 부과할 때 그 제재의 형식적 분류보다는 그 제재의 실질이 가져오는 형벌적 불이익의 정도에 따라 형벌불소급원칙의 적용여부를 판단하고 있다. 이러한 점들을 종합하여 볼 때, 범죄행위에 따른 제재의 내용이나 실제적 효과가 가중되거나 부수효과가 불이익하게 변경되는 경우에는 행위시법을 적용함이 바람직하다(독일 형법 제2조 제1항 참조). 특히 범죄행위에 따른 제재의 내용이나 실제적 효과가 형벌적 성격이 강하여, 신체의 자유를 박탈하거나 이에 준하는 정도로 신체의 자유를 제한하는 경우에는 법적안정성, 예측가능성 및 국민의 신뢰를 보호하기 위하여 형벌불소급원칙이 적용되어야 한다.

(다) 노역장유치의 경우

형법은 "벌금을 납입하지 아니한 자는 1일 이상 3년 이하의 기간 노역장에 유치하여 작업에 복무하게 한다."고 하고(제69조 제2항), "벌금을 선고할 때에는 납입하지 아니하는 경우의 유치기간을 정하여 동시에 선고하여야 한다."고 규정하고 있다(제70조 제1항). 이와 같이 노역장유치는 벌금형에 대한 집행방법으로 그 자체가 독립된 형벌이 아니지만 벌금형에 부수적으로 부과되는 환형처분이다. 그리고 노역장유치의 집행에는 형의 집행에 관한 규정이 준용되고(형사소송법 제492조), 노역장유치의 명령을 받은 자는 징역형이 선고된 수형자와 함께 교도소에 수감되어 정역에 복무하는 등(형법 제67조, 형의 집행 및 수용자의 처우에 관한 법률 제2조 제2호), 노역장유치는 집행방법이 징역형과 동일하다. 또한 형법은 판결선고 전의 구금일수 전부를 유치기간에 산입하고, 구금일수의 1일을 유치기간의 1일로 계산하는 등(형법 제57조), 노역장유치의 실질을 징역형과 같은 것으로 규정하고 있다. 따라서 노역장유치는 벌금형에 부수적으로 부과되는 환형처분으로서, 그 실질은 신체의 자유를 박탈하여 징역형과 유사한 형벌적 성격을 가지고 있으므로, 형벌불소급원칙의 적용대상이 된다.[163]

---

163) 헌재 2017.10.26. 2015헌바239등 결정. 이에 대하여 재판관 2인의 별개의견은 "노역장유치란 벌금납입의 대체수단이자 납입강제기능을 갖는 벌금형의 집행방법이며, 벌금형에 대한 환형처분이라는 점에서 형벌과는 구별된다. 따라서 노역장유치기간의 하한을 정한 것은 벌금형을 대체하는 집행방법을 강화한 것에 불과하며, 이를 소급적용한다고 하여 형벌불소급의 문제가 발생한다고 보기는 어렵다."는 의견을 제시하였다(심사기준 : 소급입법금지원칙 - 위헌).

4. 평등원칙

가. 평등권(평등원칙)의 의의 및 차별의 존재여부

(1) 의의

평등권은 본질적으로 같은 것은 같게, 본질적으로 다른 것은 다르게 취급할 것을 요구한다. 따라서 평등원칙은 입법자에게 본질적으로 같은 것을 자의적으로 다르게, 본질적으로 다른 것을 자의적으로 같게 취급하는 것을 금하고 있다. 평등권 침해여부의 심사는 첫째, 본질적으로 동일한 것을 다르게 취급하고 있는가 또는 본질적으로 다른 것을 같게 취급하고 있는가 하는 차별취급 여부의 확인과, 둘째, 이러한 차별취급이 자의적인가의 두 단계로 이루어진다.

(2) 비교집단의 존재

헌법상 규정된 평등원칙에 위반된 차별취급이 존재하기 위해서는 우선 동질적인 비교집단이 존재해야 하고, 그 비교집단에 대한 차별취급이 존재해야 한다.[164] 즉, 평등권의 침해는 본질적으로 동일한 비교집단을 다르게 취급하는 경우에 발생하므로,[165] 평등권의 침해가능성을 판단하기 위해서는 그 전제로서 본질적으로 동일한[166] 비교집단이 존재하여야 한다.[167]

나. 심사기준

평등권침해(평등원칙위반)의 여부를 심사함에 있어 엄격한 심사척도에 의할 것인지, 완화된 심사척도에 의할 것인지는 입법자에게 인정되는 입법형성권의 정도에 따라 달라지는데, ① 헌법이 스스로 차별의 근거로 삼아서는 아니 되는 기준을 제시하거나 차별을 특히 금지하고 있는 영역을 제시하고 있다면 그러한 기준을 근거로 한 차별이나 그러한 영역에서의 차별에 대하여 엄격하게 심사하는 것이

164) 헌재 2010.3.25. 2009헌바83 결정.

165) '본질적으로 다른 집단의 동일취급' 문제에 대하여는 후술.

166) 헌재 2001.11.29. 99헌마494 : "서로 비교될 수 있는 사실관계가 모든 관점에서 완전히 동일한 것이 아니라 단지 일정 요소에 있어서만 동일한 경우에, 비교되는 두 사실관계를 법적으로 동일한 것으로 볼 것인지 아니면 다른 것으로 볼 것인지를 판단하기 위하여는 어떠한 요소가 결정적인 기준이 되는가가 문제된다. 두 개의 사실관계가 본질적으로 동일한가의 판단은 일반적으로 **당해 법률조항의 의미와 목적**에 달려 있다."

167) 헌재 2010.6.24. 2010헌마167 결정.

정당화되고, 또 ② 차별적 취급으로 인하여 관련 기본권에 대한 중대한 제한을 초래하게 된다면 입법형성권은 축소되어 보다 엄격한 심사척도가 적용된다.[168]

다. 비례원칙(비례성)심사

(1) 의의

엄격한 심사척도가 적용된다는 것은 자의금지원칙에 따른 심사, 즉 합리적 이유의 유무를 심사하는 것에 그치지 아니하고 비례성원칙에 따른 심사, 즉 차별취급의 목적과 수단 간에 엄격한 비례관계가 성립하는지를 기준으로 한 심사를 행함을 의미한다.[169] 구체적으로는 차별목적의 정당성, 차별취급의 적합성, 차별취급의 불가피성 또는 필요성, 법익균형성이 인정되는지를 기준으로 평등권 침해 여부 심사를 행한다.

다만 헌재 2009.2.26. 2005헌마764등 결정에서는, "국민의 생명·신체의 안전은 다른 모든 기본권의 전제가 되며, 인간의 존엄성에 직결되는 것이므로, 단서조항에 해당하지 않는 교통사고로 중상해를 입은 피해자와 단서조항에 해당하는 교통사고의 중상해 피해자 및 사망사고 피해자 사이의 차별 문제는 단지 자의성이 있었느냐의 점을 넘어서 입법목적과 차별 간에 비례성을 갖추었는지 여부를 더 엄격하게 심사하는 것이 바람직하고, 교통사고 운전자의 기소여부에 따라 피해자의 헌법상 보장된 재판절차진술권이 행사될 수 있는지 여부가 결정되어 이는 기본권 행사에 있어서 중대한 제한을 구성하기 때문에, 이 사건에 대하여는 종전 선례인 헌법재판소 1997.1.16. 90헌마110 등 사건의 결정 이후에 변화된 판례에 따라 '엄격한 심사기준'에 의하여 판단하기로 한다."고 하였으나, 실제 판단에서는 "(업무상 과실 또는 중대한 과실로 인하여 중상해를 입은 경우) 단서조항에 해당하

---

168) 헌재 1999.12.23. 98헌마363 결정(여성 및 신체장애인이 제기한 사건). [한편 헌법재판소는 장애인복지법령상 지체장애인 3급 3호에 해당하는 장애인으로서 징병검사에서 병역면제판정을 받은 자가 제기한 헌재 1999.12.23. 98헌바33 사건에서, "가산점제도는 현역복무를 할 수 있는 신체건장한 남자와 청구인과 같이 질병이나 심신장애로 병역을 감당할 수 없는 남자, 즉 병역면제자를 차별하는 제도이다. (…) 가산점제도는 헌법 제25조에 의하여 보장된 공무담임권이라는 기본권의 행사에 중대한 제약을 초래하는 것이다(가산점제도가 민간기업에 실시될 경우 헌법 제15조가 보장하는 직업선택의 자유가 문제될 것이다). 따라서 가산점제도에 대하여는 엄격한 심사척도가 적용되어야' 한다고 판시하여 위 후자(②)의 사유를 인정하였다.]

169) 헌재 1999.12.23. 98헌바33 결정 ; 헌재 2009.2.26. 2006헌마626 결정 등 참조.

는 교통사고라면 가해 운전자는 기소될 것이고, 단서조항에 해당하지 않으면 종합보험 등에 가입한 조건으로 면책된다. 이 때 단서조항에 해당하지 않는 교통사고로 인하여 중상해를 입은 피해자는, 자신에게 발생한 교통사고의 유형이 단서조항에 해당하지 않는다는 우연한 사정에 의하여 형사재판절차에서의 진술권을 전혀 행사하지 못하게 되는바, 이는 역시 우연하게도 단서조항에 해당하는 교통사고를 당한 중상해 피해자가 재판절차진술권을 행사하게 되는 것과 비교할 때 합리적인 이유 없이 차별취급을 당하는 것이다."라고 판시하였다.[170]

또한 헌재 2019.4.11. 2018헌마221 결정에서는, "교육시설 중 '고등학교'의 진학이 문제되는바, 교육부의 2018년 교육기본통계에 의하면 2018년도 우리나라 전체 중학교 졸업자의 약 99.7%가 고등학교 과정에 진학하였다. 비록 고등학교 교육이 의무교육은 아니지만 매우 보편화된 일반교육임을 알 수 있다. 따라서 고등학교 진학기회의 제한은 대학 등 고등교육기관에 비하여 당사자에게 미치는 제한의 효과가 더욱 크므로 보다 더 엄격히 심사하여야 한다. 따라서 이 사건 중복지원금지 조항[171]의 차별 목적과 차별의 정도가 비례원칙을 준수하는지 살펴본다."고 한 다음, 결론 부분에서 "결국 이 사건 중복지원금지 조항은 고등학교 진학 기회에 있어서 자사고 지원자들에 대한 차별을 정당화할 수 있을 정도로 차별 목적과 차별의 정도 간에 비례성을 갖춘 것이라고 볼 수 없다."고 판시하였다.

(2) 비례원칙 적용여부가 문제된 영역

(가) 장애인 (헌재 2009.2.26. 2006헌마626 결정)

헌법재판소는 이 사건에서 헌법상 "장애인" 규정이 차별금지 명령인지에 관하여, "헌법 제11조 제1항에서는 '모든 국민은 법 앞에 평등하다'고 선언하면서, 이어서 '누구든지 성별·종교 또는 사회적 신분에 의하여 정치적·경제적·사회적·문화적 생활의 모든 영역에 있어서 차별을 받지 아니한다'고 하여 차별금지영역을 규정하고 있다. 장애가 있다고 하여 불합리하게 차별받아서는 안 된다는 것은

170) 다만 헌법재판소는 "업무상 과실 또는 중대한 과실로 인한 교통사고로 피해자에게 **중상해가 아닌 상해의 결과**만을 야기한 경우에는, (위에서 살펴본 바와 같은 이유로) 재판절차진술권의 행사에 있어 중상해 피해자와 비교하여 달리 취급할 만한 정당한 사유가 있다 할 것이므로 피해자 보호 및 가해운전자의 처벌에 있어서 평등의 원칙에 반하지 아니한다."고 판단하였다.

171) 자율형 사립고등학교(이하 **'자사고')를 지원한 학생에게 평준화지역 후기학교에 중복지원하는 것을 금지**한 시행령 제81조 제5항 중 '제91조의3에 따른 자율형 사립고등학교는 제외한다' 부분

당연한 원칙이지만, 헌법이 '장애인'을 차별금지영역으로 정하였다고 보기는 어렵다. 헌법 제34조 제5항에서 신체장애자 등은 법률이 정하는 바에 의하여 국가의 보호를 받는다고 선언하고 있지만, 이는 국가가 장애자 등 스스로 생계와 생활을 유지할 수 없는 사회적 약자에 대하여 생존의 최소한의 수준에서 보호하여야 한다는 취지이고, 장애인과 비장애인 간에 동등한 취급을 규정한 것은 아니라고 볼 것이다. 또한, 이 사건 법률조항[172]이 중증장애인 후보자에 대하여만 특정한 선거운동방법을 금지·제한하는 내용이 아니라, 중증장애인 후보자와 비장애인 후보자를 '동등하게' 취급하였다는 점이 결과적으로는 불평등을 초래하였다는 것이므로 이 사건 법률조항으로 인하여 관련 기본권에 대한 중대한 제한을 초래한 것으로 볼 수는 없다. 따라서 이 사건에서의 평등심사는 완화된 기준에 의하기로 한다."고 판시하였다.[173]

(나) 성별 (헌재 2010.11.25. 2006헌마328 결정)

헌법재판소는 이 사건에서 "성별"이 병역의무 영역에서도 차별금지 명령인지 여부에 관하여, "'성별'의 경우를 살펴보면, 성별은 개인이 자유로이 선택할 수 없고 변경하기 어려운 생래적인 특징으로서 개인의 인간으로서의 존엄과 가치에 영향을 미치는 요소는 아니다. 그럼에도 불구하고 역사적으로 매우 오랜 기간 동안 대표적인 차별가능사유로서 정당화되어 왔기 때문에, 불합리한 차별을 극복해야

172) 탈법방법에 의한 문서·도화의 배부 등을 금지한 공직선거법 제93조 제1항 본문.

173) 재판관 4인의 기각의견(법정의견), 이에 대하여 재판관 4인의 헌법불합치의견은 "우리 헌법은 제34조 제5항에서 신체장애자에 대하여는 국가의 특별한 보호를 받도록 규정함으로써 신체장애인과 비장애인 사이에 실질적 불평등이 이루어지지 않도록 노력하고 있다. 그럼에도 불구하고 장애인이 우리 사회에서 사회·경제적 소수자이자 약자로 지내왔음은 부정할 수 없고 이러한 불평등과 차별은 그들이 정치적 의사결정과정에서 소외되고 무시됨으로써 더욱 공고해져 왔다. 즉, 이러한 정치적 의사결정과정에서의 배제는 그들에 대한 교육 및 직업생활에서의 차별, 교통 및 건물 이용을 비롯한 생활환경상의 차별 등을 시정할 수 있는 통로를 차단하였으며, 이러한 기본적 사회적 인프라의 불평등은 다시 그들이 정상적인 교육과 사회환경 속에 성장하여 정치적 의사결정에 적극적으로 참여할 수 있는 길을 막는 악순환으로 이어졌다. 따라서 참정권의 중요성과 장애인 보호의 헌법취지를 고려할 때, 이 사건 법률조항은 언어장애를 가지고 있어 선거운동에 결정적으로 불리한 위치에 있는 장애인을 일반인과 동일한 조건하에 선거운동을 하도록 강제함으로써 이러한 장애인의 참정권행사에 중대한 제약을 가하고 있다고 할 것이므로 이에 대해서는 비례심사가 적용되어야 한다."는 의견을 제시하였다. 한편, 나머지 1인의 재판관은 이 부분에 대한 판단 없이, 이 규정은 모든 후보자에 대하여 선거운동의 자유를 과도하게 제한한다는 이유로 위헌의견을 제시하였다(목적의 정당성을 부인함).

할 절실한 필요에 의하여 우리 헌법이 이를 차별금지의 사유로 예시하기에 이른 것이다. 그러나 이와 같은 헌법규정이 남성과 여성의 차이, 예컨대 임신이나 출산과 관련된 신체적 차이 등을 이유로 한 차별취급까지 금지하는 것은 아니며, 성별에 의한 차별취급이 곧바로 위헌의 강한 의심을 일으키는 사례군으로서 언제나 엄격한 심사를 요구하는 것이라고 단정짓기는 어렵다. 우리 헌법은 '근로', '혼인과 가족생활' 등 인간의 활동의 주요부분을 차지하는 영역으로서 성별에 의한 불합리한 차별적 취급을 엄격하게 통제할 필요가 있는 영역에 대하여는 양성평등 보호규정(제32조 제4항)[174], (제36조 제1항)[175]을 별도로 두고 있으며, 헌법재판소는 위와 같이 헌법이 특별히 양성평등을 요구하는 경우에는 엄격한 심사기준을 적용하여 왔으나, 이 사건 법률조항[176]은 그에 해당한다고 보기 어렵다."고 판시하였다.[177]

(다) 사회적 신분 (2011.3.31. 2008헌바141 결정)

헌법재판소는 이 사건에서, "사회적 신분에 대한 차별금지는 헌법 제11조 제1항 후문에서 예시된 것인데, 헌법 제11조 제1항 후문의 규정은 불합리한 차별의 금지에 초점이 있는 것으로서,[178] 예시한 사유가 있는 경우에 절대적으로 차별을 금지할 것을 요구함으로써 입법자에게 인정되는 입법형성권을 제한하는 것은 아니다.[179] 그렇다면 친일반민족행위자의 후손이라는 점이 헌법 제11조 제1항 후문의 사회적 신분에 해당한다 할지라도 이것만으로는 헌법에서 특별히 평등을 요구하고 있는 경우라고 할 수 없다."고 판시하였다.[180]

---

174) 헌재 1999.12.23. 98헌마363 (제대군인 가산점) 결정 참조.

175) 헌재 2002.8.29. 2001헌바82 (부부자산소득 합산과세) 결정 참조.

176) 대한민국 국민인 남자에 한하여 병역의무를 부과한 구 병역법 제3조 제1항 전문.

177) 재판관 4인의 기각의견. 이와 같은 입장은 재판관 2인의 위헌의견에서도 받아들여졌다. 따라서 헌법재판소의 공식입장(법정의견)이라고 할 수 있다. 나머지 재판관 2인은 기본의무의 부과에 관한 별도의 심사기준을 제시하였고(기각의견), 나머지 재판관 1인은 각하의견을 제시하였다.

178) 헌재 2001.9.27. 2001헌마152 : "이와 같이 볼 때 변호사강제주의의 제도적 이익은 본인소송주의를 채택함으로써 변호사 선임비용을 지출하지 않는 이익보다는 이익형량상 크다 할 것이다. 따라서 헌법재판에 있어서 변호사강제주의가 **변호사라는 사회적 신분에 의한 재판청구권 행사의 차별**이라 하더라도 그 차별에 합리성이 결여된 것이라고는 할 수 없을 것이다."

179) 헌재 2010.11.25. 2006헌마328 결정.

180) 헌법재판소는 나아가, "이 사건 귀속조항은 친일반민족행위자의 후손이 가지는 모든 재산을 귀속대상으로 규정한 것이 아니라 **그가 선조로부터 상속받은 재산 중 친일행위의 대가인 것만 귀속대상으로 규정**하고 있다. 그렇다면 이 사건 귀속조항은 그 차별취급으로 기본권에 대한

그런데 헌법재판소는 헌재 2019.7.25. 2018헌바209등 결정에서 "집행유예 제한조항[181]은 금고 이상의 형을 선고한 판결이 확정된 때부터 그 집행을 종료하거나 면제된 후 3년까지의 기간에 죄를 범한 자에게 적용되는 규정으로, 그와 같은 지위를 사회에서 장기간 점하는 것으로서 일정한 사회적 평가를 수반하는 '사회적 신분'이라고는 볼 수 없으므로, 집행유예 제한조항으로 인한 차별이 평등원칙에 위반되는지 여부는 완화된 심사척도에 의하여 판단하여야 할 것이다." 라고 판시하였는데, '사회적 신분'에 따른 차별의 경우 엄격한 비례심사를 해야 한다는 취지인지는 불분명하다.

라. 기타

(1) 본질적으로 다른 것의 동등취급

헌법재판소에서의 평등권심사가 문제되는 사례는 주로 '본질적으로 같은 것을 다르게 취급'했다고 주장하는 경우이다. 반면에 '본질적으로 다른 것을 같게 취급'했다고 다투는 사례도 적지 않다. 이 경우 비교의 대상을 이루는 두 개의 사실관계 사이에 본질적인 차이가 있다고 하더라도, 합리적인 근거에 따라 동일하게 취급하는 것은 평등의 원칙에 반하는 것이 아니다.[182]

(2) 진정입법부작위와 평등권침해 주장

헌법 제11조 제1항의 평등원칙은 입법자에게 헌법적으로 구체적인 입법의무를 부과하는 것은 아니며 입법자가 평등원칙에 반하는 입법을 하게 되면 이로써 피해를 입은 자는 당해 법률조항을 대상으로 평등원칙의 위반여부를 다툴 수 있다는 것이 헌법재판소의 판례이므로,[183] '진정'입법부작위 헌법소원에서 평등권 침해 주장은 이유가 없어 부적법하다.[184]

중대한 제한을 초래하는 경우라고 할 수 없으므로, 역시 평등권 침해여부의 심사에서 엄격한 기준을 적용해야 하는 경우에 해당하지 않는다. 따라서 이 사건 귀속조항으로 인한 차별이 청구인들의 평등권을 침해하였는지 여부에 대한 심사는 완화된 기준이 적용되어야 한다."고 판시하였다.

181) 형법(2016.1.6.. 법률 제13719호로 개정된 것) 제62조 제1항 단서.

182) 헌재 2012.5.31. 2011헌바127 결정.

183) 헌재 1996.11.28. 93헌마258 결정.

184) 헌재 2003.5.15. 2000헌마192등 결정 ; 헌재(제3지정재판부) 2006.1.17. 2005헌마1214 결정.

5. 무죄추정원칙

가. 의의

헌법 제27조 제4항은 "형사피고인은 유죄의 판결이 확정될 때까지는 무죄로 추정된다."고 하여 무죄추정의 원칙을 천명하고 있다. 무죄추정의 원칙이라 함은, 아직 공소제기가 없는 피의자는 물론 공소가 제기된 피고인이라도 유죄의 확정판결이 있기까지는 원칙적으로 죄가 없는 자에 준하여 취급하여야 하고 불이익을 입혀서는 안되며 가사 그 불이익을 입힌다 하여도 필요한 최소한도에 그쳐야 한다는 원칙을 말한다.[185]

나. '불이익'의 의미

무죄추정의 원칙상 금지되는 '불이익'이란 '범죄사실의 인정 또는 유죄를 전제로 그에 대하여 법률적·사실적 측면에서 유형·무형의 차별취급을 가하는 유죄인정의 효과로서의 불이익'을 뜻하고, 이는 비단 형사절차 내에서의 불이익뿐만 아니라 기타 일반 법생활 영역에서의 기본권 제한과 같은 경우에도 적용된다.[186]

◈ **헌재 2015.9.24. 2012헌바302 결정 【7(합헌) : 2(위헌)[187]-합헌】**

심판대상조항[188]은 형사재판에 계속 중인 사람이 국가의 형벌권을 피하기 위

185) 헌재 1990.11.19. 90헌가48 결정 ; 헌재 1997.5.9. 96헌가17 결정 ; 헌재 2009.6.25. 2007헌바25 결정.

186) 헌재 2005.5.26. 2002헌마699등 결정 ; 헌재 2006.5.25. 2004헌바12 결정.

187) "법무부장관의 출국금지결정은 국가형벌권의 확보를 위하여 불가피한 경우에 한하여 최소한의 기간을 정하여 허용할 필요가 있다. 그런데 심판대상조항은 단순히 형사재판에 계속 중인 사람이라는 이유만으로 출국을 금지할 수 있도록 하고 있어, 외국에 주된 생활의 근거지가 있거나 업무상 해외출장이 잦은 불구속 피고인의 경우와 같이 출국의 필요성이 강하게 요청되는 사람의 기본권을 과도하게 제한할 소지가 있다. 나아가 출입국관리법은 출국금지기간을 연장할 수 있도록 하면서 연장 횟수에 관하여는 특별한 제한을 두고 있지 아니한 결과(제4조의2), 출국금지기간의 반복적인 연장을 통해 피고인에 대한 유·무죄의 판결이 확정될 때까지 짧게는 수개월에서 길게는 수년 동안 형사재판에 계속 중인 사람의 출국의 자유에 중대한 제한을 초래할 수 있다. 따라서 재판 기간 내내 출국을 금지할 수 있도록 하는 심판대상조항은 침해의 최소성 원칙에 위배된다. 심판대상조항은 업무상 출국하여야 하는 형사재판에 계속 중인 사람에 대하여는 생계에 지장을 초래할 만큼 중대한 불이익을 초래하고, 그 밖의 형사재판에 계속 중인 사람에 대하여도 일정 기간 동안 헌법상의 중요한 기본권인 출국의 자유를 제약하므로 법익의 균형성 원칙에도 위배된다. 따라서 심판대상조항은 과잉금지원칙에 반하여 출국의 자유를 침해한다."

하여 해외로 도피할 우려가 있는 경우 법무부장관으로 하여금 출국을 금지할 수 있도록 하는 것일 뿐이다. 그렇다면 해외도피의 우려가 있는 피고인이 일정 기간 동안 출국이 금지되는 불이익을 받더라도 이를 두고 무죄추정의 원칙에서 금지하는 유죄 인정의 효과로서의 불이익 즉, 유죄를 근거로 형사재판에 계속 중인 사람에게 사회적 비난 내지 응보적 의미의 제재를 가하려는 것이라고 보기 어렵다. 따라서 심판대상조항은 무죄추정의 원칙에 위배된다고 볼 수 없다.[189)]

6. 자기책임원리 (책임주의원칙)

가. 의의

헌법 제10조가 정하고 있는 행복추구권에서 파생되는 자기결정권[190)] 내지 일반적 행동자유권은 이성적이고 책임감 있는 사람의 자기의 운명에 대한 결정·선택을 존중하되 그에 대한 책임은 스스로 부담함을 전제로 한다. 자기책임의 원리는 이와 같이 자기결정권의 한계논리로서 책임부담의 근거로 기능하는 동시에, 자기가 결정하지 않은 것이나 결정할 수 없는 것에 대하여는 책임을 지지 않고 책임부담의 범위도 스스로 결정한 결과 내지 그와 상관관계가 있는 부분에 국한됨을 의미하는 책임의 한정원리로 기능한다.[191)]

이러한 자기책임의 원리는 인간의 자유와 유책성, 그리고 인간의 존엄성을 진지하게 반영한 원리로서 그것이 비단 민사법이나 형사법에 국한된 원리라기보다는 근대법의 기본이념으로서 법치주의에 당연히 내재하는 원리로 볼 것이고 헌법 제13조 제3항은 그 한 표현에 해당하는 것으로서 자기책임의 원리에 반하는 제재는 그 자체로서 헌법위반을 구성한다.[192)] 헌법재판소는 형벌조항인 경우에는 "책임주의원칙"으로, 기타 조항의 경우에는 "자기책임원칙(원리)"으로 나누어

---

188) 형사재판에 계속 중인 사람에 대하여 출국을 금지할 수 있다고 규정한 출입국관리법(2011.7.18. 법률 제10863호로 개정된 것) 제4조 제1항 제1호.

189) 이 부분은 전원일치 의견임.

190) 헌재 2015.11.26. 2012헌마940 : "헌법 제10조는 '모든 국민은 인간으로서의 존엄과 가치를 가지며, 행복을 추구할 권리를 가진다.'라고 규정하여 모든 기본권 보장의 종국적 목적(기본이념)이라 할 수 있는 인간의 본질이며 고유한 가치인 개인의 인격권과 행복추구권을 보장하고 있다. 그리고 개인의 **인격권, 행복추구권**에서 개인의 자기결정권이 파생된다."

191) 헌재 2003.7.24. 2001헌가25 결정 ; 헌재 2004.6.24. 2002헌가27 결정 ; 헌재 2009.12.29. 2008헌바139 결정 ; 헌재 2010.3.25. 2009헌마170 결정.

192) 헌재 2011.9.29. 2010헌마68 결정.

사용하고 있다.[193)]

나. 헌법상 근거

'책임없는 자에게 형벌을 부과할 수 없다'는 형벌에 관한 책임주의는 형사법의 기본원리로서, 헌법상 법치국가의 원리에 내재하는 원리인 동시에, 국민 누구나 인간으로서의 존엄과 가치를 가지고 스스로의 책임에 따라 자신의 행동을 결정할 것을 보장하고 있는 헌법 제10조의 취지로부터 도출되는 원리이다.[194)]

다. 위헌결정된 사례

◈ 헌재 2004.6.24. 2002헌가27 결정 (담배소비세의 제조자 부담) : 자기책임원리

"제조자가 제조한 담배는 그 제조자가 도매업자 또는 소매인에게 이를 판매하고, 소매인이 아니고는 담배를 소비자에게 판매할 수 없도록 되어 있어(담배사업법 제12조), 제조자는 면세담배를 공급받은 자가 이를 용도 외로 사용하는지 여부에 관하여 이를 관리하거나 감독할 수 있는 법적 권리나 의무가 없음에도 불구하고, 공급받은 면세담배를 용도 외로 처분한 데에 대한 책임이 누구에게 있는지에 대한 고려 없이 징세절차의 편의만을 위해 무조건 원래의 납세의무자였던 제조자에게 담배소비세와 가산세를 부과하는 것은 자신의 통제권 내지 결정권이 미치지 않는 데 대하여까지 책임을 지게 하는 것이다. 제조자는 법령이 정한 일정한 자격을 갖춘 상대방에게 특수용담배임을 표시하여 특수용담배공급계약에 따라 담배를 제공함으로써 일응의 책임을 다 한 것으로 볼 것이고, 그 이후의 단계에서 이루어진 용도 외의 처분에 관하여 제조자에게 귀책사유가 있다는 등의 특별한 사정이 없는 한 그 책임을 제조자에게 묻는 것은 자기책임의 원리에 반한다."[195)]

193) 헌재 2012.10.25. 2011헌바99 결정.

194) 헌재 2007.11.29. 2005헌가10 결정 [양벌규정에 대한 최초의 위헌결정]. 同旨, 헌재 2009.7.30. 2008헌가10 결정 ; 헌재 2011.2.24. 2009헌바29 결정.

195) 담배소비세가 면제된 담배를 공급받은 자가 이를 당해 용도에 사용하지 않은 경우 면세담배를 공급한 제조자에게 담배소비세와 이에 대한 가산세의 납부의무를 부담시키는 '지방세법 제233조의7 제2항 제1호 중 제232조 제1항'에 대하여 자기책임원리 위반만을 이유로 위헌결정을 한 사례. [전원일치]

◈ 헌재 2011.9.29. 2011헌가12 결정 (양벌규정)[196] : 책임주의원칙

"이 사건 법률조항[197]에 의할 경우, 법인이 종업원 등의 위반행위와 관련하여 선임·감독상의 주의의무를 다하여 아무런 잘못이 없는 경우까지도 법인에게 형벌이 부과될 수밖에 없게 된다. 이처럼 이 사건 법률조항은 종업원 등의 범죄행위에 관하여 비난할 근거가 되는 법인의 의사결정 및 행위구조, 즉 종업원 등이 저지른 행위의 결과에 대한 법인의 독자적인 책임에 관하여 전혀 규정하지 않은 채, 단순히 법인이 고용한 종업원 등이 업무에 관하여 범죄행위를 하였다는 이유만으로 법인에 대하여 형사처벌을 과하고 있는바, 이는 다른 사람의 범죄에 대하여 그 책임 유무를 묻지 않고 형벌을 부과하는 것으로서, 헌법상 법치국가의 원리 및 죄형법정주의로부터 도출되는 책임주의원칙에 반한다."[198]

7. 입법부작위·행정입법부작위·행정부작위에 대한 심사기준

이러한 부작위에 대한 헌법소원에 있어서는 적법요건과 본안판단이 중첩되는 양상을 보이는데, 일반적으로 '작위의무의 존재'와 '이행지체 여부' 부분은 적법요건으로 보고 '이행지체의 정당화심사'를 본안판단으로 볼 수 있다.[199]

가. 입법부작위

(1) 의의

넓은 의미의 입법부작위에는 첫째, 입법자가 헌법상 입법의무가 있는 어떤 사항에 관하여 전혀 입법을 하지 아니함으로써 입법행위의 흠결이 있는 경우(즉, 입법권의 불행사)와 둘째, 입법자가 어떤 사항에 관하여 입법은 하였으나 그 입법의 내용·범위·절차 등이 당해 사항을 불완전·불충분 또는 불공정하게 규율함으

196) 양벌규정에 대한 최초의 위헌결정은 헌재 2007.11.29. 2005헌가10 결정이다. [종업원의 위반행위에 대하여 양벌조항으로서 개인인 영업주에게도 동일하게 무기 또는 2년 이상의 징역형의 법정형으로 처벌하도록 규정하고 있는 '보건범죄단속에 관한 특별조치법' 제6조 중 제5조에 의한 처벌 부분] 정강찬, "보건범죄단속에 관한 특별조치법 제6조 위헌제청", 헌법재판소결정해설집(2007), 헌법재판소, 2008, 413면.

197) 법인이 고용한 종업원 등의 일정한 범죄행위에 대하여 곧바로 법인을 종업원 등과 같이 처벌하도록 하고 있는 환경정책기본법(2007.5.17. 법률 제8471호로 개정된 것) 제44조 중 "법인의 대리인·사용인 및 그 밖의 종업원이 그 법인의 업무에 관하여 제43조의 위반행위를 한 때에는 그 법인에 대하여도 해당 조의 벌금형을 과한다."는 부분.

198) 同旨, 헌재 2012.10.25. 2012헌가18 결정 참조.

199) 2015년 제4회 변호사시험 공법사례형 〈제1문의 1〉 참조.

로써 입법행위에 결함이 있는 경우(즉, 결함이 있는 입법권의 행사)가 있는데, 일반적으로 전자를 "진정입법부작위", 후자를 "부진정입법부작위"라고 부르고 있다.[200] 어떠한 사항을 법규로 규율할 것인가의 여부는 특단의 사정이 없는 한 입법자의 정치적·경제적·사회적 각종 고려하에서 정하여지는 입법정책의 문제이므로, 국민이 국회에 대하여 일정한 입법을 해 달라는 청원을 함은 별론으로 하고 법률의 제정을 청구하는 헌법소원은 ① 헌법에서 기본권보장을 위해 법령에 명시적인 입법위임을 하였음에도 입법자가 이를 방치하고 있거나, ② 헌법해석상 특정인에게 구체적인 기본권이 생겨 이를 보장하기 위한 국가의 행위의무 내지 보호의무가 발생하였음이 명백함에도 입법자가 전혀 아무런 입법조치를 취하고 있지 않은 경우(이른바 '진정입법부작위')가 아니면 원칙적으로 인정될 수 없다.[201]

(2) 입법의무의 인정여부에 대한 심사

헌법상의 입법의무를 어느 정도로 인정하는가의 문제는 바로 입법자와 헌법재판소 사이의 헌법을 실현하고 구체화하는 공동의무 및 과제의 배분과 직결되는 문제라 할 것이다. 입법자와 헌법재판소는 모두 헌법규범의 구속을 받고, 입법자는 입법작용을 통하여, 헌법재판소는 헌법의 해석과 적용을 통한 헌법재판의 형태로 각각 헌법을 구체화하고 실현한다. (…) 따라서 일반국민이 입법을 해 달라는 취지의 청원권을 향유하고 있음은 별론하고 입법행위의 소구청구권은 원칙적으로 인정될 수 없다. 만일 법을 제정하지 아니한 것이 위헌임을 탓하여 이 점에 관하여 헌법재판소의 위헌판단을 받아 입법당국으로 하여금 입법을 강제하게 하는 것이 일반적으로 허용된다면 결과적으로 헌법재판소가 입법자의 지위에 갈음하게 되어 헌법재판의 한계를 벗어나게 된다. 따라서 헌법상의 권력분립원칙과 민주주의원칙은 입법자의 민주적 입법형성의 자유를 보장하기 위하여 입법자의 헌법적 입법의무는 예외적으로만 이를 인정하고, 되도록이면 헌법에 명시적인 위임이 있는 경우만으로 제한할 것을 요구한다. 결국 입법부작위에 대한 헌법재판소의 재판관할권은 극히 한정적으로 인정할 수밖에 없다.[202] 입법부작위

200) 헌재 1996.11.28. 95헌마161 결정.

201) 헌재 1989.3.17. 88헌마1 결정 ; 헌재 1993.11.25. 90헌마209 결정 ; 헌재 1995.5.25. 90헌마196 결정.

202) 헌재 1989.3.17. 88헌마1 결정 ; 헌재 2003.6.26. 2000헌마509 결정 ; 헌재 2010.3.25. 2007헌마

에 대한 헌법재판의 이와 같은 한계 속에서 입법의무 위반은 국가가 기본권을 효율적으로 보호하기 위해 입법이 유일한 수단인데도 입법자가 전혀 입법을 하지 않고 있을 때에 한하여 확인할 수 있다. 입법자가 입법을 통하여 기본권의 보호의무를 최대한 실현하는 것이 이상적이지만, 이것은 원칙적으로 입법재량에 속하는 사항이다.[203)]

(3) 인용된 사례

◈ **헌재 1994.12.29. 89헌마2 결정**

[주문] : "재조선미국육군사령부군정청법령 제75호 조선철도의통일(1946.5.7. 제정)을 폐지한 조선철도의통일폐지법률(1961.12.30. 법률 제922호)이 시행되기 전에 같은 군정청법령 제2조에 의하여 수용된 조선철도주식회사, 경남철도주식회사 및 경춘철도주식회사 재산의 재산관계권리자로서 같은 법령 제3조에 따라 같은 군정청 운수부장에게 보상청구서면을 제출하여 위 수용으로 인한 보상청구권을 포기하지 않은 것으로 확정된 자 또는 그 보상청구권을 승계취득한 자에 대하여 위 수용으로 인한 손실보상금을 지급하는 절차에 관한 법률을 제정하지 아니하는 입법부작위는 위헌임을 확인한다."

나. 행정입법부작위

(1) 의의

행정입법의 제정 또는 개정의 지체가 위법으로 되어 그에 대한 법적 통제가 가능하기 위하여는 첫째, 행정청에게 시행명령을 제정(개정)할 법적 의무가 있어야 하고 둘째, 상당한 기간이 지났음에도 불구하고 셋째, 명령제정(개정)권이 행사되지 않아야 한다.[204)]

입법부가 법률로써 행정부에게 특정한 사항을 위임했음에도 불구하고 행정부가 이러한 법적 의무를 이행하지 않는다면 이는 위법한 것인 동시에 위헌적인 것이 된다. 우리 헌법은 국가권력의 남용으로부터 국민의 기본권을 보호하려는 법치국가의 실현을 기본이념으로 하고 있고, 근대 자유민주주의 헌법의 원리에 따라 국가의 기능을 입법·행정·사법으로 분립하여 상호간의 견제와 균형을 이루

933 결정.

203) 헌재 2009.11.26. 2008헌마385 결정.

204) 헌재 1998.7.16. 96헌마246 결정.

게 하는 권력분립제도를 채택하고 있다.[205] 따라서 행정과 사법은 법률에 기속되므로,[206] 국회가 특정한 사항에 대하여 행정부에 위임하였음에도 불구하고 행정부가 정당한 이유 없이 이를 이행하지 않는다면 권력분립의 원칙과 법치국가 내지 법치행정의 원칙에 위배되는 것이다.[207]

(2) 인용된 사례

(가) 시행령 입법부작위 : 헌재 2004.2.26. 2001헌마718 결정

[주문] : "피청구인이 구 군법무관임용법 제5조 제3항 및 군법무관임용등에관한법률 제6조의 위임에 따라 군법무관의 봉급과 그 밖의 보수를 법관 및 검사의 예에 준하여 지급하도록 하는 대통령령을 제정하지 아니하는 입법부작위는 위헌임을 확인한다."

(나) 시행규칙 입법부작위 : 헌재 1998.7.16. 96헌마246 결정

[주문] : "피청구인 보건복지부장관이 의료법과 전문의의수련및자격인정등에관한규정의 위임에 따라 치과전문의자격시험제도를 실시할 수 있는 절차를 마련하지 아니하는 입법부작위는 위헌임을 확인한다."

(다) 행정규칙(고시) 입법부작위 : 헌재 2002.7.18. 2000헌마707 결정

[주문] : "피청구인이 산업재해보상보험법 제4조 제2호 단서와 근로기준법시행령 제4조의 위임에 의하여 평균임금을 정하여 고시하지 아니하는 행정입법 부작위는 위헌임을 확인한다."

(라) 조례 입법부작위 : 헌재 2009.7.30. 2006헌마358 결정

[주문] : "피청구인들[208]이 지방공무원법 제58조 제2항의 위임에 따라 사실상 노무에 종사하는 공무원의 범위를 정하는 조례를 제정하지 아니한 것은 위헌임을 확인한다."

205) 헌재 1992.4.28. 90헌바24 결정.

206) 헌재 1990.9.3. 89헌가95 결정.

207) 헌재 2004.2.26. 2001헌마718 결정.

208) 1. 서울특별시(대표자 교육감 공정택), 2. 인천광역시(대표자 교육감 나근형), 3. 경기도(대표자 교육감 김상곤), 4. 전라북도(대표자 교육감 최규호)

다. 행정부작위

(1) 의의

행정권력의 부작위에 대한 헌법소원은 공권력의 주체에게 헌법에서 유래하는 작위의무가 특별히 구체적으로 규정되어 이에 의거하여 기본권의 주체가 행정행위를 청구할 수 있음에도 공권력의 주체가 그 의무를 해태하는 경우에 허용된다. 여기서 말하는 "공권력의 주체에게 헌법에서 유래하는 작위의무가 특별히 구체적으로 규정되어"가 의미하는 바는 첫째, 헌법상 명문으로 공권력 주체의 작위의무가 규정되어 있는 경우, 둘째, 헌법의 해석상 공권력주체의 작위의무가 도출되는 경우, 셋째, 공권력주체의 작위의무가 법령에 구체적으로 규정되어 있는 경우 등을 포괄하고 있는 것으로 볼 수 있다.[209] 따라서, 의무위반의 부작위 때문에 피해를 입었다는 단순한 일반적인 부작위 주장만으로는 족하지 않다고 할 것이므로, 기본권의 침해없이 행정행위의 단순한 부작위의 경우는 헌법소원으로서는 부적법하다.[210]

(2) 인용된 사례

◈ 헌재 1989.9.4. 88헌마22 결정

[주문] : "1. 피청구인[211]이 청구인으로부터 1988.3.22.부터 동년 12.10.경 까지의 간에 수차에 걸쳐 문서 또는 구두로 경기도 이천군 마장면 표교리 산 18내지 산 21, 산 23, 326의 1 및 129의 2 소재 임야와 전에 대한 임야조사서 또는 토지조사부의 열람·복사 신청이 있었음에도 이에 불응한 부작위는 청구인의 '알 권리'를 침해한 것이므로 위헌임을 확인한다."

◈ 헌재 2011.8.30. 2006헌마788 결정

[주문] : "청구인들이 일본국에 대하여 가지는 일본군위안부로서의 배상청구권이 '대한민국과 일본국 간의 재산 및 청구권에 관한 문제의 해결과 경제협력에 관한 협정' 제2조 제1항에 의하여 소멸되었는지 여부에 관한 한·일 양국 간 해석

---

209) 헌재 2004.10.28. 2003헌마898 결정 ; 헌재 2011.8.30. 2006헌마788 결정 ; 헌재 2011.12.29. 2009헌마621 결정 ; 헌재 2012.11.29. 2011헌마693 결정 ; 헌재 2013.8.29. 2012헌마886 결정 ; 헌재 2015.10.21. 2012헌마89등 결정.

210) 헌재 1996.11.28. 92헌마237 결정 ; 헌재 2004.2.26. 2003헌마608 결정.

211) 이천군수.

상 분쟁을 위 협정 제3조가 정한 절차에 따라 해결하지 아니하고 있는 피청구인[212]의 부작위는 위헌임을 확인한다."

◈ 헌재 2011.8.30. 2008헌마648 결정

[주문] : "청구인들이 일본국에 대하여 가지는 원폭피해자로서의 배상청구권이 '대한민국과 일본국 간의 재산 및 청구권에 관한 문제의 해결과 경제협력에 관한 협정' 제2조 제1항에 의하여 소멸되었는지 여부에 관한 한·일 양국 간 해석상 분쟁을 위 협정 제3조가 정한 절차에 따라 해결하지 아니하고 있는 피청구인[213]의 부작위는 위헌임을 확인한다."

8. 과소보호금지원칙 (국가의 기본권보호의무)[214]

가. 의의

헌법 제10조는 "모든 국민은 인간으로서의 존엄과 가치를 가지며, 행복을 추구할 권리를 가진다. 국가는 개인이 가지는 불가침의 기본적 인권을 확인하고 이를 보장할 의무를 진다."고 규정하여, 모든 국민이 인간으로서의 존엄과 가치를 지닌 주체임을 천명하고, 국가권력이 국민의 기본권을 침해하는 것을 금지함은 물론 이에서 더 나아가 적극적으로 국민의 기본권을 보호하고 이를 실현할 의무가 있음을 선언하고 있다. 또한 생명·신체의 안전에 관한 권리는 인간의 존엄과 가치의 근간을 이루는 기본권일 뿐만 아니라, 헌법은 "모든 국민은 보건에 관하여 국가의 보호를 받는다."고 규정하여 질병으로부터 생명·신체의 보호 등 보건에 관하여 특별히 국가의 보호의무를 강조하고 있으므로(제36조 제3항), 국민의 생명·신체의 안전이 질병 등으로부터 위협받거나 받게 될 우려가 있는 경우 국가로서는 그 위험의 원인과 정도에 따라 사회·경제적인 여건 및 재정사정 등을 감안하여 국민의 생명·신체의 안전을 보호하기에 필요한 적절하고 효율적인 입법·행정상의 조치를 취하여 그 침해의 위험을 방지하고 이를 유지할 포괄적인 의무를 진다.[215]

212) 외교통상부장관.

213) 외교통상부장관.

214) 2018년 6월 법전원 모의시험 공법사례형 〈제2문의 4〉 및 2018년 8월 법전원 모의시험 공법기록형 헌법문제(과잉금지원칙심사의 보충적 심사기준) 참조.

215) 헌재 2008.12.26. 2008헌마419등 결정.

나. 헌법적 근거

종래 헌법재판소(다수의견)는 국가의 기본권보호의무의 헌법적 근거로 헌법 제10조 제2문을 들고 있다.[216] 그러나 이에 대하여 제1차 교통사고처리특례법상 불처벌특례조항 사건의 재판관 3인의 위헌의견은 헌법 전문, 제10조, 제30조, 제37조 제1항을,[217] 형법 제9조 (14세미만 형사미성년자) 사건의 재판관 1인의 보충의견은 여기에서 헌법 전문을 제외하고 제10조, 제30조, 제37조 제1항을 기본권 보호의무의 근거규정으로 보았다.[218] 한편, 헌재 2019.12.27. 2018헌마730(제2차 공직선거법상 소음규제 사건) 결정[219] 및 헌재 2020.3.26. 2017헌마1281(구 동물보호법상 동물장묘업의 지역적 등록제한사유 사건) 결정에서는 '헌법 제10조 제2문'과 함께 '기본권의 객관적 가치질서로서의 성격'을 언급하고 있다.

---

216) 헌재 1997.1.16. 90헌마110등(제1차 교통사고처리법상 불처벌특례조항) 결정 ; 헌재 2008.7.31. 2004헌바81(민법상 손해배상청구권에 있어서의 태아의 지위) 결정 ; 헌재 2011.8.30. 2008헌가22등(양심적 병역거부) 결정 ; 헌재 2015.4.30. 2012헌마38(담배사업법) 결정 ; 헌재 2016.10.27. 2012헌마121(평가서 초안 작성 시 '중대사고' 제외) 결정 ; 헌재 2016.12.29. 2015헌바280(산업단지개발계획 시 의견청취동시진행조항) 결정 ; 헌재 2018.6.28. 2011헌바379등(양심적 병역거부) 결정 ; 헌재 2018.8.30. 2014헌바148등(민간인 집단희생 사건 등 국가배상청구권 소멸시효) 결정 등.

217) 헌재 1997.1.16. 90헌마110등 : "헌법 전문의 '우리 대한국민은 (…) 우리들과 우리들의 자손의 안전과 자유와 행복을 영원히 확보할 것을 다짐하면서'라는 부분, 제10조의 '모든 국민은 인간으로서의 존엄과 가치를 가지며 행복을 추구할 권리를 가진다. 국가는 개인이 가지는 불가침의 기본적 인권을 확인하고 이를 보장할 의무를 진다.', 제30조의 '타인의 범죄행위로 인하여 생명·신체에 대한 피해를 받은 국민은 법률이 정하는 바에 의하여 국가로부터 구조를 받을 수 있다.', 제37조 제1항의 '국민의 자유와 권리는 헌법에 열거되지 아니한 이유로 경시되지 아니한다.'는 규정내용으로부터 국민의 생명·신체의 안전에 대한 기본권과 그 생명·신체를 사인에 의한 침해로부터 적절히 보호할 국가의 의무가 도출된다고 할 것이다." (재판관 김진우, 재판관 이재화, 재판관 조승형의 위헌의견)

218) 헌재 2003.9.25. 2002헌마533 : "헌법 제10조의 '모든 국민은 인간으로서의 존엄과 가치를 가지며 행복을 추구할 권리를 가진다. 국가는 개인이 가지는 불가침의 기본적 인권을 확인하고 이를 보장할 의무를 진다', 제37조 제1항의 '국민의 자유와 권리는 헌법에 열거되지 아니한 이유로 경시되지 아니한다.'는 규정 및 제30조 범죄피해자의 국가구조청구권의 내용으로부터 국민의 생명·신체의 안전에 대한 기본권과 그 생명·신체를 사인에 의한 침해로부터 적절히 보호할 국가의 의무가 도출된다."(재판관 전효숙의 보충의견)

219) "헌법 제10조의 규정에 의하면 국가는 개인이 가지는 불가침의 기본적 인권을 확인하고 이를 보장할 의무를 지고, 기본권은 공동체의 객관적 가치질서로서의 성격을 가지므로, 적어도 생명·신체의 보호와 같은 중요한 기본권적 법익 침해에 대해서는 그것이 국가가 아닌 제3자로서의 사인에 의해서 유발된 것이라고 하더라도 국가가 적극적인 보호의 의무를 진다."

다. 심사기준

국가가 적극적으로 국민의 기본권을 보장하기 위한 제반조치를 취할 의무를 부담하는 경우에는 설사 그 보호의 정도가 국민이 바라는 이상적인 수준에 미치지 못한다고 하여 언제나 헌법에 위반되는 것으로 보기 어렵다. 국가의 기본권보호의무의 이행은 입법자의 입법을 통하여 비로소 구체화되는 것이고, 국가가 그 보호의무를 어떻게 어느 정도로 이행할 것인지는 입법자가 제반사정을 고려하여 입법정책적으로 판단하여야 하는 입법재량의 범위에 속하는 것이기 때문이다. 물론 입법자가 기본권 보호의무를 최대한 실현하는 것이 이상적이지만, 그러한 이상적 기준이 헌법재판소가 위헌여부를 판단하는 심사기준이 될 수는 없으며, 헌법재판소는 권력분립의 관점에서 소위 "과소보호금지원칙"을, 즉 국가가 국민의 기본권 보호를 위하여 적어도 적절하고 효율적인 최소한의 보호조치를 취했는가를 기준으로 심사하게 된다. 따라서 입법부작위나 불완전한 입법에 의한 기본권의 침해는 입법자의 보호의무에 대한 명백한 위반이 있는 경우에만 인정될 수 있다. 다시 말하면, ① 국가가 국민의 법익을 보호하기 위하여 아무런 보호조치를 취하지 않았든지 아니면 ② 취한 조치가 법익을 보호하기에 명백하게 부적합하거나 불충분한 경우에 한하여 헌법재판소는 국가의 보호의무의 위반을 확인할 수 있을 뿐이다.[220][221]

[이에 대하여 송두환 재판관은 미국산 수입쇠고기 위생조건 사건에서, "국가가 어떠한 입법·행정상의 조치를 통하여 국민의 생명·신체의 안전을 유지, 보호하고 그에 대한 침해의 위험을 방지할 것인지는 원칙적으로 국가의 폭 넓은 재량에 맡겨져 있다 할 것이고, 따라서 헌법재판소로서는 원칙적으로 국가가 기본권 보호의무를 위반한 것이 명백한 경우에만[222] 국가의 해당 작위나 부작위의 위헌성을 확인할 수 있다 할 것이다. 우리 헌법재판소는 그 기준을 '과소보호금

220) 헌재 2008.7.31. 2004헌바8 결정.

221) 헌법재판소가 개소 이래 기본권보호의무 위반으로, 즉 과소보호금지원칙 위배로 위헌이라고 판단한 사례는 단 한 건, 즉 헌재 2019.12.27. 2018헌마730 (제2차 공직선거법상 소음규제 사건) 결정이 유일하다. [〈주문〉: "공직선거법(2010.1.25. 법률 제9974호로 개정된 것) 제79조 제3항 제2호 중 '시·도지사 선거' 부분, 같은 항 제3호 및 공직선거법(2005.8.4. 법률 제7681호로 개정된 것) 제216조 제1항은 모두 헌법에 합치되지 아니한다. 위 법률조항들은 2021.12.31.을 시한으로 입법자가 개정할 때까지 계속 적용된다."]

222) 이를 '명백성통제'라고 부를 수 있을 것이다.

지원칙'이라 하여 이를 기본권 보호의무 위반에 관한 심사의 기준으로 삼아 왔다. 그런데 구체적 사안에서 국가의 기본권 보호의무 이행조치가 과소보호 금지원칙에 위반된 것인지 여부를 실제로 판단함에 있어서 그 기준의 엄격 정도는 일률적으로 정할 수 있는 것이 아니고, 문제되는 기본권 보호법익의 종류 및 중요도, 위험의 정도와 내용 등을 종합적으로 비교 형량하여 구체적으로 확정하여야 할 것이다. 이 사건 사안과 같이 국민의 생명·신체 내지 보건 등 매우 중요한 사항에 관한 것인 경우, 특히 이 사건 고시와 같이 위험성을 내포한 식재료가 대량으로 수입되어 국내에서 제대로 검역되지 못한 채 유통됨으로써 일반 소비자에게 초래될 수 있는 위험의 정도와 내용이 매우 중대하고 심각할 뿐 아니라 이를 돌이키거나 통제하는 것이 불가능한 사안에 있어서는, 단순히 기본권보호의무 위반이 명백한 경우에만 그 보호조치가 헌법에 위반된다고 보는 것은 국가에게 국민의 기본적 인권을 확인하고 보장할 의무를 부과한 헌법의 기본정신에 부합한다고 보기 어렵고, ① 제3자의 권리나 공익을 침해함이 없이 채택할 수 있는 더 개선된 다른 보호수단이 존재하지 않고, ② 보호법익에 대한 위험을 최소화하기 위한 충분한 노력과 시도를 다하였다는 점[223]이 명백하지 아니한 한, 헌법상 충분한 보호조치를 취한 것이라고 판단할 수 없다 할 것이다. 더구나, 국가보호조치의 수준을 권력분립원칙과 민주주의원칙에 따라 국민에 의해 직접 민주적 정당성을 부여받은 의회가 직접 정하지 않고 이 사건 고시와 같이 하위의 법령에 의하여 보호조치의 수준이 결정되도록 하고 있는 경우에는 보다 엄격한 기준[224]에 의하여 심사할 필요가 있다."고 하였다.][225]

223) 위 ①, ②는 마치 과잉금지원칙에 있어서 침해의 최소성원칙 심사를 연상시킨다.

224) 이를 '타당성통제'라고 부를 수 있을 것이다.

225) 헌재 2008.12.26. 2008헌마419등 결정의 재판관 송두환의 위헌의견.

제3절 기타의 위헌심사기준

1. 연좌제 금지

가. 의의

헌법 제13조 제3항은 "모든 국민은 자기의 행위가 아닌 친족의 행위로 인하여 불이익한 처우를 받지 아니한다."고 규정하여 소위 '연좌제'를 금지하고 있는바, 동 조항은 '친족의 행위와 본인 간에 실질적으로 의미 있는 아무런 관련성을 인정할 수 없음에도 불구하고 오로지 친족이라는 사유 그 자체만으로' 불이익한 처우를 가하는 경우에만 적용된다.[226)]

나. 사례

◈ 헌재 2005.12.12. 2005헌마19 (배우자의 선거범죄로 인한 후보자의 당선무효) 결정

"헌법 제13조 제3항은 '친족의 행위와 본인 간에 실질적으로 의미 있는 아무런 관련성을 인정할 수 없음에도 불구하고 오로지 친족이라는 사유 그 자체만으로' 불이익한 처우를 가하는 경우에만 적용된다. (…) 공직선거법 제265조(선거사무장 등의 선거범죄로 인한 당선무효) 본문 중 배우자에 관한 부분(이 사건 법률조항)은 '친족인 배우자의 행위와 본인 간에 실질적으로 의미 있는 아무런 관련성을 인정할 수 없음에도 불구하고 오로지 배우자라는 사유 그 자체만으로' 불이익한 처우를 가하는 것이 아니다. 배우자가 죄를 저질렀다는 이유만으로 후보자에게 불이익을 주는 것이 아니라, 후보자와 불가분의 선거운명공동체를 형성하여 활동하게 마련인 배우자의 실질적 지위와 역할을 근거로 후보자에게 연대책임을 부여한 것이므로, 이 사건 법률조항은 헌법 제13조 제3항에서 금지하고 있는 연좌제에 해당하지 아니하고, 자기책임원리에도 위배되지 아니한다."[227)]

226) 헌재 2005.12.12. 2005헌마19 결정.

227) 同旨, 헌재 2011.9.29. 2010헌마68 : "이 사건 법률조항에서 배우자의 범죄 및 형 선고를 요건으로 후보자의 당선을 무효로 하는 것이 자기책임원리에 반하는 것인가의 문제는 자기책임원리의 특수한 형태인 헌법 제13조 제3항의 친족의 행위로 인한 불이익 처우의 금지 원칙에 위배되는지 여부로 귀결된다." [4(기각) : 4(인용)-기각]

◈ 헌재 2011.3.31. 2008헌바141 (친일재산 국가귀속조항) 결정

"이 사건 귀속조항[228]에서 국가귀속의 대상으로 규정하고 있는 친일재산은 친일반민족행위자가 일본제국주의에 협력한 대가로 취득하거나 이를 상속받은 재산 또는 친일재산임을 알면서 유증·증여받은 재산을 말한다. 따라서 친일반민족행위자의 후손이 소유한 재산 중에서 그 후손 자신의 경제적 활동으로 취득하게 된 재산이라든가 친일재산 이외의 상속재산 등을 단지 그 선조가 친일행위를 했다는 이유만으로 국가로 귀속시키는 것이 아닌 한, 위와 같은 친일재산에 한정하여 국가로 귀속시키는 것은 '친족의 행위와 본인 간에 실질적으로 의미있는 아무런 관련성을 인정할 수 없음에도 불구하고 오로지 친족이라는 사유 그 자체만으로' 불이익을 입는 경우에 해당하지 않는다. 그렇다면 이 사건 귀속조항이 헌법 제13조 제3항에서 정한 연좌제금지원칙에 반한다고 할 수 없다."

2. 결사에 대한 허가금지[229]

헌법 제21조 제2항 후단의 결사에 대한 허가제 금지에서의 '허가'의 의미 역시 같은 조항상의 표현에 대한 '검열'이나 '허가', 집회에 대한 '허가'의 의미와 다르지 아니하며,[230] 따라서 결사의 자유에 대한 '허가제'란 "행정권이 주체가 되어 예방적 조치로서 단체의 설립여부를 사전에 심사하여 일반적인 단체결성의 금지를 특정한 경우에 한하여 해제함으로써 단체를 설립할 수 있게 하는 제도, 즉 사전 허가를 받지 아니한 단체결성을 금지하는 제도"라고 할 것이다.[231]

228) 친일재산을 그 취득·증여 등 원인행위시에 국가의 소유로 하도록 규정한 친일재산귀속법(2005.12.29. 법률 제7769호로 제정된 것) 제3조 제1항 본문.

229) 헌재 2012.3.29. 2011헌바53 결정.

230) 다만, 집회에 대한 허가여부 또는 결사에 대한 허가여부를 판단함에 있어서는, 의사표현에 대한 사전검열 여부를 판단하는 4가지 기준(① 허가를 받기 위한 표현물 제출의무의 존재, ② 행정권이 주체가 된 사전심사절차의 존재, ③ 허가를 받지 아니한 의사표현의 금지, ④심사절차를 관철할 수 있는 강제수단의 존재)은 적용되지 않는다.

231) 헌법재판소는 이 결정에서, "이 사건 법률조항{노동조합을 설립할 때 행정관청에 설립신고서를 제출하게 하고 그 요건을 충족하지 못하는 경우 설립신고서를 반려하도록 하고 있는 '노동조합 및 노동관계조정법'(2010.6.4. 법률 제10339호로 개정되기 전의 것) 제12조 제3항 제1호}은 노동조합 설립에 있어 노동조합법상의 요건충족 여부를 사전에 심사하도록 하는 구조를 취하고 있으나, 이 경우 '노동조합법상 요구되는 요건만 충족되면 그 설립이 자유롭다'는 점에서 일반적인 금지를 특정한 경우에 해제하는 허가와는 개념적으로 구분되고, 더욱이 행정관청의 설립신고서 수리여부에 대한 결정은 재량사항이 아니라 의무사항으로 '그 요건충족이 확인되면 설립신고서를 수리하고 그 신고증을 교부하여야 한다'는 점에서 단체의 설립여부 자체를 사전에 심사하여 특정한 경우에 한해서만 그 설립을 허용하는 '허가'와

3. 공용수용 : 헌법 제23조 제3항[232)]

가. 의의

헌법 제23조[233)]의 근본취지는 우리 헌법이 사유재산제도의 보장이라는 기조 위에서 원칙적으로 모든 국민의 구체적 재산권의 자유로운 이용·수익·처분을 보장하면서 공공필요에 의한 재산권의 수용·사용 또는 제한은 헌법이 규정하는 요건을 갖춘 경우에만 예외적으로 허용한다는 것으로 해석된다. 이와 같은 우리 헌법의 재산권 보장에 관한 규정의 근본취지에 비추어 볼 때, 공공필요에 의한 재산권의 공권력적, 강제적 박탈을 의미하는 공용수용(公用收用)은 헌법상의 재산권 보장의 요청상 불가피한 최소한에 그쳐야 한다.[234)]

헌법 제23조 제3항은 "공공필요에 의한 재산권의 수용·사용 또는 제한 및 그에 대한 보상은 법률로써 하되, 정당한 보상을 지급하여야 한다."라고 규정하고 있는바, 이 헌법의 규정은 보상청구권의 근거에 관하여서 뿐만 아니라 보상의 기준과 방법에 관하여서도 법률에 유보하고 있는 것으로 보아야 할 것이다.[235)]

나. 공용수용의 헌법적 요건

헌법 제23조 제3항은 "공공필요에 의한 재산권의 수용·사용 또는 제한 및 그에 대한 보상은 법률로써 하되, 정당한 보상을 지급하여야 한다."고 하여 재산권 행사에 있어 사회적 의무성의 한계를 넘는 수용·사용·제한과 그에 대한 보상의 원칙을 규정하고 있다. 공공의 필요로 재산권을 권력적·강제적으로 박탈하는 공용수용은 헌법 제23조 제3항에 명시되어 있는 바대로 ① 국민의 재산권을 그 의사에 반하여 강제적으로라도 취득해야 할 공익적 필요가 있을 것, ② 수용과 그에 대한 보상은 모두 법률에 의할 것,[236)] ③ 정당한 보상을 지급할 것 등의 요건

는 다르다. 따라서 이 사건 법률조항의 노동조합 설립신고서 반려제도가 헌법 제21조 제2항 후단에서 금지하는 결사에 대한 허가제라고 볼 수 없다."고 판시하였다.

232) 2020년 6월 법전원 모의시험 공법기록형 헌법문제 참조.(과잉금지원칙심사도 함께 함) [헌재 2014.10.30. 2011헌바129등 결정{6(헌법불합치) : 3(합헌)-헌법불합치 : 심사기준은 헌법 제23조 제3항(공공필요성 위반여부} 참조]

233) 헌법 제23조 ① 모든 국민의 재산권은 보장된다. 그 내용과 한계는 법률로 정한다. ② 재산권의 행사는 공공복리에 적합하도록 하여야 한다. ③ 공공필요에 의한 재산권의 수용·사용 또는 제한 및 그에 대한 보상은 법률로써 하되, 정당한 보상을 지급하여야 한다.

234) 헌재 2009.5.28. 2008헌바18등 결정.

235) 대법원 1993.7.13. 선고 93누2131 판결 ; 대법원 2005.7.29. 선고 2003두2311 판결.

을 갖추어야 한다.[237] 여기서 정당한 보상이란 "원칙적으로 피수용재산의 객관적인 재산가치를 완전하게 보상하는 것이어야 한다는 완전보상을 의미하는 것으로서 그 보상금액뿐만 아니라 보상의 시기·방법 및 절차까지도 정당하여야 한다는 것"을 의미한다.[238] 그리고 재산권의 객체가 갖는 객관적 가치란 '그 물건의 성질에 정통한 사람들의 자유로운 거래에 의하여 도달할 수 있는 합리적인 매매가능가격, 즉 時價에 의하여 산정'되는 것이 보통이다.[239]

한편, 헌재 2010.12.28. 2008헌바57 결정에서는 "청구인들이 이 사건 헌법소원을 통하여 의문을 제기하는 부분은 궁극적으로 위 일련의 조항들이 헌법 제23조 제3항이 규정하고 있는 공용수용의 헌법적 요건을 갖추고 있느냐 하는 것으로, 이 사건 수용관련 조항들은 공공필요의 요건이, 공익사업법 조항들은 정당보상의 요건이 주로 문제된다."고 하면서도, 위 수용조항이 "공공필요성"을 갖추고 있는지[240] 여부에 대한 판단에 이어서 "과잉금지원칙" 위배여부 및 "평등원칙" 위배여부도 판단하고 있다.[241]

---

236) 다만 우리 헌법 제23조 제3항은 독일기본법 규정(제14조 제3항 : "수용은 공공복리를 위해서만 허용된다. 수용은, **보상의 종류와 범위를 정한 법률에 의하여 또는 법률에 근거가 있을 때에** 한하여 행하여질 수 있다. 보상은 공공의 이익과 당사자의 이익을 공정하게 형량하여 정하여야 한다. 보상액에 대한 분쟁에 대해서는 일반법원에 제소할 수 있다."과는 달리 수용법률 자체에서 보상규정을 둘 것을 요구하는 "불가분조항"이 아니라는 것이 판례의 입장이다. 즉, 헌법재판소(1998.3.26. 93헌바12)와 대법원(2002.1.22. 선고 2000다2511 판결)은 당해 법률뿐만 아니라 유사한 법률에 보상규정이 있으면 이를 유추적용하여 보상을 지급할 수 있다는 입장이고, 나아가 공용침해 및 보상기준에 관한 일반법으로 종전에는 '토지수용법'과 '공공용지의 취득 및 손실보상에 관한 특례법'이 적용되었고, 2003.1.1.부터는 '공익사업을 위한 토지등의 취득 및 보상에 관한 법률'이 시행되고 있다.

237) 헌재 2010.2.25. 2008헌바6 결정 ; 헌재 2010.3.25. 2008헌바102 결정.

238) 헌재 1990.6.25. 89헌마107 결정 ; 헌재 2011.10.25. 2009헌바281 결정 ; 헌재 2012.12.29. 2010헌바205등 결정.

239) 헌재 1990.6.25. 89헌마107 결정 ; 헌재 2011.12.29. 2010헌바205 결정.

240) 헌재 2019.11.28. 2017헌바241 : "헌법재판소는 헌법 제23조 제3항에서 규정하고 있는 '공공필요'의 의미를 '국민의 재산권을 그 의사에 반하여 강제적으로라도 취득해야 할 공익적 필요성'으로 해석하여 왔다. 즉 '공공필요'의 개념은 '**공익성**'과 '**필요성**'이라는 요소로 구성되어 있다."

241) 同旨, 헌재 2011.4.28. 2010헌바114 결정 ; 헌재 2011.11.24. 2010헌가95등 결정.

4. 부담금의 헌법적 정당화 요건과 심사방법

가. 부담금의 종류

부담금은 그 부과의 목적과 기능에 따라 ① 순수하게 재정조달 목적만을 가지는 재정조달목적 부담금과, ② 부담금의 부과 자체로 추구되는 특정한 사회·경제적 정책실현을 목적으로 하는 정책실현목적 부담금으로 구분할 수 있는데, 전자의 경우에는 추구되는 공적 과제가 부담금의 지출단계에서 비로소 실현되는 반면, 후자의 경우에는 추구되는 공적 과제의 전부 혹은 일부가 부담금의 부과단계에서 이미 실현된다.[242)]

나. 재정조달목적 부담금의 헌법적 정당화 요건

(1) 의의

재정조달목적 부담금의 부과가 헌법적으로 정당화되기 위하여는, 첫째, 조세에 대한 관계에서 예외적으로만 인정되어야 하며 국가의 일반적 과제를 수행하는 데에 부담금 형식을 남용하여서는 아니 되고, 둘째, 부담금 납부의무자는 일반 국민에 비해 부담금을 통해 추구하고자 하는 공적 과제에 대하여 특별히 밀접한 관련성을 가져야 하며,[243)] 셋째, 부담금이 장기적으로 유지되는 경우에는 그 징수의 타당성이나 적정성이 입법자에 의해 지속적으로 심사될 것이 요구된다.[244)]

한편, 부담금은 국민의 재산권을 제한하는 성격을 가지고 있으므로 부담금을 부과함에 있어서도 평등원칙이나 비례성원칙과 같은 기본권제한입법의 한계는 준수되어야 하며, 위와 같은 부담금의 헌법적 정당화 요건은 기본권 제한의 한계를 심사함으로써 자연히 고려될 수 있다. 이에 따라 헌법재판소는 재산권의 침해

242) 헌재 2007.5.31. 2005헌바47 결정.

243) 헌재 2008.11.27. 2007헌마860 : "특히 부담금 납부의무자는 그 부과를 통하여 추구하는 공적 과제에 대하여 '특별히 밀접한 관련성'이 있어야 한다는 점에 있어서, ① 일반인과 구별되는 동질성을 지녀 특정집단이라고 이해할 수 있는 사람들이어야 하고(집단적 동질성), ② 부담금의 부과를 통하여 수행하고자 하는 특정한 경제적·사회적 과제와 특별히 객관적으로 밀접한 관련성이 있어야 하며(객관적 근접성), ③ 그러한 과제의 수행에 관하여 조세외적 부담을 져야 할 책임이 인정될 만한 집단이어야 하고(집단적 책임성), ④ 만약 부담금의 수입이 부담금 납부의무자의 집단적 이익을 위하여 사용될 경우에는 그 부과의 정당성이 더욱 제고된다(집단적 효용성)."

244) 헌재 2003.12.18. 2002헌가2 결정.

여부를 심사하면서 헌법 제37조 제2항이 정하고 있는 과잉금지원칙을 적용하였는바, 입법목적의 정당성에 이어서 수단의 적합성 안에서 위와 같은 재정조달목적 부담금의 헌법적 정당화 요건을 검토하고, 이어서 피해의 최소성과 법익의 균형성을 심사하였다.[245)]

(2) 사례

○ 헌재 2003.12.18. 2002헌가2 결정 (문예진흥기금의 조성을 위하여 문화예술진흥법에 의하여 개별 관람자 등으로부터 관람료 등에 부가하여 징수하는 문예진흥기금의 납입금) - 위헌 [8(위헌)[246)] : 1(합헌)][247)]

○ 헌재 2005.3.31. 2003헌가20 결정 (학교용지확보를 위하여 공동주택 수분양자들에게 부과하는 학교용지부담금) - 위헌 [전원일치]

○ 헌재 2008.11.27. 2007헌마860 결정 (영화발전기금의 재원 마련을 위한 영화관람객의 부과금) - 기각 [5(위헌)[248)] : 4(합헌)]

○ 헌재 2009.4.30. 2006헌마603등 결정 (신용협동조합에 대하여 부과하는 예금보험기금채권상환 특별기여금)[249)] - 기각 [전원일치]

○ 헌재 2018.4.26. 2015헌가13 결정 (분만 실적이 있는 보건의료기관개설자라는

245) 헌재 2003.11.27. 2002헌바5 결정 ; 헌재 2008.11.27. 2007헌마860 ; 헌재 2009.4.30. 2006헌마603등 결정.

246) 이 중 재판관 4인은 **특별부담금의 헌법적 한계** 일탈을, 4인은 **포괄위임금지원칙** 위배를 이유로 들었다.

247) 2018년 6월 법전원 모의시험 공법기록형 헌법문제 참조 [1. 법적성격(재정조달목적부담금), 2. 엄격한 통제의 필요성, 3. 포괄위임금지원칙, 4. 헌법적 정당화요건]

248) 영화관 관람객의 **재산권** 및 영화관 경영자의 **직업수행의 자유**를 침해하고, 영화관 관람객 및 영화관 경영자의 **평등권**을 침해한다[이 사건 부과금은 재정조달목적 부담금으로서, 그 부과의 목적인 영화 예술의 질적 향상과 한국영화산업의 진흥이라는 특수한 공적 과제와 특별히 밀접한 관련성이 인정되지 않는 영화상영관 관람객을 납부의무자로 하여 그들에게 입장료에 대한 부가가치세 등 조세 외의 재정책임을 지우고 있다. 이는 합리적 근거가 없이 영화상영관 관람객과 이외의 일반 국민들, 특히 **문학·음악·미술 등 다른 문화 영역에서의 소비자**를 차별하는 것이며, 나아가 **비디오물 관람 등 영화상영관 입장 이외의 형태로 영화를 감상하는 사람들**과도 합리적 근거 없이 차별하는 것이다. 또한 이 사건 법령조항들은 위와 같이 합리성이 결여되어 있는 부과금 부과의 집행을 위해 영화상영관 경영자에게 강제적으로 그 징수 및 납부의무를 지우고 있으므로, 이는 자의적으로 영화상영관 경영자를 다른 사업자, 특히 **영화 이외의 문화산업을 영위하는 사람들**과 차별하는 것이다.]는 의견임.

249) 과잉금지원칙심사 중 수단(방법)의 적정성 안에서 부담금의 헌법적 정당화 요건을 검토함.

특정 집단의 사람들에게 재화 또는 용역의 제공과 관계없이 강제적·일률적으로 부과되는 분담금)[250] - 합헌 [5(합헌) : 4(위헌)[251]]

5. 의무교육의 무상원칙[252]

가. 의의

헌법 제31조는 제1항에서 "모든 국민은 능력에 따라 균등하게 교육을 받을 권리를 가진다."고 규정하여 국민의 교육을 받을 권리를 보장하고 있는 한편, 이러한 국민의 교육을 받을 권리를 현실적으로 보장하기 위한 수단의 하나로서 같은 조 제2항에서 "모든 국민은 그 보호하는 자녀에게 적어도 초등교육과 법률이 정하는 교육을 받게 할 의무를 진다."라고 하여 국민에게 교육의 의무를 부과하였고, 이에 따라 교육기본법은 의무교육을 6년의 초등교육과 3년의 중등교육으로 한다고 규정하여 의무교육의 범위를 중학교까지로 정하였다(교육기본법 제8조 제1항).[253] 나아가 국가는 학부모가 경제적 여건에 관계없이 교육의 의무를 이행할 수 있도록 헌법 제31조 제3항에서 의무교육은 무상으로 할 것을 원칙으로 천명하여 국가에게 의무교육을 실시할 수 있는 인적·물적 여건을 마련할 의무를 부과하고 있다.

---

250) "이 사건 분담금은 분만과정에서 보건의료인이 충분히 주의의무를 다하였음에도 불가항력적으로 발생한 분만에 따른 의료사고로 인한 피해를 보상하고 안정적인 진료환경을 조성한다는 공적 과제의 수행을 위하여(의료분쟁조정법 제46조 제1항, 제3항), 분만실적이 있는 보건의료기관개설자라는 특정집단의 사람들에게 재화 또는 용역의 제공과 관계없이 강제적·일률적으로 부과되고(같은 법 시행령 제21조 제1항 내지 제3항), 이렇게 마련된 재원은 보상금이라는 제한된 용도로 쓰이며(의료분쟁조정법 제46조 제1항, 같은 법 시행령 제24조), 공적 과제는 이 사건 분담금 수입으로 마련된 재원을 보상금으로 집행하는 단계에서 실현된다."는 이유로 따라서 이 사건 분담금은 재정조달목적 부담금에 해당한다고 보면서도, 심사기준으로는 **법률유보원칙** 및 **포괄위임금지원칙** 위배여부로 판단하였다.

251) 심판대상조항 중 '의료사고 피해구제 및 의료분쟁 조정 등에 관한 법률'(2011.4.7. 법률 제10566호로 제정된 것) 제46조 제4항 중 '보상재원의 분담비율' 부분은 포괄위임금지원칙에 반하여 헌법에 위반된다는 의견임.

252) 헌재 2012.4.24. 2010헌바164 결정 ; 헌재 2012.8.23. 2010헌바220 결정.

253) 구 교육기본법(2005.3.24. 법률 제7399호로 일부개정되어 같은 날 시행되기 전의 것) 제8조(의무교육) ① 의무교육은 6년의 초등교육 및 3년의 중등교육으로 한다. 다만, 3년의 중등교육에 대한 의무교육은 국가의 재정여건을 고려하여 대통령령이 정하는 바에 의하여 순차적으로 실시한다. ② 모든 국민은 제1항의 규정에 의한 의무교육을 받을 권리를 가진다.

나. 의무교육 무상의 범위

의무교육 무상의 범위에 있어서 학교 교육에 필요한 모든 부분을 무상으로 제공하는 것이 바람직한 방향이라고 하겠으나, 균등한 교육을 받을 권리와 같은 사회적 기본권을 실현하는 데는 국가의 재정상황 역시 도외시할 수 없으므로, 원칙적으로 의무교육 무상의 범위는 헌법상 교육의 기회균등을 실현하기 위해 필수불가결한 비용, 즉 모든 학생들이 의무교육을 받음에 있어서 경제적인 차별 없이 수학하는 데 반드시 필요한 비용에 한한다고 할 것이다. 따라서, 의무교육에 있어서 무상의 범위에는 의무교육이 실질적이고 균등하게 이루어지기 위한 본질적 항목으로, ① 수업료나 입학금의 면제, ② 학교와 교사 등 인적·물적 시설 및 그 시설을 유지하기 위한 인건비와 시설유지비, 신규시설투자비 등의 재원부담으로부터의 면제가 포함된다 할 것이며, 그 외에도 ③ 의무교육을 받는 과정에 수반하는 비용으로서 의무교육의 실질적인 균등보장을 위해 필수불가결한 비용은 무상의 범위에 포함된다. 한편, ④ 의무교육에 있어서 본질적이고 필수불가결한 비용 이외의 비용을 무상의 범위에 포함시킬 것인지는 국가의 재정상황과 국민의 소득수준, 학부모들의 경제적 수준 및 사회적 합의 등을 고려하여 입법자가 입법정책적으로 해결해야 할 문제이다.

다. 사례

◈ 헌재 2005.3.31. 2003헌가20 결정[254) **【전원일치 위헌】**

"헌법은, 모든 국민은 그 보호하는 자녀에게 적어도 초등교육과 법률이 정하는 교육을 받게 할 의무를 지고(제31조 제2항), 의무교육은 무상으로 한다(제31조 제3항)고 규정하고 있다. 이러한 의무교육제도는 국민에 대하여 보호하는 자녀들을 취학시키도록 한다는 의무부과의 면보다는 국가에 대하여 인적·물적 교육시설을 정비하고 교육환경을 개선하여야 한다는 의무부과의 측면이 보다 더 중요한 의미를 갖는다. 의무교육에 필요한 학교시설은 국가의 일반적 과제이고, 학교용지는 의무교

254) 〈판시사항〉 : 1. 학교용지확보를 위하여 공동주택 수분양자들에게 학교용지부담금을 부과할 수 있도록 하고 있는 구 '학교용지확보에 관한 특례법' 제2조 제2호, 제5조 제1항 중 제2조 제2호가 정한 주택건설촉진법에 의하여 시행하는 개발사업지역에서 … 공동주택을 분양받은 자에게 학교용지확보를 위하여 부담금을 부과·징수할 수 있다는 부분('이 사건 법률조항')이 헌법상 **의무교육의 무상원칙**에 반하는지 여부(적극), 2. 이 사건 법률조항이 **평등원칙**에 반하는지 여부(적극)

육을 시행하기 위한 물적 기반으로서 필수조건임은 말할 필요도 없으므로 이를 달성하기 위한 비용은 국가의 일반재정으로 충당하여야 한다. 따라서 적어도 의무교육에 관한 한 일반재정이 아닌 부담금과 같은 별도의 재정수단을 동원하여 특정한 집단으로부터 그 비용을 추가로 징수하여 충당하는 것은 의무교육의 무상성을 선언한 헌법에 반한다."[255)]

◈ 헌재 2012.4.24. 2010헌바164 결정[256)] 【전원일치 합헌】

"이 사건 법률조항들은 학교급식과 관련된 경비 중 일부를 중학생의 학부모가 부담할 수 있도록 하거나, 당해 학교의 설립경영자가 원칙적으로 부담하도록 되어 있는 비용 이외의 급식에 관한 경비를 중학생의 학부모가 부담하도록 하는 규정이다. (…) 그러나 비록 학교급식이 학생들에게 한 끼 식사를 제공하는 영양공급의 차원을 넘어서 편식교정 지도 등 식생활 개선, 공동체 의식 및 협동심 함양 등 교육적 성격을 갖고 있다 하더라도,[257)] 급식활동으로 얻을 수 있는 교육적 측면은 기본적이고 필수적인 학교교육 이외에 부가적으로 이루어지는 식생활 및 인성교육으로서의 보충적 성격을 가지므로 의무교육의 실질적인 균등보장을 위한 본질적이고 핵심적인 부분이라고까지는 할 수 없고, 따라서 학교급식 비용과 관련된 입법에 대하여는 입법자에게 입법형성의 재량이 인정된다고 봄이 상당하다. (…) 결국, 이 사건 법률조항들이 비록 중학생의 학부모들에게 급식관련 비용의 일부를 부담하도록 하고 있지만, ① 급식활동 자체가 의무교육에 필수불가결한 내용이라 보기 어렵고, ② 국가나 지방자치단체의 지원으로 부담을 경감하는 조항이 마련되어 있으며, ③ 특히 저소득층 학생들을 위한 지원방안이 마련되어 있다는 점 등을 고려해 보면, 이 사건 법률조항들이 입법형성권의 범위를 넘어 헌법상 의무교육의 무상원칙에 반하는 것으로 보기는 어렵다."

---

255) [평등원칙 위배여부] : "의무교육이 아닌 중등교육에 관한 교육재정과 관련하여 재정조달 목적의 부담금을 징수할 수 있다고 하더라도 이는 일반적인 재정조달목적의 부담금이 갖추어야 할 요건을 동일하게 갖춘 경우에 한하여 허용될 수 있다. (…) 이 사건 법률조항은 학교용지부담금 부과대상 개발사업을 신규주택의 공급여부가 아닌 단순히 주택공급의 근거 법률이 무엇이냐에 따라 정하고 있는바, 이는 합리성이 없는 기준에 의하여 자의적으로 제청신청인들을 불리하게 대우하는 것이다."

256) 〈판시사항〉 : 의무교육 대상인 중학생의 학부모에게 급식관련비용 일부를 부담하도록 하는 구 학교급식법(1996.12.30. 법률 제5236호로 개정되고, 2006.7.19. 법률 제7962호로 개정되기 전의 것) 제8조 제1항 후단 및 제2항 전단 중 초·중등교육법 제2조의 중학교에 관한 부분('이 사건 법률조항들')이 의무교육의 무상원칙을 위반하는지 여부(소극)

257) 헌재 2008.2.28. 2006헌마1028 결정.

◈ 헌재 2012.8.23. 2010헌바220 결정[258] 【7(위헌) : 1(각하,[259] 본안판단 하더라도 합헌)-위헌】

"학교운영지원비는 ① 그 운영상 교원연구비와 같은 교사의 인건비 일부와 학교회계직원의 인건비 일부 등 의무교육과정의 인적기반을 유지하기 위한 비용을 충당하는데 사용되고 있다는 점, ② 학교회계의 세입상 현재 의무교육기관에서는 국고지원을 받고 있는 입학금, 수업료와 함께 같은 항에 속하여 분류되고 있음에도 불구하고 학교운영지원비에 대해서만 학생과 학부모의 부담으로 남아 있다는 점, ③ 학교운영지원비는 기본적으로 학부모의 자율적 협찬금의 외양을 갖고 있음에도 그 조성이나 징수의 자율성이 완전히 보장되지 않아 기본적이고 필수적인 학교 교육에 필요한 비용에 가깝게 운영되고 있다는 점 등을 고려해 보면, 이 사건 세입조항은 헌법 제31조 제3항에 규정되어 있는 의무교육의 무상원칙에 위배되어 헌법에 위반된다."

6. 선거공영제

우리 헌법 제116조 제2항은 "선거에 관한 경비는 법률이 정하는 경우를 제외하고는 정당 또는 후보자에게 부담시킬 수 없다."라고 규정하여 선거공영제를 채택하고 있다. 선거공영제는 ① 선거 자체가 국가의 공적 업무를 수행할 국민의 대표자를 선출하는 행위이므로 이에 소요되는 비용은 원칙적으로 국가가 부담하는 것이 바람직하다는 점과, ② 선거경비를 개인에게 모두 부담시키는 것은 경제적으로 넉넉하지 못한 자의 입후보를 어렵거나 불가능하게 하여 국민의 공무담임권을 부당하게 제한하는 결과를 초래할 수 있다는 점을 고려하여, 선거의 관리·운영에 필요한 비용을 후보자 개인에게 부담시키지 않고 국민 모두의 공평부담으로 하고자 하는 원칙이다. 이러한 선거공영제의 내용은 우리의 선거문화와 풍토, 정치문화 및 국가의 재정상황과 국민의 법감정 등 여러 가지 요소를 종합적으로 고려하여 입법자가 정책적으로 결정할 사항으로서 넓은 입법형성권이 인정되는 영역이라고 할 것이다.[260]

---

258) 〈판시사항〉 : 학교운영지원비를 학교회계 세입항목에 포함시키도록 하는 구 초·중등교육법(2000.1.28. 법률 제6209호로 개정되고, 2012.3.21. 법률 제11384호로 개정되기 전의 것) 제30조의2 제2항 제2호 중 중학교 학생으로부터 징수하는 것에 관한 부분이 헌법 제31조 제3항에 규정되어 있는 의무교육 무상의 원칙에 위배되는지 여부(적극)

259) "이 사건 세입조항은 학교운영지원비 징수의 근거가 되는 조항이 아니어서 당해사건의 재판에 적용되는 조항이 아니므로, 이 사건 세입조항에 대한 심판청구는 재판의 전제성을 흠결하여 부적법하다."

◈ 헌재 2011.4.28. 2010헌바232 결정 【전원일치 합헌】

이 사건 법률조항[261]의 제재는 이미 선거의 공정을 저해한 자들에 대한 것이고, 선거범죄 유무를 불문하고 일률적으로 득표율에 따라 선거비용 보전을 해 준다면 선거범죄를 저질러서라도 득표율을 높이려고 할 수도 있다는 점 및 재선거를 치르는 경우에는 국가가 이중으로 선거비용을 지출하게 되므로 국가의 재정부담을 줄이는 조치를 해야 할 필요성도 있는 점을 고려한 것이므로, 선거공영제에 대한 입법형성권을 넘어선 것이라고 볼 수 없다.

◈ 헌재 2012.2.23. 2010헌바485 결정[262] 【7(합헌):1(위헌)-합헌】

이 사건 법률조항[263]은 선거비용을 보전함에 있어 공직선거법 규정을 위반한 사람들에게 일부의 제한을 가하겠다는 것인바, 후보자로서는 선거법규를 준수함으로써 이러한 부담을 얼마든지 피할 수 있으므로 그 내용 자체가 선거공영제의 취지에 반한다고 할 수 없고, 형사처벌의 대상으로 삼을 정도의 중대한 위법은 아니라고 하더라도 선거법규를 철저히 준수하도록 하기 위하여 이를 준수하지 않은 사람에게 일정한 정도의 불이익을 가하는 것이 필요하다는 입법자의 판단이 정당하지 않다고 할 수 없으며, 당해 위법사유가 있는 선거운동에 지출된 비용만을 보전하지 않음으로써 입법목적[264]을 달성하기 위한 필요최소한 정도의 기준을 설정하였다고 볼 수 있으므로 이를 선거공영제에 관한 입법형성권을 벗어난 자의적인 것이라고 할 수 없다.

---

260) 헌재 2011.4.28. 2010헌바232 결정 ; 헌재 2012.2.23. 2010헌바485 결정.

261) 선거범죄로 당선이 무효로 된 자에게 이미 반환받은 기탁금과 보전받은 선거비용을 다시 반환하도록 한 구 공직선거법(2005.8.4. 법률 제7681호로 개정되고, 2010.1.25. 법률 제9974호로 개정되기 전의 것) 제265조의2 제1항 전문 중 '제264조의 규정에 의하여 당선이 무효로 된 자'에 관한 부분

262) 2018년 6월 법전원 모의시험 공법사례형 헌법문제 〈제1문의 2〉 참조. [재산권 및 평등권 침해여부]

263) 공직선거법에 위반되는 선거운동을 위하여 지출된 비용을 보전대상에서 제외하는 공직선거법(2005.8.4. 법률 제7681호로 개정된 것) 제122조의2 제2항 제3호 중 '이 법에 위반되는 선거운동을 위하여 지출된 비용' 부분

264) "이 사건 법률조항의 입법목적은 비록 형사처벌의 대상으로 될 정도는 아니라서 그보다 상대적으로 경미하다고 볼만한 과태료 부과대상이 되는 공직선거법 위반행위 등의 경우에도 그러한 선거운동에 지출된 비용은 보전해 주지 않는다고 명시함으로써 이를 통하여 **후보자로 하여금 공직선거법의 규정을 철저히 준수하도록 유도**하는 데 있다."

7. 건강보험료와 조세법률주의

국세는 조세의 일종으로서 헌법 제38조에 의거하여 국가가 국민에 대한 각종의 공공서비스를 제공하기 위한 자금을 조달할 목적으로 국민에게 부과하는 금전급부인 반면, 건강보험료는 공단이 건강보험이라는 특수한 사업을 운영하는데 소요되는 관리운영비용과 보험급여를 위한 재정에 충당할 목적으로 가입자들에게 부과하는 것이다. 또한 국세를 비롯하여 조세는 특별한 반대급부 없이 부과되나, 건강보험료는 반대급부인 보험급여의 지급을 전제로 하고 기존의 공과금 체계에 편입할 수 없는 독자적인 성격을 가지고 있는 점에서도 차이가 있다. 그리고 헌법 제59조에서는 "세의 종목과 세율은 법률로 정한다."고 규정하여 조세법률주의를 천명하고 있으나, 조세와 근본적으로 성격을 달리하는 건강보험료에는 조세법률주의가 적용되지 않는다.[265]

8. 지방자치권의 침해여부에 대한 심사기준

헌법 제117조 제1항에 의해 지방자치단체에게 보장된 지방자치권은 절대적인 것이 아니고 법령에 의하여 형성되는 것이므로, 입법자는 지방자치에 관한 사항을 형성하면서 지방자치단체의 지방자치권을 제한할 수 있다. 그러나 법령에 의하여 지방자치단체의 지방자치권을 제한하는 것이 가능하다고 하더라도, 지방자치단체의 존재 자체를 부인하거나 각종 권한을 말살하는 것과 같이 그 제한이 불합리하여 지방자치권의 본질적인 내용을 침해하여서는 아니된다.[266] 따라서 국회의 입법에 의하여 지방자치권이 침해되었는지 여부를 심사함에 있어

---

265) 헌재 2007.4.26. 2005헌바51 : "청구인은 이 사건 법률조항{보수가 지급되지 아니하는 사용자의 표준보수월액의 산정 등에 관하여 필요한 사항은 대통령령으로 정하도록 한 구 국민건강보험법(1999.2.8. 법률 제5854호로 제정되고, 2006.12.30. 법률 제8153호로 개정되기 전의 것) 제63조 제4항 중 '보수가 지급되지 아니하는 사용자의 표준보수월액의 산정'에 관한 부분}이 조세법률주의에 위반된다고 주장하나, 보험료는 특정의 반대급부 없이 금전납부의무를 부담하는 세금과는 달리 반대급부인 보험급여를 전제로 하고 있고, 부과주체가 국가 또는 지방자치단체가 아니며, 그 징수절차가 조세와 다르므로 위 헌법재판소의 결정(헌재 2000.6.29. 99헌마289 결정)에서와 같이 조세법률주의가 적용되지 않는다. 그러나 보험료도 국민의 재산권과 직결되는 사항으로서 구체적이고 확정적인 법률규정에 의하여 부과되어야 하므로, **포괄위임입법금지원칙**과 같은 일반적인 헌법적 기준은 적용된다."

266) 헌재 2001.11.29. 2000헌바78 결정 ; 헌재 2002.10.31. 2002헌라2 결정.

서는 지방자치권의 본질적 내용이 침해되었는지 여부만을 심사하면 족하고, 기본권침해를 심사하는 데 적용되는 과잉금지원칙이나 평등원칙 등을 적용할 것은 아니다.[267)]

267) 헌재 2010.10.28. 2007헌라4 결정.

제3장

사례문제 및 해설

제1절 기본권편

제2절 헌법소송편

제3절 종합편

이 장에서는 헌법사례문제를 기본권편, 헌법소송편, 종합편으로 나누어 살펴본다. 기본권편에서는 4개의 문제를, 헌법소송편에서는 5개의 문제를, 종합편[1]에서는 6개의 문제를 다루었다. 각각의 문제는 다시 작은 문제들로 구성되어 있는데, 그리하여 기본권편에서는 12개, 헌법소송편에서는 21개, 종합편에서는 22개 등 총 55개의 문제와 해설을 채점기준과 함께 제시하였다.

제1절 기본권편

문제 1

문 1 25점

甲은 관세법위반죄로 기소되어 광주지방법원에서 징역 1년 6월에 집행유예 3년, 추징금 1억원을 선고받았으며 위 판결은 확정되었다. 그 후 법무부장관은 甲이 추징금을 납부하지 않았다는 이유로 출입국관리법 제4조 제1항 제4호(이하 "A조항"이라 한다)에 근거하여 甲에 대하여 출국을 금지하는 처분을 하였다. 이에 甲은 광주지방법원에 위 출국금지처분의 취소를 구하는 소송을 제기하는 한편, A조항이 과잉금지원칙에 위배하여 자신의 기본권을 침해한다고 주장하며 A조항에 대한 위헌법률심판제청을 신청하였고, 법원은 이를 받아들여 헌법재판소에 위헌제청을 하였다. 국가기관(법무부장관)의 입장에서 甲의 주장에 대하여 검토하시오.

※ 참고사항

1. A조항의 입법목적을 "추징금을 미납한 국민이 출국을 이용하여 재산을 해외로 도피하는 방법으로 강제집행을 곤란하게 하는 것을 방지함으로써 추징금에 관한 국가의 형벌권을 실현함"으로 설정함.

---

1) 종합편에는 기본권과 헌법소송 부분은 물론이고, 헌법총론과 국가조직법 부분도 포함되어 있다.

2. 출국업무처리규칙 등 법무부의 출입국 관련 실무는 추징금 미납을 이유로 출국금지처분을 함에 있어서는 '재산의 해외도피 우려'를 중요한 기준으로 삼고 있음. (침해의 최소성 판단에서 기술함)

문 2 25점

일반직 7급 국가공무원인 乙은, 2018.3.26. 23 : 00경 자신의 집에서 인터넷 포털사이트에 있는 자신의 블로그에 '수백만 비정규직 방치, 이대로 좋은가'라는 제목으로 "비정규직 노동자의 생존권을 외면하는 'Y정당'을 반대한다. 비정규직 전면철폐를 추진하는 'Z정당'만이 비정규직 노동자의 생존권을 보장하는 국민을 위한 참된 정당으로서 강추!!! 비정규직 철폐를 결사 반대하는, Y정당 소속 국회의원 홍길동은 있는 자만을 대변하고 부동산투기로 축재한 부패한 정치인이다. 그런 홍길동이 다음 총선에 또 나오기 위해 후보자로 등록한 것은 민주주의의 수치다."라는 글을 게시하였다. 乙의 소속 부서 장관은 乙이 특정 정당을 지지·반대하는 행위를 함으로써 공무원에게 금지된 정치적 행위를 하였다는 이유로 乙에게 견책(譴責)의 징계처분을 하였다. 乙은 동 징계처분의 근거법령인 국가공무원법 제78조 제1항 제1호, 제65조 제4항 및 동법 시행령 제27조 제1항 제2호, 제2항 제3호(이하 이들을 "B조항"이라고 한다)가 과잉금지원칙에 위배하여 헌법상 보장된 정치적 표현의 자유를 침해한다고 주장한다. 乙의 주장을 뒷받침하는 논거를 제시하시오.

문 3 35점

丙은 ○○시에서 ○○건어물을 경영하는 사람인데, 2018.3.경 ○○방송국에 ○○건어물의 방송광고를 청약하였으나 위 방송국으로부터 방송법 제32조, 방송법 시행령 제21조의2 등에 의한 사전심의를 받지 않았다는 이유로 방송청약을 거절당하였다. 丙은 위 방송법령, 방송광고심의에 관한 규정(이하 "심의규정"이라 한다), 한국광고자율기구정관(이하 "정관"이라 한다), 방송위원회와 한국광고자율기구 사이에 체결된 업무위탁계약서(이하 "계약서"라 한다) 등의 규정(이하 이들 조항을 "C조항"이라 한다)이 정하고 있는 방송광고 사전심의 제도가 헌법 제21조 제2

항이 규정하고 있는 사전검열금지원칙에 위배된다고 주장한다. 丙의 주장을 뒷받침할 수 있는 논거를 제시하시오.

※ 참고사항

1. 방송법 제103조 제2항, 동법 시행령 제68조 제3항, 심의규정 제53조 제1항에 따른 한국광고자율기구(이하 "자율기구"라 한다)는 우리나라 광고심의업무를 총괄하는 민간기구로 세 개의 광고심의위원회와 광고심의기준위원회로 구성되어 있는데, 이 사건 텔레비전 방송광고의 심의는 제1광고심의위원회(이하 "심의위원회"라 한다)에서 담당함.
2. 위 정관에 따르면, 심의위원회는 위원장 1인과 부위원장 2인을 포함하여 9인 이내의 위원으로 구성되고(제28조 제1항), 1년을 임기로 이사회의 동의를 얻어 회장이 위촉하는데(제29조), 이들을 위촉하고 위촉에 동의권을 행사하는 회장과 이사회 임원은 일정한 요건을 갖춘 자 중 총회에서 선임되며(제13조 제1항 제1호, 제2호), 총회에서 선임된 이들은 문화체육관광부장관의 승인을 받아 취임하도록 되어 있음(제13조 제1항 제3호).
3. 위 계약서에 따르면, 방송위원회는 위탁업무에 대해 심의기구를 지휘·감독하고, 필요한 경우 위탁업무와 관련된 지시 및 조치를 할 수 있으며, 위탁업무 처리가 위법 또는 부당한 경우 그 처분을 취소하거나 정지시킬 수 있고(제7조), 방송위원회는 위탁업무의 원활한 수행을 위하여 위탁계약기간 동안에 필요한 비용의 전부 또는 일부를 심의기구에 지원할 수 있는데(제8조), 실제 자율기구의 운영비나 사무실 유지비, 인건비 등은 방송위원회가 비용을 지급하고 있음.

문 4 15점

2018년 6월 실시될 지방선거를 위하여, 丁은 지체장애 1급 장애인으로서 광주광역시 북구에서 ○○당 소속 구청장으로 후보자등록을 한 후 선거운동을 시작하였다. 丁은, 선거운동 시 공직선거법에서 규정한 것 이외의 인쇄물 또는 녹음·녹화테이프 등을 사용하는 것을 금지하고, 후보자 또는 배우자가 중증장애인인 경우 활동보조인에 관한 규정을 두지 아니한 동법 제93조 제1항(이하 “D조항”이라 한다)이 헌법상 기본권인 평등권을 침해한다고 주장하면서 D조항에 대하여 헌법소원심판을 청구하였다. 이 사안을 검토하는 헌법재판소 헌법연구관의 입장에서, 평등권 심사에서의 “심사기준”에 대하여 아래의 순서에 따른 검토보고서를 작성하시오.

Ⅰ. 평등권심사의 의미 (3점)

Ⅱ. 평등권 침해여부의 심사기준 (4점)

Ⅲ. 사안의 경우 (8점)

1. 완화된 심사기준(자의금지심사)을 택해야 한다고 보는 논거 - 4점
2. 엄격한 심사기준(비례원칙심사)을 택해야 한다고 보는 논거 - 4점

(※ 결론은 기재하지 아니함)

관련규정

「출입국관리법」 제4조(출국의 금지) ① 법무부장관은 다음 각호의 1에 해당하는 국민에 대하여는 출국을 금지할 수 있다.

4. 5천만원 이상의 벌금 또는 추징금을 납부하지 아니한 자

국가공무원법 제65조(정치운동의 금지) ④ 제1항 내지 제3항 외에 정치적 행위의 금지에 관한 한계는 대통령령으로 정한다.

제78조(징계사유) ① 공무원이 다음 각호의 어느 하나에 해당하면 징계의결을 요구하여야 하고, 그 징계의결의 결과에 따라 징계처분을 하여야 한다.

1. 이 법 및 이 법에 따른 명령을 위반한 경우

국가공무원법 시행령 제27조(정치적 행위) ① 법 제65조의 정치적 행위는 다음 각 호의 어느 하나에 해당하는 정치적 목적을 가진 것을 말한다.

2. 특정 정당 또는 정치단체를 지지하거나 반대하는 것

② 제1항에 규정된 정치적 행위의 한계는 제1항에 따른 정치적 목적을 가지고 다음 각 호의 어느 하나에 해당하는 행위를 하는 것을 말한다.

3. 특정 정당 또는 정치단체를 지지 또는 반대하거나 공직선거에서 특정 후보자를 지지 또는 반대하는 의견을 집회나 그 밖에 여럿이 모인 장소에서 발표하거나 문서·도서·신문 또는 그 밖의 간행물에 싣거나 인터넷포털 사이트의 게시판, 대화방, 블로그 등에 게시하는 행위

「방송법」 제32조(방송의 공정성 및 공공성 심의) ① 방송위원회는 방송·중계유선방송 및 전광판방송의 내용과 기타 전기통신회선을 통하여 공개를 목적으로 유통되는 정보 중 방송과 유사한 것으로서 대통령령이 정하는 정보의 내용이 공정성과 공공성을 유지하고 있는지의 여부와 공적 책임을 준수하고 있는지의 여부를 방송 또는 유통된 후 심의·의결한다. 이 경우 매체별·채널별 특성을 고려하여야 한다.

② 방송위원회는 제1항의 규정에 불구하고 대통령령이 정하는 방송광고에 대하여는 방송되기 전에 그 내용을 심의하여 방송여부를 심의·의결할 수 있다.

③ 방송사업자는 제2항의 규정에 의한 방송광고에 대해서 방송위원회의 심의·의결의 내용과 다르게 방송하거나 심의·의결을 받지 않은 방송광고를 방송하여서는 아니된다.

제33조(심의규정) ① 방송위원회는 방송의 공정성 및 공공성을 심의하기 위하여 방송심의에 관한 규정(이하 "심의규정"이라 한다)을 제정·공표하여야 한다.

② 제1항의 심의규정에는 다음 각호의 사항이 포함되어야 한다.(각호 생략)

제103조(권한의 위임·위탁) ② 방송위원회는 제32조 제2항의 규정에 의한 방송광고물의 사전심의에 관련된 업무를 대통령령이 정하는 바에 의하여 민간기구·단체에 위탁한다.

제108조(과태료) ① 다음 각호의 1에 해당하는 자는 3천만원 이하의 과태료에 처한다.

3. 제32조 제3항의 규정을 위반한 자

「방송법 시행령」 제21조의2(사전심의 대상 방송광고) 법 제32조 제2항에서 "대통령령이 정하는 방송광고"라 함은 방송사업자가 행하는 텔레비전방송광고·라디오방송광고 및 데이터방송광고(동영상 및 음성이 포함된 방송광고에 한한다)로서 다음 각 호의 방송광고를 제외한 방송광고를 말한다. (각호 생략)

제68조(권한의 위임·위탁) ③ 방송위원회는 법 제103조 제2항의 규정에 의하여 방송광고물의 사전심의에 관련된 업무를 민간기구·단체에 위탁하고자 하는 경우

에는 문화체육관광부장관과 협의하여 위탁하고자 하는 기구 또는 단체를 정하여 이를 고시하여야 한다. 이 경우 당해 기구 또는 단체의 방송·광고업계에 있어서의 대표성과 수탁능력을 고려하여야 한다.

「방송심의에 관한 규정」 제44조 ① 방송광고물의 심의를 받고자 하는 자는 심의신청서 2부에 방송광고물 및 관련 증빙자료를 첨부하여 방송위원회에 제출하여야 한다.

제53조 ① 방송위원회는 방송법 제103조 제2항 및 동법시행령 제68조 제3항의 규정에 의하여 방송광고물의 사전심의와 관련된 업무를 민간기구·단체(이하 "수탁기관"이라 한다)에 위탁한다. 이 경우 수탁기관은 신청인과의 관계에 있어 방송위원회로 본다.

「공직선거법」 제93조(탈법방법에 의한 문서·도화의 배부·게시 등 금지) ① 누구든지 선거일 전 180일부터 선거일까지 선거에 영향을 미치게 하기 위하여 이 법의 규정에 의하지 아니하고는 정당 또는 후보자를 지지·추천하거나 반대하는 내용이 포함되어 있거나 정당의 명칭 또는 후보자의 성명을 나타내는 광고, 인사장, 벽보, 사진, 문서·도화 인쇄물이나 녹음·녹화테이프 기타 이와 유사한 것을 배부·첩부·살포·상영 또는 게시할 수 없다. (단서 생략)

해설 및 채점기준

문 1[2) 25점

Ⅰ. 서론 (쟁점의 정리) [2점]

이 사례에서는 5천만원 이상의 벌금 또는 추징금을 납부하지 아니한 자에 대하여 법무부장관이 출금금지처분을 할 수 있도록 규정한 A조항이 과잉금지원칙에 위배하여 甲의 거주이전의 자유를 침해하는지 여부가 문제된다.

Ⅱ. 제한되는 기본권 [5점]

1. 거주이전의 자유의 의의 및 보호영역 (3점)

헌법 제14조가 규정하는 거주이전의 자유는 국가의 간섭 없이 자유롭게 거주

2) 이 문제와 채점기준은 헌재 2004.10.28. 2003헌가18 결정을 기초로 구성되었음.

와 체류지를 정할 수 있는 자유로서 정치·경제·사회·문화 등 모든 생활영역에서 개성신장을 촉진함으로써 헌법상 보장되고 있는 다른 기본권들의 실효성을 증대시켜 주는 기능을 한다. 구체적으로는 ① 국내에서 체류지와 거주지를 자유롭게 정할 수 있는 자유뿐만 아니라, 나아가 ② 국외에서 체류지와 거주지를 자유롭게 정할 수 있는 '해외여행 및 해외 이주의 자유'를 포함하고, 덧붙여 ③ 대한민국의 국적을 이탈할 수 있는 '국적변경의 자유' 등도 그 내용에 포함된다. 해외여행 및 해외이주의 자유는 필연적으로 외국에서 체류 또는 거주하기 위해서 대한민국을 떠날 수 있는 "출국의 자유"와 외국체류 또는 거주를 중단하고 다시 대한민국으로 돌아올 수 있는 '입국의 자유'를 포함한다.

2. A조항에 의하여 제한되는 기본권 및 위헌심사기준 (2점)

A조항은 일정금액 이상의 추징금을 납부하지 아니한 자에게 법무부장관이 출국을 금지할 수 있도록 함으로써 헌법 제14조 거주이전의 자유 중 출국의 자유를 제한하고 있다. 그러므로 헌법 제37조 제2항에서 규정하는 과잉금지원칙에 의하여 기본권제한의 헌법적 정당성 여부를 평가해야 한다.

Ⅲ. 과잉금지원칙 위배여부 [16점]

국가작용 중 특히 입법작용에 있어서의 과잉입법금지의 원칙이라 함은 국가가 국민의 기본권을 제한하는 내용의 입법활동을 함에 있어서 준수하여야 할 기본원칙 내지 입법활동의 한계를 의미한다. - ①

1. 목적의 정당성 (3점)

목적의 정당성이란 국민의 기본권을 제한하려는 입법의 목적이 헌법 및 법률의 체제상 그 정당성이 인정되어야 한다는 것을 말한다. - ①

A조항은 추징금을 미납한 국민이 출국을 이용하여 재산을 해외로 도피하는 방법으로 강제집행을 곤란하게 하는 것을 방지함으로써 추징금에 관한 국가의 형벌권을 실현하고자 하는 것에 그 목적이 있으므로 그 정당성이 인정된다. - ②

2. 방법의 적절성 (3점)

방법의 적절성(수단의 적합성)이란 위 목적의 달성을 위하여 그 방법이 효과

적이고 적절하여야 한다는 것을 말하며 최선의 방법일 것을 요하지 아니한다. - ①

A조항이 국가가 고액의 추징금 미납자에게 출국금지처분을 하는 것은 적어도 국가가 추징금에 관한 형벌권을 실현하는 목적을 달성하는데 적합한 하나의 수단이 될 수 있다. - ②

3. 침해(피해)의 최소성 (6점)

침해의 최소성(최소침해성)이란 입법권자가 선택한 기본권제한의 조치가 입법목적 달성을 위하여 설사 적절하다 할지라도 보다 완화된 형태나 방법을 모색함으로써 기본권의 제한은 필요한 최소한도에 그치도록 하여야 한다는 것을 말한다. - ②

A조항은 출국금지의 대상이 되는 추징금을 5,000만원 이상으로 규정하여 비교적 고액의 추징금 미납자에 대하여서만 출국의 자유를 제한할 수 있도록 하고 있으며(- ①), A조항을 법무부의 출입국관리 실무관행(출국금지업무처리규칙 등)과 유기적으로 결합하여 살피면, 일정한 액수의 추징금 미납사실 외에 '재산의 해외도피 우려'라는 국가형벌권실현의 목적에 부합하는 요건을 추가적으로 요구함으로써 출국과 관련된 기본권의 제한을 최소한에 그치도록 배려하고 있다. - ②

A조항에 의한 제한조치 이외에 덜 제한적인 조치를 찾을 수도 없다. - ①

4. 법익의 균형성 (3점)

법익의 균형성이란 기본권을 제한하는 입법에 의하여 보호하려는 공익과 침해되는 사익을 비교형량할 때 보호하려는 공익이 더 커야 한다는 것을 말한다. - ①

A조항을 통하여 추징금을 납부하지 않는 자에 대한 출국금지로 국가형벌권 실현을 확보하고자 하는 국가의 이익(公益)은 형벌집행을 회피하고 재산을 국외로 도피시키려는 자가 받게 되는 출국금지, 즉 거주이전의 자유제한의 불이익(私益)에 비하여 현저히 크다고 할 것이다. - ②

Ⅳ. 결론 [2점]

A조항은 과잉금지원칙에 위배하여 甲의 거주이전의 자유를 침해하지 않는다.

문 2[3] 25점

Ⅰ. 서론 (쟁점의 정리) [2점]

사안에서는 제한되는 기본권으로 "정치적 표현의 자유"를, 그 위헌심사기준으로 "과잉금지원칙"을 제시하였다. 그러므로 B조항이 과잉금지원칙에 위배하여 일반직 7급 국가공무원인 乙의 정치적 표현의 자유를 침해하는지 여부가 문제된다.

Ⅱ. 정치적 표현의 자유와 공무원의 정치적 중립성 [6점]

1. 정치적 표현의 자유 (3점)

헌법 제21조는 언론·출판의 자유, 즉 표현의 자유를 규정하고 있는데 이 자유는 전통적으로는 사상 또는 의견의 자유로운 표명(발표)과 그것을 전파(전달)할 자유를 의미하는 것으로서, 특히 정치적 표현의 자유는 개인이 인간으로서의 존엄과 가치를 유지하고 행복을 추구하며 국민주권을 실현하는 데 필수불가결한 것으로 오늘날 민주국가에서 국민이 갖는 가장 중요한 기본권 중의 하나이다.[4] - ②

그리고 의사표현 또는 전파의 매개체에 대하여는 제한이 없으므로, 乙이 인터넷포털사이트에 있는 자신의 블로그에 사안과 같은 글을 올린 것은 정치적 표현의 자유의 보호영역에 속한다. - ①

2. 공무원의 정치적 중립성과 기본권제한의 한계 (3점)

공무원은 국민전체의 봉사자라는 지위에 있으며 그에 따라 정치적 중립성이 요청된다(헌법 제7조 제1항, 제2항). 그런데 공무원은 공직자인 동시에 국민의 한 사람이기도 하므로, 공무원은 공인으로서의 지위와 사인으로서의 지위, 국민전체에 대한 봉사자로서의 지위와 기본권을 향유하는 기본권주체로서의 지위라는 이중적 지위를 가진다. 따라서 공무원의 신분과 지위의 특수성상 공무원에 대해서는 일반 국민에 비해 보다 넓고 강한 기본권 제한이 가능하지만, 공무원이라고 하여 기본권이

3) 이 문제와 채점기준은 2012년 제1회 변호사시험 공법사례형 <제1문>을 기초로 구성되었음.
4) 헌재 1992.2.25. 89헌가104 결정 ; 헌재 2010.7.29. 2006헌바75 결정 참조.

무시되거나 경시되어서는 안 된다.[5] - ②

따라서 사안에서 공무원의 정치적 표현의 자유를 제한하고 있는 B조항에 대하여는 헌법 제37조 제2항이 규정하고 있는바 과잉금지원칙이 적용되어야 한다. - ①

Ⅲ. 과잉금지원칙 위배여부 [15점]

1. 과잉금지원칙의 의의 (1점)

국가작용 중 특히 입법작용에 있어서의 과잉입법금지의 원칙이라 함은 국가가 국민의 기본권을 제한하는 내용의 입법활동을 함에 있어서 준수하여야 할 기본원칙 내지 입법활동의 한계를 의미한다.

2. 구체적 적용 (14점)

가. 목적의 정당성 〈3〉

목적의 정당성이란 국민의 기본권을 제한하려는 입법의 목적이 헌법 및 법률의 체제상 그 정당성이 인정되어야 한다는 요건을 말한다. - ①

사안에서 B조항은 인터넷 포털사이트 등에 정치적인 의사를 나타내는 글을 게시하는 행위를 금지함으로써 헌법 제7조가 요구하는 공무원의 정치적 중립성의 요청을 달성하고자 하는 것이므로 그 목적의 정당성은 인정된다. - ②

나. 수단의 적합성 〈3〉

수단의 적합성이란 기본권을 제한하려는 입법목적의 달성을 위하여 그 방법이 효과적이고 적절하여야 한다는 원칙을 말하며, 다만 최선의 방법임을 요하는 것은 아니다. - ①

사안에서 B조항은 공무원의 일정한 행위를 정치적 행위로 보아 이를 금지하고 이에 위반하는 자를 징계처분할 수 있도록 한 것으로서, 이를 통해 공무원의 정치적 중립성이라는 입법목적의 달성을 위하여 적절한 수단이라고 할 것이다. - ②

5) 헌재 2012.3.29. 2010헌마97 결정 참조.

다. 침해의 최소성 〈5〉

침해의 최소성이란 입법권자가 선택한 기본권제한의 조치가 입법목적달성을 위하여 설사 적절하다 할지라도 보다 완화된 형태나 방법을 모색함으로써 기본권의 제한은 필요한 최소한도에 그치도록 하여야 한다는 원칙을 말한다. - ①

사안에서 '공무원'의 일정한 정치적 행위를 금지하여 공무원의 정치적 중립성을 확보하고자 함에 있어서는 공무원도 국민의 한 사람으로서 기본권인 정치적 표현의 자유를 가진다는 점에 비추어, 예를 들어 근무시간에 또는 공무원신분을 밝히고 정치적 의사를 인터넷 포털사이트에 게시하는 행위만을 금지함으로써 충분히 달성될 수 있음에도 불구하고 근무시간이 끝난 후 집에서, 공무원신분을 밝히지 아니하고 국민의 한 사람으로서 의견을 밝힌 경우에도 일률적으로 징계처분을 하도록 규정함으로써 침해의 최소성 원칙을 위배하였다. [직급에 따른 일부 허용 논증도 가능. 예를 들어, 정책결정에 일정한 영향을 미칠 수 있는 5급이상 공무원만 정치적 의사표현행위를 금지하고 6급이하 공무원에게는 이를 허용하는 방안 등] - ④

라. 법익의 균형성 〈3〉

법익의 균형성이란 그 입법에 의하여 보호하려는 공익과 침해되는 사익을 비교형량할 때 보호되는 공익이 더 커야 한다는 원칙을 말한다. - ①

사안에서 B조항이 보호하려는 공익인 공무원의 정치적 중립성의 요청에 비하여 어떠한 예외도 인정하지 아니하고 무차별적으로 국민의 한 사람인 공무원의 정치적 의사표현의 자유를 금지함으로써 제한되는 공무원인 개인의 기본권침해가 더 크다고 할 수 있으므로, B조항은 법익의 균형성 원칙도 위배하였다. - ②

Ⅳ. 결론 [2점]

앞에서 살펴본 바와 같이 B조항은 과잉금지원칙에 위배하여 乙의 정치적 표현의 자유를 침해하므로 헌법에 위반된다.

문 3[6] 35점

Ⅰ. 서론 [3점]

헌법 제21조 제1항은 언론·출판의 자유를 규정하고 있는데, 언론·출판의 자유의 내용 중 의사표현·전파의 자유에 있어서 의사표현 또는 전파의 매개체는 어떠한 형태이건 가능하며 그 제한이 없으므로, 담화·연설·토론·연극·방송·음악·영화·가요 등과 문서·소설·시가·도화·사진·조각·서화 등 모든 형상의 의사표현 또는 의사전파의 매개체를 포함한다.[7] - ② 따라서 사안에서 문제가 되고 있는 방송광고(상업광고)도 헌법 제21조 제2항이 규정하고 있는 사전검열금지원칙의 보호대상이 된다. - ① [자율기구의 행정기구성 여부 문제제기도 가능]

Ⅱ. 사전검열금지원칙의 의의 및 요건 [10점]

1. 사전검열금지원칙의 의의 (5점)

헌법 제21조 제2항은 언론·출판에 대한 허가나 검열은 인정되지 아니한다고 규정하고 있는바, 여기서 말하는 검열은 그 명칭이나 형식과 관계없이 실질적으로 행정권이 주체가 되어 사상이나 의견 등이 발표되기 이전에 예방적 조치로서 그 내용을 심사·선별하여 발표를 사전에 억제하는, 즉 허가받지 아니한 것의 발표를 금지하는 제도를 뜻하고 이러한 사전검열은 법률에 의하더라도 불가능하다. - ②

헌법 제21조 제2항이 언론·출판에 대한 사전검열금지를 규정한 이유는, ⅰ) 언론·출판의 자유가 자유민주주의의 존립과 발전에 필수불가결한 중요한 기본권일 뿐만 아니라, 사전검열이 허용될 경우에는 ⅱ) 국민의 예술활동의 독창성과 창의성을 침해하여 정신생활에 미치는 위험이 클 뿐만 아니라, ⅲ) 행정기관이 집권자에게 불리한 내용의 표현을 사전에 억제함으로써 이른바 관제의견이나 지배자에게 무해한 여론만을 허용하는 결과를 초래할 염려가 있기 때문에 절대적으로 금지되는 것이다.[8] - ③

---

6) 이 문제와 채점기준은 헌재 2008.6.26. 2005헌마506 결정을 참조하여 구성되었음.

7) 헌재 1993.5.13. 91헌바17 결정 ; 헌재 1996.10.4. 93헌가13등 결정 ; 헌재 2001.8.30. 2000헌가9 ; 헌재 2009.5.28. 2006헌바109등 결정 참조.

2. 사전검열의 요건 (5점)

사전검열금지원칙은 모든 형태의 사전적 규제를 금지하는 것은 아니고 의사표현의 발표여부가 오로지 행정권의 허가에 달려 있는 사전심사만을 금지하는데, 헌법재판소는 헌법 제21조 제2항이 금지하는 사전검열로 인정되기 위하여는 첫째, 허가를 받기 위한 표현물의 제출의무의 존재, 둘째, 행정권이 주체가 된 사전심사절차의 존재, 셋째, 허가를 받지 아니한 의사표현의 금지, 넷째, 심사절차를 관철할 수 있는 강제수단의 존재 등 4가지 요건을 요구함으로써 절대적 사전검열금지원칙을 제한적으로 적용해 왔다.[9] 이하에서는 이 사건 조항이 이들 요건에 해당하는지 여부를 살펴본다.

Ⅲ. 사안에의 적용 [20점]

1. 첫째 요건 (3점)

방송법 제32조 제1항, 제2항 및 동법 시행령 제21조의2의 규정에 의하면, 텔레비전 방송광고를 하고자 하는 자는 방송국에 이에 대한 청약을 하기 전에 먼저 방송위원회로부터 사전심의를 받도록 하고 있다. 그리고 심의규정 제44조 제1항은 방송광고물의 심의를 받고자 하는 자는 심의신청서 2부에 방송광고물 및 관련 증빙자료를 첨부하여 위원회에 제출하도록 하고 있다. 이와 같은 것은 사전검열의 요건 중 일반적으로 허가를 받기 위한 표현물의 제출의무를 부과한 것이라 볼 수 있다.

2. 둘째 요건 (11점)

방송법 제103조 제2항의 규정에 따라 텔레비전 방송광고의 사전심의는 실제 방송위원회가 행하지 않고 방송위원회로부터 위탁을 받은 자율기구가 행하고 있는데, 이러한 형태의 방송광고 사전심의가 행정기관이 주체된 사전검열에 해당하는지를 본다. - ①

---

8) 헌재 1996.10.4. 93헌가13등 결정 ; 헌재 2008.6.26. 2005헌마506 결정 등 참조.

9) 헌재 2010.7.29. 2006헌바75 결정 참조.

가. 자율기구의 구성에 행정권이 개입하고 있는지 여부

텔레비전 방송광고의 사전심의를 담당하는 자율기구의 심의위원회는 위원장 1인과 부위원장 2인을 포함하여 9인 이내의 위원으로 구성되고(정관 제28조 제1항), 1년을 임기로 이사회의 동의를 얻어 회장이 위촉하는데(정관 제29조), 이들을 위촉하고 위촉에 동의권을 행사하는 회장과 이사회 임원은 일정한 요건을 갖춘 자 중 총회에서 선임되며(정관 제13조 제1항 제1호, 제2호), 총회에서 선임된 이들은 문화체육관광부장관의 승인을 받아 취임하도록 되어 있다(정관 제13조 제1항 제3호). 이와 같이 광고심의위원의 선임에 관여하는 회장과 이사의 선임에 문화체육관광부장관의 승인을 요하도록 하는 것은 심의위원회 위원 선임에 있어 민간에게 완전한 자율을 보장한 것이라 볼 수 없으며, 심의기구 구성에 행정권이 개입하고 있는 것이라 할 수 있다. - ③

나. 위탁받은 업무에 관하여 행정권의 지휘·감독이 있는지 여부

자율기구는 행정주체인 방송위원회로부터 위탁을 받아 방송광고의 사전심의라는 공무를 수행하고 있으므로 행정법상 공무수탁사인에 해당한다. 공무수탁사인은 자신의 책임하에 자신의 명의로 권한을 행사하고, 그 법적 효과의 귀속주체가 되지만, 국가는 공무수탁사인에 대하여 위임사무 처리에 대하여 지휘·감독권을 가지고 있다(계약서 제7조 참조). 이러한 경우 행정주체는 사인이 아니라 바로 그에게 공권력을 수여한 국가 또는 공공단체 자신이라 할 것이며, 공무수탁사인의 공권력 행사는 국가가 행하는 것과 법적 효과 측면에서 전혀 다르지 않다(심의규정 제53조 제1항 참조). 결국 자율기구가 그 방송광고 사전심의에 관한 위탁 업무를 처리함에 있어 방송위원회로부터 관리·감독을 받고 있는 이상, 이 기구의 성격을 방송위원회와 달리 취급할 이유는 없을 것이다. - ③

다. 행정권이 심의기준의 제정·개정권이 있는지 여부

방송위원회는 방송법상 방송광고의 심의기준을 제정·개정할 권한을 가지고 있으므로(방송법 제33조), 방송위원회는 심의규정을 개정함으로써 언제든지 자신이 원하는 대로 자율기구의 심의내용을 원격 조정할 수 있다. 즉, 국가는 심의규정을 통해 자신이 선호하는 내용의 방송광고만을 내보낼 수 있게 될 것이며, 이것은 소비자 또는 시청자를 보호한다는 명분으로 방송광고에서 국가의 의견을 관철시키는 결과를 낳을 것이다. 그러므로 방송광고의 사전심의를 방송위원회가 아닌 자율기구가 행한다고 하더라도 그 실질은 방송위원회가 행하는 것과 달리 볼 바 아니다. - ②

라. 행정권이 자율기구의 운영비 등 재정지원을 하고 있는지 여부

계약서 제8조는, 방송위원회는 위탁업무의 원활한 수행을 위하여 위탁계약기간 동안에 필요한 비용의 전부 또는 일부를 심의기구에 지원할 수 있다고 규정하고 있고, 실제 자율기구의 운영비나 사무실 유지비, 인건비 등은 방송위원회가 비용을 지급하고 있다. 이와 같이 자율기구의 운영비용을 방송위원회에 의존하고 있는 상황에서는 그 영향력에서 완전히 벗어나 독립적이고 자율적으로 사전심의를 하고 있다고 보기 어렵다. - ②

마. 소결

이상 살펴본 바와 같이 방송광고 사전심의에 있어서 자율기구의 행정기관성을 부인하기 어렵다. - ①

3. 셋째 요건 (3점)

방송법 제32조 제3항은 "방송사업자는 방송광고에 대해서 방송위원회의 심의·의결의 내용과 다르게 방송하거나 심의·의결을 받지 않은 방송광고를 방송하여서는 안된다."고 규정하고 있다. 이는 광고주가 사전심의를 받지 않은 방송광고를 청약하는 경우에는 방송할 수 없도록 하는 것으로서 허가받지 않은 의사표현을 금지하는 것에 해당한다.

4. 넷째 요건 (3점)

방송법 제108조 제1항 제3호는, 방송사업자가 사전심의를 받지 않은 광고물이나 사전심의 내용과 다른 광고물을 방송하는 경우 과태료 3,000만원 이하에 처하도록 하여 방송사업자가 사전심의를 받지 않은 방송광고의 청약을 거절하도록 함으로써 광고주가 사전심의를 받을 수밖에 없도록 강제하고 있다. 위와 같은 과태료 처분은 사전심의절차를 관철시키기 위한 강제수단에 해당한다.

Ⅳ. 결론 [2점]

이상에서 본 바와 같이 방송광고 사전심의는 자율기구가 담당하고 있지만 그 실질은 방송위원회가 위탁이라는 방법으로 그 업무의 범위를 확장하고 있는 것에 지나지 않는다 할 것이고, 따라서 C조항이 정하고 있는 자율기구의 방송광고 사전심의는 행정기관에 의한 사전검열로서 헌법 제21조 제2항이 금지하는 사전검열에 해당한다.

문 4[10] 15점

Ⅰ. 평등권심사의 의미 [3점]

헌법 제11조가 규정하는 평등권(평등원칙)은 본질적으로 같은 것은 같게, 본질적으로 다른 것은 다르게 취급할 것을 요구한다(상대적 평등). 따라서 평등원칙은 입법자에게 본질적으로 같은 것을 자의적으로 다르게, 본질적으로 다른 것을 자의적으로 같게 취급하는 것을 금하고 있다. - ①

평등권 침해여부의 심사는 첫째, 비교집단 간에 본질적으로 동일한 것을 다르게 취급하고 있는가 또는 본질적으로 다른 것을 같게 취급하고 있는가 하는 차별취급 여부의 확인과, 둘째, 이러한 차별취급이 자의적인가를 판단하는 두 단계로 이루어진다. - ②

Ⅱ. 평등권 침해여부의 심사기준 [4점]

평등권침해(평등원칙위반)의 여부를 심사함에 있어 엄격한 심사척도에 의할 것인지, 완화된 심사척도에 의할 것인지는 입법자에게 인정되는 입법형성권의 정도에 따라 달라지는데, 원칙적으로는 자의금지심사 즉 완화된 심사가 적용된다. - ①

그러나, 예외적으로 1) 헌법이 스스로 차별의 근거로 삼아서는 아니 되는 기준을 제시하거나 차별을 특히 금지하고 있는 영역을 제시하고 있다면(예컨대 (제32조 제4항),[11] (제36조 제1항)[12]) 그러한 기준을 근거로 한 차별이나 그러한 영역에서의 차별

---

10) 이 문제와 채점기준은 헌재 2009.2.26. 2006헌마626 결정을 참조하여 구성되었음.

11) 헌재 1999.12.23. 98헌마363 (제대군인 가산점) 결정 참조.

에 대하여 엄격하게 심사하는 것이 정당화되고, 또한 2) 차별적 취급으로 인하여 관련 기본권에 대한 중대한 제한을 초래하게 된다면 입법형성권은 축소되어 보다 엄격한 심사척도가 적용된다.[13] - ②

엄격한 심사척도가 적용된다는 것은 자의금지원칙에 따른 심사, 즉 합리적 이유의 유무를 심사하는 것에 그치지 아니하고 비례성원칙에 따른 심사, 즉 차별취급의 목적과 수단 간에 엄격한 비례관계가 성립하는지를 기준으로 한 심사를 행함을 의미한다.[14] 구체적으로는 차별목적의 정당성, 차별취급의 적합성, 차별취급의 불가피성 또는 필요성, 법익균형성이 인정되는지를 기준으로 평등권 침해 여부 심사를 행한다. - ①

Ⅲ. 사안의 경우 [8점]

1. 완화된 심사기준을 택해야 한다고 보는 논거 (4점)

헌법 제11조 제1항에서는 "모든 국민은 법 앞에 평등하다."고 선언하면서, 이어서 "누구든지 성별·종교 또는 사회적 신분에 의하여 정치적·경제적·사회적·문화적 생활의 모든 영역에 있어서 차별을 받지 아니한다."고 하여 차별금지영역을 규정하고 있다. 장애가 있다고 하여 불합리하게 차별받아서는 안 된다는 것은 당연한 원칙이지만, 헌법이 '장애인'을 차별금지영역으로 정하였다고 보기는 어렵다. 헌법 제34조 제5항에서 신체장애자 등은 법률이 정하는 바에 의하여 국가의 보호를 받는다고 선언하고 있지만, 이는 국가가 장애자 등 스스로 생계와 생활을 유지할 수 없는 사회적 약자에 대하여 생존의 최소한의 수준에서 보호하여야 한다는 취지이고, 장애인과 비장애인 간에 동등한 취급을 규정한 것은 아니다. - ②

또한, D조항이 중증장애인 후보자에 대하여만 특정한 선거운동방법을 금지·제한하는 내용이 아니라, 중증장애인 후보자와 비장애인 후보자를 '동등하게' 취급하였다는 점이 결과적으로는 불평등을 초래하였다는 것이므로, D조항으로 인하여 관련 기본권인 참정권에 대한 중대한 제한을 초래한 것으로 볼 수는 없다.

---

12) 헌재 2002.8.29. 2001헌바82 (부부자산소득 합산과세) 결정 참조.

13) 헌재 1999.12.23. 98헌마363 결정 참조.

14) 헌재 1999.12.23. 98헌바33 결정 ; 헌재 2009.2.26. 2006헌마626 결정 등 참조.

따라서 이 사건에서의 평등심사는 완화된 기준에 의하여야 한다. - ②

2. 엄격한 심사기준을 택해야 한다고 보는 논거 (4점)

헌법은 제34조 제5항에서 신체장애자에 대하여는 국가의 특별한 보호를 받도록 규정함으로써 신체장애인과 비장애인 사이에 실질적 불평등이 이루어지지 않도록 노력하고 있다. 그럼에도 불구하고 장애인이 우리 사회에서 사회·경제적 소수자이자 약자로 지내왔음은 부정할 수 없고 이러한 불평등과 차별은 그들이 정치적 의사결정 과정에서 소외되고 무시됨으로써 더욱 공고해져 왔다. 즉, 이러한 정치적 의사결정 과정에서의 배제는 그들에 대한 교육 및 직업생활에서의 차별, 교통 및 건물 이용을 비롯한 생활환경상의 차별 등을 시정할 수 있는 통로를 차단하였으며, 이러한 기본적 사회적 인프라의 불평등은 다시 그들이 정상적인 교육과 사회환경 속에 성장하여 정치적 의사결정에 적극적으로 참여할 수 있는 길을 막는 악순환으로 이어졌다. - ②

따라서 참정권의 중요성과 장애인 보호의 헌법취지를 고려할 때, D조항은 선거운동에 결정적으로 불리한 위치에 있는 장애인을 일반인과 동일한 조건하에 선거운동을 하도록 강제함으로써 이러한 장애인의 참정권행사에 중대한 제약을 가하고 있다고 할 것이므로 이에 대해서는 엄격한 기준, 즉 비례심사가 적용되어야 한다. - ②

문제 2

문 1 40점

甲은 2018.5.7. 서울 동대문구 ○○동 ○○, ○○호에서 직업적 성판매자인 甲'(여, 23세)에게 10만원을 주고 성교함으로써 성매매를 하였다는 범죄사실로 기소되었다. 甲은 성매수자를 처벌하는 '성매매알선 등 행위의 처벌에 관한 법률'(이하 "성매매처벌법"이라 한다) 제21조 제1항 중 '성매수자' 부분(이하 "A조항"이라 한다)이 자신의 기본권을 침해하여 위헌이라고 주장한다. 甲의 주장을 뒷받침하는 논거를 제시하시오.

문 2 30점

乙은 광주광역시 소재 국립학교인 호남고등학교에 재학 중이다. 호남고등학교장은 乙이 같은 반 급우인 조○○를 학년초부터 지속적으로 괴롭혔다는 이유로 서면사과를 할 것을 명하였으나 乙은 이를 거부하였다. 이에 교장은 '학교폭력 예방 및 대책에 관한 법률'(이하 "학교폭력법"이라 한다) 소정의 절차를 거쳐 동법 제17조 제7항 중 제1항 제9호 부분(이하 "B조항"이라 한다)에 따라 乙에 대하여 퇴학처분을 하였다. 乙과 그의 법정대리인 부(父) 丙은 B조항이 과잉금지원칙에 위배하여 자신들의 기본권을 침해한다고 주장한다. 乙과 丙의 주장을 뒷받침하는 논거를 제시하시오.

문 3 30점

보건복지부장관은 2019.10.1. 그동안의 건강보험 재정악화에 따라 의료급여의 대상이 되는 질환의 범위를 정하는 고시를 국민건강보험법 제00조에 따라 다음과 같이 개정하였다.

> ○ 국민건강보험법 제00조(의료급여) 의료급여의 대상이 되는 질환은 보건 복지부장관이 고시로 정한다.
> ○ 보건복지부장관 고시(○○○○.○.○. 제정된 것) 제3조 : 뇌졸중, 암, 디스크

○ 보건복지부장관 개정고시(2019.10.1. 개정된 것) 제3조 : 뇌졸중, 암
<부칙> : 이 개정고시는 2019년 10월 1일부터 시행한다.

관련 법령에 따라 의료급여수급권자로서 2010년부터 현재까지 디스크 치료를 받아 오던 丙은, 위 개정고시로 인해 2019.10.1.부터는 디스크 치료 시 보험혜택을 받을 수 없게 되자 위 개정고시가 "소급입법금지원칙에 위배하여 재산권인 자신의 의료급여수급권을 침해한다."고 주장한다. 丙의 주장에 대하여 평가하되, 위헌의 결론을 제시하시오.(다만, 주문의 형태는 고려하지 말 것)

관련규정

「성매매처벌법」 제1조(목적) 이 법은 성매매, 성매매알선 등 행위 및 성매매 목적의 인신매매를 근절하고, 성매매피해자의 인권을 보호함을 목적으로 한다.

제2조(정의) ① 이 법에서 사용하는 용어의 뜻은 다음과 같다.

1. "성매매"란 불특정인을 상대로 금품이나 그 밖의 재산상의 이익을 수수(收受)하거나 수수하기로 약속하고 다음 각 목의 어느 하나에 해당하는 행위를 하거나 그 상대방이 되는 것을 말한다.

가. 성교행위

제21조(벌칙) ① 성매매를 한 사람은 1년 이하의 징역이나 300만원 이하의 벌금·구류 또는 과료(科料)에 처한다.

「학교폭력법」 제1조(목적) 이 법은 학교폭력의 예방과 대책에 필요한 사항을 규정함으로써 피해학생의 보호, 가해학생의 선도·교육 및 피해학생과 가해학생 간의 분쟁조정을 통하여 학생의 인권을 보호하고 학생을 건전한 사회구성원으로 육성함을 목적으로 한다.

제17조(가해학생에 대한 조치) ① 자치위원회는 피해학생의 보호와 가해학생의 선도·교육을 위하여 가해학생에 대하여 다음 각 호의 어느 하나에 해당하는 조치(수 개의 조치를 병과하는 경우를 포함한다)를 할 것을 학교의 장에게 요청하여야 하며, 각 조치별 적용기준은 대통령령으로 정한다. 다만, 퇴학처분은 의무교육과정에 있는 가해학생에 대하여는 적용하지 아니한다.

1. 피해학생에 대한 서면사과
2. 피해학생 및 신고·고발 학생에 대한 접촉, 협박 및 보복행위의 금지
3. 학교에서의 봉사
4. 사회봉사
5. 학내외 전문가에 의한 특별교육이수 또는 심리치료
6. 출석정지
7. 학급교체
8. 전학
9. 퇴학처분

④ 학교의 장은 가해학생에 대한 선도가 긴급하다고 인정할 경우 우선 제1항 제1호부터 제3호까지, 제5호 및 제6호의 조치를 할 수 있으며, 제5호와 제6호는 병과 조치할 수 있다. 이 경우 자치위원회에 즉시 보고하여 추인을 받아야 한다.

⑦ 제4항에 따른 조치에도 불구하고 가해학생이 이를 거부하거나 회피하는 때에는 학교의 장은 자치위원회의 심의를 거쳐 제1항 제4호, 제6호부터 제9호까지 중 어느 하나의 조치를 하여야 한다.

해설 및 채점기준

문 1[15] 40점

Ⅰ. 서론 [3점]

사안에서는 성매수자를 처벌하는 A조항이 과잉금지원칙에 위배하여 甲의 성적자기결정권, 사생활의 비밀과 자유를 침해하는지, 그리고 평등권을 침해하는지 여부가 문제된다.

15) 이 문제와 채점기준은 헌재 2016.3.31. 2013헌가2 결정 및 2017년 제6회 변호사시험 공법기록형 문제를 기초로 구성되었음.

Ⅱ. 제한되는 기본권 [6점]

헌법 제10조는 개인의 인격권과 행복추구권을 보장하고 있고, 인격권과 행복추구권은 개인의 자기운명결정권을 전제로 한다. 이러한 자기운명결정권에는 성행위 여부 및 그 상대방을 결정할 수 있는 성적자기결정권이 포함되어 있고,[16] 경제적 대가를 매개로 하여 성행위 여부를 결정할 수 있는 것 또한 성적자기결정권과 관련되어 있으므로, A조항은 개인의 성적자기결정권을 제한한다. - ③

또한 A조항은 개인의 성생활이라는 내밀한 사적 생활영역에서의 행위를 제한하고 있으므로 헌법 제17조가 보장하는 사생활의 비밀과 자유도 제한한다. - ①

그 밖에 같은 성매매의 성격이 있지만 특정한 사람을 상대로 하는 소위 스폰서계약이나 축첩계약의 경우에는 성매매처벌법에 의한 처벌을 받지 않으므로 평등권침해의 문제도 제기된다. - ②

Ⅲ. 과잉금지원칙 위배여부 [20점]

A조항이 성매수자인 甲의 성적자기결정권 및 사생활의 비밀과 자유를 침해하는지 여부는 과잉금지원칙에 따라 판단해야 할 것인바, 과잉금지의 원칙이라 함은 국가가 국민의 기본권을 제한하는 내용의 입법활동을 함에 있어서 준수하여야 할 기본원칙 내지 입법활동의 한계를 의미한다. - ①

1. 목적의 정당성 (4점)

목적의 정당성이란 국민의 기본권을 제한하려는 입법의 목적이 헌법 및 법률의 체제상 그 정당성이 인정되어야 한다는 것을 말한다. - ①

성매매처벌법 제1조는 "성매매, 성매매알선 등 행위 및 성매매 목적의 인신매매를 근절하고, 성매매피해자의 인권을 보호함을 목적으로 한다."고 규정하여 '성매매 근절'을 성매매처벌법의 주된 입법목적으로 밝히고 있다. 그러므로 성매

16) 위 헌재 2016.3.31. 2013헌가2 결정 이전까지 헌법재판소는, "헌법 제10조에서 보장하는 인격권 및 행복추구권, 헌법 제17조에서 보장하는 사생활의 비밀과 자유는 타인의 간섭을 받지 아니하고 누구나 자기운명을 스스로 결정할 수 있는 권리를 전제로 하는 것이다. 이러한 권리내용 중에 성적 자기결정권이 포함되는 것은 물론이다."라고 하여 성적 자기결정권의 근거조항으로 **헌법 제10조뿐만 아니라 제17조**도 언급하였다.{헌재 1990.9.10. 89헌마82 (형법 제241조 간통죄) 결정 ; 헌재 1997.7.16. 95헌가6등 (민법 제809조 제1항 동성동본금혼) 결정 ; 헌재 2001.10.25. 2000헌바60 (형법 제241조 간통죄) 결정 등 참조}

매를 근절함으로써 건전한 성풍속 및 성도덕을 확립하고자 하는 A조항의 입법목적은 그 정당성을 인정할 수 있다. - ③

[**부정론** : 자발적 성매매는 타인에게 피해를 주거나 건전한 성풍속 및 성도덕에 해악을 미친다고 보기 어려우므로, 건전한 성풍속 및 성도덕을 확립한다는 명분으로 내밀한 성생활의 영역인 성매매를 형벌의 대상으로 삼는 것은 입법목적의 정당성을 인정하기 어렵다.]

2. 수단의 적합성 (3점)

수단의 적합성이란 위 목적의 달성을 위하여 그 방법이 효과적이고 적절하여야 한다는 것을 말하며 최선의 방법일 것을 요하지 아니한다. - ①

성매수자의 성매매 행위를 형사처벌하는 A조항은 성매매 근절을 통한 건전한 성풍속 및 성도덕 확립이라는 입법목적을 달성하기 위한 적정한 수단이라고 할 수 있다. - ②

[**부정론** : 성매매를 형사처벌하는 것은 성매매 근절에 기여하기보다 성매매를 음성화시킬 뿐이다. A조항으로는 성매매 근절을 통한 건전한 성풍속 및 성도덕 확립이라는 입법목적을 달성할 수 없으므로 수단의 적합성도 인정할 수 없다.]

3. 침해의 최소성 (7점)

침해의 최소성이란 입법권자가 선택한 기본권제한의 조치가 입법목적 달성을 위하여 설사 적절하다 할지라도 보다 완화된 형태나 방법을 모색함으로써 기본권의 제한은 필요한 최소한도에 그치도록 하여야 한다는 것을 말한다. - ②

성매매 근절을 위해서는 성매매 예방교육의 실시, 성 산업 자체의 억제 또는 일정 구역 안에서만 성매매를 허용하는 등 덜 제약적인 방법이 있으며, 그 밖에 형사처벌 대신 보호나 선도조치를 통하여 성매매를 근절하는 방안도 가능하다. 뿐만 아니라 지체장애인, 홀로 된 노인, 독거남 등 성적 소외자의 경우는 A조항 때문에 인간으로서 가장 기본적인 성적 욕구를 충족시킬 수 없는 상황으로 내몰릴 수도 있다. 그럼에도 불구하고 A조항은 성매수자에게 징역형까지 부과할 수 있도록 하는 것은 과도한 형벌권의 행사에 해당한다. 따라서 A조항은 침해의 최소성 원칙에 위배된다. - ⑤

4. 법익의 균형성 (4점)

법익의 균형성이란 기본권을 제한하는 입법에 의하여 보호하려는 공익과 침해되는 사익을 비교형량할 때 보호하려는 공익이 더 커야 한다는 것을 말한다. - ①

A조항이 추구하는 공익인 건전한 성풍속 및 성도덕의 확립은 추상적이거나 모호하여 헌법적 가치에 해당한다고 볼 수 없는 반면, 형사처벌이 가져오는 사적 불이익은 실질적이고 구체적이며, 그 불이익의 정도가 크므로 A조항은 법익의 균형성도 상실하였다. - ③

5. 소결 (1점)

이상 살펴본 바와 같이 A조항은 과잉금지원칙에 위배하여 甲의 기본권을 침해한다.

Ⅳ. 평등권 침해여부 [8점]

헌법 제11조가 규정하는 평등권(평등원칙)은 본질적으로 같은 것은 같게, 본질적으로 다른 것은 다르게 취급할 것을 요구한다(상대적 평등). 평등권 침해여부의 심사는 첫째, 비교집단 간에 본질적으로 동일한 것을 다르게 취급하고 있는가 또는 본질적으로 다른 것을 같게 취급하고 있는가 하는 차별취급 여부의 확인과, 둘째, 이러한 차별취급이 자의적인가를 판단하는 두 단계로 이루어진다. - ①

평등권침해의 여부를 심사함에 있어 엄격한 심사척도에 의할 것인지, 완화된 심사척도에 의할 것인지는 입법자에게 인정되는 입법형성권의 정도에 따라 달라지는데, 원칙적으로는 자의금지심사 즉 완화된 심사가 적용된다. - ①

그러나, 예외적으로 1) 헌법이 스스로 차별의 근거로 삼아서는 아니 되는 기준을 제시하거나 차별을 특히 금지하고 있는 영역을 제시하고 있다면(예컨대 (제32조 제4항),[17] (제36조 제1항)[18]) 그러한 기준을 근거로 한 차별이나 그러한 영역에서의 차별에 대하여 엄격하게 심사하는 것이 정당화되고, 또한 2) 차별적 취급으로 인하여 관련 기본권에 대한 중대한 제한을 초래하게 된다면 입법형성권은 축소되어 보다 엄격한 심사척도가 적용된다.[19] - ②

17) 헌재 1999.12.23. 98헌마363 (제대군인 가산점) 결정 참조.

18) 헌재 2002.8.29. 2001헌바82 (부부자산소득 합산과세) 결정 참조.

19) 헌재 1999.12.23. 98헌마363 (군제대자 가산점) 결정 참조.

사안은 위에서 본 엄격한 심사척도가 필요한 영역이 아니므로 자의금지심사를 하면 된다. 소위 스폰서 계약이나 축첩계약 같이 특정인을 상대로 한 성매매의 성매수와 불특정인을 상대로 한 성매매의 성매수는 "성매수"라는 점에서는 본질적으로 동일함에도 불구하고, A은 전자는 처벌하지 않고 후자만을 처벌하여 (성매매처벌법 제2조 제1호 참조) 양자를 달리 취급하고 있다. - ②

그러나 불특정인을 상대로 한 성매수가 특정인을 상대로 한 성매수보다 사회적 유해성이 크다거나 불법성이 크다는 것은 사회적인 편견에 불과할 뿐이라는 점에서 합리적인 이유를 찾을 수 없다. 따라서 A조항은 자의적으로 甲과 같은 성매수자의 평등권을 침해한다. - ②

[엄격한 비례성원칙을 적용하는 경우, 관련 기본권에 대한 중대한 제한을 야기한다는 점을 들고, 차별목적의 정당성, 차별취급의 적합성, 차별취급의 필요성, 법익의 균형성의 순서로 논증한다(위 과잉금지원칙 적용을 원용할 수 있다).]

Ⅴ. 결론 [3점]

A조항은 과잉금지원칙에 위배하여 甲과 같은 성매수자의 성적자기결정권과 사생활의 비밀과 자유를 침해하며, 합리적 이유없이 (또는 비례원칙에 위배하여) 평등권도 침해한다.

문 2[20] 30점

Ⅰ. 서론 [3점]

퇴학처분을 규정한 B조항이 과잉금지원칙에 위배하여 乙과 같은 학생의 교육을 받을 권리 및 丙과 같은 학부모의 자녀교육권을 침해하는지 여부가 문제된다.

Ⅱ. 국·공립학교 학생의 신분관계와 제한되는 기본권 [10점]

1. 국·공립학교 학생의 신분관계와 기본권제한 (5점)

고전적인 공법이론에 따르면 군인의 복무관계, 공무원의 근무관계, 수형자의

20) 이 문제와 채점기준은 2014년 제3회 변호사시험 공법기록형 문제를 기초로 구성되었음.

복역관계, 국·공립학교 학생의 재학관계 등 이른바 '특별권력관계'(또는 특수한 신분관계)에서는 '일반권력관계'와는 달리 법률에 의한 기본권제한의 원칙이 존중될 필요가 없다고 보았다. - ②

하지만 오늘날 확립된 법치주의 헌법질서에서는 특별권력관계에서도 그러한 특별한 생활질서를 설정하고 유지하기 위한 필요한 범위 내에서는 일반국민에 대한 기본권제한과는 다른 방법과 범위로 기본권을 제한할 수 있는 것이지만, 그러한 경우에도 기본권제한에 관한 법치주의원칙이 그대로 적용되어야 한다는 점에 관하여는 이론(異論)이 없다. - ②

따라서 청구인과 같은 국·공립학교 학생에 대하여도 법률에 의한 기본권제한, 기본권제한에 대한 사법적 통제 등 법치주의의 기본원칙은 예외 없이 적용되어야 한다. - ①

2. 제한되는 기본권 (5점)

학생으로 하여금 다니던 교육의 현장인 학교로부터 강제로 영구히 떠나도록 하는 B조항은 학생의 교육을 받을 권리(헌법 제31조 제1항)를 침해할 뿐만 아니라, 학부모의 자녀교육권을 제한한다. - ②

헌법재판소 판례에 의하면, 학부모의 자녀교육권은 헌법에 명시적인 규정은 없지만 혼인과 가족생활을 보장하는 헌법 제36조 제1항, 행복추구권을 보장하는 헌법 제10조 및 "국민의 자유와 권리는 헌법에 열거되지 아니한 이유로 경시되지 아니한다."고 규정하는 헌법 제37조 제1항에서 나오는 중요한 기본권이다.[21) - ②

이러한 학생의 교육을 받을 권리 및 학부모의 자녀교육권에 대한 제한이 정당화되려면 헌법 제37조 제2항에서 정한 과잉금지의 원칙이 준수되어야 한다. - ①

Ⅲ. 과잉금지원칙 위배여부 [15점]

국가작용 중 특히 입법작용에 있어서의 과잉입법금지의 원칙이라 함은 국가가 국민의 기본권을 제한하는 내용의 입법활동을 함에 있어서 준수하여야 할 기본원칙 내지 입법활동의 한계를 의미한다. - ①

21) 헌재 2000.4.27. 98헌가16등 결정 참조.

1. 목적의 정당성 (3점)

B조항은 피해학생의 보호, 가해학생의 선도·교육 및 피해학생과 가해학생 간의 분쟁조정을 통하여 학생의 인권을 보호하고 학생을 건전한 사회구성원으로 육성함을 목적으로 하는 것이므로(학교폭력법 제1조 참조) 그 입법목적은 헌법상 정당성이 인정된다.

2. 수단의 적합성 (3점)

가해학생으로 지목된 자가 일정한 성향을 보이는 경우에 그를 당해 학교로부터 영구히 추방하는 것은 위 입법목적, 그 중에서도 피해학생의 보호라는 목적의 달성을 위하여 어느 정도 효과가 있을 수 있다고 할 것이므로 수단의 적합성도 인정할 수 있다.

3. 침해의 최소성 (5점)

가해학생으로 지목된 학생이 긴급조치로서의 서면사과명령 등을 거부하거나 회피하더라도, 그리고 그가 여전히 품행이 불량하여 개전의 가망이 없다고 인정된다 하더라도 이미 학교폭력법 제17조 제1항은 여러 가지 조치를 규정하고 있다. - ②

특히 유기정학 또는 무기정학 등의 출석정지(동항 제6호)나 전학(동항 제8호)을 명할 수 있으며 동 출석정지와 다른 조치를 병과할 수도 있다(동조 제4항). 그럼에도 불구하고 배우는 학생에게 가장 가혹한 조치인 퇴학처분을 내리도록 한 것은 침해의 최소성 원칙에 위배된다. - ③

4. 법익의 균형성 (3점)

피해학생 보호 등 B조항이 추구하는 위 입법목적을 고려하더라도, 이로 말미암아 학생을 배움의 현장인 학교로부터 추방하게 한 것은, 학생의 교육을 받을 권리 및 학부모의 자녀교육권의 침해가 훨씬 무거워 법익의 균형성도 충족하지 못한다.

Ⅳ. 결론 [2점]

B조항은 과잉금지원칙에 위배하여 乙과 같은 학생의 교육을 받을 권리 및 丙

과 같은 학부모의 자녀교육권을 침해하는 위헌인 규정이다.

문 3[22) 30점

Ⅰ. 서론 [3점]

丙은 이 개정고시가 소급입법금지원칙에 위배하여 재산권인 자신의 의료급여수급권을 침해한다고 주장한다. 그러므로 이하에서 의료급여수급권의 법적 성격이 재산권임을 밝히고, 이 개정고시의 입법은 헌법 제13조 제2항이 금지하는 (진정)소급입법이 아님을 판단한 후에, 그렇다 하더라도 이 개정고시가 신뢰보호원칙에 위배하여 丙의 재산권을 침해한다는 점을 논증하기로 한다.

Ⅱ. 재산권의 의의와 의료급여수급권의 법적 성격 [5점]

1. 재산권의 의의와 공법상의 재산적 가치있는 지위 (3점)

헌법 제23조가 보장하는 재산권이란 사적 유용성과 원칙적 처분권을 가진 사법상·공법상의 경제적 가치가 있는 모든 권리를 말하며, 민법상의 소유권 기타 물권·채권 및 특별법상의 여러 권리, 예컨대 광업권·어업권,·특허권·저작권, 공법적 성격을 가진 수리권·하천점유권 등을 모두 포함한다. 군인연금법상의 연금수급권, 공무원연금법상의 퇴직연금수급권, 국가유공자의 보상수급권, 의료보험수급권 등도 재산권의 보호대상이 된다.[23) - ②

공법상의 재산적 가치있는 지위가 헌법상 재산권의 보호를 받기 위하여는, 우

---

22) 이 문제와 채점기준은 2009년 제51회 사법시험 헌법 〈제2문의 2〉를 참조하여 구성되었음.

23) 공법상의 권리가 헌법상의 재산권보장의 보호를 받기 위해서는 다음과 같은 요건을 갖추어야 한다. 첫째, 공법상의 권리가 권리주체에게 귀속되어 개인의 이익을 위하여 이용가능해야 하며(사적 유용성), 둘째, 국가의 일방적인 급부에 의한 것이 아니라 권리주체의 노동이나 투자, 특별한 희생에 의하여 획득되어 자신이 행한 급부의 등가물에 해당하는 것이어야 하며(수급자의 상당한 자기기여), 셋째, 수급자의 생존의 확보에 기여해야 한다. 이러한 요건을 통하여 사회부조와 같이 국가의 일방적인 급부에 대한 권리는 재산권의 보호대상에서 제외되고, 단지 **사회법상의 지위가 자신의 급부에 대한 등가물에 해당하는 경우**에 한하여 사법상의 재산권과 유사한 정도로 보호받아야 할 공법상의 권리가 인정된다.(헌재 2000.6.29. 99헌마289 결정).

선 입법자에 의하여 수급요건, 수급자의 범위, 수급액 등 구체적인 사항이 법률에 규정됨으로써 구체적인 법적 권리로 형성되어 개인의 주관적 공권의 형태를 갖추어야 한다. 따라서 사회보험법상의 지위는 청구권자에게 구체적인 급여에 대한 법적 권리가 인정되어 있는 경우에 한하여 재산권의 보호대상이 된다. - ②

2. 사안의 경우 (2점)

이 사안에서 丙은 2010년부터 디스크 치료에 따른 보험혜택을 받아 왔으므로 丙이 주장하는 의료급여수급권은 위에서 본 바와 같이 공법상의 재산적 가치 있는 지위로서(- ①), 관련 법령에 의하여 구체적인 법적 권리로 형성되어 주관적 공권의 형태를 갖추었다고 할 것이므로 재산권의 보호대상이 된다(- ①).

Ⅲ. 이 개정고시 입법이 소급입법에 해당하는지 여부 [7점]

1. 소급입법과 신뢰보호 (4점)

법적안정성을 확보하려면 개인이 현재 법적으로 타당한 것을 확인할 수 있는 것만으로는 충분하지 않으며, 오히려 개인이 생활형성의 기초로 삼는 법이 계속 존속한다는 것을 전제할 수 있어야 한다. 여기에서 개인의 신뢰의 보호에 초점을 맞춘, 즉 법적안정성의 주관적 측면인 신뢰보호의 원칙이 법치국가원리의 파생원칙으로 형성된다. 헌법은 소급입법에 의한 형사처벌이나 참정권의 제한 또는 재산권의 박탈을 명시적으로 금함으로써(제13조 제1항·제2항), 신뢰보호원칙을 주요 영역에서 구체화하였다. - ②

과거에 완성된 사실 또는 법률관계를 규율의 대상으로 하는 이른바 진정소급입법에 있어서는 입법권자의 입법형성권보다도 당사자가 구법질서에 기대하였던 신뢰보호의 견지에서 그리고 법적안정성을 도모하기 위하여, 특단의 사정이 없는 한 구법에 의하여 이미 얻은 자격 또는 권리를 존중할 입법의무가 있다. 따라서 진정소급입법은 원칙적으로 허용되지 아니하며, 특단의 사정이 있는 예외적인 경우에만 허용된다.[24] - ②

---

24) 헌재 1996.2.16. 96헌가2등 결정 : "진정소급입법이 허용되는 예외적인 경우로는 일반적으로, ① 국민이 소급입법을 예상할 수 있었거나 법적 상태가 불확실하고 혼란스러웠거나 하여 보호할 만한 신뢰의 이익이 적은 경우, ② 소급입법에 의한 당사자의 손실이 없거나 아주 경미한 경우, 그리고 ③ 신뢰보호의 요청에 우선하는 심히 중대한 공익상의 사유가 소급입법을

2. 사안의 경우와 심사기준 (3점)

이 사안은 과거에 완성된 사실 또는 법률관계를 규율의 대상으로 하는 것, 즉 헌법 제13조 제2항이 금지하는 진정소급입법이 아니다. 즉, 2019.10.1. 이전까지 디스크 치료시 받은 의료급여는 유효하며, 2019.10.1.부터만 의료급여를 받을 수 없을 뿐이다. - ②

따라서 진정소급입법의 경우에 요구되는 엄격한 심사기준이 아니라 법치국가 원리에서 파생하는 일반적인 신뢰보호원칙 위배여부가 심사기준이 된다. - ①

Ⅳ. 신뢰보호원칙 위배여부 [13점]

1. 신뢰보호의 원칙의 의의 및 심사방법 (5점)

일반적으로 국민이 어떤 법률이나 제도가 장래에도 그대로 존속될 것이라는 합리적인 신뢰를 바탕으로 하여 일정한 법적 지위를 형성한 경우, 국가는 그와 같은 법적 지위와 관련된 법규나 제도의 개폐에 있어서 법치국가의 원칙에 따라 국민의 신뢰를 최대한 보호하여 법적안정성을 도모하여야 한다.[25][26] - ②

그런데 사회환경이나 경제여건의 변화에 따른 필요성에 의하여 법률은 신축적으로 변할 수밖에 없고, 변경된 새로운 법질서와 기존의 법질서 사이에는 이해관계의 상충이 불가피하다. 따라서 국민이 가지는 모든 기대 내지 신뢰가 헌법상 권리로서 보호될 것은 아니고, 신뢰의 근거 및 종류, 상실된 이익의 중요성, 침해의 방법 등에 의하여 개정된 법규·제도의 존속에 대한 개인의 신뢰가 합리적이어서 권리로서 보호할 필요성이 인정되어야 한다.[27] 그러므로 신뢰보호원칙의 위반여부는 첫째, 보호가치 있는 신뢰이익이 존재하는가, 둘째, 과거에 발생한 생활관계를 현재의 법으로 규율함으로써 달성되는 공익이 무엇인가, 셋째, 개인의 신뢰이익과 공익상의 이익을 비교형량하여 어떠한 법익이 우위를 차지하는가

정당화하는 경우를 들 수 있다."

25) 헌재 2001.9.27. 2000헌마152 결정 참조.

26) 따라서 법률의 제정이나 개정시 구법질서에 대한 당사자의 신뢰가 합리적이고도 정당하며 법률의 제정이나 개정으로 야기되는 당사자의 손해가 극심하여 새로운 입법으로 달성하고자 하는 공익적 목적이 그러한 당사자의 신뢰의 파괴를 정당화할 수 없다면, 그러한 새로운 입법은 허용될 수 없다.(헌재 2002.11.28. 2002헌바45 결정 참조)

27) 헌재 2002.2.28. 99헌바4 결정 참조.

를 살펴보아야 한다.[28] - ③

2. 신뢰보호원칙에 따른 심사 (8점)

가. 乙의 신뢰 및 보호가치

丙은 2010년부터 이 개정고시가 시행될 때까지 9년간 디스크 치료시 의료보험혜택을 받아왔으므로, 국가는 이 개정고시 이전까지는 '디스크 환자들은 의료보험혜택을 받을 수 있다'는 법적 신뢰를 부여한 것이다. - ②

나. 위 개정고시로 달성코자 하는 공익

위 개정고시로 달성하고자 하는 공익은 건강보험의 재정악화를 막고자 함이고, 이는 국가가 취할 수 있는 정당한 입법목적이라고 할 수 있다. - ②

다. 丙의 신뢰침해와 공익과의 비교형량

위에서 본 바와 같이 개정고시로 달성하고자 하는 공익은 정당한 입법목적이라고 할 수 있다. 그러나 丙은 이 개정고시로 말미암아 2019.10.1.부터는 디스크 치료시 의료급여혜택을 받을 수 없게 되어 재산적으로 큰 손해를 감수할 수밖에 없게 되었으므로, 위 개정고시로 인한 丙의 신뢰침해는 크다고 아니할 수 없다. - ②

뿐만 아니라 건강보험제도의 합리적인 운영을 기하고, 또한 디스크 환자 중에서도 위중한 환자들에게는 계속 보험혜택을 받을 수 있게 하는 등 보다 덜 침해적인 수단을 채택할 수 있었다. 따라서 이 개정고시에 의한 丙의 신뢰이익 침해가 필요최소한도의 것으로서 추구하려는 공익과 조화를 이루고 있다고 보기 어렵다. - ②

Ⅴ. 결론 [2점]

위에서 살펴본 바와 같이 이 개정고시는 신뢰보호원칙에 반하여 丙의 재산권인 의료급여수급권을 침해하여 헌법에 위반된다.[29]

---

28) 헌재 2009.5.28. 2005헌바20등 결정 ; 헌재 2019.6.28. 2018헌바400 결정 참조.

29) 이 경우 단순위헌을 선고하면 의료수급 자체가 근거규정을 상실하게 되므로, 주문으로서는 헌법불합치(잠정적용) 결정을 고려하여야 할 것이다.

문제 3

문 1 45점

甲은 1996년 3월부터 공무원으로 재직하면서 공무원연금법상의 기여금을 매달 납부하여 오다가 2016.3.31.자로 퇴직을 하여 최종보수월액의 70%에 해당하는 퇴직연금을 지급받아 오던 자이다. 그런데 국회는 공무원연금의 재정상황이 날로 악화되어 2030년부터는 공무원연금의 재정이 고갈될 것이라는 KDI의 보고서를 근거로 공무원연금 재정의 안정성을 도모하기 위한 조치로 공무원연금법 개혁을 단행하기로 하였다. 이에 따라 2016.8.6. 공무원연금법을 개정하여, (1) 퇴직자들에게 지급할 퇴직연금의 액수를 종전 최종보수월액의 70%에서 일률적으로 최종보수월액의 50%만 지급하며(이하 "연금삭감조항"이라 한다), (2) 경과규정으로, 연금삭감조항을 2016.1.1. 이후에 퇴직하는 모든 공무원에게 적용하는 "부칙조항"을 두었다(연금삭감조항과 부칙조항의 구체적인 내용은 생략). 동 개정법은 2016.8.16. 공포되어 같은 날부터 시행되었다.

공무원연금관리공단은 위 개정법의 시행에 따라 2016년 8월부터 甲에게 최종보수월액의 70%를 50%로 삭감하여 퇴직연금을 지급하였다. 甲은 위 연금삭감조항이 과잉금지원칙에 위배하여 자신의 기본권을 침해하고, 부칙조항 역시 신뢰보호원칙에 위배하여 자신의 기본권을 침해한다고 주장한다. 甲의 주장을 뒷받침하는 논거를 제시하시오. [다만, 평등권 침해여부는 고려하지 아니함]

문 2 35점

乙은 미용실에서 미용사 보조원으로 다년간 일하다가 퇴직한 후, 미용사가 되기 위해 미용학원에서 1년간 수강 및 점빼기와 귓볼뚫기 등을 포함한 실습을 하고 미용사 면허시험에 응시하여 2015.8.31. 미용사 자격을 취득하였다. 乙은 미용실을 개설하여 그동안 배우고 익힌 기술을 활용하여 점빼기와 귓볼뚫기의 미용행위를 하려고 하였으나, 공중위생관리법 제4조 제4항 제3호(이하 "이 사건 법률조항"이라 한다) 및 '미용업자 위생관리기준'(2015.10.15. 보건복지부고시 제2015-100호, 이하 "이 사건 고시"라고 한다) 제1호 중 '점빼기·귓볼뚫기' 부분(이하 "이 사건 고시조항"이라고 한다)에 따라 2015.10.15.부터 미용업자가 점빼기와 귓볼뚫기를 더 이상 할 수 없도록 규율되고 있음을 알았다. 乙은 이 사건 고시조항이 위헌이라는 이유로 아래와 같은 주장을 하려고 한다. 아래 乙의 주장을 뒷받침하는 논거를 제시하시오.

2-1. 이 사건 법률조항은 기본권제한사항을 행정규칙인 이 사건 고시에 위임하고 있기 때문에 위헌이다. [10점]

2-2. 이 사건 법률조항은 포괄위임금지원칙에 위배된다. [7점]

2-3. 이 사건 고시조항은 위임입법의 한계를 일탈했기 때문에 법률유보원칙에 위배된다. [8점]

2-4. 이 사건 고시조항은 평등원칙에 위배된다. [10점]

문 3 20점

丙은 서울특별시 중구 ㅇㅇ동에서 '희망 컴퓨터 게임장'을 운영하면서, '트로피'라는 게임물을 설치하여 영업하고 있다. 문화체육관광부장관은 서울중앙지방검찰청으로부터 게임물 제작업자가 위 게임물을 '램프식'으로 검사받은 다음 이와는 전혀 다른 형태의 '릴식' 게임기로 불법 제조하여 유통하고 있다는 통보를 받고, 2016.12.21. 각 시·도에 게임제공업주 책임하에 '릴식 트로피' 게임물을 2017.1.15.까지 자진하여 폐기하도록 조치하고, 위 기한 이후부터는 '음반·비디오물 및 게임물에 관한 법률'(이하 "음비게법"이라고 한다) 제24조 제3항 제4호의 규정에 의하여 위 게임기의 기판을 수거·폐기하도록 조치하라는 내용의 공문을 보냈다.

광주광역시 북구청장은 2017.5.1. 그 소속 공무원으로 하여금 丙 경영의 위 게임장을 단속하게 하여, 그곳에 있던 丙 소유의 '릴식 트로피' 기판 7대를 '등급분류를 받지 아니하거나 등급분류를 받은 게임물과 다른 내용의 게임물'이라는 이유로, 위 법률조항에 의하여 수거하게 하였다. 丙은 위 법률조항 중 '게임물'에 관한 부분(이하 "이 사건 법률조항"이라 한다)이 첫째, 과잉금지원칙에 위배하여 자신의 재산권을 침해하고, 둘째, 영장주의에 위배되며, 셋째, 적법절차원칙에도 위배되는 위헌의 법률조항이라고 주장한다. [이 사건 법률조항은 '행정상 즉시강제'의 성격을 갖고 있고, 위 음비게법에는 영장주의에 대한 규정이 없으며 수거에

앞서 청문이나 의견제출 등 절차보장에 관한 규정을 두고 있지 않음을 전제함]

3-1. 이 사건 법률조항이 영장주의에 위배되는지 여부를 논하시오. [10점]

3-2. 이 사건 법률조항이 적법절차원칙에 위배되는지 여부를 논하시오. [10점]

관련규정

「행정규제기본법」 제4조(규제 법정주의) ② 규제는 법률에 직접 규정하되, 규제의 세부적인 내용은 법률 또는 상위법령(上位法令)에서 구체적으로 범위를 정하여 위임한 바에 따라 대통령령·총리령·부령 또는 조례·규칙으로 정할 수 있다. 다만, 법령에서 전문적·기술적 사항이나 경미한 사항으로서 업무의 성질상 위임이 불가피한 사항에 관하여 구체적으로 범위를 정하여 위임한 경우에는 고시 등으로 정할 수 있다.

「공중위생관리법」 제4조(공중위생영업자의 위생관리의무 등) ④ 미용업을 하는 자는 다음 각호의 사항을 지켜야 한다.

1. 미용기구는 소독을 한 기구와 소독을 하지 아니한 기구로 분리하여 보관하고, 면도기는 1회용 면도날만을 손님 1인에 한하여 사용할 것
2. 미용사면허증을 영업소 안에 게시할 것
3. 그 밖에 미용업자가 준수하여야 할 위생관리기준은 보건복지부장관이 고시로 정한다.

「미용업자 위생관리기준」(2015.10.15. 보건복지부고시 제2015-100호)

공중위생관리법 제4조 제4항의 규정에 의하여 미용업자가 준수하여야 할 위생관리기준은 다음과 같다.

1. 점빼기·귓볼뚫기·쌍꺼풀수술·문신·박피술 그 밖에 이와 유사한 의료행위를 하여서는 아니 된다.
2. 미용기구 중 소독을 한 기구와 소독을 하지 아니한 기구는 각각 다른 용기에 넣어 보관하여야 한다.
3. 1회용 면도날은 손님 1인에 한하여 사용하여야 한다.
4. 영업장 안의 조명도는 75룩스 이상이 되도록 유지하여야 한다.

〈부 칙〉

이 고시는 2015년 10월 15일부터 시행한다.

「음비게법」 제18조 (등급분류) ⑤ 누구든지 제1항의 규정에 의하여 등급분류를 받지 아니하거나 등급분류를 받은 비디오물 또는 게임물과 다른 내용의 비디오물 또는 게임물을 제작·유통·시청제공 또는 오락제공하여서는 아니되며, 제2항 제3호에 해당하는 비디오물 및 게임물은 연소자에게 유통·시청제공 또는 오락제공을 하여서는 아니된다.

제24조(폐쇄 및 수거조치 등) ③ 문화체육관광부장관, 시·도지사, 시장·군수·구청장은 다음 각호의 1에 해당하는 음반·비디오물 또는 게임물을 발견한 때에는 관계공무원으로 하여금 이를 수거하여 폐기하게 할 수 있다.

4. 제18조 제5항의 규정에 의한 등급분류를 받지 아니하거나 등급분류를 받은 비디오물 또는 게임물과 다른 내용의 비디오물 또는 게임물

④ 제3항의 규정에 의하여 관계공무원이 당해 음반·비디오물 또는 게임물을 수거한 때에는 그 소유자 또는 점유자에게 수거증을 교부하여야 한다.

⑥ 제1항 및 제3항의 규정에 의하여 게시물의 부착·봉인·수거 기타 처분을 하는 관계공무원이나 협회 또는 단체의 임·직원은 그 권한을 표시하는 증표를 지니고 관계인에게 이를 내보여야 한다.

해설 및 채점기준

문 1[30] 45점

Ⅰ. 쟁점의 정리 [3점]

이 사건 연금삭감조항과 부칙조항이 퇴직연금 수급자인 甲의 재산권을 제한하며, 그리고 위 법률조항들이 과잉금지원칙 및 신뢰보호원칙에 위배되어 甲의 재산권을 침해한다는 점을 논증하기로 한다.

30) 이 문제와 채점기준은 2013년 제2회 변호사시험 공법사례형 〈제2문〉을 기초로 구성되었음.

Ⅱ. 제한되는 기본권 [7점]

퇴직연금수급권과 같은 공법상의 권리가 헌법상의 재산권보장의 보호를 받기 위해서는 첫째, 공법상의 권리가 권리주체에게 귀속되어 개인의 이익을 위하여 이용가능해야 하며(사적 유용성), 둘째, 국가의 일방적인 급부에 의한 것이 아니라 권리주체의 노동이나 투자, 특별한 희생에 의하여 획득되어 자신이 행한 급부의 등가물에 해당하는 것이어야 하며(수급자의 상당한 자기기여), 셋째, 수급자의 생존의 확보에 기여해야 한다(수급자의 생존확보)는 요건을 갖추어야 한다.[31] - ③

사안에서 공무원인 甲의 퇴직연금수급권은 위 요건을 모두 충족하며, 입법자에 의하여 수급요건, 수급자의 범위, 수급액 등 구체적인 사항이 법률에 규정됨으로써 구체적인 법적 권리로 형성되어 개인의 주관적 공권의 형태를 갖추었다고 할 것이므로,[32] 헌법상 재산권보장의 대상이 된다. - ②

그런데, 퇴직연금수급권은 사회보장수급권(국가의 부담부분)과 재산권(개인의 기여금)이라는 양 권리의 성격이 불가분적으로 혼화되어 있으므로 전체적으로 재산권적 보호의 대상이 되면서도 순수한 재산권만은 아니라는 특성을 가지고 있다.[33] - ②

Ⅲ. 과잉금지원칙 위배여부 : 연금삭감조항 [17점]

위에서 본 퇴직연금의 삭감은 개인의 기여금도 제한하는 효과가 있으므로 헌법 제37조 제2항이 규정하는 과잉금지심사가 필요하다. - ①

과잉금지의 원칙이라 함은 국가가 국민의 기본권을 제한하는 내용의 입법활동을 함에 있어서 준수하여야 할 기본원칙 내지 입법활동의 한계를 의미한다. - ①

1. 목적의 정당성 (3점)

목적의 정당성이란 국민의 기본권을 제한하려는 입법의 목적이 헌법 및 법률의 체제상 그 정당성이 인정되어야 한다는 것을 말한다.

이 사건 연금삭감조항은 공무원연금재정의 안정을 위한 조치로서 그 입법목적의 정당성을 인정할 수 있다.

---

31) 헌재 2000.6.29. 99헌마289 결정 참조.

32) 헌재 2000.6.29. 99헌마289 결정 참조.

33) 헌재 1999.4.29. 97헌마333 결정 ; 헌재 2003.9.25. 2001헌가22 결정 ; 헌재 2003.12.18. 2000헌바94등 결정 등 참조.

2. 수단의 적합성 (3점)

수단의 적합성이란 위 목적의 달성을 위하여 그 방법이 효과적이고 적절하여야 한다는 것을 말하며 최선의 방법일 것을 요하지 아니한다.

퇴직연금의 액수를 종전 최종보수월액의 70%에서 50%로 삭감하는 조치는 공무원연금재정의 안정이라는 입법목적의 달성에 도움이 될 수 있으므로 수단의 적합성도 인정된다.

3. 침해의 최소성 (5점)

침해의 최소성이란 입법권자가 선택한 기본권제한의 조치가 입법목적 달성을 위하여 설사 적절하다 할지라도 보다 완화된 형태나 방법을 모색함으로써 기본권의 제한은 필요한 최소한도에 그치도록 하여야 한다는 것을 말한다. - ②

위와 같은 목적의 정당성과 수단의 적합성을 인정한다 하더라도 2016.1.1. 이후에 퇴직하는 모든 공무원들에게 적용하는 것은, 예를 들어 퇴직연금이 유일한 생계수단인 수급자들에게는 최종보수월액 70%에서 갑자기 50%로 삭감하는 것은 지나친 재산권 제한이 된다. 따라서 퇴직연금 수급자의 경제형편에 따라 삭감을 면제하거나 최종보수월액의 50%가 아닌 60%로 그 삭감비율을 완화하는 등 덜 제한적인 조치가 있음에도 불구하고 일률적으로 모든 퇴직연금 수급자의 연금을 50%로 삭감하는 것은 최소침해성 원칙에 위배된다. - ③

4. 법익의 균형성 (3점)

법익의 균형성이란 기본권을 제한하는 입법에 의하여 보호하려는 공익과 침해되는 사익을 비교형량할 때 보호하려는 공익이 더 커야 한다는 것을 말한다.

위와 같은 퇴직연금의 삭감은 공무원연금재정의 안정이라는 공익에 비하여 퇴직연금이 유일한 생계수단인 일부 퇴직공무원에게는 지나친 재산권 제한으로서 법익의 균형성을 상실하고 있다.

5. 소결 (1점)

연금삭감조항은 과잉금지원칙에 위배하여 甲의 재산권을 침해한다.

Ⅳ. 신뢰보호원칙 위배여부 : 부칙조항 [16점]

1. 부칙조항의 법적 성격과 심사기준 (5점)

과거에 완성된 사실 또는 법률관계를 규율의 대상으로 하는 진정소급입법에 있어서는 입법권자의 입법형성권보다도 당사자가 구법질서에 기대하였던 신뢰보호의 견지에서 그리고 법적안정성을 도모하기 위하여 특단의 사정이 없는 한 구법에 의하여 이미 얻은 자격 또는 권리를 존중할 입법의무가 있고, 이미 과거에 시작하였으나 아직 완성되지 아니하고 진행과정에 있는 사실 또는 법률관계를 규율의 대상으로 하는 부진정소급입법의 경우 또는 단순히 장래의 법률관계를 규율하는 법률개정(제정)의 경우(장래입법)에는 구법질서에 대하여 기대했던 당사자의 신뢰보호보다는 입법권자의 광범위한 입법형성권을 경시하여서는 아니 될 것이므로, 특단의 사정이 없는 한 새 입법을 하면서 구법관계 내지 구법상의 기대이익을 존중하여야 할 의무가 발생하지는 않는다.[34] - ③

사안의 경우 우리 헌법이 보장하는 재산권은 甲이 종전 법률관계에 따라 최종보수월액의 70%에 해당하는 퇴직연금을 앞으로도 계속 받을 수 있다는 것까지 포함하는 것은 아니고, 또한 개정 공무원연금법이 종전에 甲이 수령한 퇴직연금 중 최종보수월액의 50%를 초과하는 부분, 즉 20%에 해당하는 부분을 환수할 것을 규정하고 있는 것은 아니므로 이 사건 조항은 진정소급입법이 아니라 장래입법에 해당한다. 따라서 일반적인 신뢰보호원칙 심사를 행한다. - ②

2. 신뢰보호원칙 위배여부 (10점)

가. 신뢰보호원칙의 의의 및 심사방법

신뢰보호의 원칙은 헌법상 법치국가원리로부터 파생되는 것으로, 법률이 개정되는 경우에는 기존 법질서와의 사이에 어느 정도의 이해관계의 상충은 불가피하다고 할 것인바, 이 경우 기존의 법질서에 대한 당사자의 신뢰가 합리적이고 정당한 반면, 법률의 제정이나 개정으로 야기되는 당사자의 손해가 극심하여 새로운 입법으로 달성코자 하는 공익적 목적이 그러한 당사자의 신뢰가 파괴되는 것을 정당화할 수 없는 경우, 그러한 새 입법은 허용될 수 없다는 것이다.[35] - ③

---

34) 헌재 1989.3.17. 88헌마1 결정 ; 헌재 2008.7.31. 2005헌가16 결정 등 참조.

35) 헌재 1995.6.29. 94헌바39 결정 참조.

신뢰보호원칙에 위배되는지 여부는 첫째, 보호가치 있는 신뢰이익이 존재하는가, 둘째, 과거에 발생한 생활관계를 현재의 법으로 규율함으로써 달성되는 공익이 무엇인가, 셋째, 개인의 신뢰이익과 공익상의 이익을 비교형량하여 어떠한 법익이 우위를 차지하는가를 살펴보아야 한다. - ②

나. 이 사건 부칙조항의 경우

첫째, 甲은 종전의 법률에 따라 최종보수월액의 70%에 해당하는 퇴직연금을 받고 있었으므로 이는 보호가치 있는 신뢰이익에 해당한다. - ①

둘째, 이 사건 조항으로 인하여 달성하려고 하는 공익은 공무원 연금재정의 안정이라고 할 수 있다. - ①

셋째, 위와 같은 甲의 신뢰이익을 고려할 때 공무원연금재정의 안정이라는 목적은 반드시 기존에 이미 퇴직연금을 수령하던 자에게까지 소급해야만 달성된다고 보기는 어렵다. 예컨대 법이 시행되는 2016년 8월 16일 이후에 퇴직하는 자에게 적용한다고 하더라도 충분히 입법목적을 달성할 수 있을 것이다. - ③

3. 소결 (1점)

부칙조항은 신뢰보호원칙에 위배하여 甲의 재산권을 침해한다.

Ⅴ. 결론 [2점]

연금삭감조항과 부칙조항은 과잉금지원칙 및 신뢰보호원칙에 위배하여 甲의 재산권을 침해한다.

문 2[36) 35점

2-1. [10점]

국민의 기본권을 제한하는 규범을 헌법 제75조 및 제95조에서 규정하고 있는 법규명령(시행령, 시행규칙)에의 위임뿐만 아니라 행정규칙(행정명령)에의 위임이 가능한지에 대하여 위헌논란이 있다. - ②

36) 이 문제와 채점기준은 2014년 제3회 변호사시험 공법기록형 〈제2문〉을 기초로 구성되었음.

살피건대, 우리 헌법은 제40조에서 국회입법의 원칙을 천명하면서, 다만 헌법 제75조, 제95조, 제108조, 제113조 제2항, 제114조 제6항에서 법률의 위임을 받아 발할 수 있는 법규명령으로 대통령령, 총리령과 부령, 대법원규칙, 헌법재판소규칙, 중앙선거관리위원회규칙 등을 한정적으로 열거하고 있다. 그리고 우리 헌법은 그것에 저촉되는 법률을 포함한 일체의 국가의사가 유효하게 존립될 수 없는 경성헌법이므로 헌법에 규정된 원칙에 대하여는 헌법 자신이 인정하는 경우에 한하여 예외가 허용될 뿐 법률 또는 그 이하의 입법형식으로써 그 예외를 인정할 수는 없다. 즉, 우리 헌법과 같이 법규명령의 형식이 헌법상 확정되어 있고 구체적으로 법규명령의 종류·발령주체·위임범위·요건 등에 관한 명시적 규정이 있는 이상, 법률로써 그와 다른 종류의 법규명령을 창설할 수 없고 더구나 그러한 법규사항을 행정규칙 기타 비법규명령에 위임하여서는 아니 된다(열거설). 따라서 이 사건 법률조항은 국민의 기본권(직업수행의 자유)을 제한하는 법규사항을 보건복지부장관의 고시라는 행정규칙에 위임하였으므로 위헌이다. - ⑥

한편, 열거설(합헌론)에 의하더라도 행정규칙은 법규명령과 같은 엄격한 제정 및 개정절차를 요하지 아니하므로, 국민의 기본권을 제한하는 작용을 하는 법률이 입법위임을 할 때에는 대통령령·총리령·부령 등 법규명령에 위임함이 바람직하고, 고시와 같은 형식으로 입법위임을 할 때에는 적어도 행정규제기본법 제4조 제2항 단서에서 정한 바와 같이 법령이 전문적·기술적 사항이나 경미한 사항으로서 업무의 성질상 위임이 불가피한 사항에 한정된다 할 것인바,[37] 사안에서 "점빼기·귓볼뚫기" 부분은 이에 해당하지 아니함이 분명하므로 역시 헌법에 위반된다. - ②

2-2. [7점]

헌법 제75조(및 제95조)가 규정하고 있는 포괄위임금지원칙은 법률이 기본권 제한 사항에 관하여 하위법규에 위임할 경우에는 법률에 미리 하위법규에 규정될 내용 및 범위의 기본사항을 구체적으로 규정하여 둠으로써 행정권에 의한 자의적인 법률의 해석과 집행을 방지하고 의회입법(헌법 제40조)과 법치주의의 원칙을 달성하고자 하는 원칙이다. 포괄위임금지원칙 위배여부는 첫째 위임의 필요성, 둘

37) 헌재 2004.10.28. 99헌바91 결정 ; 헌재 2006.12.28. 2005헌바59 결정 참조.

째 위임입법의 예측가능성을 기준으로 판단한다. - ③

사안에서 미용사가 '점빼기·귓볼뚫기'를 할 수 있는지 여부는 " i) 특히 긴급한 필요가 있거나 미리 법률로써 자세히 정할 수 없는 부득이한 사정이 있거나, ii) 규율대상이 지극히 다양하거나 수시로 변화하는 성질의 것이어서 일일이 법률로 규정할 경우 상황에 맞게 적절히 대처할 수 없다거나, iii) 전문적인 지식을 갖춘 행정부로 하여금 이를 정하도록 할 필요가 있는 경우"[38]가 아니므로 위임입법의 필요성이 인정된다고 할 수 없다. 뿐만 아니라 공중위생관리법 제4조 제4항 제3호가 규정하는 "그 밖에 미용업자가 준수하여야 할 위생관리기준"으로는, 동법 제4조 제4항 제1호 내지 제2호의 규정을 고려하더라도 도저히 보건복지부장관의 고시에 규정될 내용의 대강 내지 기본적 윤곽을 예측할 수 없다.[39] 따라서 이 사건 법률조항은 포괄위임금지원칙에 위배된다. - ④

2-3. [8점]

헌법 제75조와 제95조는 위임입법의 근거를 마련하는 한편 위임입법의 범위와 한계를 제시하고 있는데, 위임입법의 근거, 범위 및 한계는 그 수범자가 누구냐에 따라 입법권자에 대한 한계와 수권법률에 의해 법규명령을 제정하는 수임자에 대한 한계로 구별할 수 있다.[40] 후자의 경우, 즉 대통령이 법률의 위임에 따라 대통령령을 제정하거나 국무총리 및 행정각부의 장이 소관사무에 관하여 법률이나 대통령령의 위임에 따라 총리령 또는 부령을 제정하는 경우에는, 수권법률이나 대통령령이 규정하거나 위임한 범위 내에서 수임명령을 규정할 수 있을 뿐 수권법률이나 대통령령이 규정하지 아니하거나 위임한 범위를 벗어나는 사항을 수임명령에서 규정하는 것은 위임입법의 한계를 위배하는 것이다.[41] 즉, 모법의 위임범위를 벗어난 하위법령은 법률의 근거가 없는 것으로 법률유보원칙에 위반된다.[42] - ④

사안에서 모법인 공중위생관리법 제4조 제4항은 미용업을 하는 자가 준수해

38) 헌재 2007.4.26. 2004헌가29등 결정 참조.

39) 헌재 1996.8.29. 95헌바36 결정 ; 헌재 1999.1.28. 97헌바90 결정 참조.

40) 헌재 2010.10.28. 2008헌마408 결정 참조.

41) 헌재 2010.4.29. 2007헌마910 결정 참조.

42) 헌재 2010.4.29. 2007헌마910 ; 헌재 2012.5.31. 2010헌마139등 결정 참조.

야 할 사항으로서, “미용기구는 소독을 한 기구와 소독을 하지 아니한 기구로 분리하여 보관하고, 면도기는 1회용 면도날만을 손님 1인에 한하여 사용할 것(제1호), 미용사면허증을 영업소 안에 게시할 것(제2호)”을 규정하고, 제3호에서 “그 밖에 미용업자가 준수하여야 할 위생관리기준”은 보건복지부장관이 고시로 정한다고 규정하고 있으므로, 마땅히 보건복지부장관이 고시로 정할 내용은 이 사건 고시의 명칭과 같이 “위생에 관한 관리기준”이 되어야 한다. 그럼에도 불구하고 이 사건 고시조항은 단순한 ‘위생관리기준’을 넘어 미용업자가 “점빼기·귓불뚫기” 등을 할 수 없다고 규정한 것이므로 모법의 위임범위를 벗어난 것이고 따라서 법률유보원칙에 위배된다. - ④

2-4. [10점]

평등원칙은 본질적으로 같은 것은 같게, 본질적으로 다른 것은 다르게 취급할 것을 요구한다. 따라서 평등원칙은 입법자에게 본질적으로 같은 것을 자의적으로 다르게, 본질적으로 다른 것을 자의적으로 같게 취급하는 것을 금하고 있다. 평등원칙 위배여부의 심사는 첫째, 본질적으로 동일한 것을 다르게 취급하고 있는가 또는 본질적으로 다른 것을 같게 취급하고 있는가 하는 차별취급 여부의 확인과, 둘째, 이러한 차별취급이 자의적인가의 두 단계로 이루어진다. - ③

사안에서 이 사건 고시조항은 미용업자로 하여금 “점빼기와 귓볼뚫기”를 시행하지 못하게 하고 있는바, 동 시술이 가능한 의사와 비교하여 청구인 등 미용업자를 차별대우하고 있다. - ②

사안에서 미용업자에게 “점빼기와 귓불뚫기”를 금하는 것은 헌법이 스스로 차별의 근거로 삼아서는 아니 되는 기준을 제시하거나 차별을 특히 금지하고 있는 영역이 아니고, 또한 점빼기와 귓불뚫기는 미용업자의 직업수행상 본질적인 부분은 아니므로 기본권에 대한 중대한 제한을 초래하는 것이 아니어서 완화된 심사척도, 즉 자의금지심사를 하면 족하다. - ②

그런데 점빼기와 귓볼뚫기는 몇 분만에 끝나는 간단한 일이고 위험한 일도 아니어서 대단한 의료기기나 의료기술이 필요한 것도 아니다. 그럼에도 불구하고 의사에게는 이를 허용하고 미용업자에게는 허용하지 아니하는 것은 합리적인 이유 없이 의사에 비하여 미용업자를 차별대우하고 있는 것이므로 평등원칙에 위배된다. - ③

문 3[43] 20점

3-1. [10점]

Ⅰ. 영장주의의 의의 (4점)

헌법 제12조 제3항에서 규정하고 있는 영장주의는 적법절차원칙에서 도출되는 원리로서, 형사절차와 관련하여 체포·구속·압수 등의 강제처분을 함에 있어서는 사법권 독립에 의하여 그 신분이 보장되는 법관이 발부한 영장에 의하지 않으면 아니 된다는 원칙이다. - ②

따라서 영장주의의 본질은 신체의 자유를 침해하는 강제처분을 함에 있어서는 중립적인 법관이 구체적 판단을 거쳐 발부한 영장에 의하여야만 한다는 데에 있다고 할 수 있다. - ②

Ⅱ. 사안의 경우 (6점)

행정상 즉시강제는 상대방의 임의이행을 기다릴 시간적 여유가 없을 때 하명 없이 바로 실력을 행사하는 것으로서, 그 본질상 급박성을 요건으로 하고 있어 법관의 영장을 기다려서는 그 목적을 달성할 수 없다고 할 것이므로, 원칙적으로 영장주의가 적용되지 않는다는 것이 헌법재판소 판례의 입장이다.[44] - ③

이 사건 법률조항은 앞에서 본 바와 같이 급박한 상황에 대처하기 위한 것으로서 그 불가피성과 정당성이 충분히 인정되는 경우이므로, 이 사건 법률조항이 영장 없는 수거를 인정한다고 하더라도 이를 두고 헌법상 영장주의에 위배되는 것으로는 볼 수 없다. - ③

---

43) 이 문제와 채점기준은 헌재 2002.10.31. 2000헌가12 결정을 참조하여 구성되었음.

44) 헌재 2002.10.31. 2000헌가12 결정 참조.

3-2. [10점]

Ⅰ. 적법절차원칙의 의의 (5점)

헌법 제12조 제1항에서 규정하고 있는 적법절차의 원칙은 국가작용으로서의 모든 입법작용과 행정작용에 광범위하게 적용되는 헌법원리로서, 절차가 형식적 법률로 정하여지고 그 법률에 합치하여야 할 뿐만 아니라 적용되는 법률의 내용에 있어서도 합리성과 정당성을 갖춘 적정한 것이어야 한다는 원칙이다. - ②

적법절차원칙이 구체적으로 어떠한 절차를 어느 정도로 요구하는지는 일률적으로 말하기 어렵고, 규율되는 사항의 성질, 관련 당사자의 사익, 절차의 이행으로 제고될 가치, 국가작용의 효율성, 절차에 소요되는 비용, 불복의 기회 등 다양한 요소들을 형량하여 개별적으로 판단할 수밖에 없는데, 여기에서 도출할 수 있는 가장 중요한 절차적 요청으로는 ① 당사자에게 적절한 고지를 행할 것, ② 당사자에게 의견 및 자료를 제출할 기회를 부여할 것을 들 수 있다. - ③

Ⅱ. 사안의 경우 (5점)

이 사건 법률조항은 수거에 앞서 청문이나 의견제출 등 절차보장에 관한 규정을 두고 있지 않으나, 행정상 즉시강제는 목전에 급박한 장해에 대하여 바로 실력을 가하는 작용이라는 특성에 비추어 사전적(事前的) 절차와 친하기 어렵다는 점을 고려하면, 이를 이유로 적법절차의 원칙에 위반되는 것으로는 볼 수 없다. 그러나 그렇다고 하더라도 일체의 절차적 보장이 배제된다고 볼 것은 아니며, 국가권력의 남용을 방지하고 국민의 권리를 보호하기 위하여 적법절차의 관점에서 일정한 절차적 보장이 요청된다. - ②

이러한 관점에서 음비게법 제24조 제4항은 관계공무원이 당해 게임물 등을 수거한 때에는 그 소유자 또는 점유자에게 수거증을 교부하도록 하고 있고, 동조 제6항은 수거 등 처분을 하는 관계공무원이나 협회 또는 단체의 임·직원은 그 권한을 표시하는 증표를 지니고 관계인에게 이를 제시하도록 하는 등의 절차적 요건을 규정하고 있으므로, 이 사건 법률조항이 적법절차의 원칙에 위배되는 것으로 보기 어렵다. - ③

문제 4

문 1 60점

甲은 17세가 되어 주민등록법 제24조에 의하여 주민등록증 발급대상자가 된 사람으로서, 2015.9.경 주민등록증을 발급받으라는 내용의 주민등록증 발급통지를 받았다. 甲은 주민등록법 시행령 제36조 제2항에 의한 별지 제30호 서식에 따라 주민등록증 발급신청서에 열 손가락의 지문을 찍어야 한다는 사실을 알고, 주민등록증 발급신청을 하지 않았다. 甲은 위 별지 제30호 서식 중 열 손가락의 지문을 찍도록 한 부분(이하 "지문날인규정"이라 한다)이 (1) 법률의 근거없이 자신의 기본권을 제한하고 있고, (2) 첫째, 17세 이상 모든 국민의 지문정보를 구체적 사건과 관련 없이 사전에 포괄적으로 수집하고 이를 보관·전산화하여 범죄수사목적 등에 이용하는 점, 둘째, 개인별로 한 손가락만이 아닌 열 손가락 모두의 지문정보를 수집하여 이를 보관·이용하는 점, 셋째, 사진·유전자·홍채·치아 등 다른 신원확인수단이 존재한다는 점 등을 들어 과잉금지원칙에도 위배된다고 주장한다. 합헌론의 입장에서 甲의 주장을 평가하시오. (적법요건은 언급하지 말 것)

문 2 40점

乙은 2011.12.6. 19 : 10경부터 같은 날 21 : 45경 사이에 서울 중구 소재 명동성당 앞에서 개최된 촛불집회를 주최하였다는 이유로 '집회 및 시위에 관한 법률'(이하 "집시법"이라 한다) 위반 혐의로 약식기소되어 2012.9.13. 벌금 50만 원의 약식명령을 고지받고(서울중앙지방법원 2012고약37986), 2013.9.5. 정식재판을 청구하였다(서울중앙지방법원 2013고정5301). 서울중앙지방법원은 2016.7.11. 위 기소의 근거가 된 법조항들, 즉 '해가 뜨기 전이나 해가 진 후'에는 옥외집회를 금지하고, 그러한 옥외집회를 주최한 자를 처벌하는 집시법 제10조 중 "옥외집회" 부분(이하 "A조항"이라 한다) 및 제23조 제1호 중 "제10조 본문의 옥외집회" 부분에 대하여 직권으로 위헌법률심판을 제청하였다. A조항이 과잉금지원칙에 위배하여 乙의 위 기본권을 침해하는지 여부를 논하시오. [다만, 위헌 여부만 기술하고 위헌

의 범위나 주문 유형에 관하여는 언급하지 아니함]

관련규정

「주민등록법」 제24조(주민등록증의 발급 등) ① 시장·군수 또는 구청장은 관할 구역에 주민등록이 된 자 중 17세 이상인 자에 대하여 주민등록증을 발급한다.

② 주민등록증에는 성명, 사진, 주민등록번호, 주소, 지문(指紋), 발행일, 주민등록기관을 수록한다.

③ 제1항에 따라 주민등록증을 발급받을 나이가 된 자는 대통령령으로 정하는 바에 따라 시장·군수 또는 구청장에게 주민등록증의 발급을 신청하여야 한다.

⑤ 주민등록증 및 그 발급신청서의 서식과 발급절차는 대통령령으로 정한다.

「주민등록법 시행령」 제36조(주민등록증의 발급절차) ① 시장·군수 또는 구청장은 법 제24조 제1항에 따라 주민등록증을 발급하려면 그 발급대상자에게 12개월 이상의 신청기간을 정하여 별지 제29호서식에 따라 통지하되, 그 발급대상자의 무단전출 등으로 인하여 통지서를 내줄 수 없으면 이를 읍·면사무소 또는 동 주민센터의 게시판과 인터넷 홈페이지에 공고하여야 하며, 통지하거나 공고한 사실을 개인별 주민등록표에 기록하여야 한다.

② 제1항에 따라 주민등록증 발급통지를 받은 사람 또는 공고된 사람은 그 통지서 또는 공고문에 적힌 발급신청기간 내에 본인이 직접 주민등록이 되어 있는 시·군·자치구의 관계 공무원에게 사진(내용생략) 1장을 제출하고 본인임을 밝힌 후, 그 공무원 앞에서 별지 제30호서식(열 손가락의 회전지문과 평면지문을 날인하도록 규정하고 있다. 내용생략)에 따른 주민등록증 발급신청서에 지문을 찍어 신청하여야 한다.

「개인정보보호법」 제2조(정의) 이 법에서 사용하는 용어의 뜻은 다음과 같다.

1. "개인정보"란 살아 있는 개인에 관한 정보로서 성명, 주민등록번호 및 영상 등을 통하여 개인을 알아볼 수 있는 정보(해당 정보만으로는 특정 개인을 알아볼 수 없더라도 다른 정보와 쉽게 결합하여 알아볼 수 있는 것을 포함한다)를 말한다.

해설 및 채점기준

문 1[45] 60점

Ⅰ. 서론 (쟁점의 정리) [3점]

사안에서는 청구인이 주장하는 바 지문날인규정이 법률의 근거가 없는 기본권제한이어서 법률유보원칙에 위배되는지, 그리고 과잉금지원칙에 위배하여 청구인의 개인정보자기결정권을 침해하는지 여부가 문제된다.

Ⅱ. 법률유보원칙 위배여부 [15점]

1. 법률유보원칙의 의의 (5점)

기본권은 헌법 제37조 제2항에 의하여 국가안전보장·질서유지 또는 공공복리를 위하여 필요한 경우에 한하여 이를 제한할 수 있으나, 그 제한의 방법은 원칙적으로 법률로써만 가능하고 제한의 정도도 기본권의 본질적 내용을 침해할 수 없고 필요한 최소한도에 그쳐야 한다. 그런데 위 조항에서 규정하고 있는 기본권 제한에 관한 법률유보의 원칙은 '법률에 의한 규율'을 요청하는 것이 아니라 '법률에 근거한 규율'을 요청하는 것이므로, 기본권의 제한에는 법률의 근거가 필요할 뿐이고 기본권 제한의 형식이 반드시 법률의 형식일 필요는 없다.

2. 사안에의 적용 (10점)

주민등록증제도는 원래 치안유지나 국가안보를 위하여 탄생한 제도로서, 이를 뒷받침하기 위한 신원확인을 직접적인 목적으로 하고 있고, 그 목적달성을 위하여 주민등록증에는 성명·사진·주민등록번호·주소·지문 등을 수록하도록 하고 있는바, 특히 주민등록표의 수록사항이 아닌 지문을 수록하도록 한 것은 국민의 자기식별성을 강화함으로써 보다 확실한 신원확인이 가능하도록 하기 위한 것이다. - ②

그런데, 주민등록법 제24조 제1항 및 제3항은 주민등록이 된 자 중 17세 이상의 자에 대하여 주민등록증을 발급하도록 하면서 그 발급은 발급대상자의 신청에

45) 이 문제와 채점기준은 헌재 2005.5.26. 99헌마513등 결정 및 헌재 2015.5.28. 2011헌마731 결정을 기초로 구성되었음.

의하도록 하고 있고, 같은 조 제2항은 "주민등록증에는 성명·사진·주민등록번호·주소·지문·발행일·주민등록기관을 수록한다."라고 하여 주민등록증의 수록사항의 하나로 지문을 규정하고 있으며, 같은 조 제5항은 "주민등록증 및 그 발급신청서의 서식과 그 발급절차는 대통령령으로 정한다."라고 규정하고 있다. - ③

이에 따라 주민등록법 시행령 제36조 제2항은 주민등록증 발급대상자는 관계공무원 앞에서 별지 제30호 서식에 의한 주민등록증발급신청서에 지문을 날인하여 주민등록증 발급을 신청하도록 규정하고 있고, 별지 제30호 서식은 열 손가락의 회전지문과 평면지문을 날인하도록 규정하고 있다. - ③

요컨대, 지문날인규정은 주민등록법 제24조(특히 제5항)의 위임규정에 근거하여 주민등록증발급신청서의 서식을 정하면서 보다 정확한 신원확인이 가능하도록 하기 위하여 열 손가락의 지문을 날인하도록 하고 있는 것이므로, 이를 두고 법률에 근거가 없는 것으로서 법률유보의 원칙에 위배되는 것으로 볼 수는 없다. - ②

Ⅲ. 개인정보자기결정권의 침해여부 [40점]

1. 제한되는 기본권 및 위헌심사기준 (12점)

개인정보자기결정권은 자신에 관한 정보가 언제 누구에게 어느 범위까지 알려지고 또 이용되도록 할 것인지를 그 정보주체가 스스로 결정할 수 있는 권리로서, 이러한 개인정보자기결정권의 보호대상이 되는 개인정보는 개인의 신체, 신념, 사회적 지위, 신분 등과 같이 개인의 인격주체성을 특징짓는 사항으로서 그 개인의 동일성을 식별할 수 있게 하는 일체의 정보라고 할 수 있고,[46] 반드시 개인의 내밀한 영역이나 사사(私事)의 영역에 속하는 정보에 국한되지 않고 공적 생활에서 형성되었거나 이미 공개된 개인정보까지 포함한다. 또한 그러한 개인정보를 대상으로 한 조사·수집·보관·처리·이용 등의 행위는 모두 원칙적으로 개인정보자기결정권에 대한 제한에 해당한다.[47] - ⑥

개인정보자기결정권은 정보주체로 하여금 개인정보의 공개와 이용을 스스로 통제하도록 함으로써 타인에게 형성될 정보주체의 사회적 인격상에 대한 결정권

46) 한편 개인정보보호법 제2조 제1호는 "살아 있는 개인에 관한 정보로서 성명, 주민등록번호 및 영상 등을 통하여 개인을 알아볼 수 있는 정보(해당 정보만으로는 특정 개인을 알아볼 수 없더라도 다른 정보와 쉽게 결합하여 알아볼 수 있는 것을 포함한다)"라고 정의하고 있다.

47) 헌재 2005.7.21. 2003헌마282등 결정 ; 헌재 2010.5.27. 2008헌마663 결정.

을 정보주체에게 유보시킨다는 의미를 갖고 있다.[48] 개인정보자기결정권의 헌법상 근거는 헌법 제10조 제1문에서 도출되는 일반적 인격권 및 헌법 제17조의 사생활의 비밀과 자유라고 할 수 있다.[49] - ②

주민등록증 발급대상자로 하여금 주민등록증발급신청서에 열 손가락의 지문을 날인하도록 하고 있는 지문날인규정은 개인의 인격주체성을 특징짓는 사항으로서 그 개인의 동일성을 식별할 수 있게 하는 정보에 해당하는 지문정보의 수집에 관한 규정으로 볼 수 있으므로, 이와 같이 개인정보자기결정권을 제한하는 지문날인규정이 헌법에 위배되지 않기 위해서는 헌법 제37조 제2항에서 정하고 있는 기본권제한입법의 한계인 과잉금지의 원칙을 준수하여야 한다. - ④

2. 과잉금지원칙 위배여부 (28점)

가. 목적의 정당성 〈5〉

지문날인제도의 특징은 17세 이상 모든 국민의 열 손가락 지문정보를 수집하여 경찰청장이 이를 보관·전산화하고, 이를 범죄수사목적 등에 이용한다는 점에 있다. 일반적으로 지문날인제도 자체가 정확한 신원확인을 위한 것이지만, 특히 지문날인제도가 범죄자 등 특정인만이 아닌 17세 이상 모든 국민의 지문정보를, 그것도 한 손가락만이 아니라 열 손가락 모두의 지문정보를 수집하여 보관하도록 한 것은 신원확인기능의 효율적인 수행을 도모하고, 신원확인의 정확성 내지 완벽성을 제고하기 위한 것으로 볼 수 있는바, 이러한 지문날인제도의 목적의 정당성은 충분히 인정된다.

나. 수단의 적합성 〈3〉

17세 이상 모든 국민의 열 손가락 지문정보를 수집하고 이를 보관·전산화하여 이용하는 것은 신원확인기능의 효율적인 수행을 도모하고, 신원확인의 정확성 내지 완벽성을 제고하기 위한 지문날인제도의 목적을 달성하기 위한 효과적이고 적절한 방법이 될 수 있다.

48) 헌재 2005.5.26. 99헌마513 결정.

49) 헌재 2005.7.21. 2003헌마282등 결정 ; 헌재 2008.10.30. 2006헌마1401등 결정 ; 헌재 2009.9.24. 2007헌마1092 결정 ; 헌재 2010.9.30. 2008헌바132 결정 ; 헌재 2012.12.27. 2010헌마153 결정 ; 헌재 2015.6.25. 2014헌마463 결정 ; 헌재 2015.7.30. 2014헌마340등 결정.

다. 침해의 최소성 〈14〉

첫째, 지문날인제도가 17세 이상 모든 국민의 지문정보를 구체적 사건과 관련 없이 사전에 포괄적으로 수집하고 이를 보관·전산화하여 범죄수사목적 등에 이용하는 것이 침해최소성원칙에 어긋난 것으로서 개인정보에 대한 과도한 수집 및 이용이 아닌가 하는 의문이 있을 수 있다. 경찰이 범죄수사나 사고피해자의 신원확인 등의 경우에 행하는 지문정보의 이용은 구체적 사건에서 채취한 지문과 경찰이 미리 수집하여 보관중인 지문정보를 대조하는 방식에 의하여 이루어지기 때문에, 만일 경찰이 사전에 광범위한 지문정보를 보관하고 있지 않다면 지문정보를 통한 신원확인작업이 효율적으로 이루어지기는 매우 어렵다. 따라서 범죄자 등 특정인의 지문정보만 보관해서는 17세 이상 모든 국민의 지문정보를 보관하는 경우와 같은 수준의 신원확인기능을 도저히 수행할 수 없는 것이다. - ④

둘째, 개인별로 한 손가락만이 아닌 열 손가락 모두의 지문정보를 수집하여 이를 보관·이용하는 것에 대하여 정보의 과잉수집 문제가 있을 수 있다. 그러나 한 손가락만의 지문정보를 수집하는 경우 그 손가락 자체의 손상, 세월의 경과나 사고발생으로 인한 지문의 손상 등으로 인하여 한 손가락만의 지문정보로는 신원확인이 불가능하게 되는 경우가 발생할 수 있을 뿐만 아니라, 그 정확성 면에 있어서도 열 손가락 모두의 지문을 대조하는 것과 비교하기 어렵다고 할 것이므로, 열 손가락 모두의 지문정보를 수집하여 이용하는 것이 지나친 정보수집이라고 볼 수 없다. - ④

셋째, 다른 신원확인수단의 존재와 관련하여 침해최소성원칙 위배여부에 대한 의문이 제기될 수 있다. 우선 가장 간편한 신원확인수단이라고 할 수 있는 사진의 경우를 보면, 사람의 용모는 성장이나 세월의 경과에 따라 수시로 변할 수 있고, 성형수술에 의한 사후적 변화도 얼마든지 가능하므로 사진으로는 신원확인의 정확성을 담보하기 어려울 뿐만 아니라, 그것만으로는 경찰행정에서 발생할 수 있는 다양한 신원확인의 수요 및 필요성에 효과적으로 부응할 수 없음이 명백하다. 그 밖에 신원확인수단으로 유전자·홍채·치아 등을 들 수 있으나, 이들에 대하여는 대체로 지문의 경우에 비하여 그 수집·보관과 관련한 인권침해의 우려가 매우 높고, 그 확인시스템의 구축에 비용 및 시간이 너무 많이 들 뿐만 아니라, 남겨진 흔적과의 대조를 통하여도 쉽게 신원확인이 가능한 지문에 비하여 신원확인이 가능한 범위가 협소하다는 점 등의 단점이 지적되고 있다. 따라서 다른 여러 신원확인수단 중에서 정확성·간편성·효율성 등의 종합적인 측면에서 현재까지 지문정보와 비견할 만한 것은 찾아보기 어렵다고 할 수 있다. - ⑤

따라서 지문날인규정은 침해의 최소성에 위배되지 아니한다. - ①

라. 법익의 균형성 〈6〉

지문정보는 개인의 동일성을 확인할 수 있는 하나의 징표일 뿐, 종교·학력·병력·소속 정당·직업 등과 같이 정보주체의 신상에 대한 인격적·신체적·사회적·경제적 평가가 가능한 내용이 담겨 있지 아니하므로, 그 자체로는 타인의 평가로부터 단절된 중립적인 정보에 해당하고, 누구나 손쉽게 정보주체를 확인할 수 있는 성명·사진·주민등록번호 등과는 달리 일반인의 경우 지문정보의 내용을 가지고 정보주체를 파악하는 것이 거의 불가능하고 이에 대한 전문적인 감식능력이 있는 경우에만 그 정보주체의 확인이 가능하며, 지문을 직접 날인하는 방법에 의하여 생성되기 때문에 정보주체로부터 정보수집자에게로 전달되는 과정에서 정보의 내용이 실제내용과 다르게 왜곡될 염려가 없는 객관적인 정보라는 특성을 가지고 있다. - ②

이를 고려하여 보면, 지문날인제도에 의하여 17세 이상 모든 국민의 열 손가락 지문정보를 수집하고 경찰청장이 이를 보관·전산화하여 범죄수사목적 등에 이용한다고 하더라도, 그로 인하여 정보주체가 현실적으로 입게 되는 불이익은 그다지 심대한 것으로 보기 어렵다. 따라서 경찰청장이 보관·전산화하고 있는 지문정보를 범죄수사활동, 대형 사건사고나 변사자가 발생한 경우의 신원확인, 타인의 인적사항 도용 방지 등 각종 신원확인의 목적을 위하여 이용함으로써 달성할 수 있게 되는 공익이 그로 인한 정보주체의 불이익에 비하여 더 크다고 보아야 할 것이다. - ④

Ⅳ. 결론 [2점]

이상에서 살펴본 바와 같이 지문날인규정은 주민등록법 제24조 제5항의 위임규정에 근거한 것이므로 법률유보원칙에 위배되지 않고, 과잉금지원칙에 위배하여 청구인의 개인정보자기결정권을 침해하였다고 볼 수도 없으므로, 헌법에 위반되지 아니한다.

문 2 40점

Ⅰ. 쟁점의 정리 [2점]

집회의 자유 역시 국가안전보장·질서유지 또는 공공복리를 위하여 필요한 경우에는 법률로써 제한될 수 있으나, 그 경우에도 그 본질적 내용을 침해하지 않는 필요 최소한의 범위에 그쳐야 하므로(헌법 제37조 제2항), A조항이 위와 같은 과잉금지원칙을 준수하고 있는지를 본다.

Ⅱ. 제한되는 기본권 : 집회의 자유 [10점]

헌법 제21조 제1항은 "모든 국민은 언론·출판의 자유와 집회·결사의 자유를 가진다."고 규정하여 집회의 자유를 표현의 자유로서 언론·출판의 자유와 함께 국민의 기본권으로 보장하고 있다. '집회의 자유'란 "특정 또는 불특정 다수인이 특정한 목적 아래 일시적으로 일정한 장소에 모일 수 있는 자유"[50] 또는 "일정한 장소를 전제로 하여 특정 목적을 가진 다수인이 일시적으로 회합할 수 있는 자유"[51]를 말한다. - ④

우리 헌법상 집회의 자유는 우선, 국가에 대한 방어권으로서 집회의 주체, 주관, 진행, 참가 등에 관하여 국가권력의 간섭이나 방해를 배제할 수 있는 주관적 권리로서의 성격을 가지며, 아울러 자유민주주의를 실현하려는 사회공동체에 있어서 불가결한 객관적 가치질서로서의 이중적 성격을 갖는다. [가산점 ②]

집회의 자유에는 적극적으로 ① 집회를 개최(開催)하는 자유, ② 집회를 진행(進行)하는 자유, ③ 집회에 참가(參加)하는 자유 등이 포함된다. 또한 소극적으로는 ④ 집회를 개최하지 아니할 자유, ⑤ 집회에 참가하지 아니할 자유가 포함된다. - ③

옥외집회는 천장이 없거나 사방이 폐쇄되지 아니한 장소에서 여는 집회이고(집시법 제2조 제1호), 야간은 "해가 뜨기 전이나 해가 진 후"를 말한다(집시법 제10조).

사안에서 명동성당 앞이면 천장이 없고 사방이 폐쇄되지 아니한 곳이고, 12월 달에 오후 7시이면 이미 해가 지므로 乙의 촛불집회는 야간옥외집회에 해당한

50) 대법원 1983.11.22. 선고 83도2528 판결.

51) 헌재 2009.5.28. 2007헌바22 결정.

다. 따라서 A조항은 야간옥외집회를 개최하지 못하게 함으로써 乙의 집회의 자유(중 집회를 개최할 자유)를 제한한다. - ④

Ⅲ. 과잉금지원칙 위배 여부 [26점]

국가작용 중 특히 입법작용에 있어서의 과잉(입법)금지의 원칙이라 함은 국가가 국민의 기본권을 제한하는 내용의 입법활동을 함에 있어서 준수하여야 할 기본원칙 내지 입법활동의 한계를 의미하는 것으로서, 국민의 기본권을 제한하려는 입법은 그 목적이 정당해야 하고, 방법(수단)이 적합해야 하며, 침해의 최소성과 법익의 균형성을 갖추어야 한다. - ①

1. 목적의 정당성 (5점)

목적의 정당성은 국민의 기본권을 제한하려는 입법의 목적이 헌법 및 법률의 체제상 그 정당성이 인정되어야 한다는 것이다. - ①

옥외집회는 천장이 없거나 사방이 폐쇄되지 않은 장소에서 여는 집회로서(집시법 제2조 제1호) 이는 다수인의 집단적인 행동을 수반하기 때문에 그 속성상 개인적인 의사표현의 경우보다 공공의 안녕질서, 법적 평화 및 타인의 평온과 마찰을 빚을 가능성이 크다. 특히 야간이라는 특수한 시간적 상황은 집회장소 인근에서 거주하거나 통행하는 시민들의 평온이 더욱더 요청되는 시간대일 뿐 아니라, 집회참가자 입장에서도 주간보다 감성적으로 민감해져 자제력이 낮아질 가능성이 높다. 또한, 옥외집회를 관리하는 행정관서 입장에서도 야간옥외집회는 주간옥외집회보다 질서를 유지시키기가 어렵고, 예기치 못한 폭력적 돌발상황이 발생하여도 어둠 때문에 행위자 및 행위의 식별이 어려워 이를 진압하거나 채증하기가 쉽지 않다. A조항은 야간옥외집회의 위와 같은 특징과 차별성을 고려하여, 원칙적으로 야간옥외집회를 제한하는 것이므로, 그 입법목적의 정당성이 인정된다. - ④

2. 수단의 적합성 (4점)

수단의 적합성은 그 목적의 달성을 위하여 그 방법이 효과적이고 적절하여야 한다는 것이며, 다만 최선의 방법임을 요하지 않는다. - ①

위에서 본 바와 같이 공공의 안녕질서, 법적 평화 및 타인의 평온과 마찰을 빚을 가능성이 큰 야간의 옥외집회에 대하여 일반적으로 이를 금지하고, 다만 주최자가 질서유지인을 두고 미리 신고한 경우에는 관할경찰관서장으로 하여금 질서유지를 위한 조건을 붙여 해가 뜨기 전이나 해가 진 후에도 옥회집회를 허용할 수 있도록 한 것은 위와 같은 입법목적을 달성하기 위한 적합한 수단이라고 할 수 있다. - ③

3. 침해의 최소성 (12)

침해의 최소성은 입법권자가 선택한 기본권 제한의 조치가 입법목적을 달성하기 위하여 설사 적절하다 할지라도 보다 완화된 형태나 방법을 모색함으로써 기본권의 제한은 필요한 최소한도에 그치도록 하여야 한다는 것이다. - ②

그러나 집회의 자유는 집회의 시간, 장소, 방법과 목적을 스스로 결정할 권리, 즉 집회를 하루 중 언제 개최할지 등 시간 선택에 대한 자유와 어느 장소에서 개최할지 등 장소 선택에 대한 자유를 내포하고 있다(헌재 2003.10.30. 2000헌바67, 판례집 15-2하, 41, 53 참조). 따라서 옥외집회를 야간에 주최하는 것 역시 집회의 자유로 보호됨이 원칙이고, 이를 사회의 안녕질서 또는 국민의 주거 및 사생활의 평온 등을 위하여 제한함에는 목적 달성에 필요한 최소한의 범위로 한정되어야 한다. - ②

그런데 오늘날 우리 사회 대다수의 직장과 학교는 그 근무 및 학업 시간대를 오전 8-9시부터 오후 5-6시까지로 하고 있어 평일의 위 시간대에는 개인적 활동을 할 수 없으므로, 집회를 주최하거나 참가하려는 직장인이나 학생은 특별한 사정이 없는 한 빨라도 퇴근 또는 하교 후인 오후 5-6시 이후에 할 수 밖에 없다. 그 결과 낮 시간이 짧은 동절기의 평일의 경우에는 직장인이나 학생은 사실상 집회를 주최하거나 참가할 수 없게 되어, 헌법이 모든 국민에게 보장하는 집회의 자유를 실질적으로 박탈하거나 명목상의 것으로 만드는 결과를 초래하게 된다. 또한, 도시화·산업화가 진행된 현대 사회는 낮과 밤의 길이에 따라 그 생활형태가 명확하게 달라지지 않는 경우가 많고, 해가 진 후라고 할지라도 일정한 시간 동안에는 낮 시간 동안 이루어지던 활동이 계속되는 것이 일반적이다. 그러므로 전통적 의미의 야간, 즉 '해가 뜨기 전이나 해가 진 후'라는 광범위하고 가변적인 시간대는 앞에서 본 바와 같은 '야간'이라는 시간으로 인한 특징이나 차별성이 명백하게 존재한다고 할 수 없고, 설사 일부 있다고 하여도 그 정도가 심각한 수준에 이른다고 보기 어렵다. 오히려 위와 같은 특징이나 차별성은 보다 구체적으로 표현하면 '야간'이 아닌 '심야'의 특수성으로 인한 위험성이라고도 할 수 있다. 그럼에도 불구하고 A조항은 '해가 뜨기 전이나 해가 진 후'라는 광범위하고 가변적인 시간대의 옥외집회를 금지하고 있으므로, 이는 목적달성을 위해 필요한 정도를 넘는 지나친 제한이라고 할 것이다. - ⑤

나아가 우리 집시법은 다른 사람의 주거지역이나 이와 유사한 장소로서 집회나 시위로 재산 또는 시설에 심각한 피해가 발생하거나 사생활의 평온을 뚜렷하게 해칠 우려가 있는 경우 또는 학교의 주변 지역으로서 집회 또는 시위로 학습권을 뚜렷이 침해할 우려가 있는 경우로서 거주자나 관리자가 시설·장소의 보호를 요청하는 때에는 관할경찰관서장이 집회의 금지 또는 제한통고를 할 수 있도록 규정하고(제8조 제3항 제1호, 제2호), 집회의 주최자나 참가자가 타인에게 심각한 피해를 줄 수 있는 소음을 발생시키는 것을 금지하면서 이에 위반하는 경우에는 관할경찰관서장이 확성기 사용 중지 등 필요한 조치를 할 수 있도록 규정하며(제14조), 관할경찰관서장이 대통령령으로 정하는 주요 도시의 주요 도로에서의 집회 또는 시위에 대하여는 교통 소통을 위하여 필요하다고 인정하면 이를 금지하거나 교통질서 유지를 위한 조건을 붙여 제한할 수 있도록 규정하는(제12조 제1항) 등 국민의 주거 및 사생활의 평온과 사회의 공공질서가 보호될 수 있는 보완장치를 마련하고 있으므로, 옥외집회가 금지되는 야간시간대를 A조항과 같이 광범위하게 정하지 않더라도 위와 같은 입법목적을 달성하는데 큰 어려움이 없다고 할 것이다. - ③

한편, A조항의 단서는, 위와 같은 과도한 제한을 완화하기 위하여 관할경찰관서장이 일정한 조건하에 이를 허용할 수 있도록 규정하고 있으나, 그 허용여부를 행정청의 판단에 맡기고 있는 이상, 과도한 제한을 완화하는 적절한 방법이라고 할 수 없다. 따라서 A조항은 침해최소성의 원칙에 반한다. - ②

4. 법익균형성 (4점)

법익균형성은 그 입법에 의하여 보호하려는 공익과 침해되는 사익을 비교형량할 때 보호되는 공익이 더 커야 한다는 것이다. - ①

야간옥외집회는 공공의 안녕질서, 법적 평화 및 타인의 평온과 마찰을 빚을 가능성이 크므로 이를 막고자 A조항이 추구하는 공익을 고려하더라도, A조항이 규정하는 바와 같은 광범위한 시간대의 제한으로 인하여 집회주최자가 받을 사

익의 침해가 이로 인하여 달성할 공익보다 결코 작다고 할 수 없으므로 법익균형성도 갖추지 못하였다. - ③

Ⅳ. 결론 [2점]

결국 A조항은 목적달성을 위하여 필요한 범위를 넘어 과도하게 야간옥외집회를 제한함으로써, 과잉금지원칙에 위배하여 집회의 자유를 침해하는 것으로 헌법에 위반된다.

제2절 헌법소송편

문제 1

문 1 20점

甲은 한국에서 태어난 중국 국적의 여자로서 2015년 1월경부터 서울 서대문구 소재 미용실에서 미용사 보조원으로 다년간 일하다가 퇴직한 후, 미용사가 되기 위해 서울 강남구 소재 미용학원에서 1년 여 간 수강 및 실습을 하고 미용사 면허시험에 응시하여 미용사 자격을 취득하였다. 甲은 영업신고를 마치고 미용실을 개설하여 그동안 배우고 익힌 기술을 활용하여 점빼기와 귓볼뚫기 등 미용행위를 하려고 하였으나, 보건복지부 고시인 「미용사위생관리기준」에서 의사와는 달리 미용사는 '점빼기'와 '귓볼뚫기'를 할 수 없도록 하고 있다(이하 "고시조항"이라 한다)는 것을 알았다. 이에 甲은 변호사를 대리인으로 선임하여 고시조항이 자신의 직업수행의 자유와 평등권을 침해한다고 주장하며 위 고시조항을 대상으로 헌법소원심판을 청구하였다. 이 헌법소원심판청구에 대하여 적법요건 중 Ⅰ. 기본권주체성(10점), Ⅱ. 보충성(6점), Ⅲ. 권리보호이익(2점), Ⅳ. 변호사강제주의(2점)를 충족한다는 논거를 제시하시오.

문 2 20점

乙은 관련 규정에 따라 관할구청장으로부터 도로점용허가를 받아 포장마차를 운영하던 중 도로점용허가기간 만료에 임박하여 점용허가 갱신을 신청하려고 하였으나 「서울특별시 보도(步道)상 영업시설물 관리 등에 관한 조례」 제3조 제4항(이하 "조례조항"이라 한다)이 자산금액 요건을 충족한 경우에만 점용허가를 갱신해 주도록 하고 있는데, 자신의 자산금액이 그 갱신요건을 충족하지 못하여 도로점용허가 갱신이 불가능하다는 것을 알게 되었다. 乙은 조례조항이 자신의 직업의 자유 및 평등권을 침해한다며 헌법소원심판청구를 하였다. 이 헌법소원심판청구에 대하여 적법요건 중 "법적 관련성"을 검토하시오.

문 3 10점

법무부장관은 2017.1.2. 법무부 공고 제2017-1호로 2017년도 사법시험실시계획을 공고하였는데, 동 공고에서 2017년도 사법시험 제1차시험을 토요일인 2017.2.25.에 시행한다고 공고하였다(구체적인 내용은 생략. 이하 "위 공고"라 한다). 丙은 2017년도 사법시험 제1차시험에 응시원서를 접수하였으나, 자신이 신봉하는 ㅇㅇ교의 교리상 토요일 시험에 응시하는 것은 자신의 종교적인 양심에 반하는 것이어서 위 공고가 자신의 종교의 자유 등을 침해한다며 헌법소원심판을 청구하였다. 위 공고의 헌법소원 대상적격에 대하여 서술하시오.

문 4 25점

(1) 국가인권위원회는 외국인 노동자의 출입국에 관하여 인권침해가 있다고 보아 법무부 산하 출입국관리소장에게 침해행위의 중지 및 원상회복 등의 조치를 이행하라고 권고하였다. 이에 법무부장관은 출입국관리 권한의 침해를 이유로 국가인권위원회를 상대로 헌법재판소에 권한쟁의심판을 청구하였다.

(2) A시의회의장은 2019.7.11. 제167회 A시의회 본회의에서 이 사건 조례안(내용은 생략)을 가결된 것으로 선포하였다. 이에 A시의회 의원인 丁은 A시의회 의장이 이 사건 조례안을 가결·선포한 행위는 자신의 의안 심의·표결권을 침해하였다는 이유로 헌법재판소에 권한쟁의심판을 청구하였다.

4-1. 사안에서 국가인권위원회가 권한쟁의심판의 당사자능력이 있는지 평가하시오. 〈13점〉

4-2. 위 (2)와 같은 권한쟁의심판청구가 현행법상 허용되는지 여부를 평가하시오. 〈12점〉

문 5 25점

대통령이 국민에게 중대한 재정적 부담을 지우는 조약을 국회 동의 없이 체결·비준하였으나, 대통령과 같은 정당 소속의 국회의원들이 다수를 차지하고 있는 국회는 이에 대해 아무런 조치를 취하지 않았다. 이에 국회 소수 야당의 교섭단체 소속 국회의원 전원은 대통령의 위 행위로 인하여 (1) 국회의 조약 체결·비준 동의권이 침해되고, (2) 자신들의 위 조약안에 대한 심의·표결권이 침해되었다고 주장하며 대통령을 상대로 권한쟁의심판을 청구하였다.

5-1. 청구인들 대리인의 입장에서, 위 (1) 청구 부분에 대하여 청구인들에게 당사자적격이 인정된다는 논거를 제시하시오. (17점)

5-2. 피청구인 대리인의 입장에서, 청구인들의 위 (2) 주장에 대하여 청구인들의 권한침해 가능성이 없다는 논거를 제시하시오. (8점)

관련규정

「사법시험법」 제3조(시험의 시행 및 공고) ① 법무부장관은 매년 1회 이상 시험을 실시하되, 그 실시계획을 공고하여야 한다. ② 제1항의 규정에 의한 공고에 관하여 필요한 사항은 대통령령으로 정한다.

「사법시험법 시행령」 제2조(시험의 공고) ① 법무부장관은 「사법시험법」(이하 "법"이라 한다) 제3조의 규정에 의하여 사법시험(이하 "시험"이라 한다)을 실시하고자 하는 때에는 그 시험일시·시험장소·시험방법·시험과목·응시자격·선발예정인원 및 출원절차 등을 매년 1월 31일까지 관보와 인터넷 홈페이지 또는 일간지 등에 공고하여야 한다.

「국가인권위원회법」 제1조(목적) 이 법은 국가인권위원회를 설립하여 모든 개인이 가지는 불가침의 기본적 인권을 보호하고 그 수준을 향상시킴으로써 인간으로서의 존엄과 가치를 실현하고 민주적 기본질서의 확립에 이바지함을 목적으로 한다.

「미용업자 위생관리기준」 공중위생관리법 제4조 제4항의 규정에 의하여 미용업자가 준수하여야 할 위생관리기준은 다음과 같다.

1. 점빼기·귓볼뚫기·쌍꺼풀수술·문신·박피술 그 밖에 이와 유사한 의료행위를 하여서는 아니 된다. (이하 생략)

「서울특별시 보도(步道)상 영업시설물 관리 등에 관한 조례」 제3조(점용허가) ④ 도로점용 허가기한이 만료되는 운영자는 본인 및 배우자 소유의 부동산, 「국민기초생활보호법 시행규칙」 제3조 제1항 제1호 다목의 규정에 의한 임차보증금 및 같은 조 같은 항 제2호 규정에 의한 금융재산을 합하여 2억 원 미만인 자에 한하여 1년의 범위 안에서 2회에 한하여 갱신 허가한다.

해설 및 채점기준

문 1[52] 20점

Ⅰ. 기본권주체성 [10점]

甲은 외국인이다. 헌법에는 외국인이 기본권의 주체가 될 수 있는가에 대해 명시적인 규정이 없고, 다만 제6조 제2항에서 "외국인은 국제법과 조약이 정하는 바에 의하여 그 지위가 보장된다."고 규정하고 있을 뿐인바, 외국인의 기본권 주체성에 대하여 학설은 부정설과 긍정설로 나뉘고 있다. - ②

헌법재판소는 '국민' 또는 '국민과 유사한 지위에 있는 외국인'은 기본권의 주체가 될 수 있다고 판시하였다.[53] 한편 그렇지 아니한 외국인에게는 모든 기본권이 무한정 인정될 수 있는 것이 아니라 '인간의 권리'의 범위 내에서만 인정된다(권리성질설).[54] - ②

그동안 헌법재판소는 인간의 존엄과 가치, 행복추구권, 평등권에 대하여,[55] 근로의 권리 중 "일할 환경에 관한 권리"에 대하여,[56] 그리고 신체의 자유, 주거의 자유, 변호인의 조력을 받을 권리, 재판청구권에 대하여[57] 외국인의 기본권주체성을 인정하였다. - ②

甲은 중국 국적의 외국인이지만 한국에서 태어났고, 관련 법령에 따라 적법하게 미용사면허를 취득하여 '국민과 유사한 지위에 있는 외국인'이라고 할 수 있으므로, 비록 외국인이라 하여도 기본권주체성이 인정된다. - ②

52) 이 문제와 채점기준은 2013년 제2회 변호사시험 공법기록형 문제를 기초로 구성되었음.
53) 헌재 1994.12.29. 93헌마120 결정 참조.
54) 헌재 2011.9.29. 2007헌마1083등 결정 참조.
55) 헌재 2001.11.29. 99헌마494 결정 참조.
56) 헌재 2007.8.30. 2004헌마670 결정 참조.
57) 헌재 2012.8.23. 2008헌마430 결정 참조.

한편, 그렇지 않다 하더라도 앞에서 본 바와 같이 평등권은 인간의 권리이고, 헌법재판소는 외국인이 대한민국 법률에 따른 허가를 받아 국내에서 일정한 직업을 수행함으로써 근로관계가 형성된 경우, 그러한 범위에서 제한적으로 직업의 자유에 대한 기본권주체성을 인정할 수 있다고 하였는바,[58] 사안에서 甲은 대한민국 법률에 따른 미용사면허를 취득했다는 점에서 직업수행의 자유의 기본권 주체성이 인정된다고 할 것이다. - ②

Ⅱ. 보충성 [6점]

헌법소원은 다른 법률에 구제절차가 있는 경우에는 그 절차를 모두 거친 후에 심판청구를 하여야 한다(헌재법 제68조 제1항 단서). 그러나 헌법재판소는 법에는 명문의 규정이 없지만, 법률상 구제절차가 없는 경우나 전심절차 이행의 기대가능성이 없을 때에는 바로 헌법소원을 제기할 수 있다고 하여 일정한 경우 보충성의 예외를 인정하고 있다. - ③

대법원은, "어떠한 고시가 일반적·추상적 성격을 가질 때에는 법규명령 또는 행정규칙에 해당할 것이지만, 다른 집행행위의 매개 없이 그 자체로서 직접 국민의 구체적인 권리의무나 법률관계를 규율하는 성격을 가질 때에는 항고소송의 대상이 되는 행정처분에 해당한다."고 판시하고 있다.[59] 그러나 법원에서 보건분야 관련 고시에 대해서 행정처분성을 인정하는 판결이 선고된 일이 있다고 하더라도, 보건분야 관련 고시의 내용과 성격이 다양하여 법원에서 모든 보건분야 관련 고시에 대하여 행정처분성을 인정할 것이라고 단정할 수 없으므로,[60] 고시조항에 대한 행정소송이 적법할지 여부는 객관적으로 명확하다고 할 수 없고, 따라서 보충성 원칙의 예외에 해당한다고 할 것이므로 이 사건 심판청구는 보충성의 요건을 갖추고 있다. - ③

Ⅲ. 권리보호이익 [2점]

헌법소원제도는 국민의 기본권침해를 구제해 주는 제도이므로 그 제도의 목

58) 헌재 2011.9.29. 2007헌마1083등 결정 참조.

59) 대법원 2003.10.9.자 2003무23 결정 ; 대법원 2004.5.12.자 2003무41 결정 ; 대법원 2006.9.22. 선고 2005두2506 판결 ; 대법원 2006.12.21. 선고2005두16161 판결 등 참조.

60) 헌재 2010.10.28. 2008헌마408 결정 참조.

적상 권리보호의 이익이 있는 경우에 비로소 이를 제기할 수 있다.[61] 사안에서 헌법재판소가 고시조항에 대하여 위헌결정을 선고하면 甲은 미용사로서 점빼기·귓볼뚫기를 할 수 있는 것이므로 권리보호이익이 존재한다.

Ⅳ. 변호사강제주의 [2점]

헌재법 제25조 제3항의 규정에 의하면 사인(私人)은 그 자신이 변호사가 아닌 한 변호사를 대리인으로 선임하여 심판청구를 하여야 한다. 사안에서 甲은 변호사를 선임하였으므로 이 요건도 충족한다.

문 2[62] 20점

헌재법 제68조 제1항에 따른 헌법소원의 적법요건 중 "법적 관련성"이란 자기관련성, 현재성, 직접성을 말한다. - ①

Ⅰ. 자기관련성 [4점]

공권력작용은 일정한 상대방을 전제로 그들을 향하여 이루어지게 되는데, 헌법소원심판절차에서 자기관련성이 입증되려면 청구인이 그 공권력작용의 상대방이라는 점이 인정되어야 한다. - ②

사안에서 乙은 도로점용허가 갱신신청을 하고자 하는 자이고 이 경우 조례조항의 적용대상이 되므로 자기관련성이 인정된다. - ②

Ⅱ. 현재성 [4점]

헌법소원의 청구인은 공권력작용과 현재 관련이 있어야 하며, 장래 어느 때인가 관련될 수 있을 것이라는 것만으로는 헌법소원을 제기하기에 족하지 않다. 즉, 청구인이 현재 기본권을 침해당한 경우이어야 한다.[63] - ②

사안에서 乙은 자신의 자산가액이 2억원을 초과하여 조례조항으로 인하여 현

61) 헌재 1997.1.16. 90헌마110 결정.

62) 이 문제와 채점기준은 헌재 2008.12.26. 2007헌마1387 결정 및 2016년 제5회 변호사시험 공법 사례형 〈제2문의 4〉를 기초로 구성되었음.

63) 헌재 1994.6.30. 91헌마162 결정.

재 갱신허가를 받을 수 없는 것이므로 현재성 요건을 충족한다. - ②

Ⅲ. 직접성 [11점]

헌법소원의 청구인은 공권력작용으로 인하여 직접적으로 기본권이 침해되어야 하는데, 여기서 말하는 기본권침해의 직접성이란 집행행위에 의하지 아니하고 법령 자체에 의하여 자유의 제한, 의무의 부과, 권리 또는 법적 지위의 박탈이 생긴 경우를 뜻한다.[64] - ③

그리고 여기에서 말하는 '집행행위'는 "아직 청구인의 권리관계를 변동시킬 수 있는 가능성만을 가진 법령에 근거하여, 청구인의 법률관계를 구체적으로 변동시키는 행위"라고 말할 수 있다. 그리고 이때의 집행행위는 공권력행사로서의 집행행위를 의미한다.[65] - ①

그러나 법규범이 집행행위를 예정하고 있더라도 법규범의 내용이 집행행위 이전에 이미 국민의 권리관계를 직접 변동시키거나 국민의 법적 지위를 결정적으로 정하는 것이어서 국민의 권리관계가 집행행위의 유무나 내용에 의하여 좌우될 수 없을 정도로 확정된 상태라면 그 법규범의 권리침해의 직접성이 인정된다.[66] - ②

조례조항은 (관할구청장의) 갱신허가처분 내지 갱신허가거부처분이라는 집행행위가 예정되어 있으나, 자산가액이 2억 원 이상인 자들에 대하여는 갱신허가 신청이 거부될 것이고, 자산가액이 2억 원 미만인 자들에 대하여는 갱신허가될 것이라는 점이 이미 조례조항 자체에 의하여 일의적이고 명백하게 정해져 있다. 따라서 집행행위 이전에 국민의 법적 지위를 결정적으로 정하는 것이라고 볼 수 있으므로 권리침해의 직접성이 인정된다. - ③

다만, "법령의 규정에 따라 구체적인 집행행위가 필요적으로 예정되어 있는 경우에도 그 집행행위를 대상으로 행정소송 등 구제절차를 먼저 거치지 않은 상태에서 헌법소원심판을 허용한다면, 설령 그 근거 법령에 대하여 위헌결정이 있더라도 이미 집행행위가 확정되어 당연히 무효로 되거나 취소될 수 없는 경우가

---

64) 헌재 1992.11.12. 91헌마192 결정 참조.

65) 헌재 1996.4.25. 95헌마331 결정.

66) 헌재 1997.7.16. 97헌마38 결정 ; 헌재 2004.8.26. 2003헌마337 결정 ; 헌재 2008.6.26. 2005헌마173 결정 등 참조.

발생할 수 있다. 이 경우 헌법소원심판을 청구한 사람은 오히려 권리구제를 받지 못하게 된다. 그러므로 법령에서 특정한 집행행위를 필요적으로 하도록 일의적으로 요구하고 있다는 사정만으로 직접성을 인정할 수는 없다."고 판시한 판례의 입장[67]에 의하면 직접성을 부인하게 된다. - ②

문 3[68] 10점

헌재법 제68조 제1항은 "공권력의 행사 또는 불행사"로 인하여 기본권을 침해받은 자가 헌법소원을 청구할 수 있다고만 되어 있을 뿐, 헌법소원의 대상으로서의 "공권력의 행사 또는 불행사"가 무엇을 의미하는 것인가에 대하여 구체적으로 규정하고 있지 않다. 다만, 헌법소원심판의 대상이 될 수 있는 공권력의 행사 또는 불행사는 헌법소원의 본질상 대한민국 국가기관 또는 지방자치단체의 공권력작용(입법권·행정권·사법권)을 의미하고 외국이나 국제기관의 공권력작용은 이에 포함되지 아니한다.[69] - ②

공고의 법적 성질은 일률적으로 판단될 것이 아니라 공고에 담겨진 내용에 따라 구체적인 경우마다 달리 결정된다. 즉, 그 공고 등이 법령에 근거하여 법령의 내용을 구체적으로 보충하거나 세부적인 사항을 확정하는 것일 때에는 공권력의 행사에 해당한다.[70] - ②

그러나, 그것이 법령에 정해지거나 이미 다른 공권력 행사를 통하여 결정된 사항을 단순히 알리는 것 또는 대외적 구속력이 없는 행정관청 내부의 해석지침에 불과한 것인 때에는 공권력의 행사에 해당하지 않는다.[71] - ②

---

67) 헌재 2013.7.25. 2012헌마934 결정 참조. 이에 따라 헌법재판소는 지정재판부에서 이러한 경우에 직접성 요건 미비로 각하해 오고 있다. [헌재(제1지정재판부) 2014.3.17. 2014헌마157 결정 ; 헌재(제2지정재판부) 2014.6.17. 2014헌마408 결정 ; 헌재(제1지정재판부) 2014.12.30. 2014헌마1048 결정 ; 헌재(제3지정재판부) 2015.1.13. 2014헌마1142 결정 ; 헌재(제1지정재판부) 2016.7.19. 2016헌마535 결정 ; 헌재(제1지정재판부) 2016.8.2. 2016헌마607 결정 ; 헌재(제1지정재판부) 2017.8.8. 2017헌마799 결정 ; 헌재(제2지정재판부) 2017.11.27. 2017헌마1208 결정 ; 헌재(제3지정재판부) 2018.11.6. 2018헌마1034 결정 ; 헌재(제2지정재판부) 2018.12.4. 2018헌마1097 결정 ; 헌재(제3지정재판부) 2018.12.11. 2018헌마1100 결정 ; 헌재(제1지정재판부) 2019.11.26. 2019헌마1246 결정 ; 헌재(제2지정재판부) 2020.2.4. 2020헌마138 결정 등]

68) 헌재 2010.6.24. 2010헌마41 결정 참조.

69) 헌재 1997.9.25. 96헌마159 결정 참조.

70) 헌재 1996.4.25. 94헌마119 결정 ; 헌재 2004.3.25. 2001헌마882 결정 등 참조.

사안에서 사법시험법(제3조)과 동법시행령(제2조 제1항)은 법무부장관이 매년 1회 이상 사법시험을 실시하여야 하고, 시험일시·시험장소·시험방법·시험과목·응시자격·선발예정인원·출원절차 등을 관보와 인터넷 홈페이지 또는 일간지 등에 공고하여야 한다고만 규정할 뿐, 구체적인 시험일자에 관해서는 정하고 있지 않다. - ②

이에 따라 2017년도 사법시험의 구체적인 시험일자는 법무부장관의 사법시험 실시계획공고에 따라 비로소 확정되므로, 위 공고는 법령에 근거하여 그 내용을 구체적으로 보충하거나 세부적인 사항을 확정하는 것으로서 헌법소원심판청구의 대상이 되는 공권력행사에 해당한다. - ②

문 4 25점

4-1.[72] [13점]

권한쟁의심판에서의 당사자능력이란 추상적으로 권한쟁의심판의 청구인 또는 피청구인이 될 수 있는 능력을 말한다. - ①

헌법은 제111조 제1항 제4호에서 헌법재판소의 관장사항의 하나로 "국가기관 상호간, 국가기관과 지방자치단체 간 및 지방자치단체 상호간의 권한쟁의에 관한 심판"이라고 규정하고 있을 뿐 권한쟁의심판의 당사자가 될 수 있는 국가기관의 종류나 범위에 관하여는 아무런 규정을 두고 있지 않고, 이에 관하여 특별히 법률로 정하도록 위임하고 있지도 않다. 따라서 입법자인 국회는 권한쟁의심판의 종류나 당사자를 제한할 입법형성의 자유가 있다고 할 수 없고, 헌법 제111조 제1항 제4호에서 말하는 국가기관의 의미와 권한쟁의심판의 당사자가 될 수 있는 국가기관의 범위는 결국 헌법해석을 통하여 확정하여야 할 문제이다. - ④

헌법 제111조 제1항 제4호 소정의 "국가기관"에 해당하는지 아닌지를 판별함에 있어서는 1) 그 국가기관이 헌법에 의하여 설치되고 헌법과 법률에 의하여 독자적인 권한을 부여받고 있는지 여부, 2) 헌법에 의하여 설치된 국가기관 상호간의 권한쟁의를 해결할 수 있는 적당한 기관이나 방법이 있는지 여부 등을 종합적으로 고려하여야 한다.[73] - ③

71) 헌재 1997.7.16. 97헌마70 결정 ; 헌재 2001.2.22. 2000헌마29 결정 등 참조.

72) 헌재 1997.7.16. 96헌라2 결정 ; 헌재 2010.10.28. 2009헌라6 결정 참조.

그런데, 헌법상 국가에게 부여된 임무 또는 의무를 수행하고 그 독립성이 보장된 국가기관이라고 하더라도, 오로지 법률에 설치근거를 둔 국가기관이라면 국회의 입법행위에 의하여 존폐 및 권한범위가 결정될 수 있으므로, 이러한 국가기관은 '헌법에 의하여 설치되고 헌법과 법률에 의하여 독자적인 권한을 부여받은 국가기관'이라고 할 수 없다. - ②

그러므로, 국가인권위원회가 수행하는 업무의 헌법적 중요성, 기관의 독립성 등을 고려한다고 하더라도, 국회가 제정한 '국가인권위원회법'에 의하여 비로소 설립된 국가인권위원회는 국회의 위 법률 개정행위에 의하여 존폐 및 권한범위 등이 좌우되므로, 헌법 제111조 제1항 제4호 소정의 헌법에 의하여 설치된 국가기관에 해당한다고 할 수 없다. 즉, 권한쟁의심판의 당사자능력은 헌법에 의하여 설치된 국가기관에 한정하여 인정하는 것이 타당하므로, 법률에 의하여 설치된 국가인권위원회에게는 권한쟁의심판의 당사자능력이 인정되지 아니한다. - ③

4-2.[74] [12점]

헌법은 '국가기관'과는 달리 '지방자치단체'의 경우에는 그 종류를 법률로 정하도록 규정하고 있고(제117조 제2항), 지방자치법은 위와 같은 헌법의 위임에 따라 지방자치단체의 종류를 특별시, 광역시, 도, 특별자치도와 시, 군, 구로 정하고 있으며(지방자치법 제2조 제1항), 헌재법은 지방자치법이 규정하고 있는 지방자치단체의 종류를 감안하여 권한쟁의심판의 종류를 정하고 있다. 즉, 지방자치법은 헌법의 위임을 받아 지방자치단체의 종류를 규정하고 있으므로 헌법재판소가 헌법해석을 통하여 권한쟁의심판의 당사자가 될 지방자치단체의 범위를 새로이 확정하여야 할 필요가 없다. - ④

따라서 헌법 자체에 의하여 국가기관의 종류나 그 범위를 확정할 수 없고 달리 헌법이 이를 법률로 정하도록 위임하지도 않은 상황에서, 헌법재판소가 헌재법 제62조 제1항 제1호가 규정하는 '국회, 정부, 법원 및 중앙선거관리위원회 등'은 국가기관의 예시에 불과한 것이라고 해석할 필요가 있었던 것과는 달리, 지방자치단체 상호간의 권한쟁의심판을 규정하고 있는 헌재법 제62조 제1항 제3호

73) 헌재 1997.7.16. 96헌라2 결정 참조.

74) 헌재 2010.4.29. 2009헌라11 결정 ; 헌재 2016.6.30. 2014헌라1 결정 참조.

의 경우에는 이를 예시적으로 해석할 필요성 및 법적 근거가 없는 것이다. - ③

지방자치단체의 의결기관 구성원과 그 기관 대표자 간의 권한쟁의는 헌법 및 법률에 의하여 헌법재판소가 관장하는 지방자치단체 상호간의 권한쟁의심판의 범위에 해당하지 아니함이 법문상으로 명백할 뿐 아니라, 헌재법 제62조 제1항 제3호가 규정하고 있는 지방자치단체 상호간 권한쟁의심판의 종류가 예시적인 것이라고 해석할 여지도 없다. - ②

결국 지방자치단체의 의결기관을 구성하는 지방의회 의원과 그 기관의 대표자인 지방의회 의장 사이의 내부적 분쟁에 관련된 이 사건 심판청구는, 헌법재판소가 관장하는 지방자치단체 상호간의 권한쟁의심판에 속하지 아니하고, 달리 헌재법 제62조 제1항 제1호의 국가기관 상호간의 권한쟁의심판이나 제62조 제1항 제2호의 국가기관과 지방자치단체 상호간의 권한쟁의심판에 해당한다고 볼 수도 없으므로, 위 심판청구는 헌재법 제62조 제1항의 권한쟁의심판에 해당하지 않는다고 할 것이다. - ③

문 5 25점

5-1.[75] [17점]

Ⅰ. 서론

당사자적격은 특정의 사건에서 정당한 당사자로서 심판을 수행하고 본안결정을 받기에 적합한 자격을 말하므로, 당사자능력을 가지는 것을 전제로 구체적인 사안에서 누가 청구인 또는 피청구인이 될 것인가의 문제이다. 사안은 국회의 조약에 대한 동의권 침해를 국회가 아닌 국회의원들이 다투는 것이므로 제3자 소송담당의 인정여부에 관한 문제이다. - ③

Ⅱ. 제3자 소송담당의 인정 필요성

오늘날 정부와 국회의 권력이 다수당을 중심으로 형성되는 현대의 정당국가적 권력분립구조 하에서는 의회와 행정부가 정당을 통하여 융화되는 현상을 보

75) 2008년 제50회 사법시험 헌법 〈제2문의 2〉 참조.

이고 있고, 그에 따라 의회의 대정부 견제기능이 약화되는 부작용이 초래되기도 한다. 그리하여 고전적 권력분립의 원칙을 의회 내에서의 여당과 야당 간의 기능적 권력분립이론을 통해 보완하여야 한다는 실질적·기능적 권력분립이론이 주장되고 있다. - ②

그와 같은 실질적 권력분립이론은 헌법이 지향하는 소수자보호의 이념에 부합하는 것이기도 하다. 정부와 의회가 다수당에 의해 지배되는 경우, 의회의 헌법상 권한이 행정부에 의해 침해되었거나 침해될 위험에 처하였음에도 불구하고 의회의 다수파 또는 특정 안건에 관한 다수세력이 그에 대한 방어를 제대로 하지 않는 상황이 초래될 수 있다. - ②

이와 같이 의회의 헌법적 권한이 제대로 수호되지 못하고 헌법의 권력분립 질서가 왜곡되는 상황하에서는, 의회 내 소수파 의원들의 권능을 보호하는 것을 통하여 궁극적으로는 의회의 헌법적 권한을 수호하기 위하여, 그들에게 일정한 요건하에 국회를 대신하여 국회의 권한침해를 다툴 수 있도록 하는 법적 지위를 인정할 필요가 있고, 그 구체적 방안으로서 '제3자 소송담당'을 인정할 필요가 있다. - ②

헌법소송의 주된 법원(法源)인 헌재법이 그 제정 당시 헌법재판 역사와 경험의 일천(日淺)으로 인하여 헌법소송에 필요한 모든 규율을 완결적으로 담아내지 못하였음은 주지의 사실이다. 한편, 헌재법이 제40조 제1항에서 '헌법재판소법에 특별한 규정이 있는 경우를 제외하고는 민사, 형사 또는 행정소송에 관한 법령을 준용'하도록 규정하면서, 다시 '헌법재판의 성질에 반하지 아니하는 한도 내에서'라고 단서를 달고 있는 것은, 헌재법이 완결적이지 못함을 스스로 인정하고, 나아가 헌법재판 또는 헌법소송이 여타의 소송과는 다른 특성과 특질을 가지고 있다는 것을 표명한 것이다. - ③

이에 비추어 볼 때, 헌법재판 또는 헌법소송에 관하여는 헌법재판소가 헌법의 원리와 지도정신에 의거한 창조적 법형성으로 법적 흠결을 보완해 나갈 여지가 주어져 있고, 또한 그것이 예정되어 있는 것이라고 보아야 할 것이다. 따라서 독일의 예[76]와 같이 최소한 국회의 교섭단체 소속 국회의원 전원에게는 제3자 소

76) 연방헌법재판소법 제64조(청구의 적법성) ①청구인이 피청구인의 처분 또는 부작위가 기본법에 의하여 부여된 청구인 또는 **그가 속한 기관**의 권리와 의무를 침해하였다거나 직접 위태롭게 하였다고 주장하는 경우에 한하여 청구를 할 수 있다.

송담당의 방식으로 권한쟁의심판을 청구할 수 있는 지위를 인정해야 할 것이다. - ③

Ⅲ. 결론

사안에서 청구인들은 국회의 소수 야당 교섭단체 소속 국회의원 전원이므로 당사자(청구인)적격을 인정할 수 있다. - ②

5-2. [8점]

국회의원의 법률안 심의·표결권은 의회민주주의의 원리, 입법권을 국회에 귀속시키고 있는 헌법 제40조, 국민에 의하여 선출되는 국회의원으로 국회를 구성한다고 규정하고 있는 헌법 제41조 제1항 및 국회의결에 관하여 규정한 헌법 제49조로부터 당연히 도출되는 헌법상의 권한이다.[77] - ②

그러나 국회의 동의권이 침해되었다고 하여 동시에 국회의원의 심의·표결권이 침해된다고 할 수 없고, 또 국회의원의 심의·표결권은 국회의 대내적인 관계에서 행사되고 침해될 수 있을 뿐 다른 국가기관과의 대외적인 관계에서는 침해될 수 없는 것이므로, 국회의원들 상호간 또는 국회의원과 국회의장 사이와 같이 국회 내부적으로만 직접적인 법적 연관성을 발생시킬 수 있을 뿐이고, 대통령 등 국회 이외의 국가기관과 사이에서는 권한침해의 직접적인 법적 효과를 발생시키지 아니한다. - ④

따라서 사안에서 피청구인 대통령이 국회의 동의 없이 조약을 체결·비준하였다 하더라도, 국회의 체결·비준 동의권이 침해될 수는 있어도 국회의원인 청구인들의 심의·표결권이 침해될 가능성은 없다.[78] - ②

77) 헌재 1997.7.16. 96헌라2 결정 ; 헌재 2000.2.24. 99헌라1 결정 ; 헌재 2009.10.29. 2009헌라8등 결정 참조.

78) 헌재 2007.7.26. 2005헌라8 결정 ; 헌재 2008.1.17. 2005헌라10 결정 참조.

문제 2

문 1 30점

甲은 관할 경찰서장에게 신고하지 아니한 채, 2016.1.7. 15 : 00경부터 같은 날 16 : 00경까지 사이에 미신고 옥외집회를 주최하였다는 이유로 광주지방법원에 기소되었고, 위 법원은 甲에 대하여 벌금 100만원을 선고하였다(2016고단111). 이에 甲은 항소하고(위 법원 2016노222), 항소심 계속 중 위 판결에서 자신에게 적용된 '집회 및 시위에 관한 법률'(이하 "집시법"이라 한다)상 미신고 옥외집회 처벌조항(이하 "A조항"이라 한다)에 대하여 위헌법률심판제청신청을 하였으나, 위 법원은 2016.7.19. 甲의 항소와 위헌법률심판제청신청을 모두 기각하였다. 이에 甲은 위 기각결정문을 2016.7.29. 송달받고 변호사 乙을 대리인으로 선임하여 2016.8.29. 헌재법 제68조 제2항에 따른 헌법소원심판을 청구하였다. 이 헌법소원에 대하여 적법요건을 검토하시오. [다만, 甲이 위 항소심 판결에 대하여 상고하지 않아 동 판결이 그 무렵 확정되었음을 전제할 것]

문 2 20점

丙과 丁은 "B조항"에 근거한 행정처분에 대하여 그 취소소송을 제소기간 내에 각 따로 제기하였다. 丁은 그 취소소송 계속 중 B조항에 대하여 위헌법률심판제청을 신청하였고 법원은 이를 받아들여 헌법재판소에 위헌법률심판을 제청하였으며, 헌법재판소는 심리 끝에 B조항에 대하여 위헌결정을 선고하였다. 아직 위헌제청신청을 하지 않은 丙이 위 헌법재판소의 위헌결정의 효력을 현재 법원에 계속중인 자신의 위 취소소송에서 주장할 수 있는가?

문 3 25점

야당 소속 국회의원들은 '신문 등의 자유와 기능보장에 관한 법률 전부개정법률안'과 '방송법 중 일부개정법률안'(이하 "이 사건 법률안"이라 한다)을 2009년 7월 22일 15 : 00경 개의된 제283회 국회임시회 제2차 본회의에서 의결하는 과정에서 '대리투표' 및 '일사부재의의 원칙 위반'을 들어, 국회의장을 상대로 '국회의원의 심의·표결권 침해’ 및 ‘국회의장의 가결선포행위에 대한 무효확인’을 내용으로 하는 권한쟁의심판을 같은 달 23일에 헌법재판소에 청구하였다(2009헌라8). 한편 청구인들은 위 가결선포된 이 사건 법률안이 정부로 이송되어 대통령이 서명·공포하기 이전에 위 가결선포행위에 대해 헌법재판소에 효력정지 가처분신청을 하고자 한다. 가처분신청이 인용되어야 한다는 청구인들의 주장을 뒷받침할 수 있는 논거를 제시하시오. [다만, 가처분신청의 적법요건은 언급하지 아니함]

문 4 25점

“C조항”에 대하여 헌법재판소에서 합헌결정이 선고되었음에도 ○○지방법원은 (다른 사건에서) C조항에 대하여 위헌법률심판을 헌법재판소에 제청하였다. 동 사건의 통지를 받은 법무부장관은 합헌결정에 기속력을 인정하지 아니하면 이미 합헌결정이 이루어진 법률에 대해 반복적인 위헌제청이 가능하게 되어 불필요하게 동일한 법적 문제를 반복하여 판단하게 된다는 이유 등을 들어, 위 사건을 합헌결정의 기속력 위반을 이유로 각하해야 한다는 내용의 의견서를 제출하였다. 이 사건의 검토를 담당하는 헌법연구관의 입장에서 위 법무부장관의 의견을 반박하는 내용의 검토보고서를 작성하되, 답안 작성의 형식으로 하시오.

[참고자료] 달력 : 2016년 7월 ~ 2017년 2월

2016년 7월

일	월	화	수	목	금	토
					1	2
3	4	5	6	7	8	9
10	11	12	13	14	15	16
17	18	19	20	21	22	23
24/**31**	25	26	27	28	29	30

2016년 8월

일	월	화	수	목	금	토
	1	2	3	4	5	6
7	8	9	10	11	12	13
14	**15**	16	17	18	19	20
21	22	23	24	25	26	27
28	29	30	31			

2016년 9월

일	월	화	수	목	금	토
				1	2	3
4	5	6	7	8	9	10
11	12	13	**14**	**15**	**16**	17
18	19	20	21	22	23	24
25	26	27	28	29	30	

2016년 10월

일	월	화	수	목	금	토
						1
2	**3**	4	5	6	7	8
9	10	11	12	13	14	15
16	17	18	19	20	21	22
23/**30**	24/31	25	26	27	28	29

2016년 11월

일	월	화	수	목	금	토
		1	2	3	4	5
6	7	8	9	10	11	12
13	14	15	16	17	18	19
20	21	22	23	24	25	26
27	28	29	30			

2016년 12월

일	월	화	수	목	금	토
				1	2	3
4	5	6	7	8	9	10
11	12	13	14	15	16	17
18	19	20	21	22	23	24
25	26	27	28	29	30	31

2017년 1월

일	월	화	수	목	금	토
1	2	3	4	5	6	7
8	9	10	11	12	13	14
15	16	17	18	19	20	21
22	23	24	25	26	**27**	**28**
29	**30**	31				

2017년 2월

일	월	화	수	목	금	토
			1	2	3	4
5	6	7	8	9	10	11
12	13	14	15	16	17	18
19	20	21	22	23	24	25
26	27	28				

해설 및 채점기준

문 1 30점

Ⅰ. 서론 (문제의 소재) [3점]

헌재법 제68조 제2항의 규정에 따른 헌법소원의 적법요건으로는 ① 대상적격(법률), ② 법원의 위헌제청신청에 대한 기각(각하)결정이 있을 것, ③ 재판의 전제성, ④ 청구기간, ⑤ 변호사강제주의 및 ⑥ 일사부재리 등이 있다. 이하에서 구체적으로 살펴본다.

Ⅱ. 적법요건의 검토 [25점]

1. 대상적격 (심판의 대상) (2점)

법 제68조 제2항에 따른 헌법소원심판의 대상 즉 청구대상은 형식적 의미의 법률 및 법률과 같은 효력을 가지는 규범인바,[79] 사안에서 A조항은 형식적 의미의 법률이므로 대상적격을 충족한다.

2. 위헌법률심판제청신청 및 기각(각하)결정 (2점)

사안에서 甲은 A조항에 대하여 위헌법률심판제청신청을 하였으나 법원이 2016.7.19. 기각결정을 하였으므로 이 요건을 충족한다.

3. 재판의 전제성 (15점)

가. 의의 및 요건

재판의 전제성이라 함은 위헌법률심판의 제청이나 헌재법 제68조 제2항의 헌법소원심판청구에는 법률이 헌법에 위반되는지 여부가 법원(군사법원 포함)이 담당하는 당해사건의 재판에 전제가 되어야 한다는 것이다. - ①

재판의 전제성의 요건으로는 첫째, 구체적인 소송(당해사건)이 법원에 적법하

79) 헌재 2013.3.21. 2010헌바70등 결정.

게 계속 중일 것, 둘째, 위헌여부가 문제되는 법률조항이 당해사건의 재판에 적용될 것, 셋째, 위 법률조항의 위헌여부에 따라 당해사건 법원이 다른 내용의 재판을 할 것 등의 요건이 충족되어야 한다. 여기서 '다른 내용의' 재판을 하게 되는 경우라 함은, 법원이 심리중인 당해사건의 재판의 결론이나 주문에 어떤 영향을 주는 경우뿐만 아니라 (이유를 달리함으로써) 재판의 내용과 효력에 관한 법률적 의미가 달라지는 경우를 말한다. - ④

나. 사안에의 적용

(1) 첫째 요건

이 요건은 헌재법 제41조 제1항 소정의 위헌제청사건의 경우에는 위헌제청결정 당시는 물론이고 헌법재판소의 결정시까지 구체적 사건이 법원에 적법하게 계속중이어야 한다는 의미이고, 헌재법 제68조 제2항 소정의 헌법소원심판사건의 경우에는 위헌제청신청시 구체적 사건이 법원에 적법하게 계속중이어야 한다는 의미이다. - ②

사안에서 보는 바와 같이, 甲이 위헌법률심판제청신청을 제기할 당시 甲에 대한 집시법위반 피고사건이 광주지방법원 2016노222호로 적법하게 계속중이었다. 따라서 첫째 요건을 충족한다. - ①

(2) 둘째 요건

사안에서 甲은 미신고 옥외집회를 주최하였다는 이유로 기소되어 재판을 받게 된 것이므로 A조항은 당해사건에 직접 적용되는 법률조항임이 분명하다. 따라서 둘째 요건도 충족한다. - ②

(3) 셋째 요건

대법원 판례에 의하면, 위헌결정으로 인하여 형벌에 관한 법률 또는 법률조항이 소급하여 그 효력을 상실한 경우에는 당해 법조를 적용하여 기소한 "피고사건이 범죄로 되지 아니한 때"(형사소송법 제325조)에 해당하여 무죄를 선고하여야 한다.[80)] - ②

80) 대법원 1991.10.22. 선고 91도1617 전원합의체판결. 同旨, 대법원 1992.5.8. 선고 91도2825 판결 ; 대법원 2003.6.27. 선고 2002도7403 판결 ; 대법원 2007.6.28. 선고 2005도8317 판결.

사안에서 당해사건은 유죄판결이 확정되었지만(광주지방법원 2016노222), A 조항에 대하여 헌법재판소에서 위헌결정이 선고된다면 헌재법 제75조 제7항에 따른 재심사건에서 甲에 대하여 다른 내용의 재판, 즉 무죄판결이 선고될 것이다. 따라서 위 셋째 요건도 충족한다. - ②

다. 소결

이상 살펴본 바와 같이 재판의 전제성 요건을 갖추었다. - ①

4. 청구기간 (3점)

헌재법 제69조 제2항의 규정에 의하면 위헌법률심판제청신청을 기각하는 결정을 통지받은 날부터 30일 이내에 헌법소원심판을 청구하여야 한다. - ①

사안에서 甲은 위헌제청신청에 대한 기각결정문을 2016.7.29. 송달받았으므로 그날부터 30일 이내인 2016.8.28.까지 헌법소원을 제기하여야 하는데, 그날은 일요일이라 공휴일이므로 그 다음날인 2016.8.29. 제기한 甲의 심판청구는 청구기간을 준수하였다(헌재법 제40조 제1항, 민법 제161조). - ②

5. 변호사강제주의 등 (3점)

헌재법 제25조 제3항의 규정에 의하면 사인(私人)은 그 자신이 변호사가 아닌 한 변호사를 대리인으로 선임하여 심판청구를 하여야 한다. - ①

사안에서 甲은 변호사인 乙을 대리인으로 선임하여 심판청구를 하였으므로 변호사강제주의 요건을 충족하였고, 그 밖에 일사부재리(헌재법 제39조)는 이 사안과 무관하다. - ②

Ⅲ. 결론 [2점]

따라서 사안에서 甲의 심판청구는 헌재법 제68조 제2항의 헌법소원이 요구하는 적법요건을 모두 충족하므로 적법하다.

문 2[81] 20점

Ⅰ. 서론 [5점]

헌재법 제47조 제2항은 비형벌조항에 대한 위헌결정의 경우 장래효원칙을 규정하고 있는데, 헌법재판소는 이 규정에 대하여 합헌결정을 선고하였다.[82] 그러나 헌법재판소와 대법원은 구체적 규범통제의 실효성 보장 등을 위하여 일정한 경우에 소급효를 인정한다. 사안에서 丁이 받은 위헌결정의 효력을 丙이 자신의 소송에서 주장할 수 있는지, 즉 丁의 취소소송에서 B조항에 대하여 헌법재판소가 선고한 위헌결정의 소급효가 丙의 소송에 미치는지 여부가 문제된다.

Ⅱ. 비형벌조항에 대한 위헌결정의 소급효 인정범위 [13점]

헌법재판소는 구체적 규범통제의 실효성 보장 측면에서, ① 법원의 위헌제청, 당사자의 헌법소원청구 등을 통하여 헌법재판소에 법률의 위헌결정을 위한 계기를 부여한 당해사건, ② 위헌결정이 있기 전에 이와 동종의 위헌여부에 관하여 법원이 헌법재판소에 위헌제청을 하였거나 당사자가 법원에 위헌제청신청을 한 경우의 당해사건(동종사건), ③ 따로 위헌제청신청을 하지 아니하였지만 당해 법률 또는 법률의 조항이 재판의 전제가 되어 법원에 계속 중인 사건(병행사건)에 위헌결정의 소급효가 미친다고 보고 있다.[83] - ⑤

그 밖에 ④ 위헌결정 후에 제기된 일반사건 중에서 당사자의 권리구제를 위한 구체적 타당성의 요청이 현저한 반면에 소급효를 인정하여도 법적안정성을 침해할 우려가 없고 나아가 구법에 의하여 형성된 기득권자의 이득이 해쳐질 사안이 아닌 경우로서, 소급효의 부인이 오히려 정의와 형평 등 헌법적 이념에 심히 배치되는 때에도 소급효를 인정할 수 있다고 한다. - ②

한편 대법원은, 헌법재판소의 입장 중 위 ①, ②, ③의 경우뿐만 아니라, ④ 위헌결정 이후에 제소된 사건(일반사건)에도 미치나, 그 소급효는 (확정판결의 기판력이나 행정처분의 확정력, 법적안정성 및 신뢰보호원칙 등) 다른 법리에 의하여 제한

81) 2018년 제7회 변호사시험 공법사례형 〈제2문의 3〉 참조.

82) 헌재 1993.5.13. 92헌가10등 결정.

83) 헌재 1993.5.13. 92헌가10등 결정 ; 헌재 2000.8.31. 2000헌바6 결정 참조.

할 수 있다고 보고 있다. - ③

사안에서 丁이 B조항에 대하여 헌법재판소로부터 위헌결정을 받았을 때 丙은 같은 법률조항이 재판의 전제가 되어 법원에 계속 중이었는바, 당시 위헌제청신청을 하지 않은 상태이므로 위에서 말하는 "병행사건"에 해당한다. 따라서 헌법재판소나 법원의 어느 입장을 따르더라도 위 위헌결정의 효력의 소급효는 丙의 사건에도 미친다. - ③

Ⅲ. 결론 [2점]

사안에서 丙은 丁의 취소소송 중 헌법재판소가 선고한 B조항에 대한 위헌결정의 효력을 자신의 취소소송에서 주장할 수 있다.

문 3[84) 25점

Ⅰ. 서론 [3점]

가처분은 종국결정의 실효성을 확보하고 잠정적인 권리보호를 위해서 일정한 사전조치가 필요한 경우 헌법재판소가 하는 잠정적인 조치이다. 헌재법 제65조는 권한쟁의심판절차에서의 가처분에 대하여 규정하고 있다. 행정소송법 제23조 제2항과 민사집행법 제300조 제2항을 고려해 볼 때 가처분의 인용요건, 즉 가처분 사유로는 회복하기 어려운 손해의 예방, 긴급성, 이익형량이 요구된다.

Ⅱ. 가처분의 필요성 (가처분사유) [20점]

1. 회복하기 어려운 (중대한) 손해의 예방 (5점)

가처분을 하지 않으면 중대한 손해가 발생할 우려가 있어야 한다. 여기서의 손해는 첫째, 공공복리(헌법질서에 대한 침훼는 물론이고 정치·경제·사회 등 제 분야에서의 공익)에 대한 손해와, 둘째, 사적이거나 개인적인 이해관계상의 손해를 말하는데, 방지하려는 손해는 현저하거나 중대하여야 한다.85) - ③

84) 2011년 제53회 사법시험 헌법 〈제2문의 2〉 참조.

85) 김하열, 전게서(2018), 174-175면. 이에 대하여, 여기서 중대한 불이익은 '침해행위(본안소송

사안에서, 가처분을 하지 않아 위와 같이 가결선포된 법률안들이 효력이 발생한 후에 나중에 헌법재판소에 의해 위 가결선포행위가 위헌이라는 결정이 내려질 경우에 이는 회복하기 어려운 현저한 손해가 될 것이다. - ②

2. 긴급성 (5점)

가처분신청은 본안심판결정이 중대한 손해를 방지하기에 적절한 시간 내에 내려질 것을 기대할 수 없을 때에만 인용될 수 있다. 즉, 가처분으로 규율하고자 하는 현상이 이미 발생하였거나 시간적으로 매우 근접해 있음을 요한다. - ③

사안에서, 위와 같이 가결선포된 법률안들은 특별한 사정이 없는 한 정부로 이송되어 대통령이 서명·공포하면 곧 효력이 발생할 것이 명백하므로, 가처분으로 규율하고자 하는 현상이 시간적으로 매우 근접해 있다. - ②

3. 이익형량 (10점)

가처분결정을 위해서는 가처분신청을 인용하고 후에 본안심판이 기각되었을 때 발생하게 될 불이익과, 가처분신청을 기각하고 후에 본안심판이 인용되었을 때 발생하게 될 불이익을 형량하여 그 불이익이 적은 쪽을 선택하여야 한다. - ③

사안에서, 이 사건 가처분신청을 인용한 후에 본안인 권한쟁의심판(2009헌라8)이 기각된다면 그 사이에 법률안의 효력이 정지되었다가 본안심판의 기각결정과 함께 그 효력이 발생하는 불이익에 그치는 반면에, 가처분신청을 기각하였으나 후에 본안심판에서 인용결정이 선고되는 경우 신청인들의 침해된 권한은 회복이 어려울 뿐만 아니라 동 법률안의 효력이 소급적으로 무효가 될 것이므로 그 혼란은 이루 말할 수 없을 것이다. - ⑤

따라서 이익형량의 요건에 따르면 불이익이 적은 가처분인용을 택하여야 한다. - ②

Ⅲ. 결론 [2점]

이상과 같이 이 사건 가처분신청은 그 인용요건을 모두 갖추었다. 따라서 국회

의 소송물)가 위헌으로 결정될 경우 신청인이나 공공복리에 발생하게 될 회복하기 어려운 현저한 손해 또는 회복이 가능하다고 해도 중대한 불이익을 피할 수 없는 경우'를 말한다는 견해로 허영, 전게서(2020), 193면.

의장의 위 법률안 가결선포 행위의 효력을 헌법재판소 2009헌라8호 권한쟁의심판 청구사건에 대한 종국결정의 선고시까지 정지하는 결정이 선고되어야 한다.

문 4 25점

Ⅰ. 기속력의 법적 근거 [5점]

헌재법은 헌법재판소 결정의 기속력에 대하여 제47조 제1항, 제75조 제6항, 제75조 제1항, 제67조 제1항에서 언급하고 있다. 즉, 법률의 위헌결정(변형위헌결정을 포함한다), 헌법소원의 인용결정, 그리고 권한쟁의심판의 결정(인용여부를 불문한다, 다만 각하결정은 제외)에만 기속력을 부여하고 있고, 정당해산심판이나 탄핵심판의 결정에는 기속력을 부여하지 않고 있다. 이러한 헌법재판소 결정의 기속력은 헌법적 근거를 가지고 있는 것이 아니라 법률적 효력이라는 것이 일반적인 견해이다.[86]

Ⅱ. 기속력의 내용 [7점]

기속력은 기판력이 지닌 소송법적 효력(전소와 후소의 반복과 모순금지)을 넘어 일정한 실체법적 의무를 국가기관에게 부과한다.[87] 그리하여 기속력은 다른 국가기관으로 하여금 헌법재판소 결정의 취지를 존중하고 이를 실현시키는 방향으로 행동할 것을 요구한다.[88] - ②

86) 독일연방헌법재판소도 같은 입장이다(BerfGE, 77, 84 [104]). 이에 대하여는 허완중, "헌법재판소 결정의 기속력", 헌법판례연구 제13권, 집현재, 2012, 315쪽 이하(특히 325-330쪽) 참조. 다만, 헌법재판소의 소수의견 중에는 "(위헌결정의) 기속력이란 법 제47조 제1항과 제75조 제1항의 규정뿐만 아니라, **헌법재판소에게 최종적인 헌법해석권을 부여하고 모든 국가기관에게 헌법준수의무를 부과한 헌법의 취지에 따라 인정되는 헌법적 차원의 효력**"이라는 견해가 있다(헌재 2010.12.28. 2008헌바89 결정의 재판관 김종대의 별개의견 ; 헌재 2006.7.27. 2005헌마821 결정의 재판관 조대현의 반대의견). 학설 중에도 **'법률의 위헌결정'에 부여되는 기속력은 헌법적 근거가 있다고** 보는 견해가 있다. 방승주, "헌법재판소의 헌법합치적 해석의 효력", 법학논집 특별호, 고려대학교 법학연구소, 1997, 440쪽 ; 同人, "국가배상법 제2조 제1항 단서에 대한 한정위헌결정의 기속력", 인권과정의 제304호, 대한변호사협회, 2001.12, 106쪽 ; 이성환, "헌법재판소 결정의 효력에 관한 연구", 박사학위논문, 서울대학교 대학원, 1994, 89-90쪽 ; 同人, "한정위헌결정의 기속력", 세계헌법연구 제2호, 세계헌법학회 한국학회, 1997, 558쪽.

87) 최희수, "법률의 위헌결정의 효력에 관한 연구", 박사학위논문, 고려대학교대학원, 2001, 91면.

즉, 기속력에 따라 모든 국가기관은 헌법재판소의 구체적인 결정에 따라야 하며, 그들이 장래에 어떤 처분을 행할 때 헌법재판소의 결정을 존중하여야 한다(결정준수의무). 뿐만 아니라 기속력은 모든 국가기관이 헌법재판소의 결정에서 문제된 심판대상뿐만 아니라 동일한 사정하에서 동일한 이유에 근거한 동일내용의 공권력행사 또는 불행사를 금지한다(반복금지의무). - ③

기판력은 원칙적으로 당사자 사이에만 미치는 데 반하여 기속력은 모든 국가기관과 지방자치단체를 구속한다는 점에서, 헌법재판의 기속력은 일반법원의 재판에서는 통상적으로 볼 수 없는 헌법소송상의 특이한 효력이다. - ②

Ⅲ. 합헌결정의 기속력 인정여부 [11점]

독일의 연방헌법재판소법은 제31조(재판의 구속력) 제1항에서, “연방헌법재판소의 재판은 연방과 지방(支邦)의 헌법기관 및 모든 법원과 행정청을 기속한다.” 고 하여, 모든 심판절차에서[89] 위헌(인용)결정뿐만 아니라 합헌(기각)결정에도 기속력이 있는 것으로 규정하고 있으나, 우리나라의 경우 합헌결정의 기속력을 인정하는 법적 근거가 없다. - ②

이에 대하여 학설 중에는 첫째, 합헌결정에 기속력을 인정하지 아니하면 이미 합헌결정이 이루어진 법률에 대해 반복적인 위헌제청이 가능하게 되어 불필요하게 동일한 법적 문제를 반복하여 판단하게 되는 점, 둘째, 합헌결정의 기속력을 부인하면 헌법재판소가 결정이유에서는 명백히 합헌적 법률해석을 하였으나 주문에서는 단순합헌을 선언하는 하는 경우[90]에 이러한 결정유형은 아무런 의미도 지닐 수 없게 된다는 점 등을 들어 특별한 사정변경이 없는 한 합헌결정에도 기속력을 인정해야 한다는 견해가 있다.[91] - ③

이러한 입장은 법상 기속력 인정규정은 예시적 규정이라거나,[92] 합헌결정의 경우 심판대상 법률조항이 계속해서 효력을 갖기 때문에 구태여 따로 언급할 필

88) 김하열, 전게서(2018), 263면.

89) 그러나 탄핵심판이나 정당해산심판의 결정은 사인(私人)에 대한 결정이라는 성격상 기속력을 가질 수 없다.

90) 예컨대 헌재 1993.5.13. 92헌가10등 결정 참조.

91) 남복현, 헌법재판소 결정의 소송법적 효력, 한국학술정보(주), 2013, 234-250면 ; 허영, 전게서(2020), 243-244면 참조.

92) 남복현, 전게서(2013), 236면.

요가 없기 때문[93]이라고 한다. - ②

그런데, 기속력은 법률적 차원의 효력이라는 다수설·판례의 입장에 의할 때 헌재법 제47조 제1항, 제75조 제6항의 규정에 따라 합헌결정에는 기속력이 인정되지 아니므로, 합헌으로 선언된 법률은 장래에도 그 합헌성 여부에 관한 다툼이 없이 유효한 것으로 인정되고 적용된다. - ②

따라서 법원은 (당해사건이 아닌 다른 사건에서) 헌법재판소에 의하여 합헌결정이 내려진 조항에 대하여 특별한 사정변경이 없다고 하더라도 다시 위헌제청을 할 수 있으며, 헌법재판소는 이에 대하여 각하결정을 하지 않고, 본안판단(합헌 또는 위헌결정)을 한다. - ②

Ⅳ. 결론 [2점]

이상 살펴본 바와 같이 합헌결정에 대하여는 기속력이 인정되지 아니하므로, 사안에서 합헌결정이 선고된 C조항에 대한 법원의 위헌제청에 대하여 합헌결정의 기속력 위반을 이유로 각하하여서는 아니 된다.

93) 허영, 전게서(2020), 243면.

문제 3

문 1 30점

A도 교육청 교육감은 교육의 경제적 효율성을 제고하고 인구절벽이라는 시대상황을 정책에 반영하기 위하여, ① 전체 재학생수가 10명 미만인 초등학교의 경우 인근 학교와의 적극적인 통·폐합을 추진하고, ② 전체 재학생수가 3명 미만인 경우에는 해당 학교를 폐지하기 위한 작업을 준비하였다. 또한 A도 의회는 2018.12.20.(목) 'A도 학교설치 조례' 제2조의 [별표 1] 란 중 "다동초등학교" 란을 삭제하는 내용의 'A도 학교설치조례 개정안'을 의결하였고, 동 조례안은 2018.12.31.(월) 공포·시행되었다(내용 생략). 이에 A도의 도민이자 다동초등학교의 재학생인 甲은 변호사인 乙을 대리인으로 선임하여 2019.1.10.(목) 위 개정조례에 대하여 헌법재판소에 헌재법 제68조 제1항에 의한 헌법소원심판을 청구하였다. 甲의 헌법소원심판청구는 적법한가?

문 2 20점

아래 사안에서 '헌법상 보장된 기본권' 일반을 설명하고 각 청구인의 기본권 주체성을 논하시오.

(1) 대형할인점들이 치킨을 반값에 판매하는 행사를 경쟁적으로 열자, 이에 위기를 느낀 중소규모 치킨가게의 경영자들은 중소규모 치킨가게의 생존을 위해서는 단체를 결성하여 위 대형할인점들의 횡포에 대항하는 한편, 국회의원들에게 영향력을 행사하여 대형할인점의 영업을 제한하는 입법을 하도록 하는 것이 불가피하다는 데 의견을 모았으나, 정치자금법 제31조 제1항이 단체의 정치자금 기부를 금지하고 있음을 알았다. 이에 이들은 자신들의 권익을 보호하기 위하여 '전국치킨소매인연합'이라는 단체를 결성하고, 같은 날 홍길동을 회장으로 선출하고, 전국을 4개 권역으로 나누어 수도권(강원포함)·충청권·호남권(제주포함)·영남권을 각 담당하는 부회장 4명을 두었으며, 회장을 도와 실무를 담당하는 총무로 정도전을, 감사로 정몽주를 각 선임하는 한편,

위 정치자금법 조항이 청구인 '전국치킨소매인연합'의 헌법상 보장된 기본권인 정치적 표현의 자유를 침해한다는 이유로 헌재법 제68조 제1항에 따른 헌법소원심판을 청구하였다.

(2) 청구인은 수정란 및 수정된 때부터 발생학적으로 모든 기관이 형성되는 시기까지의 분열된 세포군을 말하는 '생명윤리 및 안전에 관한 법률'(생명윤리법)상의 '배아'에 해당하며, 그 중에서도 수정 후 14일이 경과하여 원시선이 나타나기 전의 수정란 상태, 즉 일반적인 임신의 경우라면 수정란이 모체에 착상되어 원시선이 나타나는 그 시점의 배아상태에 이르지 않은 배아, 즉 '초기배아'이다. 청구인은 생명윤리법이 임신목적의 배아생성을 허용하면서 인공수정배아를 인간이 아닌 세포군으로 규정하여 이에 대한 연구목적의 이용 가능성을 열어두고 있고, 잔여배아의 보존기간과 그 폐기 및 연구에 관해 불충분하게 규율하고 있으며, 생성배아의 수효에 관한 제한 및 인공수정을 할 수 있는 전제와 기준·방법 등에 대하여 규율하지 않고, 체세포핵이식행위를 통해 생성된 체세포복제배아의 연구·폐기를 허용함으로써 청구인의 헌법상 보장된 기본권을 침해한다고 주장하며 (법정대리인인 부모를 통해) 헌법소원심판을 청구하였다.

2-1. 헌법상 보장된 기본권 일반 (4점)

2-2. (1) 청구인의 기본권주체성 (8점)

2-3. (2) 청구인의 기본권주체성 (8점)

문 3 25점

제○대 대통령선거에서 丙은 교육의 경쟁력 제고, 공교육 정상화 등의 교육개혁 없이는 우리나라의 지속가능한 성장이 불가능하다고 판단하고 그 일환으로 다른 교육정책과 아울러 과외를 원칙적으로 금지하는 법률을 제정하는 것을 주요 공약으로 내세워 대통령에 당선되었다. 丙은 임기가 개시되자마자 법률안('과외금지에 관한 법률')을 마련하였고, 이를 국회에 제출하려 하였으나, 일부 야당과 시민단체들은 이에 반대하면서 과외금지 입법 반대 100만 인 서명운동에 돌입하였다. 이에 丙은 사회적 갈등을 해소하자며 위 법률안에 대한 국민의 찬반을 묻는 국민투표를 실시할 것을 야당에 제안하고, 국민투표가 가결된다면 국회는 법률제정에 나서라고 촉구하였다. 대통령 丙이 국민투표법 제49조에 따라 위 국민투표안을 공고하였다고 가정할 때, 국회가 丙을 상대로 입법권 침해를 이유로 한 권한쟁의심판을 청구한다면 적법한가?

문 4 25점

대통령이 국민에게 중대한 재정적 부담을 지우는 조약을 국회 동의 없이 체결·비준하였으나, 대통령과 같은 정당 소속의 국회의원들이 다수를 차지하고 있는 국회는 이에 대해 아무런 조치를 취하지 않았다. 이에 국회 소수 야당의 교섭단체 소속 국회의원 전원은 대통령의 위 행위로 인하여 (1) 국회의 조약 체결·비준 동의권이 침해되고, (2) 자신들의 위 조약안에 대한 심의·표결권이 침해되었다고 주장하며 대통령을 상대로 권한쟁의심판을 청구하였다.

4-1. 청구인들 대리인의 입장에서, 위 (1) 청구 부분에 대하여 청구인들에게 당사자(청구인)적격이 인정된다는 논거(12점)와, (2) 청구 부분에서 대통령의 위 행위로 인하여 청구인들의 위 권한이 침해될 수 있다는 논거(5점)를 각 제시하시오. (17점)

4-2. 피청구인 대리인의 입장에서, 청구인들의 위 (1) 청구 부분의 주장에 대하여 반박하는 논거를 제시하시오. (8점)

관련규정

「정치자금법」 제31조(기부의 제한) ① 외국인, 국내·외의 법인 또는 단체는 정치자금을 기부할 수 없다.

「국민투표법」 제49조(국민투표일의 공고) 대통령은 늦어도 국민투표일전 18일까지 국민투표일과 국민투표안을 동시에 공고하여야 한다.

해설 및 채점기준

문 1[94] 30점

Ⅰ. 서론 [3점]

헌재법 제68조 제1항 헌법소원의 적법요건으로는 (1) 기본권주체성, (2) 대상적격(헌법소원대상성), (3) 자기관련성, (4) 현재성, (5) 직접성, (6) 보충성, (7) 청구기간, (8) 권리보호이익, (9) 변호사강제주의, (10) 일사부재리 등이 요구된다. 이하에서 위 적법요건의 충족여부를 살펴본다.

Ⅱ. 적법요건의 검토 [25점]

1. 기본권주체성 (3점)

기본권의 주체가 될 수 있는 자, 즉 기본권능력이 있는 자만이 헌법소원을 청구할 수 있고 대한민국 국적을 가진 모든 자연인은 기본권의 주체가 되는바, 사안에서 甲은 대한민국 국민이라고 보아야 하므로 기본권주체성이 인정되는 데 문제가 없다. - ②

다만, 기본권의 행사능력은 헌법(제67조 제4항)상 또는 법률상(공직선거법 제15조, 제16조), (법원조직법 제45조 제4항), (헌재법 제5조 제1항), (헌재법 제7조 제2항), (민법 제4조) 제한될 수 있다. 甲은 미성년자로서 기본권행사능력이 제한되므로(헌재법 제40조), (민사소송법 제55조) 법정대리인에 의해서만 헌법소원심판을 청구할 수 있다. - ①

2. 대상적격(헌법소원대상성) (3점)

헌법재판소 판례에 따르면, 조례는 지방자치단체가 그 자치입법권에 근거하여 자주적으로 지방의회의 의결을 거쳐 제정한 법규이기 때문에, 조례로 인하여 기본권을 침해받은 자는 그 권리구제의 수단으로서 조례에 대하여 헌법소원을 제기할 수 있다.[95] - ①

94) 이 문제와 채점기준은 2017년 제6회 변호사시험 공법사례형 〈제1문의 1〉을 기초로 구성되었음.

사안에서, 개정된 ‘A도 학교설치 조례’는 지방자치단체인 A도에서 제정한 것이므로 대한민국의 공권력행사에 해당하고 동 조례에 의하여 甲의 기본권이 제한되는 효과가 있으므로,[96] 헌재법 제68조 제1항에 따른 헌법소원심판의 대상적격이 인정된다. - ②

3. 자기관련성 (2점)

공권력작용은 일정한 상대방을 전제로 그들을 향하여 이루어지게 되는데, 헌법소원심판절차에서 자기관련성이 입증되려면, 즉 어떤 공권력작용이 청구인의 기본권을 침해한다고 판단하기 위해서는 적어도 청구인이 그 공권력작용의 상대방이라는 점이 인정되어야 한다. - ①

사안에서 개정된 ‘A도 학교설치 조례’로 말미암아 다동초등학교가 폐지되면 다동초등학교에 재학중이던 甲은 동 학교에 다닐 수 없게 되므로, 위 개정조례의 불이익을 받는 실질적 상대방이라고 할 수 있어 자기관련성이 인정된다. - ①

4. 현재성 (2점)

헌법소원의 청구인은 공권력작용과 현재 관련이 있어야 하며, 장래 어느 때인가 관련될 수 있을 것이라는 것만으로는 헌법소원을 제기하기에 족하지 않다. 즉, 청구인이 현재 기본권을 침해당한 경우이어야 한다.[97] - ①

사안에서 개정된 ‘A도 학교설치 조례’로 말미암아 다동초등학교가 폐지되어 2018년 12월 31일부터는 甲이 다동초등학교에서 교육을 받을 수 없게 되었으므로 현재성 요건을 충족한다. - ①

5. 직접성 (3점)

헌법소원의 청구인은 공권력작용으로 인하여 직접적으로 기본권이 침해되어

95) 헌재 1995.4.20. 92헌마264등 결정 참조.

96) 대법원 1996.9.20. 선고 95누7994 판결 : “공립국민학교의 통폐합에 있어서는 교육행정의 성질상 상당히 광범위한 재량권이 있는 것이고, 그 통폐합이 학교의 통학조건, 적정규모, 교육설비 등 교육조건 및 이를 뒷받침하는 재정조건 등을 종합적으로 고려하여 볼 때 **특정의 아동 내지 보호자에 대하여 현저하게 과중한 부담을 지우고 통학을 사실상 불가능하게 하는 등 재량권의 범위를 일탈하여 특정인의 교육을 받을 권리나 의무교육을 받을 권리를 침해하였다고 볼 수 있는 경우**에만 통폐합을 정한 조례가 위법하다.”

97) 헌재 1994.6.30. 91헌마162 결정 참조.

야 하는데, 여기서 말하는 기본권침해의 직접성이란 집행행위에 의하지 아니하고 법령 자체에 의하여 자유의 제한, 의무의 부과, 권리 또는 법적 지위의 박탈이 생긴 경우를 뜻한다.[98] - ②

사안에서 甲은 별도의 집행행위가 필요없이 개정된 'A도 학교설치 조례'로 말미암아 직접 다동초등학교가 폐지되어 교육을 받을 권리가 제한되므로 직접성요건을 충족한다. - ①

6. 보충성 (4점)

헌법소원은 다른 법률에 구제절차가 있는 경우에는 그 절차를 모두 거친 후에 심판청구를 하여야 한다(헌재법 제68조 제1항 단서). 그러나 헌법재판소에 따르면, 법령에 대한 헌법소원과 같이 다른 법률에 구제절차가 없는 경우나,[99] 사전에 구제절차를 거칠 것을 기대하기가 곤란한 경우에는 보충성의 예외로 바로 헌법소원을 청구할 수 있다.[100] - ②

대법원은, 조례가 집행행위의 개입없이 그 자체로서 직접 국민의 구체적인 권리의무나 법적 이익에 영향을 미치는 등의 법률상 효과를 발생하는 경우 그 조례는 항고소송의 대상이 되는 행정처분에 해당한다고 판시한 바 있다.[101] 그러나 법원에서 조례에 대해서 행정처분성을 인정하는 판결이 선고된 일이 있다고 하더라도, 조례의 내용과 성격이 다양하여 법원에서 모든 조례에 대하여 행정처분성을 인정할 것이라고 단정할 수 없으므로, 이 사건 조례에 대한 행정소송이 적법할지 여부는 객관적으로 명확하다고 할 수 없다. 따라서, 이 사건은 보충성 원칙의 예외에 해당한다고 할 것이므로 보충성요건도 충족한다. - ②

[다만, 위 대법원 판례에 비추어볼 때 이 사건 조례도 항고소송의 대상이 되는 행정처분으로 인정되고 그렇다면 법원에 행정소송을 제기하지 않고 심판청구한 甲의 헌법소원은 보충성의 요건을 결한다고 볼 수도 있을 것이다.]

7. 청구기간 (4점)

헌법소원심판은 그 사유가 있음을 안 날부터 90일 이내에, 그 사유가 있은 날

98) 헌재 1992.11.12. 91헌마192 결정 참조.
99) 대법원 1994.4.26.자 93부32 결정 참조.
100) 헌재 1996.10.4. 94헌마68등 결정 참조.
101) 대법원 1996.9.20. 선고 95누8003 판결 ; 대법원 1996.9.20. 선고 95누7994 판결 참조.

부터 1년 이내에 청구하여야 한다(헌재법 제69조 제1항 본문). 그리고 헌법재판소의 판례에 의하면, 위 90일의 기간과 1년의 기간을 모두 준수하여야 적법한 청구가 되는 것이고 그 중 어느 하나라도 경과하면 부적법한 청구가 된다.[102] - ②

사안에서 개정된 'A도 학교설치 조례'는 2018.12.31.(월) 공포·시행되었으므로 이 날이 기본권침해의 사유가 발생한 날이라고 보면 그날로부터 1년 이내일 뿐만 아니라, 이때 기본권침해의 사유가 있음을 알았다고 하더라도 甲은 그 날부터 90일 이내인 2019.1.10.(목) 헌법소원심판을 청구한 것이므로 청구기간을 준수하였다. - ②

8. 권리보호이익 (2점)

헌법소원제도는 국민의 기본권침해를 구제해 주는 제도이므로 그 제도의 목적상 권리보호의 이익이 있는 경우에 비로소 이를 제기할 수 있다. 즉, 권리보호의 이익이 없는 헌법소원심판청구는 부적법하여 각하를 면할 수 없다.[103] - ①

사안에서 헌법재판소가 개정된 'A도 학교설치 조례'에 대하여 위헌결정을 선고하면 甲은 종전대로 다동초등학교에서 교육을 받을 수 있는 것이므로 권리보호이익이 존재한다. - ①

9. 기타 (2점)

헌재법 제25조 제3항의 규정에 의하면 사인은 그 자신이 변호사가 아닌 한 변호사를 대리인으로 선임하여 심판청구를 하여야 하는바(변호사강제주의), 사안에서 甲이 법정대리인에 의하여 변호사 乙을 대리인으로 선임하여 심판청구를 한 것이라면 이 요건을 충족한다. - ①

또한 헌법재판소는 이미 심판을 거친 동일한 사건에 대하여는 다시 심판할 수 없는바(헌재법 제39조), 사안은 헌법재판소에서 이미 심판을 거친 동일한 사안이 아니므로 일사부재리 요건도 충족한다. - ①

102) 헌재 2004.4.29. 2004헌마93 결정 참조. 한편, 법령에 대한 헌법소원의 청구기간은 그 법령의 시행과 동시에 기본권의 침해를 받게 되는 경우에는 그 법령이 시행된 사실을 안 날부터 90일 이내에, 법령이 시행된 날부터 1년 이내에 헌법소원을 청구하여야 하고, 법령이 시행된 뒤에 비로소 그 법령에 해당되는 사유가 발생하여 기본권의 침해를 받게 되는 경우에는 그 사유가 발생하였음을 안 날부터 90일 이내에, 그 사유가 발생한 날부터 1년 이내에 헌법소원을 청구하여야 한다.

103) 헌재 1997.1.16. 90헌마110 결정 참조.

Ⅲ. 결론 [2점]

이상 살펴본 바와 같이 甲의 헌법소원은 법정대리인에 의해 수행된다면 헌재법 제68조 제1항에 따른 헌법소원의 적법요건을 모두 충족한다.

[다만, 위 대법원 판례에 따를 때 법원에 행정소송을 제기하지 않고 심판청구한 甲의 헌법소원은 보충성의 요건을 결한다고 볼 수도 있다.]

문 2 20점

Ⅰ. 헌법상 보장된 기본권 일반 [4점]

헌법소원은 "헌법상 보장된 기본권의 침해를 받은 자"가 그 침해를 구제받기 위해 헌법재판소에 심판을 청구하는 제도이다. 즉, 헌재법 제68조 제1항에 의한 헌법소원심판은 '헌법상 보장된 기본권'의 침해가 문제되어야 한다.[104] 여기에서 헌법상 보장된 기본권이 구체적으로 무엇을 의미하는지가 문제된다. - ①

우리 헌법 제2장 국민의 권리와 의무 가운데에서 의무를 제외한 부분(제10조 내지 제37조 제1항)이 원칙적으로 기본권에 해당함은 인정할 수 있으나, 그에 한정할 것인지 또는 헌법상의 위 규정들 이외에서도 기본권성을 인정할 수 있는지, 나아가서 헌법의 명문의 규정이 없다 하더라도 인정되는 기본권이 존재하는지, 존재한다면 구체적으로 어떠한 것인지에 대하여는 반드시 명확하다고만은 할 수 없다. 따라서 이 문제는 결국 개별적·구체적인 헌법해석에 의하여 해결하는 수밖에 없으나,[105] 그것에 내재하는 의미를 (헌법의 명문규정이든 해석에 의하여든) "헌법에 의하여 직접 보장된 개인의 주관적 공권"이라고 파악할 수 있을 것이다.[106] - ③

104) 헌재 2007.6.28. 2004헌마643 결정 참조.

105) 헌법재판소는 헌법에 열거되지 아니한 기본권을 새롭게 인정하려면 "① 그 필요성이 특별히 인정되고, ② 그 권리내용(보호영역)이 비교적 명확하여 구체적 기본권으로서의 실체 즉 권리내용을 규범 상대방에게 요구할 힘이 있고, ③ 그 실현이 방해되는 경우 재판에 의하여 그 실현을 보장받을 수 있는 구체적 권리로서의 실질에 부합하여야 할 것"이라고 하였다. (헌재 2009.5.28. 2007헌마369 결정 ; 헌재 2011.8.30. 2008헌마477 결정)

106) 헌재 2001.3.21. 99헌마139등 결정 ; 헌재 2004.12.16. 2002헌마579 결정 참조.

Ⅱ. (1) 청구인의 기본권주체성 [8점]

헌법재판소 판례에 의하면, 법인격이 있는 사법상의 사단이나 재단은 '성질상 기본권주체가 될 수 있는 범위에서' 청구인능력을 가진다(권리성질설).[107] 권리능력 없는 단체라 하더라도 그 구성원과 독립하여 집단적으로 기본권을 행사하는 경우라면 청구인능력이 인정되어야 한다. 헌법재판소도 "법인아닌 사단·재단이라고 하더라도 ① 대표자의 정함이 있고 ② 독립된 사회적 조직체로서 활동하는 때에는 성질상 법인이 누릴 수 있는 기본권을 침해당하게 되면 그의 이름으로 헌법소원심판을 청구할 수 있다."고 판시하였다.[108] - ④

사안에서 특정한 정당이나 정치인에 대한 정치자금의 기부는 그의 정치활동에 대한 지지·지원인 동시에 정책적 영향력 행사의 의도 또는 가능성을 내포하고 있다는 점에서 일종의 정치활동 내지 정치적인 의사표현이라 할 것이고,[109] 이는 성질상 법인이나 단체에게도 인정되는 기본권이다. 전국치킨소매인연합은 법인 아닌 사단이지만, 대표자(회장 홍길동)의 정함이 있고, 그밖에 전국을 4대 권역별로 나눈 부회장 4인과 총무 및 감사 등의 조직을 갖추고 전국치킨소매인연합의 이름으로 사회적 활동을 하고 있으므로, 그 구성원과 독립하여 집단적으로 기본권을 행사하는 경우라고 볼 수 있으므로 청구인능력, 즉 기본권주체성이 인정된다. - ④

Ⅲ. (2) 청구인의 기본권주체성 (8점)

대한민국 국적을 가진 모든 자연인은 기본권의 주체가 되며, 따라서 대한민국 국적을 가진 모든 국민이 헌법소원을 청구할 수 있다.[110] 자연인은 원칙적으로 살아 있는 동안에 기본권주체이다. 다시 말하면 기본권능력은 출생으로 발생하고 사망으로 소멸한다. 즉, 기본권의 주체가 될 수 있는 '자(者)'라 함은 통상 "출생 후의 인간"을 가리킨다.[111] 〈3〉

사안에서 초기배아[112]에 해당하는 청구인은 수정이 된 배아라는 점에서 형성

107) 헌재 1991.6.3. 90헌마56 결정 ; 헌재 2006.1.26. 2005헌마424 결정 등 참조.

108) 헌재 1991.6.3. 90헌마56 결정 참조.

109) 헌재 2010.12.28. 2008헌바89 결정 참조.

110) 헌재 1994.12.29. 93헌마120 결정 참조.

111) 헌재 2010.5.27. 2005헌마346 결정 참조.

중인 생명의 첫걸음을 떼었다고 볼 여지가 있기는 하나, ① 아직 모체에 착상되거나 원시선이 나타나지 않은 이상 현재의 자연과학적 인식수준에서 독립된 인간과 배아 간의 개체적 연속성을 확정하기 어렵다고 봄이 일반적이라는 점, ② 배아의 경우 현재의 과학기술 수준에서 모태 속에서 수용될 때 비로소 독립적인 인간으로의 성장가능성을 기대할 수 있다는 점, ③ 수정 후 착상전의 배아가 인간으로 인식된다거나 그와 같이 취급하여야 할 필요성이 있다는 사회적 승인이 존재한다고 보기 어려운 점 등을 종합적으로 고려할 때, 청구인의 기본권주체성을 인정하기 어렵다.[113] 〈5〉

문 3[114] 25점

Ⅰ. 서론 [2점]

권한쟁의심판의 적법요건으로는 ① 당사자능력(적격), ② 피청구인의 처분 또는 부작위의 존재, ③ 권한의 침해 또는 현저한 침해위험의 가능성, ④ 청구기간, ⑤ 권리보호이익(심판의 이익) 등이 요구된다.

이 사안은 헌법 제111조 제1항 제4호 및 헌재법 제62조 제1항 제1호 소정의 국가기관 상호간의 권한쟁의이다. [가산점 ①]

Ⅱ. 적법요건의 검토 [21점]

1. 당사자능력 및 당사자적격 (9점)

권한쟁의심판에서 당사자능력이란 추상적으로 당사자(청구인 또는 피청구인)가

112) 통상적으로 수정란으로부터 거의 모든 장기(臟器)가 형성되는 **8주째** 시기 이전은 **배아**(embryo)로, 그 이후는 **태아**(fetus)로 구분하여 부른다. 그리고 수정란으로부터 원시선이 형성되기까지는 하나의 개체로서의 인간으로 탄생할 수 있는지 여부가 확정되지 않기 때문에, 배아 중에서도 **14일**을 기준으로 그 이전을 **초기배아**(착상전배아, pre-embryo)로 부르고, 그 이후를 **초기배아후배아**(착상후배아, post-embryo)로 구분하기도 한다. 김태호, "생명윤리 및 안전에 관한 법률 제13조 제1항 등 위헌확인", 헌법재판소결정해설집(2010), 헌법재판소, 2011, 168면.

113) 헌재 2010.5.27. 2005헌마346 결정 참조.

114) 2012년 제54회 사법시험 헌법 〈제1문의 3-(2)〉 참조.

될 수 있는 능력을 말하고, 당사자적격이란 구체적인 사건에서 정당한 당사자로서 심판을 수행하고 본안결정을 받기에 적합한 자격을 말한다. - ①

가. 청구인(국회)의 경우

헌재법 제62조 제1항 제1호는 국가기관 상호간의 권한쟁의의 당사자로 '국회'를 명시적으로 규정하고 있으므로 국회는 당사자능력을 갖추었다. 또한 사안에서 대통령 丙이 '과외금지에 관한 법률안'에 대한 국민의 찬반을 묻는 국민투표안을 국민투표법 제49조에 따라 공고하여 국회의 입법권이 침해되었다는 것이므로 당사자적격도 갖추었다. - ③

나. 피청구인(대통령)의 경우

헌재법 제62조 제1항 제1호는 권한쟁의의 당사자의 하나로 '정부'를 규정하고 있지만, 헌법재판소는 헌재법 제62조 제1항 제1호를 예시적인 것으로 보고 위 규정에서 구체적으로 나열하고 있지 않은 국가기관이라 하더라도 국가의사 형성에 참여하여 국법질서에 대하여 일정한 권한을 누리는 헌법상의 지위와 조직이라면 권한쟁의의 당사자가 될 수 있다고 하면서, 이러한 '국가기관'에 해당하는지 여부를 판별함에 있어서는, 1) 그 국가기관이 헌법에 의하여 설치되고 헌법과 법률에 의하여 독자적인 권한을 부여받고 있는지 여부, 2) 헌법에 의하여 설치된 국가기관 상호간의 권한쟁의를 해결할 수 있는 적당한 기관이나 방법이 있는지 여부 등을 종합적으로 고려하여야 한다고 하였다.[115] - ③

헌법 제66조 내지 제85조 및 정부조직법(특히 제11조 내지 제17조)에 따르면 대통령이 헌법기관이며 헌법 및 법률상 독자적인 권한을 가지고 있다는 점에 대하여는 의문의 여지가 없으므로 피청구인은 당사자능력이 있고, 사안에서 대통령 丙은 국민투표법 제49조에 따라 국민투표안을 공고하였고 이를 청구인이 다투고 있으므로

---

115) 헌재 1997.7.16. 96헌라2 결정 : "헌법 제111조 제1항 제4호에서 헌법재판소의 관장사항의 하나로 '국가기관 상호간, 국가기관과 지방자치단체간 및 지방자치단체 상호간의 권한쟁의에 관한 심판'이라고 규정하고 있을 뿐 권한쟁의심판의 당사자가 될 수 있는 국가기관의 종류나 범위에 관하여는 아무런 규정을 두고 있지 않고, 이에 관하여 특별히 법률로 정하도록 위임하고 있지도 않다. 따라서 입법자인 국회는 권한쟁의심판의 종류나 당사자를 제한할 입법형성의 자유가 있다고 할 수 없고, **헌법 제111조 제1항 제4호에서 말하는 국가기관의 의미와 권한쟁의심판의 당사자가 될 수 있는 국가기관의 범위는 결국 헌법해석을 통하여 확정하여야 할 문제이다.**"

당사자적격도 있다. - ②

2. 피청구인의 처분의 존재 (5점)

헌법재판소는 헌재법 제61조 제2항에서 규정한 '처분'의 개념과 관련하여, 처분은 입법행위와 같은 법률의 제정 또는 개정과 관련된 권한의 존부 및 행사상의 다툼, 행정처분은 물론 행정입법과 같은 모든 행정작용 그리고 법원의 재판 및 사법행정작용 등을 포함하는 넓은 의미의 공권력처분을 의미하는 것으로 보아야 한다고 판시하고 있다.[116] - ②

헌법 제40조는 "입법권은 국회에 속한다."고 규정하고 있고 대통령은 헌법 제76조가 정하는 특정한 경우에만 법률의 효력을 가지는 긴급명령 등을 제정할 수 있을 뿐인바, 사안에서 피청구인(대통령)의 '과외금지에 관한 법률'에 대한 국민투표안 공고로 말미암아 청구인(국회)의 입법권 행사에 부정적인 영향을 미칠 수 있다. 따라서 사안에서 대통령의 위 국민투표안 공고는 권한쟁의심판청구의 대상이 되는 처분에 해당한다. - ③

3. 권한의 침해 또는 현저한 침해위험의 가능성 (4점)

여기에서 '권한의 침해'란 피청구인의 처분 또는 부작위로 인한 청구인의 권한침해가 과거에 발생하였거나 현재까지 지속되는 경우를 의미하며, '현저한 침해의 위험성'이란 아직 침해라고는 할 수 없으나 침해될 개연성이 상당히 높은 상황[117]을 의미한다. - ①

헌법 제72조는 "대통령은 필요하다고 인정할 때에는 외교·국방·통일 기타 국가안위에 관한 중요정책을 국민투표에 붙일 수 있다."고 규정하고 있다. 그런데 헌법 제72조의 '중요정책'에 법률안이 포함되는 것으로 해석한다면, 대통령의 법률안 제안에 의하여 국민이 국민투표로써 법률의 제정여부를 '사실상' 결정하게 된다.[118] - ②

---

116) 헌재 2006.5.25. 2005헌라4 결정 ; 헌재 2010.6.24. 2005헌라9등 결정 참조.

117) 즉, 현재와 같은 상황의 발전이 중단되지 않는다면 조만간에 권한침해가 발생할 것이 거의 확실하게 예상되며, 이미 구체적인 법적 분쟁의 존재를 인정할 수 있을 정도로 권한침해가 그 내용에 있어서나 시간적으로 충분히 구체화된 경우를 말한다.(헌재 2019.4.11. 2016헌라3 결정)

118) 통설 : 한수웅, 전게서(2020), 1251-12527면. 同旨, 권영성, 헌법학원론, 법문사, 2010, 995면 ; 김문현, "대통령의 국민투표부의권", 고시계, 2006년 2월호, 34-35면 ; 김철수, 헌법학

따라서 사안에서 피청구인의 위 국민투표안 공고행위는 청구인(국회)의 입법권을 침해하거나 침해할 현저한 위험성이 있는 것이므로 이 요건도 충족한다. - ①

[다만 이에 대하여는, "국민투표에서 가결된 법률안일지라도 대통령은 헌법상의 입법절차인 정부의 법률안제출과 국회의 심의·의결을 거쳐야만 비로소 법률로서 공포할 수 있다. 그리고 정책국민투표를 거쳐 정부가 제안한 법률안의 심의·의결에 있어 국회는 아무런 법적 구속을 받지 않는다. 국민을 앞세운 대통령의 정책 공세가 '사실상' 정치적으로 국회를 압박하겠으나 이런 상황에서 자유위임의 원리, 국회의 대통령 통제기능이 강조되어야 한다. 요컨대, 법률안 국민투표가 대통령에게 유리한 정치적 무기로 기능할 수는 있겠으나 입법여부의 법적 결정권은 의연히 국회에게 있으므로 국회 입법권을 침해하는 것으로 볼 수 없다."는 반대의견(소수설)[119]이 있다.]

4. 기타 요건 (3점)

헌재법 제63조 제1항은 "권한쟁의의 심판은 그 사유가 있음을 안 날로부터 60일이내에, 그 사유가 있은 날로부터 180일 이내에 청구하여야 한다."고 규정하고 있는바, 사안에서 이를 판단할 만한 단서는 주어지지 않았다. 따라서 청구인은 피청구인의 위 국민투표안 공고가 있은 날로부터 180일 이내에, 그 사실을 안 날로부터 60일 이내에 권한쟁의심판을 청구하여야 한다. - ②

한편 헌법재판소가 위 국민투표안 공고행위에 대하여 인용결정을 내리면 국민투표 절차는 중단되어야 하고(헌재법 제67조 제1항 참조), 그렇다면 청구인의 권한(입법권) 침해의 상태가 해소되므로 권리보호의 이익도 있다. - ①

Ⅲ. 결론 [2점]

이상 살펴본 바와 같이 청구기간 요건을 준수한다면 국회의 권한쟁의심판청구는 적법하다. [다만 헌법 제72조의 "중요정책"에 법률안도 포함된다는 소수설에 의하면, 대통령의 '과외금지에 관한 법률안' 국민투표 공고에 의해 국회의 입

(하), 박영사, 2008, 1726면 ; 양건, 헌법강의, 법문사, 2020, 1333면 ; 전광석, 한국헌법론, 집현재, 2019, 732면 ; 정문식, "헌법 제72조", 헌법주석서 Ⅲ, 법제처, 2010, 505-506면 ; 정재황, 新헌법입문, 박영사, 2015, 663면 ; 정종섭, 헌법학원론, 박영사, 2014, 1260면 ; 허영, 한국헌법론, 박영사, 2019, 738면 ; 홍성방, 헌법학(하), 박영사, 2014, 223면.

119) 김하열, 헌법강의, 박영사, 2018, 844-845면. 同旨, 성낙인, 헌법학, 법문사, 2020, 579면.

법권의 침해 또는 현저한 침해위험의 가능성이 없고 따라서 권리보호이익도 없어서 부적법하다는 견해도 가능함]

문 4 25점

4-1.[120] (17점)

Ⅰ. 청구 부분 [12점]

당사자적격은 특정의 사건에서 정당한 당사자로서 심판을 수행하고 본안결정을 받기에 적합한 자격을 말하므로, 당사자능력을 가지는 것을 전제로 구체적인 사안에서 누가 청구인(또는 피청구인) 될 것인가의 문제이다. 오늘날 정부와 국회의 권력이 다수당을 중심으로 형성되는 현대의 정당국가적 권력분립구조 하에서는 의회와 행정부가 정당을 통하여 융화되는 현상을 보이고 있고, 그에 따라 의회의 대정부 견제기능이 약화되는 부작용이 초래되기도 한다. 그리하여 고전적 권력분립의 원칙을 의회 내에서의 여당과 야당 간의 기능적 권력분립이론을 통해 보완하여야 한다는 실질적·기능적 권력분립이론이 주장되고 있다. 그와 같은 실질적 권력분립이론은 헌법이 지향하는 소수자보호의 이념에 부합하는 것이기도 하다. 정부와 의회가 다수당에 의해 지배되는 경우, 의회의 헌법상 권한이 행정부에 의해 침해되었거나 침해될 위험에 처하였음에도 불구하고 의회의 다수파 또는 특정 안건에 관한 다수세력이 그에 대한 방어를 제대로 하지 않는 상황이 초래될 수 있다. - ④

이와 같이 의회의 헌법적 권한이 제대로 수호되지 못하고 헌법의 권력분립 질서가 왜곡되는 상황하에서는, 의회 내 소수파 의원들의 권능을 보호하는 것을 통하여 궁극적으로는 의회의 헌법적 권한을 수호하기 위하여, 그들에게 일정한 요건하에 국회를 대신하여 국회의 권한침해를 다툴 수 있도록 하는 법적 지위를 인정할 필요가 있고, 그 구체적 방안으로서 '제3자 소송담당'을 인정할 필요가 있다. - ②

헌법소송의 주된 법원(法源)인 헌재법이 그 제정 당시 헌법재판 역사와 경험

120) 헌재 2007.7.26. 2005헌라8 결정의 반대의견 참조.

의 일천(日淺)으로 인하여 헌법소송에 필요한 모든 규율을 완결적으로 담아내지 못하였음은 주지의 사실이다. 한편, 헌재법이 제40조 제1항에서 '헌법재판소법에 특별한 규정이 있는 경우를 제외하고는 민사, 형사 또는 행정소송에 관한 법령을 준용'하도록 규정하면서, 다시 '헌법재판의 성질에 반하지 아니하는 한도 내에서' 라고 단서를 달고 있는 것은, 헌재법이 완결적이지 못함을 스스로 인정하고, 나아가 헌법재판 또는 헌법소송이 여타의 소송과는 다른 특성과 특질을 가지고 있다는 것을 표명한 것이다. 이에 비추어 볼 때, 헌법재판 또는 헌법소송에 관하여는 헌법재판소가 헌법의 원리와 지도정신에 의거한 창조적 법형성으로 법적 흠결을 보완해 나갈 여지가 주어져 있고, 또한 그것이 예정되어 있는 것이라고 보아야 할 것이다. - ④

따라서 독일의 예(연방헌법재판소법 제64조 제1항)와 같이 최소한 국회의 교섭단체에게는 제3자 소송담당의 방식으로 권한쟁의심판을 청구할 수 있는 지위를 인정해야 할 것이고, 사안에서 청구인들은 국회의 소수 야당 교섭단체 소속 국회의원 전원이므로 당사자(청구인)적격을 인정할 수 있다. - ②

Ⅱ. 청구 부분 [5점]

국회의원의 심의·표결권한[121]은 국회의원 개인의 자격에서 갖는 '권리'가 아니라 헌법기관으로서 직무상 보유하고 있는 '권한'이라 할 것이고, 국회의 동의권한 등과는 구별되는 독자적인 헌법적 의미를 갖고 있다. 국회의원 개개인은 '국민의 대표'로서 국민의 의사가 왜곡되는 일이 없이 최대한 국정에 반영될 수 있도록 심의·표결권한을 보장받고 있는 것이며, 이는 대의민주주의의 실현을 위한 필수적 요소라 할 것이다. - ②

국회는 국회의원으로 구성되는 합의체 기관으로서(헌법 제41조 제1항 참조) 국회의 의사는 결국 표결 등으로 나타나는 국회의원들의 의사가 결집된 것이다. 따라서 개별 국회의원의 심의·표결행위가 국회의 의사형성·결정을 위한 단순한 내부적 행위에 불

121) 국회의원의 법률안 심의·표결권은 **의회민주주의**의 원리, 입법권을 국회에 귀속시키고 있는 **헌법 제40조**, 국민에 의하여 선출되는 국회의원으로 국회를 구성한다고 규정하고 있는 **헌법 제41조 제1항** 및 국회의결에 관하여 규정한 **헌법 제49조**로부터 당연히 도출되는 헌법상의 권한이다.(헌재 1997.7.16. 96헌라2 결정 ; 헌재 2000.2.24. 99헌라1 결정 ; 헌재 2009.10.29. 2009헌라8등 결정 참조)

과한 것이라고 할 수 없으며, 이러한 심의·표결권한의 침해행위는 국회 내부에서 뿐만 아니라 국회 외의 다른 국가기관에 의해서도 행하여질 수 있다. 따라서 사안에서 대통령의 위 행위로 인하여 청구인들의 위 조약안에 대한 심의·표결권이 침해당할 수 있다. - ③

4-2. (8점)

'제3자 소송담당'이란, 권리주체가 아닌 제3자가 자신의 이름으로 권리주체를 위하여 소송을 수행할 수 있는 권능을 말한다. 권리는 원칙적으로 권리주체가 주장하여 소송수행을 하도록 하는 것이 자기책임의 원칙에 부합하므로, '제3자 소송담당'은 예외적으로 법률의 규정이 있는 경우에만 인정된다. 그런데 권한쟁의심판에 있어 헌재법 제61조의 규정에 따르면, 권한쟁의심판의 청구인은 청구인의 권한침해만을 주장할 수 있도록 하고 있다. 즉, 국가기관의 부분기관이 자신의 이름으로 소속기관의 권한을 주장할 수 있는 '제3자 소송담당'의 가능성을 명시적으로 규정하고 있지 않다. - ④

그러므로 예컨대, 국회의 의사가 다수결에 의하여 결정되었음에도 다수결의 결과에 반대하는 소수의 국회의원에게 권한쟁의심판을 청구할 수 있게 하는 것은 다수결의 원리와 의회주의의 본질에 어긋날 뿐만 아니라, 국가기관이 기관 내부에서 민주적인 방법으로 토론과 대화에 의하여 기관의 의사를 결정하려는 노력 대신 모든 문제를 사법적 수단에 의해 해결하려는 방향으로 남용될 우려도 있다. 따라서 권한쟁의심판에 있어 '제3자 소송담당'을 허용하는 법률의 규정이 없는 현행법 체계하에서 국회의 구성원인 청구인들은 국회의 권한인 조약에 대한 체결·비준 동의권(헌법 제60조 제1항)의 침해를 주장하는 권한쟁의심판의 당사자(청구인) 적격이 인정되지 않는다.[122] - ④

122) 헌재 2007.7.26. 2005헌라8 결정 참조.

문제 4

문 1 40점

일반직 7급 국가공무원인 甲은, 자신의 집에서 인터넷포털 사이트에 있는 자신의 블로그에 "수백만 비정규직 방치, 이대로 좋은가"라는 제목으로 "비정규직 노동자의 생존권을 외면하는 A정당을 반대한다. 비정규직 전면철폐를 추진하는 B정당만이 비정규직 노동자의 생존권을 보장하는, 국민을 위한 참된 정당으로서 강추!!!"라는 글을 게시하였다. 甲의 소속 부서 장관은 甲이 특정 정당을 지지·반대하는 행위를 함으로써 공무원에게 금지된 정치적 행위를 하였다는 이유로 甲에게 감봉 2개월의 징계처분을 하였다. 이에 甲은 징계처분에 대하여 법령에 따른 소청심사를 거쳐 위 징계처분의 취소를 구하는 행정소송을 제기하였으나 청구기각 판결이 선고되었고, 항소심에서도 항소기각 판결이 선고되었다. 이에 甲은 대법원에 상고하고(대법원 2016두100), 동 소송계속 중, 국가공무원법 제78조 제1항 제1호, 제65조 제4항 및 동법 시행령 제27조 제1항 제2호가 헌법상 표현의 자유를 침해한다고 주장하면서 위헌법률심판제청을 신청하였으나 대법원은 2016.3.4.(금요일) 상고기각 판결을 선고하면서 위 신청도 기각하였다. 이에 甲은 변호사인 甲'를 대리인으로 선임하여 같은 달 18.(금요일) 위 기각결정문을 송달받고 같은 해 4.18.(월요일) 위 법령조항들에 대하여 헌재법 제68조 제2항의 규정에 따른 헌법소원심판을 제기하였다. 甲의 헌법소원심판청구는 적법한가?

문 2 10점

음주운전으로 이미 2회 운전면허 정지처분을 받았던 전력이 있는 乙은 또 다시 혈중알콜농도 0.07%의 주취상태에서 교통사고를 일으켰고, 서울경찰청장은 도로교통법 제93조 제1항 단서 제2호에 의하여 乙의 운전면허를 취소하였다. 이에 乙은 서울행정법원에 위 운전면허 취소처분의 취소를 구하는 행정소송을 제기함과 동시에 동 처분의 근거규정인 도로교통법 제93조 제1항 단서 제2호에 대하여 위헌법률심판제청신청을 하였고, 법원은 동 조항에 대하여 헌법재판소에 위헌제청을 하였다. 이 사건에서 위헌심판의 대상을 확정하시오.

문 3 25점

丙은 주로 성인을 대상으로 직업교육을 하는 평생직업교육학원을 설립·운영하는 자로서, 강사초빙광고를 보고 찾아온 丁을 면접을 거쳐 강사로 채용하였다. 丁은 청소년 대상 성범죄로 형을 선고받고 그 집행이 종료된 직후인 자였으나, 丙은 丁의 성범죄 경력조회를 요청하지 않았다. 한편 丙의 학원에는 취업을 위해 직업교육을 받는 고등학생들도 일부 있었는데, 관할관청은 이를 이유로 丙에게 '아동·청소년의 성보호에 관한 법률' 제67조 제3항에 근거하여 300만 원의 과태료를 부과하는 처분을 하였다. 그러자 丙은 자신에 대한 과태료부과처분의 취소를 구함과 동시에 "'아동·청소년의 성보호에 관한 법률' 제56조 제3항의 '아동·청소년 관련기관 등'에 주로 성인을 대상으로 직업교육을 하는 평생직업교육학원을 포함시켜 해석하는 것은 헌법에 위반된다."는 취지의 위헌제청신청을 하였으나, 법원은 이와 같이 어떤 법률조항의 한정위헌을 구하는 것은 위헌법률심판에서 허용되지 않는다는 이유로 각하결정을 하였다. 丙의 의뢰를 받은 대리인으로서 헌재법 제68조 제2항의 헌법소원심판을 청구하려는 입장에서, 丙의 한정위헌청구는 적법하다는 논거를 제시하시오.

문 4 25점

丁은 1996년 3월부터 공무원으로 재직하여 오다가 2018.3.31.자로 퇴직을 하여 최종보수월액의 70%에 해당하는 퇴직연금을 지급받아 오던 자이다. 그런데 국회는 2018.8.1. 공무원연금의 재정상황이 날로 악화되어 2030년부터는 공무원연금의 재정이 고갈될 것이라는 우려에 따라 공무원연금 재정의 안정성을 도모하기 위한 조치로 공무원연금법을 개정하여, (1) 퇴직자들에게 지급할 퇴직연금의 액수를 종전 최종보수월액의 70%에서 일률적으로 최종보수월액의 50%만 지급하고(이하 "퇴직연금삭감조항"이라 한다), (2) 경과규정으로 위 퇴직연금삭감조항을 2018.1.1. 이후에 퇴직하는 모든 공무원에게 적용하는 조항(부칙 제2조)을 두었으며, 동 법률은 2018.8.16. 공포되어 같은 날부터 시행되었다. 공무원연금관리공단은 개정법률의 시행에 따라 2018년 8월부터 丁에게 최종보수월액의 70%를 50%로 삭감하여 퇴직연금을 지급하였다. 丁은 공무원연금관리공단을 상대로 자신에게 종전대로 최종보수월액의 70%의 연금을 지급해 줄 것을 신청하였으나, 공무원연금관리공단은 50%를 넘는 부분에 대하여는 개정법률에 따라 그 지급을 거부하였다. 이에 丁은 감액된 연금액을 지급받기 위하여 서울행정법원에 2018구합100호로 미지급 퇴직연금에 대한 지급을 구하는 공법상 당사자소송을 제기하고, 그 소송 계속 중 퇴직연금삭감조항과 부칙 제2조(이하 이들을 "이 사건 조항"이라 한다)가 위헌이라고 주장하면서 2018.10.5. 서울행정법원에 위헌법률심판제청신청을 하였으나, 동 법원은 같은 해 10.19. 이를 기각하였고 그 기각결정의 정본은 2018.10.22.(월) 丁에게 송달되었다. 丁은 변호사를 대리인으로 선임하여 2018.11.22.(목) 이 사건 조항이 위헌이라고 주장하며, 헌재법 제68조 제2항에 따른 헌법소원심판을 청구하였다. 丁의 헌법소원심판청구는 적법한가? [위 2018구합100호 사건은 적법하게 계속중임을 전제할 것]

관련규정

「국가공무원법」 제65조(정치운동의 금지) ④ 제1항 내지 제3항 외에 정치적 행위의 금지에 관한 한계는 대통령령으로 정한다.

제78조(징계사유) ① 공무원이 다음 각호의 어느 하나에 해당하면 징계의결을 요구하여야 하고, 그 징계의결의 결과에 따라 징계처분을 하여야 한다.

1. 이 법 및 이 법에 따른 명령을 위반한 경우

「국가공무원법 시행령」 제27조(정치적 행위) ① 법 제65조의 정치적 행위는 다음 각 호의 어느 하나에 해당하는 정치적 목적을 가진 것을 말한다.

2. 특정 정당 또는 정치단체를 지지하거나 반대하는 것

「도로교통법」 제44조(술에 취한 상태에서의 운전금지) ① 누구든지 술에 취한 상태에서 자동차를 운전하여서는 아니 된다. ② 경찰공무원은 교통안전과 위험방지를 위하여 필요하다고 인정하거나 제1항의 규정에 위반하여 술에 취한 상태에서 자동차를 운전하였다고 인정할 만한 상당한 이유가 있는 때에는 운전자가 술에 취하였는지의 여부를 측정할 수 있으며, 운전자는 이러한 경찰공무원의 측정에 응하여야 한다.

제93조(운전면허의 취소·정지) ① 지방경찰청장은 운전면허를 받은 사람이 다음 각

호의 어느 하나에 해당하면 행정자치부령으로 정하는 기준에 따라 운전면허를 취소하거나 1년 이내의 범위에서 운전면허의 효력을 정지시킬 수 있다. 다만, 제2호, 제3호, 제7호부터 제9호까지, 제12호, 제14호, 제16호부터 제18호까지의 규정에 해당하는 경우에는 운전면허를 취소하여야 한다.

2. 제44조 제1항 또는 제2항 후단을 2회 이상 위반한 사람이 다시 같은 조 제1항을 위반하여 운전면허 정지사유에 해당된 경우

「아동·청소년의 성보호에 관한 법률」 제56조(아동·청소년 관련기관 등에의 취업제한 등)

③ 아동·청소년 관련기관 등의 장은 그 기관에 취업 중이거나 사실상 노무를 제공 중인 자 또는 취업하려 하거나 사실상 노무를 제공하려는 자에 대하여 성범죄의 경력을 확인하여야 한다. 이 경우 본인의 동의를 받아 관계기관의 장에게 성범죄의 경력조회를 요청하여야 한다.

제67조(과태료) ③ 아동·청소년 관련기관 등의 장이 제56조 제3항을 위반하여 그 기관에 취업 중이거나 사실상 노무를 제공 중인 사람 또는 취업하려 하거나 사실상 노무를 제공하려는 사람에 대하여 성범죄의 경력을 확인하지 아니하는 경우에는 500만원 이하의 과태료를 부과한다.

해설 및 채점기준

문 1[123) 40점

Ⅰ. 서론 (문제의 소재) [3점]

헌재법 제68조 제2항에 따른 헌법소원의 적법요건으로는 ① 대상적격, ② 법원의 위헌제청신청에 대한 기각 또는 각하결정을 받았을 것, ③ 재판의 전제성, ④ 청구기간, ⑤ 변호사강제주의, ⑥ 일사부재리 등이 요구된다.

123) 이 문제와 채점기준은 2012년 제1회 변호사시험 공법사례형 <제1문의 1>을 기초로 재구성되었음.

Ⅱ. 적법요건의 검토 [35점]

1. 대상적격 (6점)

헌재법 제68조 제2항 헌법소원은 법 제41조에 따른 위헌법률심판과 그 성격이 같은 구체적 규범통제 재판이므로, 그 심판의 대상 즉 청구대상은 법률 및 법률과 같은 효력을 가지는 규범(조약,[124] 대통령긴급명령, 긴급조치, 관습법[125] 등)이고,[126] 시행령이나 시행규칙,[127] 지방자치단체의 조례[128] 등은 그 대상이 될 수 없다. - ④

그러므로 사안에서 국가공무원법 제78조 제1항 제1호, 제65조 제4항(이하 "이 사건 법률조항"이라고 한다)에 대한 심판청구는 적법하며, 동법 시행령 제27조 제1항 제2호에 대한 심판청구는 부적법하다. - ②

2. 위헌법률심판제청신청을 하였다가 기각결정을 받은 자가 청구할 것 (2점)

사안에서 甲은 이 사건 법률조항에 대하여 위헌법률심판제청신청을 하였으나 2016.3.4. 기각결정을 받고 이 사건 헌법소원심판을 청구하였으므로 이 요건을 충족한다.

3. 재판의 전제성 (20점)

가. 의의 및 요건

재판의 전제성이라 함은 위헌법률심판의 제청(헌재법 제41조)이나 헌재법 제68조 제2항의 헌법소원심판청구에는 법률이 헌법에 위반되는지 여부가 법원(군사법원 포함)이 담당하는 당해사건의 재판에 전제가 되어야 한다는 것이다. 헌재법 제68조 제2항의 헌법소원의 적법요건으로 재판의 전제성이 필요한 것은 그 본질이 위헌법률심판절차와 같은 구체적 규범통제의 성격을 갖기 때문이다.[129] - ②

재판의 전제성의 요건으로는 첫째, 구체적인 소송(당해사건)이 법원에 적법하

---

124) 헌재 1999.4.29. 97헌가14 결정.

125) 헌재 2013.2.28. 2009헌바129 결정.

126) 헌재 2013.3.21. 2010헌바70등 결정.

127) 헌재 2010.11.25. 2009헌바107 결정 ; 헌재 2012.5.31. 2011헌바78 결정 등.

128) 헌재 1998.10.15. 96헌바77 결정.

129) 헌재 1997.11.27. 96헌바60 결정 ; 헌재 2010.4.29. 2008헌바113 결정 등.

게 계속 중일 것, 둘째, 위헌여부가 문제되는 법률조항이 당해사건의 재판에 적용될 것, 셋째, 위 법률조항의 위헌여부에 따라 당해사건 법원이 다른 내용의 재판을 할 것 등의 요건이 충족되어야 한다. - ③

나. 사안에의 적용

(1) 첫째 요건

사안에서 甲에 대한 감봉 2개월의 징계처분의 적법여부를 다투는 행정소송은 대법원에서 2016.3.4. 상고기각 판결이 선고되었으므로 동 판결은 확정되었다. 그러나 법 제68조 제2항의 헌법소원의 경우는 위헌법률심판(헌재법 제41조 제1항)과는 달리 위헌제청신청시에 법원에 소송이 계속 중이면 되는데, 사안에서 甲이 위헌제청신청을 할 당시에는 당해사건이 대법원에 2016두100호로 적법하게 계속 중이었다. - ③

그리고 법 제68조 제2항에 따른 헌법소원의 경우에는 당해사건이 헌법소원의 제기로 정지되지 않기 때문에(헌재법 제42조 제1항이 준용되지 않음) 헌법소원심판의 종국결정 이전에 당해사건이 확정되어 종료되는 경우가 있을 수 있으나, 헌재법 제68조 제2항에 의한 헌법소원이 인용된 경우에 당해 헌법소원과 관련된 소송사건이 이미 패소 확정된 때에는 "당사자"는 재심을 청구할 수 있으므로(헌재법 제75조 제1항), 판결이 확정되었더라도 재판의 전제성이 소멸된다고 볼 수는 없다.[130] 따라서 위 첫째 요건을 충족한다. - ③

(2) 둘째 요건

이 사건 법률조항은 甲에 대한 위 징계처분의 근거조항이어서 그 징계처분의 적법여부를 다투는 당해사건인 대법원 2016두100호 사건에서 적용된 법률일 뿐만 아니라, 당해사건이 2016.3.4. 선고되어 패소 확정되었더라도 헌재법 제75조 제7항에 의하여 재심을 청구할 수 있고, 이 사건 법률조항은 동 재심사건에서도 당연히 적용되는 조항이므로 위 둘째 요건도 충족한다. - ③

(3) 셋째 요건

헌법재판소는 위 셋째 요건의 "다른 내용의 재판"에 대하여, 문제가 된 법률

130) 헌재 1998.7.16. 96헌바33등 결정 ; 헌재 2006.4.27. 2005헌바69 결정.

조항의 위헌여부에 따라 법원이 심리중인 당해사건의 재판의 결론이나 주문에 영향을 주는 경우 또는 재판의 내용과 효력에 관한 법률적 의미가 달라지는 경우라고 보고 있다. - ③ [헌법재판소는 초창기에, 문제된 법률의 위헌여부가 비록 재판의 주문 자체에는 아무런 영향을 주지 않는다고 하더라도 "재판의 결론을 이끌어내는 이유를 달리하는 데 관련되어 있는 경우"에도 재판의 전제성이 있다는 취지로 판시하였으나, 2010.12.28. 선고한 2009헌가30 결정에서 "그 법률조항의 위헌여부에 따라 재판의 결론이 달라지거나 재판의 내용과 효력에 관한 법률적 의미가 달라지는 경우라야 한다."고 변경하여 판시하였다.[131] - 가산점 ①]

살피건대, 이 사건 법률조항에 대하여 헌법재판소에서 위헌결정이 선고된다면 위와 같이 헌재법 제75조 제7항에 따른 재심사건에서, 甲에 대한 위 징계처분은 그 근거를 상실할 것이므로 위법한 처분이 될 것이어서 합헌인 경우와 다른 내용의 재판, 즉 재판의 결론이나 주문에 영향을 주게 될(승소할) 것이다. 따라서 위 셋째 요건도 충족한다. - ③

4. 청구기간 (5점)

헌재법 제69조 제2항의 규정에 의하면 위헌법률심판제청신청을 기각하는 결정을 통지받은 날부터 30일 이내에 헌법소원심판을 청구하여야 하고, 기간의 말일이 토요일 또는 공휴일에 해당한 때에는 기간은 그 익일로 만료한다(헌재법 제40조 제1항), (민법 제161조). - ②

사안에서 甲은 위헌제청신청에 대한 기각결정문을 2016.3.18. 송달받았으므로 그날부터 30일 이내인 2016.4.17.까지 심판청구를 하여야 하는바, 4.17.은 일요일이어서 공휴일이므로 그 다음날인 4.18.에 청구기간이 만료한다. 따라서 4.18.에 제기한 甲의 심판청구는 청구기간을 준수하였다. - ③

131) 나아가 헌법재판소는 헌재 2011.11.24. 2010헌바353 결정에서, "청구인들은 불법행위책임의 요건사실 중 하나인 위법성 부분에 관한 판단은 이 사건 법률조항들의 위헌여부에 따라 달라지게 되므로 **적어도 당해사건의 재판의 이유를 달라지게 할 것이라고 주장하나**, 가사 이유 중 일부분의 기재가 달라질 수는 있다 하더라도, 앞서 본 바와 같이 이 사건 법률조항들의 위헌여부에 관계없이 고의 또는 과실이 인정되지 아니한다는 동일한 이유로 이 부분 청구가 받아들여지지 않는다는 동일한 결론에 이를 것인 이상, 이 사건 법률조항들의 위헌여부에 따라 재판의 내용과 효력에 관한 법률적 의미가 달라진다고는 볼 수 없다. 따라서 이 사건 법률조항들의 위헌여부가 불법행위 부분에 관한 재판의 전제가 된다고 할 수도 없다."고 판시하였다.

5. 변호사강제주의 등 (2점)

헌재법 제25조 제3항의 규정에 의하면 사인(私人)은 그 자신이 변호사가 아닌 한 변호사를 대리인으로 선임하여 심판청구를 하여야 한다. 사안에서 甲은 변호사인 甲'를 대리인으로 선임하였으므로 이 요건도 충족하였고, 그 밖에 일사부재리(헌재법 제39조)는 이 사안과 무관하다.

Ⅲ. 결론 (문제의 해결) [2점]

위에서 살펴본 바와 같이 국가공무원법 시행령조항에 대한 심판청구는 대상적격을 결여하여 부적법하고, 이 사건 법률조항에 대한 심판청구는 모든 적법요건을 충족하였으므로 적법하다.

문 2[132)] 10점

헌법재판은 단순히 제청신청인이나 헌법소원 청구인의 주관적 권리구제만을 위한 제도가 아니고, 객관적 헌법질서를 수호·유지하기 위한 제도이기도 하다. 따라서 헌법재판소는 위헌제청 또는 헌법소원심판 청구한 조항에 대하여 직권으로 제한·확장·변경하는 등의 절차를 통하여 심판대상을 확정하기도 한다. 그렇지만 기본적으로는 사안과 직접 관련이 있는 부분만이 심판대상이 되는 것이 원칙이다. - ③

사안에서 乙은 법원에 도로교통법 제93조 제1항 단서 제2호에 대하여 위헌제청신청을 하였다가 기각되었다. 그런데, 동 조항은 2개의 규범의 다발인 것을 알 수 있다. 즉, "제44조 제1항(음주운전)을 2회 이상 위반한 사람이 다시 같은 조 제1항을 위반하여 운전면허 정지사유에 해당된 경우"와 "제44조 제2항 후단(음주측정거부)을 2회 이상 위반한 사람이 다시 같은 조 제1항을 위반하여 운전면허 정지사유에 해당된 경우"에 운전면허를 필요적으로 취소하는 내용을 담고 있다. 그런데 乙의 경우는 전자에 해당하고 후자는 乙과는 상관이 없을 뿐만 아니라 전자의 내용과 필연적 상관관계가 있다고 할 수도 없다. - ④

따라서 사안에서 위헌심판의 대상은 "도로교통법 제93조 제1항 단서 제2호

132) 2014년 제3회 변호사시험 공법사례형 〈제2문의 3(2)〉 참조.

중 '제44조 제1항을 2회 이상 위반한 사람이 다시 같은 조 제1항을 위반하여 운전면허 정지사유에 해당된 경우'"로 확정할 수 있다. - ③

문 3[133] 25점

Ⅰ. 서론 [3점]

丙은 헌재법 제68조 제2항에 따른 헌법소원심판을 제기하면서 "'아동·청소년의 성보호에 관한 법률' 제56조 제3항의 '아동·청소년 관련기관 등'에 주로 성인을 대상으로 직업교육을 하는 평생직업교육학원을 포함시켜 해석하는 것은 헌법에 위반된다."는 취지의 한정위헌청구를 하고 있는바, 이와 같이 법률조항 자체의 위헌결정을 구하는 것이 아니라 특정한 해석을 배제하는 형식의 심판청구가 허용되는지가 문제된다. 이에 대한 헌법재판소의 태도는 '원칙적 부적법, 예외적 적법'에서 '원칙적 적법, 예외적 부적법'의 입장으로 변경되었다.

Ⅱ. 헌법재판소의 입장 [15점]

1. 종전의 입장 (6점)

가. 원칙적 부적법

일반적으로 법률조항 자체에 대한 다툼과 법률의 해석에 관한 다툼은 그 구분이 모호한 경우가 많지만 구분되는 것으로 보아야 한다.[134][- ①] 따라서, 법 제68조 제2항이 "법률의 위헌여부심판의 제청신청이 기각된 때"라고 규정함으로써 심판의 대상을 '법률'에 한정하고 있으므로[- ①], 일반적으로 법률조항 자체의 위헌판단을 구하는 것이 아니라 법률조항을 "… 하는 것으로 해석하는 한 위헌"이라는 판단을 구하는 청구는 법 제68조 제2항의 청구로 적절치 아니하다. [원칙적으로 부적법하다][135][- ①]

133) 이 문제와 채점기준은 2013년 제55회 사법시험 헌법 <제2문의 1>을 기초로 재구성한 것임.
134) 헌재 1999.3.25. 98헌바2 결정 ; 헌재 2001.9.27. 2000헌바20 결정.
135) 헌재 1995.7.21. 92헌바40 결정 ; 헌재 1997.2.20. 95헌바27 결정 ; 헌재 1999.3.25. 98헌바2 결정 ; 헌재 1999.11.25. 98헌바36 결정 등 참조.

나. 예외적 적법 : 허용되는 경우

헌법재판소가 그동안 적극적으로 심판대상으로 삼아 판단한 경우는 대개 다음과 같이 분류할 수 있다.

첫째, 헌법상의 명확성원칙 또는 조세법률주의(과세요건명확주의) 등 법규정 자체의 불확정성을 다투는 것으로 보는 경우이다.[136] - ①

둘째, 소위 "법원의 해석에 의하여 구체화된 심판대상 규정의 위헌성" 문제가 있는 것으로 볼 만큼 일정한 사례군이 상당기간에 걸쳐 형성, 집적된 경우이다.[137] - ①

셋째, 그 밖에 위 두 가지 경우에 해당되지는 않지만 한정위헌의 판단을 구하는 청구가 법률조항 자체에 대한 다툼으로 볼 수 있는 경우도 있다.[138] - ①

2. 판례의 변경 (9점)

가. 원칙적 적법

위와 같이 헌법재판소는 헌재법 제68조 제2항에 따른 헌법소원에서 한정위헌청구는 원칙적으로 부적법하다는 입장이었으나, 2012.12.27. 선고한 2011헌바117 결정에서 종래의 견해를 변경하여 한정위헌청구는 원칙적으로 적법하다고 판시하였는바, 그 이유는 다음과 같다. - ①

첫째, 규범통제절차에 있어서 한정위헌결정은 법리상 당연하면서도 불가피한 것이고, 따라서 그러한 취지에서 헌법재판소는 한정위헌결정을 계속해 오면서도 제청법원이나 헌법소원청구인은 원칙적으로 한정위헌청구를 할 수 없고, 위에서 본 바와 같은 예외적인 경우에만 한정위헌청구를 할 수 있다고 하는 종래의 선례들은 사리상으로도 합당하지 않다. - ①

둘째, 제청법원이나 헌법소원청구인이 당해사건 재판의 근거가 되는 법률조

136) 헌재 1995.7.21. 92헌바40 결정 ; 헌재 1997.2.20. 95헌바27 결정 ; 헌재 1999.3.25. 98헌바2 결정 ; 헌재 1999.7.22. 97헌바9 결정 ; 헌재 1999.11.25. 98헌바36 결정 ; 헌재 2000.6.1. 97헌바74 결정.

137) '군무이탈자 복귀명령 위반행위'를 명령위반죄로 처벌하는 군형법 제47조에 관한 헌재 1995.5.25. 91헌바20 결정, '집단적 노무제공거부행위'를 업무방해죄로 처벌하는 형법 제314조에 관한 헌재 1998.7.16. 97헌바23 결정, '방영금지가처분'을 허용하는 민사소송법 제714조 제2항에 관한 헌재 2001.8.30. 2000헌바36 결정이 여기에 해당된다.

138) 헌재 2000.6.29. 99헌바66등 결정 ; 헌재 2011.10.25. 2010헌바486등 결정.

항 그 자체나 그 전체의 위헌성을 주장하지 않고 당해 법률조항의 특정한 해석 가능성이나 적용가능성에 대하여만 제한적·한정적으로 위헌을 주장한다면 헌법재판소로서는 제청법원 등이 주장하는 범위내에서 위헌여부를 심판하는 것이 원칙이며, 그 이외의 부분까지 위헌여부를 심판하게 된다면 그것은 헌법재판에서 요구되는 직권주의를 감안하더라도 신청주의나 적법요건으로서의 재판의 전제성에 위반될 수 있다. 그러므로 제청법원 등이 하는 한정위헌청구는 자칫 헌법재판소가 소홀히 할 수 있는 당해 법률조항에 대한 한정위헌결정 여부를 헌법재판소로 하여금 주의깊게 심사하도록 촉구하여 위헌의 범위와 그에 따른 기속력의 범위를 제한적으로 정확하게 한정할 수 있게 할 것이고, 그 결과 규범통제절차에 있어서 위헌여부심판권의 심사지평을 넓힐 수 있게 될 것이어서, 금지되어서는 안 될 뿐만 아니라 오히려 장려되어야 한다. - ②

셋째, 한정위헌청구는 입법권에 대한 자제와 존중의 표현이다. 즉, 헌법재판소를 포함한 모든 국가기관과 국민은 헌법상의 권력분립원리에서 파생된 입법권에 의한 입법을 존중하여야 하는 것인바, 한정위헌청구에 따른 한정위헌결정은 당해 법률조항 중 위헌적인 해석이나 적용부분만을 제거하고 그 이외의 합헌인 부분은 최대한 존속시킬 수 있는 것이어서 입법권에 대한 자제와 존중의 결과가 되는 것이고 따라서 헌법질서에도 더욱 부합하게 된다. - ②

나. 예외적 부적법

다만 헌법재판소는, 구체적 규범통제절차에서 법률조항에 대한 특정한 해석이나 적용부분의 위헌성을 다투는 한정위헌청구가 원칙적으로 적법하다고 하더라도, 재판소원을 금지하고 있는 법 제68조 제1항의 취지에 비추어 한정위헌청구의 형식을 취하고 있으면서도 실제로는 [- ①]

첫째, 당해사건 재판의 기초가 되는 사실관계의 인정이나 평가 또는 개별적·구체적 사건에서의 법률조항의 단순한 포섭·적용에 관한 문제를 다투거나, - ①

둘째, 의미있는 헌법문제를 주장하지 않으면서 법원의 법률해석이나 재판결과를 다투는 경우 등은 모두 현행의 규범통제제도에 어긋나는 것으로서 허용될 수 없다고 판시하였다.[139] - ①

139) 헌재 2013.12.26. 2011헌바162 결정 ; 헌재 2014.3.27. 2012헌바55 결정 ; 헌재 2015.4.30. 2012헌바95등 결정.

Ⅲ. 사안에의 적용 [5점]

丙은 "'아동·청소년의 성보호에 관한 법률' 제56조 제3항의 '아동·청소년 관련기관 등'에 주로 성인을 대상으로 직업교육을 하는 평생직업교육학원을 포함시켜 해석하는 것"은 헌법에 위반된다고 주장하고 있는바[- ①], 이는 당해사건 재판의 기초가 되는 사실관계의 인정이나 평가 또는 개별적·구체적 사건에서의 법률조항의 단순한 포섭·적용에 관한 문제를 다투는 것이 아닐 뿐만 아니라[- ②], 단순히 법원의 법률해석이나 재판결과를 다투는 것이 아니라 위 법 제56조 제3항의 '아동·청소년 관련기관 등'에 주로 성인을 대상으로 직업교육을 하는 평생직업교육학원을 포함시켜 해석하는 것"은 헌법에 위반된다는 의미있는 헌법문제[140]를 주장하고 있는 것이다.[- ②]

Ⅳ. 결론 [2점]

따라서 사안에서 丙의 심판청구는 위에서 본 바와 같이 변경된 헌법재판소의 입장에 따를 때, 예외적으로 부적법한 경우에 해당하지 않으므로 비록 한정위헌청구의 형식이라 할지라도 적법하다고 할 것이다. - ②

문 4[141] 25점

Ⅰ. 서론 [3점]

헌재법 제68조 제2항에 따른 헌법소원의 적법요건으로는, ① 대상적격(법률), ② 법원의 위헌제청신청에 대한 기각(각하)결정, ③ 재판의 전제성, ④ 청구기간, ⑤ 변호사강제주의, ⑥ 일사부재리 등이 요구된다.

140) 명확성원칙 또는 과잉금지원칙 등이 고려될 수 있을 것이다.

141) 이 문제와 채점기준은 2012년 제2회 변호사시험 공법사례형 〈제2문〉을 기초로 재구성한 것임.

Ⅱ. 적법요건의 검토 [20점]

1. 대상적격 (2점)

규범통제형 헌법소원의 대상은 법률 또는 법률의 효력을 가진 규범(조약, 관습법 등)인 바, 이 사건 조항은 모두 법률이므로 대상적격에 문제가 없다.

2. 위헌제청신청에 대한 법원의 기각(각하)결정 (2점)

丁은 당해 소송사건의 당사자로서 2018.10.5. 위 법률조항에 대하여 위헌법률심판제청신청을 하였다가 같은 달 19. 기각결정을 받은 자이므로 이 요건을 충족한다.

3. 재판의 전제성 (11점)

가. 위헌법률심판이나 헌재법 제68조 제2항의 헌법소원심판과 같은 규범통제사건에서 재판의 전제성이 인정되는 경우란, 첫째, 구체적인 사건이 법원에 적법하게 계속중이어야 하고, 둘째, 위헌여부가 문제되는 법률이 당해사건의 재판에 (직접 또는 간접) 적용되는 것이어야 하며, 셋째, 그 법률이 헌법에 위반되는지 여부에 따라 당해사건을 담당하는 법원이 다른 내용의 재판을 하게 되는 경우, 즉 법원이 심리중인 당해사건의 재판의 결론이나 주문에 어떤 영향을 주는 경우 또는 문제된 법률의 위헌여부가 비록 재판의 주문 자체에는 아무런 영향을 주지 않는다고 하더라도 재판의 내용과 효력에 관한 법률적 의미가 달라지는 경우를 말한다. - ⑤

나. 첫째 요건에서, 사안에서 보듯이 丁이 제기한 공법상 당사자소송이 서울행정법원 2018구합100호로, 위헌제청신청시(2018.10.5.)는 물론 아직도 적법하게 계속이다. - ②

다. 둘째 요건에서, 이 사건 조항은 위 미지급 퇴직연금 지급을 구하는 당해사건에서 직접 적용되는 법률조항이다. - ②

라. 셋째 요건에서, 이 사건 조항에 대하여 헌법재판소의 위헌결정이 있으면 丁이 제기한 당해 소송사건에서 다른 내용의 재판, 즉 합헌일 경우와는 달리 승소(미지급 퇴직연금의 지급)할 수 있으므로(주문이 달라짐) 이 요건을 충족한다. - ③

4. 청구기간 (3점)

헌재법 제69조 제2항의 규정에 의하면 위헌법률심판제청신청을 기각하는 결정을 통지받은 날부터 30일 이내에 헌법소원심판을 청구하여야 하는바(-①), 사안에서 그 기각결정문을 2018.10.22. 송달받고 31일째인 2018.11.22. 심판청구를 하였으므로(-①) 청구기간을 하루 도과하여 부적법한 심판청구이다(-①).

5. 기타 요건 (2점)

대리인으로 변호사를 선임하였으므로 변호사강제주의(헌재법 제25조 제3항) 요건을 충족하였고, 일사부재리(헌재법 제39조) 요건은 이 사안과는 관련이 없다.

Ⅲ. 결론 (2점)

이 사건 헌법소원은 다른 적법요건은 모두 충족하였으나 청구기간이 경과하여 부적법하다. [Ⅱ.의 답안 내용을 고려하여 점수를 부여함]

문제 5

문 1 40점

대한민국 국민인 甲과 乙은 '甲 의료기', '乙 의료기'라는 상호로 의료기기 판매업을 하는 자들이다. 甲은 전립선 자극기 'J2V'를 공급받아 판매하기 위하여 "전립선에 특수한 효능, 효과로 남자의 자신감이 달라집니다."라는 문구를 사용하여 인터넷 광고를 하였다. 甲은 위 광고 때문에 2017.9.1.(금) 「의료기기에 관한 법률」(이하 "의료기기법"이라 함) 제24조 및 제52조 위반을 이유로 벌금 300만 원의 약식명령을 고지받았다. 한편, 甲의 경쟁업체인 乙은 2017.11.10.(금) 전립선 자극기 'U2V'의 인터넷 광고를 하려던 차에 甲이 위와 같이 형사처벌을 받은 사실을 알게 되었다. 이에 乙은 변호사를 대리인으로 선임하여, 2017.12.15.(금) 사전심의를 거치지 않은 의료기기 광고를 금지하고 이를 어기면 처벌하는 의료기기법 제24조(구성요건조항) 및 제52조(처벌조항)가 자신의 표현의 자유를 침해한다고 주장하면서(다만, 제52조에 대하여는 그 법정형이 체계정당성에 어긋난다거나 과다하다는 등 그 자체가 위헌임을 주장하지 않고 있다), 헌법재판소에 헌재법」 제68조 제1항에 의한 헌법소원심판을 청구하였다. 乙의 헌법소원심판청구는 적법한가?

문 2 10점

경기도 선거관리위원회는 소속 공무원인 丙이 "ㅇㅇ시 주민소환투표와 관련하여 방송인터뷰를 통하여 선거관리위원회의 입장에 반하여 허위로 진술하고 그 인터뷰 내용이 뉴스에 보도되었다."는 이유로 丙에 대한 징계를 요구하였다. 이에 丙은 국민권익위원회에 자신에 대한 징계 등 신분상 불이익의 예방을 구하는 신분보장조치를 요구하였고, 이에 국민권익위원회는 경기도 선거관리위원회에게 "丙에 대한 위 징계요구를 취소하고, 향후 신고로 인한 신분상 불이익처분 및 근무조건상의 차별을 하지 말 것"을 요구하는 내용의 조치요구를 하였다. 그러자 경기도 선거관리위원회는 국민권익위원회를 상대로 위 조치요구의 취소를 구하는 권한쟁의심판을 청구하였다. 사안에서 피청구인의 당사자능력 유무를 판단하시오.

문 3 25점

광주세무서장이 2016.1.10. 丁에 대하여 그가 아버지로부터 증여받은 광주광역시 북구 소재 부동산에 대하여 증여세를 납세고지하자, 丁은 제소기간 내에 동 과세처분취소소송을 제기하였으나 패소하였고 그 무렵 확정되었다(광주지방법원 2016.10.10. 선고 2016구합10 판결). 그 후 丁은 2017.1.10. 이번에는 과세처분무효확인소송을 제기하고(광주지방법원 2017구합10) 동 소송이 계속중, 위 과세처분의 무효사유로 동 과세처분의 근거규정인 'A조항'이 위헌이라고 주장하며 A조항에 대하여 위헌법률심판제청신청을 하였다. 이 경우 재판의 전제성 요건을 충족하는지 평가하시오.

문 4 25점

2016.6.7. 당시의 광주광역시 교육감은 학교법인 ○○학원 산하의 ○○고등학교를 자율형 사립고등학교(이하 "자사고"라 한다)로 지정·고시하고, 2016.6.24. 위 학교의 2017학년도 신입생 입학전형 모집요강을 승인하였다. 그런데 2016.7.1. 새로 취임한 교육감은 2016.8.9. 법정부담금의 납부가 불확실하고, 고교평준화 정책에 부정적인 영향을 미치며, 불평등 교육을 심화시킨다는 이유로 전임자가 한 위 자사고 지정·고시 처분을 취소하였다(이하 "이 사건 취소처분"이라 한다). 그러자 피청구인(교육부장관)은 지방자치법 제169조 제1항의 규정에 따라 2016.8.23. 광주광역시 교육감에 대하여 이 사건 취소처분은 재량권을 현저히 일탈·남용한 것이므로 2016.9.7.까지 이를 취소하라는 취지의 시정명령을 하였다(이하 "이 사건 시정명령"이라 한다). 청구인은 피청구인이 한 이 사건 시정명령은 헌법상 지방자치단체의 자치권, 헌법상 자주적·전문적 교육을 실현하기 위한 교육감의 권한, '지방교육자치에 관한 법률'이 정한 교육감의 사무집행 권한, 초·중등교육법에 의한 자사고 지정권한을 침해하는 것으로 무효라며 2016.9.13. 권한쟁의심판을 청구하였다. 위 권한쟁의심판청구의 적법요건 중 아래 사항을 검토하시오. [다만, 위 각 날짜 및 아래 '참고사항'의 각 날짜는 공휴일이 아님을 전제할 것]

4-1. 정당한 청구인은 누구인가? (당사자능력) [10점]

4-2. 피청구인의 처분 또는 부작위의 존재 (대상적격) [7점]

4-3. 권리보호이익 (헌법적 해명의 필요성 여부도 기재함) [8점]

※ 참고사항

광주광역시 교육감은 앞에서 본 바와 같이 이 사건 시정명령에 응하지 않은 채, 2016.9.7. 지방자치법 제169조 제2항에 따라 대법원에 이에 대한 이의의 소를 제기하였으나, 시정명령에 대한 소제기의 규정이 없다는 이유로 2017.1.25. 각하되었다. 한편, 자사고로 지정된 학교법인 ○○학원이 광주광역시 교육감을 상대로 이 사건 취소처분의 취소를 구한 소에서, 2016.11.23. 이 사건 취소처분을 취소하는 판결이 선고되었고, 광주광역시 교육감이 항소하지 않아 동 판결은 그 무렵 확정되었다.

관련규정

「의료기기에 관한 법률」 제20조(의료기기 관련단체) 의료기기 취급자는 의료기기 관련단체를 설립할 수 있다.

제24조(광고의 금지) 누구든지 제25조에 따른 심의를 받지 아니하거나 심의받은 내용과 다른 내용의 의료기기의 광고를 하여서는 아니 된다.

제25조(광고의 심의) ① 의료기기를 광고하려는 자는 미리 식품의약품안전처장의 심의를 받아야 한다.

② 식품의약품안전처장은 제1항에 따른 심의에 관한 업무를 제20조에 따라 설립된 의료기기 관련 단체에 위탁할 수 있다.

③ 제1항에 따른 심의기준, 방법 및 절차와 제2항에 따른 심의업무의 위탁 등 의료기기 광고의 심의에 필요한 사항은 식품의약품안전처장이 정한다.

제52조(벌칙) 제24조를 위반한 자는 3년 이하의 징역 또는 3천만원 이하의 벌금에 처한다.

「부패방지 및 국민권익위원회의 설치와 운영에 관한 법률」 제11조(국민권익위원회의 설치) 고충민원의 처리와 이에 관련된 불합리한 행정제도를 개선하고, 부패의 발생을 예방하며 부패행위를 효율적으로 규제하도록 하기 위하여 국무총리 소속으로 국민권익위원회를 둔다.

「지방교육자치에 관한 법률」 제18조(교육감) ① 시·도의 교육·학예에 관한 사무의 집행기관으로 시·도에 교육감을 둔다.

② 교육감은 교육·학예에 관한 소관사무로 인한 소송이나 재산의 등기 등에 대하여 당해 시·도를 대표한다.

해설 및 채점기준

문 1[142] 40점

Ⅰ. 서론 [3점]

헌재법 제68조 제1항 헌법소원의 적법요건으로는 (1) 기본권주체성, (2) 대상적격(헌법소원대상성), (3) 자기관련성, (4) 현재성, (5) 직접성, (6) 보충성, (7) 청구기간, (8) 권리보호이익, (9) 변호사강제주의, (10) 일사부재리 등이 요구된다. 이하에서 위 적법요건의 충족여부를 살펴본다.

Ⅱ. 적법요건의 검토 [35점]

1. 기본권주체성 (2점)

기본권의 주체가 될 수 있는 자, 즉 기본권능력이 있는 자만이 헌법소원을 청구할 수 있고 대한민국 국적을 가진 모든 자연인은 기본권의 주체가 되는바, 사안에서 乙은 대한민국 국민이므로 기본권주체성이 인정된다.

2. 대상적격(헌법소원대상성) (2점)

헌재법 제68조 제1항 본문에 규정된 공권력 가운데는 입법권도 당연히 포함되므로 법률에 대한 헌법소원도 가능하다.[143] 사안에서 의료기기법 제24조 및 제

142) 이 문제와 채점기준은 2017년 변호사시험 공법사례형 〈제1문의 1〉을 기초로 재구성한 것임.
143) 헌재 1990.6.25. 89헌마220 결정 참조.

52조(이하 "의료기기법조항"이라고 한다)는 현재 시행중인 법률조항이므로 헌법소원의 대상적격이 인정된다.

3. 자기관련성 (3점)

헌법소원심판절차에서 자기관련성이 입증되려면, 원칙적으로 청구인이 그 공권력작용의 상대방이라는 점이 인정되어야 한다. - ①

사안에서 乙은 의료기기 판매업자로서 의료기기인 전립선 자극기 'U2V'의 인테넷 광고를 하려고 하였으나 의료기기법조항은 사전심의를 거치지 않은 의료기기의 광고를 금지 및 처벌하고 있으므로, 乙은 이들 조항에 대하여 자기관련성이 인정된다. - ②

4. 현재성 (3점)

헌법소원의 청구인은 공권력작용과 현재 관련이 있어야 하며, 장래 어느 때인가 관련될 수 있을 것이라는 것만으로는 헌법소원을 제기하기에 족하지 않다.[144] - ①

사안에서 乙은 의료기기법조항으로 인하여 현재 위 'U2V'의 인터넷 광고를 할 수 없는 제한을 받고 있는 것이므로 현재성 요건을 충족한다. - ②

5. 직접성 (8점)

헌법소원의 청구인은 공권력작용으로 인하여 직접적으로 기본권이 침해되어야 하는데, 여기서 말하는 기본권침해의 직접성이란 집행행위에 의하지 아니하고 법령 자체에 의하여 자유의 제한, 의무의 부과, 권리 또는 법적 지위의 박탈이 생긴 경우를 뜻한다.[145] - ③

사안에서 의료기기법 제24조는 동법 제25조에 따른 심의를 받지 아니하거나 심의받은 내용과 다른 내용의 의료기기의 광고를 하여서는 아니 된다고 규정하고 있으므로, 乙은 별도의 집행행위가 필요없이 의하여 직접 위 'U2V'의 인터넷 광고를 할 수 있는 자유, 즉 표현의 자유가 제한되므로 직접성요건을 충족한다. - ②

144) 헌재 1994.6.30. 91헌마162 결정 참조.

145) 헌재 1992.11.12. 91헌마192 결정 참조.

다만 헌법재판소 판례에 따르면, 벌칙조항의 전제가 되는 구성요건조항이 별도로 규정되어 있는 경우에 벌칙조항에 대하여는 청구인이 그 법정형이 체계정당성에 어긋난다거나 과다하다는 등 그 자체가 위헌임을 주장하지 않는 한 직접성을 인정할 수 없는바,[146] 사안에서 乙은 의료기기법 제52조에 대하여는 그 법정형이 체계정당성에 어긋난다거나 과다하다는 등 그 자체가 위헌임을 주장하지 않고 있으므로 동 조항에 대하여는 직접성이 인정되지 않는다. - ③

6. 보충성 (5점)

헌법소원은 다른 법률에 구제절차가 있는 경우에는 그 절차를 모두 거친 후에 심판청구를 하여야 한다(헌재법 제68조 제1항 단서). 그러나 헌법재판소 판례에 따르면, 법령에 대한 헌법소원과 같이 다른 법률에 구제절차가 없는 경우나,[147] 사전에 구제절차를 거칠 것을 기대하기가 곤란한 경우에는 보충성의 예외로 바로 헌법소원을 청구할 수 있다.[148] - ③

사안에서, 의료기기법조항과 같은 법률자체의 효력을 직접 다투는 것을 소송물로 하여 일반법원에 소송을 제기하는 길이 없어, 다른 법률상 구제절차가 없는 경우이므로 보충성의 예외(비적용)에 해당하여, 보충성요건도 충족한다. - ②

7. 청구기간 (7점)

헌법소원심판은 그 사유가 있음을 안 날부터 90일 이내에, 그 사유가 있은 날부터 1년 이내에 청구하여야 한다(헌재법 제69조 제1항 본문). 그리고 헌법재판소의 판례에 의하면, 위 90일의 기간과 1년의 기간을 모두 준수하여야 적법한 청구가 되는 것이고 그 중 어느 하나라도 경과하면 부적법한 청구가 된다.[149] - ②

한편, 법령에 대한 헌법소원의 청구기간은 그 법령의 시행과 동시에 기본권의 침해를 받게 되는 경우에는 그 법령이 시행된 사실을 안 날부터 90일 이내에, 법령이 시행된 날부터 1년 이내에 헌법소원을 청구하여야 하고, 법령이 시행된 뒤에 비로소 그 법령에 해당되는 사유가 발생하여 기본권의 침해를 받게 되는

146) 헌재 2008.11.27. 2007헌마860 결정 ; 헌재 2014.5.29. 2010헌마606 결정 등 참조.
147) 대법원 1994.4.26.자 93부32 결정 참조.
148) 헌재 1996.10.4. 94헌마68등 결정 참조.
149) 헌재 2004.4.29. 2004헌마93 결정 참조.

경우에는 그 사유가 발생하였음을 안 날부터 90일 이내에, 그 사유가 발생한 날부터 1년 이내에 헌법소원을 청구하여야 한다. - ②

사안에서 의료기기법조항은 이미 시행되고 있는 법률이지만,[150] 乙은 2017.11.10. 비로소 인터넷 광고를 하려고 했다는 것이므로 이때가 기본권침해의 사유가 발생한 날이 되며 그날로부터 1년 이내일 뿐만 아니라, 이때 기본권침해의 사유가 있음을 알았다고 하더라도 그 날부터 90일 이내인 2017.12.15. 헌법소원심판을 청구한 것이므로 청구기간을 준수하였다. - ③

8. 권리보호이익 (2점)

헌법소원제도는 국민의 기본권침해를 구제해 주는 제도이므로 그 제도의 목적상 권리보호의 이익이 있는 경우에 비로소 이를 제기할 수 있다.[151] 사안에서 헌법재판소가 의료기기법조항에 대하여 위헌결정을 선고하면 乙은 'U2V'의 인터넷 광고를 할 수 있는 것이므로 권리보호이익이 존재한다.

9. 기타 (3점)

헌재법 제25조 제3항의 규정에 의하면 사인은 그 자신이 변호사가 아닌 한 변호사를 대리인으로 선임하여 심판청구를 하여야 하는바, 사안에서 乙은 변호사를 대리인으로 선임하여 심판청구를 한 것이므로 이 요건을 충족한다. - ②

또한 헌법재판소는 이미 심판을 거친 동일한 사건에 대하여는 다시 심판할 수 없는바(헌재법 제39조), 사안은 헌법재판소에서 이미 심판을 거친 동일한 사안이 아니므로 일사부재리 요건도 충족한다. - ①

Ⅲ. 결론 [2점]

이상 살펴본 바와 같이 乙의 심판청구 중 의료기기법 제52조에 대한 부분은 직접성 요건을 결하여 부적법하고, 동법 제24조에 대한 부분은 헌법소원의 모든 적법요건을 충족하므로 적법하다.

---

150) 甲이 이미 동법 위반으로 2017.9.1. 벌금 300만원의 약식명령을 고지받았다.

151) 헌재 1997.1.16. 90헌마110 결정 참조.

문 2[152] 10점

권한쟁의심판에서의 당사자능력이란 추상적으로 권한쟁의심판의 청구인 또는 피청구인이 될 수 있는 능력을 말한다. 헌법은 제111조 제1항 제4호에서 헌법재판소의 관장사항의 하나로 "국가기관 상호간, 국가기관과 지방자치단체 간 및 지방자치단체 상호간의 권한쟁의에 관한 심판"이라고 규정하고 있을 뿐 권한쟁의심판의 당사자가 될 수 있는 국가기관의 종류나 범위에 관하여는 아무런 규정을 두고 있지 않고, 이에 관하여 특별히 법률로 정하도록 위임하고 있지도 않다. 따라서 입법자인 국회는 권한쟁의심판의 종류나 당사자를 제한할 입법형성의 자유가 있다고 할 수 없고, 헌법 제111조 제1항 제4호에서 말하는 국가기관의 의미와 권한쟁의심판의 당사자가 될 수 있는 국가기관의 범위는 결국 헌법해석을 통하여 확정하여야 할 문제이다. - ③

살피건대, 헌법 제111조 제1항 제4호 소정의 "국가기관"에 해당하는지 아닌지를 판별함에 있어서는 1) 그 국가기관이 헌법에 의하여 설치되고 헌법과 법률에 의하여 독자적인 권한을 부여받고 있는지 여부, 2) 헌법에 의하여 설치된 국가기관 상호간의 권한쟁의를 해결할 수 있는 적당한 기관이나 방법이 있는지 여부 등을 종합적으로 고려하여야 한다.[153] - ②

그런데, 헌법상 국가에게 부여된 임무 또는 의무를 수행하고 그 독립성이 보장된 국가기관이라고 하더라도, 오로지 법률에 설치근거를 둔 국가기관이라면 국회의 입법행위에 의하여 존폐 및 권한범위가 결정될 수 있으므로, 이러한 국가기관은 '헌법에 의하여 설치되고 헌법과 법률에 의하여 독자적인 권한을 부여받은 국가기관'이라고 할 수 없다. - ②

그러므로, 피청구인이 수행하는 업무의 헌법적 중요성, 기관의 독립성 등을 고려한다고 하더라도, 국회가 제정한 '부패방지 및 국민권익위원회의 설치와 운영에 관한 법률'(제11조)에 의하여 비로소 설립된 피청구인은 국회의 위 법률 개정행위에 의하여 존폐 및 권한범위 등이 좌우되므로, 헌법 제111조 제1항 제4호 소정의 헌법에 의하여 설치된 국가기관에 해당한다고 할 수 없다. 즉, 권한쟁의

152) 이 문제와 채점기준은 헌재 2010.10.28. 2009헌라6 결정 및 대법원 2013.7.25. 선고 2011두1214 판결을 참조하여 재구성한 것임.

153) 헌재 1997.7.16. 96헌라2 결정 참조.

심판의 당사자능력은 헌법에 의하여 설치된 국가기관에 한정하여 인정하는 것이 타당하므로, 법률에 의하여 설치된 피청구인에게는 권한쟁의심판의 당사자능력이 인정되지 아니한다. - ③

문 3 25점

Ⅰ. 서론 [3점]

재판의 전제성이라 함은, 위헌법률심판제청(헌법 제107조 제1항, 헌재법 제41조 제1항)이나 규범통제형 헌법소원심판청구(헌재법 제68조 제2항)에는 법률이 헌법에 위반되는 여부가 법원(군사법원 포함)이 담당하는 당해사건의 재판에 전제가 되어야 한다는 것을 말한다. 이러한 재판의 전제성 요건은 위헌법률심판절차 또는 규범통제형 헌법소원심판절차의 "구체적" 규범통제절차로서의 본질을 드러내 주는 요건으로, 이들 절차를 "추상적" 규범통제절차와 구분해 주는 의미를 갖는다.

Ⅱ. 재판의 전제성 충족여부 [20점]

1. 재판의 전제성 요건 (6점)

재판의 전제성이 인정되려면, 첫째, 구체적인 사건이 법원에 적법하게 계속중이어야 하고, 둘째, 위헌여부가 문제되는 법률이 당해 소송사건의 재판에 적용되는 것이어야 하며, 셋째, 그 법률이 헌법에 위반되는지 여부에 따라 당해사건을 담당하는 법원이 다른 내용의 재판을 하게 되는 경우, 즉 법원이 심리중인 당해사건의 재판의 결론이나 주문에 어떤 영향을 주는 경우 또는 문제된 법률의 위헌여부가 비록 재판의 주문 자체에는 아무런 영향을 주지 않는다고 하더라도 재판의 내용과 효력에 관한 법률적 의미가 달라지는 경우여야 한다.

2. 사안에의 적용 (14점)

가. 첫째 요건 관련

사안에서 보는 바와 같이, 丁이 광주세무서장을 상대로 제기한 증여세부과처분 무효확인소송이 광주지방법원 2017구합10호로 적법하게 계속중이다. - ③

나. 둘째 요건

사안에서 丁이 다투고 있는 A조항은 위 증여세부과처분의 근거법률조항이고 동 법률조항이 위헌임을 위 증여세부과처분의 무효사유로 주장하고 있으므로, 당해사건에 적용되는 법률조항임이 분명하다. - ③

다. 셋째 요건 관련

대법원판례에 따르면, 과세처분의 취소소송에서 청구가 기각된 확정판결의 기판력은 다시 그 과세처분의 무효확인을 구하는 소송에도 미치므로, 과세처분의 무효확인청구가 기판력에 저촉되는 경우에는 당사자의 주장이 없더라도 직권으로 이를 심리판단하여 청구를 기각하여야 한다.[154] - ④

따라서, 헌법재판소에서 위 A조항에 대하여 위헌결정을 선고하더라도 당해사건의 재판의 결론이나 주문에 어떤 영향을 줄 수 없을 뿐만 아니라, 재판의 내용과 효력에 관한 법률적 의미가 달라지는 경우에 해당하지도 않는다. 즉, 셋째 요건을 충족할 수 없다. - ④

Ⅲ. 결론 [2점]

대법원의 확립된 '기판력' 이론에 따를 때, 丁이 제기한 증여세부과처분 무효확인소송에서 A조항의 위헌여부는 재판의 전제성이 인정되지 아니한다.

문 4 25점

4-1. [10점]

지방자치단체 상호간의 권한쟁의에서 당사자는 특별시·광역시·도 또는 특별자치도와 시·군·자치구이며, 각 지방자치단체장이 대표한다(지방자치법 제101조). 따라서 지방자치단체의 장은 - 국가위임사무[155]를 처리하는 국가기관의 지위가 아닌 한 -

154) 대법원 1993.4.27. 선고 92누9777 판결 참조.

155) 국가사무나 광역지방자치단체의 사무가 법령에 의하여 그 관리나 집행이 지방자치단체의 장에게 위임된 사무를 '기관위임사무'라 하는데(지방자치법 제103조 참조), 국가사무로서 지방자치단체의 장에게 위임된 기관위임사무는 지방자치단체의 집행기관에 의해 행해지지만 그 사무의 성

원칙적으로 권한쟁의 심판청구의 당사자가 될 수 없다.[156] - ③

다만, 헌재법 제62조 제2항은 "권한쟁의가 '지방교육자치에 관한 법률' 제2조의 규정에 의한 교육·학예에 관한 지방자치단체의 사무에 관한 것인 때에는 교육감이 제1항 제2호 및 제3호의 당사자가 된다."고 규정하고 있는데, 이는 교육감이 이들 지방자치단체를 대표한다는 의미로 새겨야 할 것이다.[157] - ③

뿐만 아니라 '지방교육자치에 관한 법률'은 교육감을 명시적으로 시·도의 교육·학예에 관한 사무의 '집행기관'으로 규정하고 있으므로(제18조 제1항), 교육감을 지방자치단체 그 자체라거나 지방자치단체와 독립한 권리주체로 볼 수 없다. - ③

따라서 사안에서 정당한 청구인은 지방자치단체인 "광주광역시"가 된다. - ①

4-2. [7점]

권한쟁의심판을 청구하려면 피청구인의 '처분 또는 부작위'에 의하여 청구인의 권한이 침해되어야 한다(헌재법 제61조 제2항). 따라서 헌재법 제61조 제2항에 따라 권한쟁의심판을 청구하려면, 피청구인의 처분 또는 부작위가 존재하여야 한다. - ②

여기서의 처분은 입법행위와 같은 법률의 제정과 관련된 권한의 유무 및 행사상의 다툼, 행정처분은 물론 행정입법의 제정과 같은 모든 행정작용 그리고 법원의 재판 및 사법행정작용 등을 포함하는 넓은 의미의 공권력처분을 의미하는 것

질은 '국가사무'이고, 그 사무를 집행하는 지방자치단체의 집행기관은 기관위임사무를 수행함에 있어 지방자치단체의 기관이 아니라 국가기관의 지위를 갖는 것으로 취급된다는 것이 현재의 통설적 법해석이며, 헌법재판소 및 대법원 판례의 입장도 동일하다(헌재 2004.9.23. 2000헌라2 결정 ; 대법원 2001.11.27. 선고 2001추57 판결 등 참조).(헌재 2011.8.30. 2011헌라1 결정 ; 헌재 2011.9.29. 2009헌라3 결정)

156) 헌재 2006.8.31. 2003헌라1 결정.

157) 참고로 헌법소원에 있어서도 헌법재판소는, "헌법 제117조 제1항은 '지방자치단체는 (…) 법령의 범위 안에서 자치에 관한 규정을 제정할 수 있다'고 규정하고 있고, 지방자치법 제22조도 '지방자치단체는 법령의 범위 안에서 그 사무에 관하여 조례를 제정할 수 있다'고 규정함으로써 **조례제정의 주체를 지방자치단체로 규정**하고 있다. 따라서 이 사건 조례를 제정하지 아니한 부작위의 위헌확인을 구하는 헌법소원심판청구의 피청구인은 지방자치단체라고 봄이 상당하다. 한편, 지방공무원법 제58조 제2항의 위임에 따라 지방자치단체가 '사실상 노무에 종사하는 공무원의 범위'를 정하는 조례를 제정하는 일은 해당 지방자치단체의 지방공무원 전체를 대상으로 하는 것이지만, 이 사건 청구인들은 모두 시·도 교육청 소속 지방공무원이고 이 사건 부작위도 청구인들의 근로3권을 침해하는 것인지 여부에 한하여 심판대상으로 되는 것이므로, 이 사건 심판청구에 관해서는 각 시·도의 교육감이 대표자로 된다."고 판시하였다.(헌재 2009.7.30. 2006헌마358 결정)

으로 보아야 할 것이다. - ②

사안에서 청구인은 피청구인의 이 사건 시정명령으로 이 사건 취소처분이 취소·정지될 위험을 부담하게 되어, 그 권한행사에 진지한 장애가 초래되거나 법적 지위가 불리하게 되는 등 부정적인 영향을 받게 되었으므로, 이 사건 시정명령은 권한쟁의심판의 대상이 되는 처분에 해당한다. - ③

4-3. [8점]

권한쟁의심판은 비록 객관소송이라 하더라도 국가기관과 지방자치단체 간의 권한쟁의로써 해결해야 할 구체적인 보호이익이 있어야 하고, 그 청구인에 대한 권한침해의 상태가 이미 종료된 경우에는 권리보호의 이익이 없으므로, 이에 관한 권한쟁의심판 청구는 부적법하다. - ②

피청구인의 이 사건 시정명령으로 청구인의 권한행사에 진지한 장애가 초래되거나 법적 지위가 불리하게 되었다고 볼 수는 있으나, 문제의 [참고사항]에서 본 바와 같이 학교법인 ○○학원이 제기한 이 사건 취소처분의 취소를 구하는 소에서 광주광역시 교육감이 한 이 사건 취소처분의 취소를 명하는 판결이 확정되었으므로, 이로써 이 사건 취소처분의 효력이 소멸되었고, 따라서 이를 시정 대상으로 하던 이 사건 시정명령 또한 그 효력을 상실하였다고 보아야 한다. - ②

그렇다면, 청구인은 더 이상 이 사건 시정명령에 따를 법적인 의무, 즉 이 사건 취소처분을 시정할 의무나 시정명령에 불응할 경우 이 사건 취소처분이 취소·정지될 위험을 부담하지 않게 되었으므로, 이 사건 심판청구는 청구인에 대한 권한침해의 상태가 이미 종료된 경우에 해당하여 권리보호의 이익을 인정할 수 없다. - ②

한편, 이 사건과 같이 지방자치단체가 이미 이루어진 자사고 지정·고시 처분을 취소하고, 이에 대하여 국가기관이 재량권의 일탈·남용을 이유로 시정명령을[158] 하는 경우가 반복될 것이라고 예상하기는 어려울 뿐 아니라, 그런 경우가

158) 대법원 2007.3.22. 선고 2005추62 전원합의체 판결 : "구 지방자치법 제157조(현행법 제169조) 제1항 전문 및 후문의 '자치사무에 관한 명령이나 처분이 법령에 위반되는 경우'라 함은 동 조항의 '명령이나 처분이 현저히 부당해 공익을 해치는 경우' 즉 합목적성을 결하는 경우와 대비되는 개념으로, 여기에는 **시·군·구 장의 사무의 집행이 명시적인 법령의 규정을 구체적으로 위반한 경우뿐만** 아니라 '**그러한 사무의 집행이 재량권을 일탈·남용해 위법하게 되는 경우**'를 포함한다."

다시 발생한다 하더라도 구체적인 사안마다 국가기관과 지방자치단체 간의 권한 침해의 사실관계, 즉 각 자사고의 지정·고시 및 그 취소의 경위와 사유 등이 달라 재량권의 일탈·남용 여부에 대한 판단 역시 동일하게 이루어질 수 없으므로, 청구인에게 뿐만 아니라 일반적으로도 다시 반복될 수 있는 사안으로서 헌법적 해명이 필요한 경우라고 볼 수 없다. - ②

제3절 종합편

문제 1

문 1 35점

A광역시는 관내에 이미 도시철도가 있음에도 불구하고 수요예측을 잘못하여 제2기 도시철도 건설사업을 강행한 결과 재정적자가 누적되어 지불불능의 파산 지경에 이르게 되었다. 이에 감사원은 A광역시의 파산상태의 원인을 파악하고 대처하기 위하여 감사원법 제24조 제1항 제2호에 따라 감사를 실시하기로 결정하였다. A광역시는 위 감사원의 감사가 자신의 자치사무에 관한 권한을 침해하는 것이라고 주장한다. A광역시의 주장을 뒷받침하는 논거를 제시하시오. (위 도시철도 건설사업은 자치사무이며, 동 사업에서 법령위반은 없었음을 전제함)

문 2 15점

88세의 甲은 2년간 지속적 식물인간상태에 있으면서 병원의 중환자실에서 인공호흡기를 부착한 채, 항생제투여·인공영양공급·수액공급 등의 치료를 받고 있다. 甲은 죽음에 임박할 경우 무의미한 연명의료를 원하지 않는다는 내용을 담은 이른바 '사전연명의료의향서'를 스스로 직접 작성하여 이미 3년 전에 병원에 제출한 바 있다. 甲의 존엄하게 죽을 권리의 의의 및 인정여부, 연명치료중단에 관한 자기결정권의 헌법적 근거 및 인정범위를 설명하시오. (인정요건은 기술하지 말 것)

문 3 25점

(1) 국가인권위원회는 외국인 노동자의 출입국에 관하여 인권침해가 있다고 보아 법무부 산하 출입국관리소장에게 침해행위의 중지 및 원상회복 등의 조치를 이행하라고 권고하였다. 이에 법무부장관은 출입국관리 권한의 침해를 이유로 국가인권위원회를 상대로 헌법재판소에 권한쟁의심판을 청구하였다.

(2) B시의회의장은 2019.7.11. 제167회 B시의회 본회의에서 이 사건 조례안(내용은 생략)을 가결된 것으로 선포하였다. 이에 B시의회 의원인 乙은 B시의회의장이 이 사건 조례안을 가결·선포한 행위는 자신의 의안 심의·표결권을 침해하였다는 이유로 헌법재판소에 권한쟁의심판을 청구하였다.

3-1. 사안에서 국가인권위원회가 권한쟁의심판의 당사자능력이 있는지 평가하시오. 〈15점〉

3-2. 위 (2)와 같은 권한쟁의심판청구가 현행법상 허용되는지 여부를 평가하시오. 〈10점〉

문 4 25점

丙은 ○○새마을금고 이사장 선거에 후보로 출마하였다. 새마을금고법 제85조 제3항 중 제22조 제2항 제5호에 관한 부분(이하 "C조항"이라 한다)에 의하면 누구든지 자기 또는 특정인을 새마을금고의 임원으로 당선되게 하거나 당선되지 못하게 할 목적으로 "정관으로 정하는" 기간 중에 회원을 호별로 방문하는 행위를 할 수 없음에도 불구하고, 丙은 이사장 선거권이 있는 회원인 ○○새마을금고의 대의원의 집을 방문하여 자신이 당선될 수 있도록 부탁한다는 취지의 이야기를 하여, 이사장 선거 유세기간 중에 회원을 호별로 방문하였다는 공소사실로 ○○지방법원에 공소제기되었다.

4-1. 사안에서 C조항으로 인하여 제한되는 丙의 기본권에 대하여 설명하시오. 〈15점〉

4-2. 사안에서 C조항이 죄형법정주의의 법률주의에 위배되는지 여부를 논하시오. 〈10점〉

관련규정

「감사원법」 제1조(목적) 이 법은 감사원의 조직, 직무범위, 감사위원의 임용자격, 감사대상 기관 및 공무원의 범위와 그 밖에 필요한 사항을 규정함을 목적으로 한다.

제2조(지위) ① 감사원은 대통령에 소속하되, 직무에 관하여는 독립의 지위를 가

진다. ② 감사원 소속 공무원의 임면(任免), 조직 및 예산의 편성에 있어서는 감사원의 독립성이 최대한 존중되어야 한다.

제24조(감찰사항) ① 감사원은 다음 각 호의 사항을 감찰한다.

1. 「정부조직법」 및 그 밖의 법률에 따라 설치된 행정기관의 사무와 그에 소속한 공무원의 직무
2. 지방자치단체의 사무와 그에 소속한 지방공무원의 직무

「지방자치법」 제2조(지방자치단체의 종류) ① 지방자치단체는 다음의 두 가지 종류로 구분한다.

1. 특별시, 광역시, 특별자치시, 도, 특별자치도
2. 시, 군, 구

제167조(국가사무나 시·도사무 처리의 지도·감독) ① 지방자치단체나 그 장이 위임받아 처리하는 국가사무에 관하여 시·도에서는 주무부장관의, 시·군 및 자치구에서는 1차로 시·도지사의, 2차로 주무부장관의 지도·감독을 받는다.

제171조(지방자치단체의 자치사무에 대한 감사) ① 행정안전부장관이나 시·도지사는 지방자치단체의 자치사무에 관하여 보고를 받거나 서류·장부 또는 회계를 감사할 수 있다. 이 경우 감사는 법령위반사항에 대하여만 실시한다.

「새마을금고법」 제1조(목적) 이 법은 국민의 자주적인 협동조직을 바탕으로 우리나라 고유의 상부상조 정신에 입각하여 자금의 조성과 이용, 회원의 경제적·사회적·문화적 지위의 향상, 지역사회 개발을 통한 건전한 국민정신의 함양과 국가경제 발전에 이바지함을 목적으로 한다.

제18조(임원의 선임 등) ① 새마을금고의 임원으로 이사장 1명, 부이사장 1명을 포함한 7명 이상 15명 이하의 이사와 3명 이하의 감사를 두며, 임원은 새마을금고의 다른 직(職)을 겸할 수 없다.

제22조(임원의 선거운동 제한) ② 누구든지 자기 또는 특정인을 금고의 임원으로 당선되게 하거나 당선되지 못하게 할 목적으로 다음 각 호의 어느 하나에 해당하는 행위를 할 수 없다.

5. 정관으로 정하는 기간 중에 회원의 호별(사업장을 포함한다)로 방문하거나 특정장소에 모이게 하는 행위

제85조(벌칙) ③ 제22조 제2항 및 제3항(제64조의2 제6항에서 준용하는 경우를 포함한다)을 위반한 자는 2년 이하의 징역이나 2천만원 이하의 벌금에 처한다.

해설 및 채점기준

문 1[159] 35점

Ⅰ. 문제의 제기 [4점]

지방자치단체의 사무에는 자치사무와 위임사무가 있는데, 위임사무는 지방자치단체가 위임받아 처리하는 국가사무(지방자치법 제167조)임에 반하여, 자치사무는 지방자치단체가 주민의 복리를 위하여 처리하는 사무이다(헌법 제117조 제1항 참조). - ②

사안에서 도시철도 건설사업은 자치사무이며, 동 사업에서 법령위반은 없었다. 따라서 이러한 자치사무의 합목적성에 대한 감사원 감사가 A광역시의 지방자치권을 침해하는지 살펴본다. - ②

Ⅱ. 지방행정에 대한 국가적 감독과 통제의 한계 [5점]

헌법은 제117조와 제118조에서 '지방자치단체의 자치'를 제도적으로 보장하고 있는바, 그 보장의 본질적 내용은 자치단체의 보장, 자치기능의 보장 및 자치사무의 보장이다.[160] - ②

지방자치의 본질상 자치행정에 대한 국가의 관여는 가능한 한 배제하는 것이 바람직하지만, 지방자치도 국가적 법질서의 테두리 안에서만 인정되는 것이고, 지방행정도 중앙행정과 마찬가지로 국가행정의 일부이므로, 지방자치단체가 어느 정도 국가적 감독과 통제를 받는 것은 불가피하다. - ②

즉, 지방자치단체의 존재 자체를 부인하거나 각종 권한을 말살하는 것과 같이 그 본질적 내용을 침해하지 않는 한 법률에 의한 통제는 가능하다.[161] - ①

Ⅲ. 자치사무에 대한 합목적성 감사의 위헌성[162] [23점]

(1) 우리 헌법은 제97조 이하에서 감사원의 회계감사권과 행정기관 및 공무원

159) 이 문제와 채점기준은 2000년 제42회 사법시험 헌법 〈제1문〉을 기초로 구성되었음.

160) 헌재 1994.12.29. 94헌마201 결정.

161) 헌재 2001.11.29. 2000헌바78 결정.

162) 헌재 2008.5.29. 2005헌라3 결정의 재판관 3인의 인용의견 참조.

의 직무감찰권을 규정하고, 제117조 이하에서는 지방자치단체의 지방자치권을 규정함으로써 감사원의 감사권과 지방자치단체의 자치권을 함께 제도적으로 보장하고 있다. 그러므로 제도적으로 보장된 감사원의 감사권과 지방자치단체의 자치권이 충돌하는 경우에는 헌법해석에 있어서의 '규범조화적 해석'의 원칙에 의하여 어느 하나의 헌법적 법익만을 선택하고 그 나머지 법익을 희생시켜서는 안 될 것이며, 충돌하는 2개의 헌법적 법익들이 모두 그 가치가 최대한 실현될 수 있도록 조화롭게 해석하여야 할 것이다. - ④

따라서 헌법 제97조가 감사원의 직무감찰 대상에 '행정기관 및 공무원의 직무'라고 규정하고 있을 뿐 지방자치단체의 사무에 관하여 아무런 제한을 두지 않고 있고 헌법 제100조가 감사원의 직무범위 등을 법률로 정하도록 하였다고 하여, 지방자치단체의 자치권도 함께 보장하고 있는 우리 헌법이 그 하위 법률에서 지방자치단체의 모든 사무에 대하여 감사원의 무제한적인 감사권을 허용하고 있다고 해석하여서는 안 된다. - ③

(2) 1987.10.29. 헌법의 개정에 의하여 그동안 시행이 보류되었던 지방자치제도가 본격적으로 실시되게 되었고, 이에 따라 지방자치단체에 대한 감사의 내용도 헌법의 개정취지에 맞춰 크게 변화되었는바, 지방자치법 제171조는 행정안전부장관에 의한 지방자치단체의 자치사무에 대한 감사를 '법령위반사항'으로 제한하고 있다. - ②

그런데 감사원법 제24조 제1항 제2호는 감사원의 감찰사항으로 "지방자치단체의 사무와 그에 소속한 지방공무원의 직무"라고 규정하여, 감사원의 지방자치단체 감사에 관하여는 위 헌법개정 전과 마찬가지로 국가기관에 대한 감사와 조금도 구별함이 없이 지방자치단체의 업무전반에 대하여, 즉 지방자치단체의 자치사무에 대한 합목적성 감사까지 무제한적으로 할 수 있는 것처럼 규정되어 있다. - ③

그러나 국가와 지방자치단체가 공동의 목표를 추구한다고 해서 국가감사기관이 지방자치단체의 자치사무에 대하여 합목적성까지 감사해야 할 당위성이 있다고 볼 수는 없고, 감사원이 독립된 외부감사기관이라고 하나 그것은 감사원법의 규정(제2조 참조)에 의한 것일 뿐 헌법상으로는 감사원도 직제상 대통령에 소속되어 있는 중앙정부의 기관이므로, 감사원의 독립성이나 정치적 중립성은 중앙정부에 대한 감사의 무제한성에 대한 근거로는 타당할지 몰라도 중앙정부에 대하여 자치를 하고자 하는 지방자치단체에 대하여까지 무제한적으로 감사할 수 있다는 근거로 삼기에는 타당하지 않다. - ③

(3) 한편, 지방자치단체의 자치사무는 법령의 범위 안에서 그 처리여부와 방법을 자기책임 아래 결정할 수 있는 사무로서 지방자치권의 최소한의 본질적 사항이므로, 지방자치단체의 자치권을 보장한다고 한다면 최소한 이같은 자치사무의 자율성만은 보장하여야 한다. - ②

그러므로 헌법상 규정된 감사원의 감사권과 지방자치단체의 자치권을 규범적으로 조화롭게 해석한다면, 우선 지방자치단체의 위임사무는 그 본질이 국가사무이므로 감사원은 당연히 합법성 감사는 물론 합목적성 감사도 할 수 있다고 보아야 할 것이지만, 지방자치단체의 자치사무에 대한 자치권 보장은 지방자치권의 최소한의 본질적 요구이므로 그에 대하여 감사원은 합법성의 감사, 즉 법령의 위반여부에 대하여만 감사권을 행사할 수 있고 합목적성에 대하여는 감사권을 행사할 수 없다고 할 것이다. - ③

감사원이 지방자치단체의 위임사무뿐만 아니라 자치사무에 대하여까지 합법성 감사뿐만 아니라 합목적성 감사까지 하게 된다면 지방자치단체는 자치사무에 대하여 자율적인 정책결정을 하기 어렵고, 그로 인하여 지방자치단체는 독립성과 자율성을 크게 제약받아 중앙정부의 하부행정기관으로 전락할 우려가 다분히 있게 되어 지방자치제도의 본질적 내용을 침해하게 될 것이다. 따라서 감사원법 제24조 제1항 제2호 소정의 '지방자치단체의 사무에 대한 감찰' 부분을 해석함에 있어, 지방자치단체의 사무 중 자치사무에 대한 합목적성 감찰까지 포함된다고 해석하는 한 그 범위 내에서는 위헌이라고 할 것이다. - ③

Ⅳ. 결론 [3점]

위와 같은 감사원법 조항의 해석에 의할 때, 사안에서 A광역시의 도시철도 건설사업에 따른 재정적자 누적에 대한 감사원의 감사는 A광역시의 "자치사무에 대한 합목적성 감찰"이라고 할 것이어서 무효이고, 따라서 A광역시의 자치권을 침해한다.

문 2[163] 15점

Ⅰ. 존엄하게 죽을 권리 [5점]

헌법 제10조에서 규정하고 있는 인간의 존엄과 가치 및 행복을 추구할 권리는 생명권 못지않게 우리 헌법상 최고의 가치를 이루고 있다 할 것이므로 죽음에 임박한 환자의 생명은 그의 인간으로서의 존엄과 가치 및 행복을 추구할 권리에 부합하는 방식으로 보호되어야 한다. - ②

또한 죽음이란 삶을 살아가는 인간이 피할 수 없는 인간 실존의 한 영역이고 이러한 의미에서 죽음이란 삶의 마지막 과정에서 겪게 되는 삶의 또 다른 형태라 할 것이므로 모든 인간은 죽음을 맞이하는 순간까지 인간으로서의 존엄과 가치를 유지할 권리를 보장받아야 한다. - ②

따라서 甲의 존엄하게 죽을 권리는 헌법적으로 보장된다. - ①

Ⅱ. 연명치료중단에 관한 자기결정권의 헌법적 근거 [3점]

인간의 존엄하게 죽을 권리와 관련하여, 생명과 직결되는 치료행위라 할 수 있는 연명치료의 중단은 생명권의 주체인 환자 본인의 의사를 떠나서 그 정당성을 찾을 수 없다. - ①

따라서, 여기서 '무의미한 연명치료를 중단하고 자연스럽게 죽음을 맞이할 이익'은 헌법 제10조에 근거를 둔 자기운명결정권[164]의 한 내용으로서 '연명치료중단에 관한 자기결정권'으로 포섭될 수 있을 것이다. - ②

Ⅲ. 연명치료중단에 관한 자기결정권의 인정범위 [7점]

의사가 환자의 고통과 괴로움을 종료시키기 위하여 환자의 생명을 단축시키거나 연장하지 않는 것을 안락사(安樂死)라고 하는데, 이에는 '적극적 안락사'와 '소극적 안락사'가 있다. - ②

전자는 예컨대 생명을 단절시키는 약물을 투여하는 것과 같은 방법 등으로 적

163) 이 문제와 채점기준은 2008년 제50회 사법시험 헌법 〈제1문의 2〉 및 헌재 2010.4.29. 2009헌라11 결정 ; 헌재 2016.6.30. 2014헌라1 결정을 참조하여 재구성하였음.

164) 헌재 1990.9.10. 89헌마82 결정.

극적으로 환자를 사망에 이르게 하는 것을 말하며, 후자는 인공호흡기구와 같은 생명연장장치를 더 이상 가동시키지 않음으로써 소극적으로 환자를 사망에 이르게 하는 것을 말한다. - ②

인간의 생명은 고귀하고, 이 세상에서 무엇과도 바꿀 수 없는 존엄한 인간 존재의 근원이며, 인간존엄성의 활력적 기초이다. 그러므로 인간의 생명권은 최대한 존중되어야 하고, 국가는 국민의 생명을 최대한 보호할 의무가 있으며, 생명권의 주체라도 자신의 생명을 임의로 처분하는 것은 정당화될 수 없다. 따라서 연명치료중단에 관한 자기결정권을 인정한다고 하더라도 적극적 안락사는 허용되지 아니하며, 소극적 안락사만이 엄격한 요건하에 인정된다고 할 것이다. - ③

문 3 25점

3-1.[165] [15점]

헌법 제111조 제1항 제4호에서 헌법재판소의 관장사항의 하나로 '국가기관 상호간, 국가기관과 지방자치단체간 및 지방자치단체 상호간의 권한쟁의에 관한 심판'이라고 규정하고 있을 뿐 권한쟁의심판의 당사자가 될 수 있는 국가기관의 종류나 범위에 관하여는 아무런 규정을 두고 있지 않고, 이에 관하여 특별히 법률로 정하도록 위임하고 있지도 않다. 따라서 입법자인 국회는 권한쟁의심판의 종류나 당사자를 제한할 입법형성의 자유가 있다고 할 수 없고, 헌법 제111조 제1항 제4호에서 말하는 국가기관의 의미와 권한쟁의심판의 당사자가 될 수 있는 국가기관의 범위는 결국 헌법해석을 통하여 확정하여야 할 문제이다. - ③

그렇다면 헌재법 제62조 제1항 제1호가 비록 국가기관 상호간의 권한쟁의심판을 '국회, 정부, 법원 및 중앙선거관리위원회 상호간의 권한쟁의심판'이라고 규정하고 있다고 할지라도 이 법률조항의 문언에 얽매여 곧바로 이들 기관 외에는 권한쟁의심판의 당사자가 될 수 없다고 단정할 수는 없다.[166] - ②

헌법재판소는 헌재법 제62조 제1항 제1호를 예시적인 것으로 보고 위 규정에서 구체적으로 나열하고 있지 않은 국가기관이라 하더라도 국가의사 형성에 참

165) 이 문제와 채점기준은 2017년 제59회 사법시험 헌법 〈제2문의 2〉를 기초로 구성되었음.
166) 헌재 1997.7.16. 96헌라2 결정 참조.

여하여 국법질서에 대하여 일정한 권한을 누리는 헌법상의 지위와 조직이라면 권한쟁의심판의 당사자가 될 수 있다고 하면서, 이러한 '국가기관'에 해당하는지 여부를 판별함에 있어서는, 1) 그 국가기관이 헌법에 의하여 설치되고 헌법과 법률에 의하여 독자적인 권한을 부여받고 있는지 여부, 2) 헌법에 의하여 설치된 국가기관 상호간의 권한쟁의를 해결할 수 있는 적당한 기관이나 방법이 있는지 여부 등을 종합적으로 고려하여야 한다고 하였다.[167] - ④

그러므로 헌법상 국가에게 부여된 임무 또는 의무를 수행하고 그 독립성이 보장된 국가기관이라도 오로지 법률에 설치근거를 둔 국가기관이라면 국회의 입법행위에 의하여 존폐 및 권한범위가 결정될 수 있으므로, 이러한 국가기관은 '헌법에 의하여 설치되고 헌법과 법률에 의하여 독자적인 권한을 부여받은 국가기관'이라고 할 수 없다. - ③

따라서, 국가인권위원회의 경우 동 위원회가 수행하는 업무의 헌법적 중요성, 기관의 독립성 등을 고려한다고 하더라도, 국회가 제정한 국가인권위원회법에 의하여 비로소 설립된 동 위원회는 국회의 위 법률 개정행위에 의하여 존폐 및 권한범위 등이 좌우되므로, 헌법 제111조 제1항 제4호 소정의 헌법에 의하여 설치된 국가기관에 해당한다고 할 수 없으므로 권한쟁의심판의 당사자능력이 없다.[168] - ③

3-2. [10점]

헌법은 '국가기관'과는 달리 '지방자치단체'의 경우에는 그 종류를 법률로 정하도록 규정하고 있으며(헌법 제117조 제2항), 지방자치법은 지방자치단체의 종류를 특별시, 광역시, 특별자치시, 도, 특별자치도와 시, 군, 구로 정하고 있다(지방자치법 제2조 제1항). - ②

헌재법은 이를 감안하여 권한쟁의심판의 종류를 정하고 있다. 즉, 지방자치법은 헌법의 위임을 받아 지방자치단체의 종류를 규정하고 있으므로, 지방자치단체 상호간의 권한쟁의심판을 규정하는 헌재법 제62조 제1항 제3호를 예시적으로 해석할 필요성 및 법적 근거가 없다.[169] - ③

167) 헌재 1997.7.16. 96헌라2 결정 참조.

168) 헌재 2010.10.28. 2009헌라6 결정의 법정의견(다수의견) 참조.

169) 헌재 2010.4.29. 2009헌라11 결정 ; 헌재 2016.6.30. 2014헌라1 결정.

따라서 지방자치단체의 의결기관을 구성하는 지방의회 의원과 그 기관의 대표자인 지방의회 의장 사이의 내부적 분쟁에 관련된 이 사건 심판청구는, 헌법재판소가 관장하는 지방자치단체 상호간의 권한쟁의심판에 속하지 아니하고(-②), 달리 헌재법 제62조 제1항 제1호의 국가기관 상호간의 권한쟁의심판이나 제62조 제1항 제2호의 국가기관과 지방자치단체 상호간의 권한쟁의심판에 해당한다고 볼 수도 없으므로(-②), 이 사건 심판청구는 현행법상 허용되지 않는다(-①).

문 4 25점

Ⅰ. 제한되는 기본권[170] [15점]

헌법 제21조가 규정하는 결사의 자유라 함은 다수의 자연인 또는 법인이 공동의 목적을 위하여 단체를 결성할 수 있는 자유를 의미하는 것으로, 이에는 적극적으로 ⅰ) 단체결성의 자유, ⅱ) 단체존속의 자유, ⅲ) 단체활동의 자유, ⅳ) 결사에의 가입·잔류의 자유와 소극적으로 ⅴ) 기존의 단체로부터 탈퇴할 자유와 ⅵ) 결사에 가입하지 아니할 자유가 모두 포함된다. - ④

특히 결사의 자유에 포함되는 단체활동의 자유는 단체 외부에 대한 활동뿐만 아니라 단체의 조직, 의사형성의 절차 등 단체의 내부적 생활을 스스로 결정하고 형성할 권리인 단체 내부활동의 자유를 포함한다.[171] - ②

새마을금고는 기본적으로 사법인적인 성격을 지니고 있으므로, 각 금고의 활동도 결사의 자유 보장의 대상이 된다. 그리고 임원 선거에 있어서 법률에서 정하고 있는 방법 이외의 방법으로 선거운동을 할 수 없도록 하고, 이를 위반하여 선거운동을 한 사람을 처벌하는 C조항은 단체의 내부적 활동을 스스로 결정하고 형성하고자 하는 결사의 자유를 제한한다.[172] - ③

한편, 헌법 제21조는 언론·출판의 자유 즉, 표현의 자유를 규정하고 있는데 이 자유는 전통적으로는 사상 또는 의견의 자유로운 표명(발표의 자유)과 그것을 전파할 자유(전달의 자유)를 의미하는 것으로서, 개인이 인간으로서의 존엄과 가치

170) 헌재 2018.2.22. 2016헌바364 결정 참조.
171) 헌재 2012.12.27. 2011헌마562등 결정 ; 헌재 2016.11.24. 2015헌바62 결정 참조.
172) 헌재 2016.11.24. 2015헌바62 결정 ; 헌재 2017.6.29. 2016헌가1 결정 참조.

를 유지하고 행복을 추구하며 국민주권을 실현하는 데 필수불가결한 것으로 오늘날 민주국가에서 국민이 갖는 가장 중요한 기본권 중의 하나이다.[173] - ④

사안에서 C조항은 임원선거에 출마하는 후보자가 호별방문을 통해 유권자에게 자신의 선거공약 등을 자유롭게 표현할 자유를 제한한다.[174] - ②

Ⅱ. 죄형법정주의의 법률주의 위배여부[175] [10점]

"법률이 없으면 범죄도 없고 형벌도 없다."라는 말로 표현되는 죄형법정주의는 법치주의, 국민주권 및 권력분립의 원리에 입각한 것으로서 일차적으로 무엇이 범죄이며 그에 대한 형벌이 어떠한 것인가는 반드시 국민의 대표로 구성된 입법부가 제정한 성문의 법률로써 정하여야 한다는 원칙이다.[176] - ②

C조항에 따르면 누구든지 자기 또는 특정인을 이사장을 포함한 새마을금고의 임원으로 당선되게 하거나 당선되지 못하게 할 목적으로 회원을 호별로 방문하는 등의 행위를 한 경우에, '정관으로 정하는 기간' 내라면 형사처벌의 대상이 되고 그렇지 않다면 형사처벌을 할 수 없게 된다. 따라서 C조항에서 '정관으로 정하는 기간'은 범죄구성요건의 중요부분에 해당한다. - ③

정관은 법인의 조직과 활동에 관하여 단체 내부에서 자율적으로 정한 자치규범으로서, 대내적으로만 효력을 가질 뿐 대외적으로 제3자를 구속하지는 않는 것이 원칙이고, 그 생성과정 및 효력발생요건에 있어 법규명령과 성질상 차이가 크다. - ②

C조항은 형사처벌과 관련되는 주요사항을 헌법이 위임입법의 형식으로 예정하고 있지도 않은 특수법인의 정관에 위임하고 있는데, 이는 사실상 그 정관 작성권자에게 처벌법규의 내용을 형성할 권한을 준 것이나 다름없으므로, 정관에 구성요건을 위임하고 있는 C조항은 범죄와 형벌에 관하여는 입법부가 제정한 형식적 의미의 법률로써 정하여야 한다는 죄형법정주의의 법률주의에 위배된다.[177] - ③

173) 헌재 2010.7.29. 2006헌바75 결정 참조.

174) 헌재 2017.6.29. 2016헌가1 결정 참조.

175) 헌재 2018.2.22. 2016헌바364 결정 ; 헌재 2019.5.30. 2018헌가12 결정 참조.

176) 헌재 2012.6.27. 2011헌마288 결정 참조.

177) 헌재 2010.7.29. 2008헌바106 결정 ; 헌재 2016.11.24. 2015헌가29 결정 참조.

문제 2

문 1 50점

甲은 2016.5.18. 11：00경부터 17：00경까지 서울 광화문 열린시민공원에서 개최된 '트럼프미국대통령 방한반대' 집회에 참석하였고, 위 지역관할 ○○경찰서장은 위 집회가 신고없이 개최된 것이라는 이유로 甲을 ○○경찰서로 연행하였다. 甲은 피의자로서 조사를 받던 중 인적사항 및 범죄사실의 신문에 대하여 묵비로 일관하였고 주민등록증 등 인적사항을 확인할 수 있는 다른 증명서를 가지고 있지 않았으며 담당경찰관으로부터 신원을 확인하기 위한 십지(十指)지문채취를 요구받았으나 이를 거부하였다. 이에 ○○경찰서장은 같은 달 20. 甲에 대하여 경범죄처벌법 제3조 제34호(이하 "지문채취조항"이라 약칭한다)에 해당한다는 이유로 A지방법원에 즉결심판을 청구하였고, 위 법원은 같은 날 甲에 대하여 구류 3일을 선고하였다. 甲은 이에 불복하여 같은 달 24. 정식재판을 청구하여 A지방법원 2016고단111호로 재판계속 중 위 지문채취조항에 대하여 위헌법률심판제청신청을 하였으나 같은 법원은 2016.7.1. 위 신청을 기각하였다. 甲은 2016.7.5. 동 기각결정문을 송달받은 후 변호사를 대리인으로 선임하여, 위 지문채취조항은 '피의사실을 부인하는 경우에 적용하는 한' 헌법상 영장주의 및 과잉금지원칙에 위배하여 자신의 기본권을 침해하여 위헌이라며 2016.8.2. 헌재법 제68조 제2항에 따른 헌법소원심판을 청구하였다.

1-1. 甲의 헌법소원심판청구는 적법한가? (20점)

1-2. 지문채취조항이 자신의 기본권을 침해하여 헌법에 위반된다는 甲의 주장을 반박하는 논거를 제시하시오. (30점)

문 2 40점

乙은 1996년 3월부터 공무원으로 재직하여 오다가 2016년 3월 31일자로 퇴직을 하여 최종보수월액의 70%에 해당하는 퇴직연금을 지급받아 오던 자이다. 그런데 국회는 2016년 8월 1일 공무원연금의 재정상황이 날로 악화되어 2030년부터는 공무원연금의 재정이 고갈될 것이라는 우려에 따라 공무원연금 재정의 안정성을 도모하기 위한 조치로 「공무원연금법」을 개정하여, (1) 퇴직자들에게 지급할 퇴직연금의 액수를 종전 최종보수월액의 70%에서 일률적으로 최종보수월액의 50%만 지급하고(이하 "퇴직연금삭감조항"이라 한다), (2) 경과규정으로 위 퇴직연금삭감조항을 2016년 1월 1일 이후에 퇴직하는 모든 공무원에게 적용하는 조항(부칙 제2조)을 두었으며, 동 법률은 2016년 8월 16일 공포되어 같은 날부터 시행되었다. 공무원연금관리공단은 개정법률의 시행에 따라 2016년 8월부터 乙에게 최종보수월액의 70%를 50%로 삭감하여 퇴직연금을 지급하였다. 乙은 공무원연금관리공단을 상대로 자신에게 종전대로 최종보수월액의 70%의 연금을 지급해 줄 것을 신청하였으나, 공무원연금관리공단은 50%를 넘는 부분에 대하여는 개정법률에 따라 그 지급을 거부하였다. 이에 乙은 감액된 연금액을 지급받기 위하여 서울행정법원에 2016구합1000호로 미지급 퇴직연금에 대한 지급을 구하는 공법상 당사자소송을 제기하고, 그 소송 계속 중 퇴직연금삭감조항과 부칙 제2조가 위헌이라고 주장하면서 2016년 10월 5일 서울행정법원에 위헌법률심판제청신청을 하였으나, 동 법원은 같은 해 10월 19일 이를 기각하였고 그 기각결정의 정본은 10월 22일 乙에게 송달되었다. 대리인으로 선임된 변호사 丙은 그로부터 한 달 뒤인 11월 22일 퇴직연금삭감조항과 부칙 제2조가 위헌이라고 주장하며, 헌재법 제68조 제2항에 따른 헌법소원심판을 청구하였다.

2-1. 乙의 헌법소원심판청구는 적법한가? (20점)

2-2. 위 심판청구대상 중 부칙 제2조가 신뢰보호원칙에 위배하여 乙의 기본권을 침해하는지 여부에 대하여 판단하시오. (다만, 퇴직연금삭감조항은 과잉금지원칙 심사결과 헌법에 위반되지 않는다는 것을 전제로 함) (20점)

문 3 10점

홍길동은 광주 북구 갑 지역구 국회의원이다. 홍길동의 배우자 최○옥은 2017.11.12. 광주고등법원에서 "홍길동의 비서관인 오○원과 함께 2017.1.9.경 광주 북구 갑 선거구민 및 선거구민과 연고가 있는 후원회원 등 총 105명에게 합계

3,045,000원 상당의 멸치를 제공함으로써 제20대 국회의원 선거에서 광주 북구 갑 선거구의 국회의원 후보자가 되고자 하는 홍길동을 위하여 선거에 관하여 기부행위를 하였다."는 범죄사실로 「공직선거법」 제257조 제1항 제1호 위반에 해당하여 벌금 500만 원을 선고받았고, 2018.1.21. 위 형이 확정되었다. 홍길동은 배우자인 최○옥이 자신을 위한 기부행위를 한 죄를 범하여 벌금 300만 원 이상의 형을 선고받았으므로, 자신이 위 선거에서 당선된다면 「공직선거법」 제265조에 따라 그 당선이 무효로 될 것이라며, 「공직선거법」 제265조 중 '배우자' 부분(이하 "당선무효조항"이라 한다)은 연좌제를 금지한 헌법조항에 위반된다고 주장한다. 홍길동의 주장에 대하여 반박하는 논거를 제시하시오.

관련규정

「경범죄처벌법」 제3조(경범죄의 종류) ① 다음 각 호의 어느 하나에 해당하는 사람은 10만 원 이하의 벌금, 구류 또는 과료(科料)의 형으로 처벌한다.

34.(지문채취 불응) 범죄 피의자로 입건된 사람의 신원을 지문조사 외의 다른 방법으로는 확인할 수 없어 경찰공무원이나 검사가 지문을 채취하려고 할 때에 정당한 이유 없이 이를 거부한 사람

「공직선거법」 제257조(기부행위의 금지제한 등 위반죄) ① 다음 각호의 1에 해당하는 자는 5년 이하의 징역 또는 1천만원 이하의 벌금에 처한다.

1. 제113조(후보자 등의 기부행위제한), 제114조(정당 및 후보자의 가족 등의 기부행위제한) 제1항 또는 제115조(제3자의 기부행위제한)의 규정에 위반한 자

제265조(선거사무장등의 선거범죄로 인한 당선무효) 선거사무장·선거사무소의 회계책임자(선거사무소의 회계책임자로 선임·신고되지 아니한 자로서 후보자와 통모하여 당해 후보자의 선거비용으로 지출한 금액이 선거비용제한액의 3분의 1 이상에 해당되는 자를 포함한다) 또는 후보자(후보자가 되려는 사람을 포함한다)의 직계존비속 및 배우자가 해당 선거에 있어서 제230조부터 제234조까지, 제257조제1항 중 기부행위를 한 죄 또는 「정치자금법」 제45조제1항의 정치자금 부정수수죄를 범함으로 인하여 징역형 또는 300만원 이상의 벌금형의 선고를 받은 때(선거사무장, 선거사무소의 회계책임자에 대하여는 선임·신고되기 전의 행위로 인한 경우를

포함한다)에는 그 선거구 후보자(대통령후보자, 비례대표국회의원후보자 및 비례대표지방의회의원후보자를 제외한다)의 당선은 무효로 한다. 다만, 다른 사람의 유도 또는 도발에 의하여 당해 후보자의 당선을 무효로 되게 하기 위하여 죄를 범한 때에는 그러하지 아니하다.

[참고자료] 달력 : 2016년 7월 ~ 2017년 2월

2016년 7월

일	월	화	수	목	금	토
					1	2
3	4	5	6	7	8	9
10	11	12	13	14	15	16
17	18	19	20	21	22	23
24/31	25	26	27	28	29	30

2016년 8월

일	월	화	수	목	금	토
	1	2	3	4	5	6
7	8	9	10	11	12	13
14	**15**	16	17	18	19	20
21	22	23	24	25	26	27
28	29	30	31			

2016년 9월

일	월	화	수	목	금	토
				1	2	3
4	5	6	7	8	9	10
11	12	13	**14**	**15**	**16**	17
18	19	20	21	22	23	24
25	26	27	28	29	30	

2016년 10월

일	월	화	수	목	금	토
						1
2	**3**	4	5	6	7	8
9	10	11	12	13	14	15
16	17	18	19	20	21	22
23/30	24/31	25	26	27	28	29

2016년 11월

일	월	화	수	목	금	토
		1	2	3	4	5
6	7	8	9	10	11	12
13	14	15	16	17	18	19
20	21	22	23	24	25	26
27	28	29	30			

2016년 12월

일	월	화	수	목	금	토
				1	2	3
4	5	6	7	8	9	10
11	12	13	14	15	16	17
18	19	20	21	22	23	24
25	26	27	28	29	30	31

2017년 1월

일	월	화	수	목	금	토
1	2	3	4	5	6	7
8	9	10	11	12	13	14
15	16	17	18	19	20	21
22	23	24	25	26	**27**	**28**
29	**30**	31				

2017년 2월

일	월	화	수	목	금	토
			1	2	3	4
5	6	7	8	9	10	11
12	13	14	15	16	17	18
19	20	21	22	23	24	25
26	27	28				

해설 및 채점기준

문 1-1 20점

Ⅰ. 서론 [2점]

지문채취조항에 관한 甲의 청구는 헌재법 제68조 제2항의 헌법소원인바, 동 헌법소원의 적법요건으로는 ① 대상적격(법률), ② 법원의 위헌제청신청에 대한 기각(각하)결정, ③ 재판의 전제성, ④ 청구기간, ⑤ 변호사강제주의 및 일사부재리 등이 있다. 한편 사안에서 甲이 주장하는 바와 같은 ⑥ 한정위헌청구가 허용되는지 여부도 문제된다. 이하에서 구체적으로 살펴본다.

Ⅱ. 적법요건의 검토 [17점]

1. 대상적격 (심판의 대상)

헌재법 제68조 제2항 헌법소원심판의 대상은 법률 및 법률과 같은 효력을 가지는 규범(조약, 대통령긴급명령, 긴급조치, 관습법)이다.[178] 사안에서 지문채취조항은 법률이므로 이에 대한 심판청구는 대상적격을 충족한다. - ①

2. 위헌법률심판제청신청 및 기각(각하)결정

사안에서 甲은 지문채취조항에 대하여 위헌법률심판제청신청을 하였으나 A 지방법원의 2019.7.1.자 기각결정을 같은 달 5. 송달받고 헌법소원심판을 청구하였으므로 이 요건을 충족한다. - ①

3. 재판의 전제성

가. 의의 및 요건

재판의 전제성의 요건으로는 첫째, 구체적인 소송(당해사건)이 법원에 적법하게 계속 중일 것, 둘째, 위헌여부가 문제되는 법률조항이 당해사건의 재판에 적

178) 헌재 2013.3.21. 2010헌바70등 결정.

용될 것, 셋째, 위 법률조항의 위헌여부에 따라 당해사건 법원이 다른 내용의 재판을 할 것 등이 있다. 헌법재판소는 여기에서 "다른 내용의 재판"에 대하여, 문제가 된 법률조항의 위헌여부에 따라 법원이 심리중인 당해사건의 재판의 결론이나 주문에 영향을 주는 경우 또는 재판의 내용과 효력에 관한 법률적 의미가 달라지는 경우라고 보고 있다.[179] - ③

나. 사안에의 적용

(1) 첫째 요건

헌재법 제68조 제2항의 헌법소원의 경우는 위헌법률심판과는 달리 위헌제청신청시에 법원에 소송이 적법하게 계속 중이면 되는데, 사안에서 甲이 지문채취조항에 대하여 위헌제청신청을 할 당시에 당해사건이 A지방법원에 2019고단111호로 적법하게 계속 중이었으므로 위 첫째 요건을 충족한다. - ②

(2) 둘째 요건

사안에서 甲은 지문채취조항 위반으로 즉결심판을 받았고 이에 대한 불복으로 정식재판을 청구한 것이고, 지문채취조항은 위 당해사건에 적용되는 법률조항이므로 위 둘째 요건도 충족한다. - ①

(3) 셋째 요건

사안에서 지문채취조항에 대하여 헌법재판소에서 위헌결정이 선고된다면 甲에 대한 구류 3일의 즉결심판은 그 근거를 상실할 것이므로, 합헌일 때와는 달리 甲은 무죄선고를 받을 것이고[180] 이는 재판의 주문이 달라지는 경우이므로 따라서 위 셋째 요건도 충족한다. - ②

4. 청구기간

헌재법 제69조 제2항의 규정에 의하면 위헌법률심판제청신청을 기각하는 결

179) 헌법재판소는 초창기에 일부 결정에서, 문제된 법률의 위헌여부가 비록 재판의 주문 자체에는 아무런 영향을 주지 않는다고 하더라도 "재판의 결론을 이끌어내는 이유를 달리하는 데 관련되어 있는 경우"에도 재판의 전제성이 있다는 취지로 판시하기도 했으나, 헌재 2011.11.24. 2010헌바353 결정에서 이 부분 주장을 명시적으로 배척하였다.

180) 대법원 1991.10.22. 선고 91도1617 전원합의체판결. 同旨, 대법원 1992.5.8. 선고 91도2825 판결 ; 대법원 2003.6.27. 선고 2002도7403 판결 ; 대법원 2007.6.28. 선고 2005도8317 판결.

정을 통지받은 날부터 30일 이내에 헌법소원심판을 청구하여야 한다. 사안에서 甲은 위헌제청신청에 대한 기각결정문을 2019.7.5. 송달받고 그날부터 30일 이내인 2019.8.2.에 제기한 것이므로 甲의 심판청구는 청구기간을 준수하였다. - ②

5. 변호사강제주의 등

헌재법 제25조 제3항의 규정에 의하면 사인(私人)은 그 자신이 변호사가 아닌 한 변호사를 대리인으로 선임하여 심판청구를 하여야 한다. 사안에서 甲은 변호사를 대리인으로 선임하였으므로 이 요건을 충족한다. 그 밖에 일사부재리(헌재법 제39조)는 이 사안과 무관하다. - ②

6. 한정위헌청구의 적법여부

법률조항 자체의 위헌결정을 구하는 것이 아니라 특정한 해석 또는 적용을 배제하는 형식의 심판청구, 즉 한정위헌청구가 허용되는지 여부가 문제된다. 이에 대한 헌법재판소의 태도는 종래의 '원칙적 부적법, 예외적 적법'에서 헌재 2012.12.27. 2011헌바117 결정을 계기로 '원칙적 적법, 예외적 부적법'의 입장으로 변경되었다. 즉 헌법재판소는, 구체적 규범통제절차에서 법률조항에 대한 특정한 해석이나 적용부분의 위헌성을 다투는 한정위헌청구가 원칙적으로 적법하다고 하더라도, 재판소원을 금지하고 있는 헌재법 제68조 제1항의 취지에 비추어 한정위헌청구의 형식을 취하고 있으면서도 실제로는 첫째, 당해사건 재판의 기초가 되는 사실관계의 인정이나 평가 또는 개별적·구체적 사건에서의 법률조항의 단순한 포섭·적용에 관한 문제를 다투거나, 둘째, 의미있는 헌법문제를 주장하지 않으면서 법원의 법률해석이나 재판결과를 다투는 경우 등은 모두 현행의 규범통제제도에 어긋나는 것으로서 허용될 수 없다고 판시하였다. - ②

사안에서 甲은 지문채취조항이 "피의사실을 부인하는 경우에 적용되는 한 위헌"이라는 취지의 한정위헌청구를 하고 있는바, 이는 당해사건 재판의 기초가 되는 사실관계의 인정이나 평가 또는 개별적·구체적 사건에서의 법률조항의 단순한 포섭·적용에 관한 문제를 다투는 것이 아닐 뿐만 아니라, 단순히 법원의 법률해석이나 재판결과를 다투는 것이 아니라 "지문채취조항은 피의사실(범죄혐의)을 인정하면서 지문채취를 거부하는 경우에 적용되는 것이고 피의사실을 부인하는 경우에는 적용되어서는 안 된다."는 의미있는 헌법문제[181]를 주장하고 있는

것으로 보아야 할 것이므로 사안의 한정위헌청구는 적법하다.[182] - ②

Ⅲ. 결론 [1점]

따라서 사안에서 甲의 심판청구는 헌재법 제68조 제2항의 헌법소원이 요구하는 적법요건을 모두 충족하므로 적법하다.

문 1-2[183] 30점

Ⅰ. 제한되는 기본권 및 위헌심사기준 [5점]

개인정보의 공개와 이용에 관하여 정보주체 스스로가 결정할 권리인 개인정보자기결정권의 보호대상이 되는 개인정보는 개인의 신체, 신념, 사회적 지위, 신분 등과 같이 개인의 인격주체성을 특징짓는 사항으로서 그 개인의 동일성을 식별할 수 있게 하는 일체의 정보라고 할 수 있고,[184] 그러한 개인정보를 대상으로 한 조사·수집·보관·처리·이용 등의 행위는 모두 원칙적으로 개인정보자기결정권에 대한 제한에 해당한다.[185] 개인정보자기결정권은 헌법 제10조 제1문에서 도출되는 일반적 인격권 및 헌법 제17조의 사생활의 비밀과 자유에 의하여 보장된다.[186] - ③

---

181) 명확성원칙 또는 과잉금지원칙 등이 고려될 수 있을 것이다.

182) 반대의 평가, 즉 청구인의 주장은 지문채취조항의 포섭범위에 '피의사실을 부인하는 경우도 포함되는지' 여부에 관한 "법률조항의 단순한 포섭·적용에 관한 문제를 다투는 것"이거나 "의미있는 헌법문제를 주장하지 않으면서 법원의 법률해석이나 재판결과를 다투는 경우"에 해당하므로 한정위헌청구가 적법한 영역에 해당하지 아니한다는 논지도 가능할 것이다.

183) 이 문제와 채점기준은 헌재 2004.9.23. 2002헌가17등 결정(전원일치 합헌) 및 2016년 제5회 변호사시험 공법사례형 〈제1문〉을 참조하여 구성되었음.

184) 이에 비하여 개인정보보호법 제2조 제1호는 '개인정보'란 "살아 있는 개인에 관한 정보로서 성명, 주민등록번호 및 영상 등을 통하여 개인을 알아볼 수 있는 정보(해당 정보만으로는 특정 개인을 알아볼 수 없더라도 다른 정보와 쉽게 결합하여 알아볼 수 있는 것을 포함한다)"라고 정의하고 있다. 이에 따라 헌재 2012.12.27. 2010헌가82등 결정에서는 "이 사건 부칙조항은 (…) 피부착자의 위치와 이동경로 등 '위치정보'를 수집·보관·이용한다는 측면에서 개인정보자기결정권도 제한한다."고 판시하였다. 同旨, 헌재 2012.12.27. 2010헌바187 결정 ; 헌재 2012.12.27. 2011헌바89 결정 등 참조.

185) 헌재 2005.7.21. 2003헌마282등 결정 ; 헌재 2010.5.27. 2008헌마663 결정.

186) 헌재 2005.7.21. 2003헌마282등 결정 ; 헌재 2008.10.30. 2006헌마1401등 결정 ; 헌재 2009.9.24. 2007헌마1092 결정 ; 헌재 2010.9.30. 2008헌바132 결정 ; 헌재 2012.12.27. 2010헌마153

사안에서 지문채취조항은 피의자로 입건되어 신문을 받는 자들에게 인적사항에 대한 자료를 수집하는 수사기관에게 지문채취에 응할 것을 처벌로써 강제하고 있으므로, 개인정보자기결정권이 제한되는 기본권이라고 할 수 있다.- ①

따라서 이와 같이 지문채취 요구에 협력할 것을 강제하고 나아가 이를 거부하는 경우 벌금, 구류, 과료의 처벌을 하는 것이 헌법 제37조 제2항이 규정하는 과잉금지원칙에 위배되는지 여부가 문제된다. 또한 피의자가 지문채취에 응하지 않는 경우 법관이 발부한 영장없이 이를 직접적으로 강제할 수 있는지 여부, 즉 헌법 제12조 제3항 소정의 영장주의 위배여부가 문제된다.[187] - ②

Ⅱ. 영장주의 위배여부 [8점]

1. 영장주의의 의의 (3점)

헌법은 제12조 제3항에서 "체포·구속·압수 또는 수색을 할 때에는 적법한 절차에 따라 검사의 신청에 의하여 법관이 발부한 영장을 제시하여야 한다."라고 규정하여 적법절차의 원칙과 함께 영장주의를 밝히고 있다. 체포·구속 등 강제처분은 피의자나 피고인의 입장에서 보면 심각한 기본권제한에 해당한다. 특히 수사기관에 의한 강제처분의 경우에는 범인을 색출하고 증거를 확보한다는 수사의 목적상 공권력의 행사과정에서 국민의 기본권을 침해할 가능성이 크다. 이에 헌법은 형사절차와 관련하여 체포·구속·압수 등의 강제처분을 하는 경우에 중립적인 법관이 구체적 판단을 거쳐 발부한 영장에 의하도록 하는 영장주의를 천명하고 있다. 따라서 영장주의는 사법권독립에 의하여 신분이 보장되는 법관의 사전적·사법적 억제를 통해 수사기관의 강제처분 남용을 방지하고 국민의 기본권을 보장하는 것을 그 본질로 한다.[188]

결정 ; 헌재 2015.6.25. 2014헌마463 결정 ; 헌재 2015.7.30. 2014헌마340등 결정 : 헌재 2016.3.31. 2014헌마785 결정 ; 헌재 2016.4.28. 2012헌마630결정 ; 헌재 2016.4.28. 2012헌마549등 결정 ; 헌재 2016.6.30. 2015헌마924 결정 등 참조.

187) 헌재 2004.9.23. 2002헌가17등 : "우선 체포 또는 구속되지 않은 피의자에 대하여 법관이 발부한 영장없이 직접 물리력을 사용하여 강제로 지문을 채취할 수 없다는 점에 대해서는 이론이 없는 것으로 보인다. 체포·구속되는 피의자의 경우 직접강제로 지문을 채취하기 위해서는 영장이 반드시 있어야 한다는 의견이 있기도 하나, **다수의견은 체포 또는 구속의 경우 영장없이 직접강제가 가능하다는 입장**을 취하고 있다."

188) 헌재 1997.3.27. 96헌바28등 결정.

2. 사안의 경우 (5점)

지문채취조항은 수사기관이 직접 물리적 강제력을 행사하여 피의자에게 강제로 지문을 찍도록 하는 것을 허용하는 규정이 아니며 형벌에 의한 불이익을 부과함으로써 심리적·간접적으로 지문채취를 강요하고 있을 뿐이다. 물론 이러한 방식 역시 자유의지에 반하여 일정한 행위가 강요된다는 점에서는 헌법에 규정되어 있는 체포·구속·압수·수색 등과 유사하다고 할 수 있으나, 피의자가 본인의 판단에 따라 수용여부를 결정한다는 점에서 궁극적으로 당사자의 자발적 협조가 필수적임을 전제로 하므로 물리력을 동원하여 강제로 이루어지는 위와 같은 경우와는 질적으로 차이가 있다. - ②

물리적 강제력을 행사하는 경우 뿐만 아니라, '상대방에게 의무를 부담하게 하는 경우'가 강제처분에 포함된다고 하거나 '상대방의 의사에 반하여 실질적으로 법익 또는 기본권을 침해하는 처분'이면 강제처분에 해당된다고 보기도 하며(심리적 강제설), 이에 따르면 지문채취조항에 의한 지문채취의 간접적인 강요 역시 강제처분으로 볼 수도 있다. 그러나 헌법재판소는 ① 수사절차에서 발생하는 의무부담 또는 기본권제한의 경우 그 범위가 광범위하여 명확한 기준을 제시해준다고 볼 수 없고, ② 모든 의무부담 또는 기본권제한을 법관이 발부한 영장에 의하도록 하는 것이 가능하지도 않다는 이유로[189] 영장주의가 적용되는 강제처분을 물리적 강제력을 행사하는 경우로 제한하고 있다(물리적 강제설). 따라서 지문채취조항에 의한 지문채취의 강요는 영장주의에 의하여야 할 강제처분이라 할 수 없어 영장주의에 위배되지 않는다. - ③

Ⅲ. 과잉금지원칙 위배여부 [15점]

1. 과잉금지원칙의 의의 (1점)

국가작용 중 특히 입법작용에 있어서의 과잉(입법)금지의 원칙이라 함은 국가가 국민의 기본권을 제한하는 내용의 입법활동을 함에 있어서 준수하여야 할 기본원칙 내지 입법활동의 한계를 의미하는 것으로서, 국민의 기본권을 제한하려는 입법은 그 목적이 정당해야 하고, 방법(수단)이 적합해야 하며, 침해의 최소성과 법익의 균형성을 갖추어야 한다. - ①

189) 헌재 2004.9.23. 2002헌가17등 결정.

2. 구체적 적용 (13점)

가. 목적의 정당성

지문채취조항은 경찰공무원이나 검사 등 수사기관이 달리 피의자로 입건된 사람의 신원을 확인할 방법이 없을 때 정당한 이유없이 지문채취를 거부할 수 없도록 함으로써 피의자의 신원확인을 원활하게 하고 수사활동에 지장이 없도록 하기 위한 것이다. 수사상 피의자의 신원확인은 피의자를 특정하고 범죄경력을 조회함으로써 타인의 인적사항 도용과 범죄 및 전과사실의 은폐 등을 차단하고 형사사법제도를 적정하게 운영하기 위해 필수적이다. 피의자가 특정되지 않으면 수사에 이은 소송 및 집행과정에서 피의자·피고인·수형자를 혼동하기 쉽고 절차의 진행이 원활하게 이루어지지 않는다. 범죄수사의 초기에 신속하게 피의자의 신원을 확인할 필요성뿐만 아니라 범죄경력의 유무 역시 구속과 기소여부 및 형량을 결정하기 위한 주요한 요소이므로 수사절차에서 반드시 확인되어야 할 것들 중 하나라고 할 수 있다. 따라서 지문채취조항은 형사사법의 적정운영이라는 공공복리를 위한 것으로서 그 목적은 정당하다고 판단된다. - ③

나. 방법의 적절성

지문은 사람의 육체가 형성되는 시기에 결정되어 일생 동안 변하지 않으며 부모형제는 물론 일란성 쌍둥이와도 구별되는 개인별 고유한 특징을 가지고 있어 개인을 특정하고 식별하는 데 매우 유용하다. 특히 피의자가 타인의 인적사항을 도용하는 경우 지문정보를 활용하면 즉각 신원을 확인할 수 있으므로 수사의 효율성을 높일 수 있다. 따라서 지문채취조항에 의한 지문채취는 신원확인을 위한 경제적이고 간편하면서도 확실성이 높은 적절한 방법이라 할 수 있다. - ②

다. 침해의 최소성

(1) 피의자가 수사기관의 지문채취에 동의하지 않는 경우 이를 강제하는 방법으로는 ① 지문을 직접 강제로 채취하는 것을 생각해 볼 수 있다. 이는 지문채취에 불응하는 피의자의 손을 잡아 강제로 펴서 지문을 찍도록 하는 방법으로서, 피의자의 의사에 반하여 일정한 신체활동을 강제하는 것이므로 경우에 따라서는 피의자의 인간으로서의 존엄에 심대한 타격을 가할 수도 있다. 이에 반하여 지문채취조항은 형벌에 의한 불이익을 부과함으로써 심리적·간접적으로 지문채취를

강요하고 있다. 이러한 방식 역시 자유의지에 반하여 개인에게 일정한 행위를 강요하는 점에서는 차이가 없으나, 피의자가 본인의 판단에 따라 수용여부를 결정한다는 점에서 보다 덜 침해적인 방법이라고 할 수 있다. 나아가 통상 신원확인 수단으로 이용되는 ② 얼굴사진의 경우 시간 및 장소, 촬영방법에 따라 사진이 달라질 수 있고 얼굴 자체가 노화 또는 성형수술에 의하여 달라질 수 있다는 단점이 있으며, 최근에 발달한 ③ 유전자감식의 경우 전문적인 지식과 기술이 필요하다는 점에서 한계가 있으므로, 이들 방법도 동일한 입법목적을 달성할 수 있는 덜 침해적인 수단이라고 할 수 없다. - ④

(2) 또한 지문채취조항은 다른 방법으로 신원을 확인할 수 없는 경우에 이루어지는 지문채취에 대한 거부만을 처벌대상으로 하고 있어, 피의자가 주민등록증이나 운전면허증 등 신분증을 소지하고 있거나 신문을 거부하지 않는 등 수사기관에게 신원을 확인할 수 있는 다른 수단이 있는 경우에 지문채취를 요구할 수도 없고 지문채취조항에 의한 처벌도 이루어질 수 없다. 이와 같이 지문채취조항은 지문채취의 실효성을 확보하기 위하여 간접적으로 이를 강제하고 있으며 그것도 보충적으로만 적용하도록 하고 있으므로 피의자에 대한 피해를 최소화하기 위한 고려를 하고 있는 것으로 볼 수 있다. - ②

라. 법익의 균형성

위에서 본 바와 같이 지문채취조항은 형사사법의 적정운영이라는 공공복리를 위한 것이고, 동 조항에 규정되어 있는 법정형은 형법상의 제재로서는 최소한에 해당하는바, 공익이 제한되는 사익(개인정보자기결정권)보다 월등하다고 판단되므로 법익의 균형성도 충족한다. - ②

3. 소결 (1점)

그렇다면 지문채취조항이 범죄의 피의자로 입건된 사람들로 하여금 경찰공무원이나 검사의 신문을 받으면서 자신의 신원을 밝히지 않고 지문채취에 불응하는 경우 벌금·과료·구류의 형사처벌을 받도록 하고 있는 것은, 관련 요소들을 합리적으로 고려한 것으로서 헌법상의 과잉금지원칙에 위배되지 않는다고 할 것이다.

Ⅳ. 결론 [2점]

지문채취조항은 영장주의에 위배된다거나 과잉금지원칙에 위배하여 甲의 개인정보자기결정권을 침해하지 않으므로 헌법에 위반되지 아니한다.

문 2-1 **20점**

Ⅰ. 서론 [2점]

헌재법 제68조 제2항에 따른 헌법소원의 적법요건으로는, ① 대상적격(법률), ② 법원의 위헌제청신청에 대한 기각(각하)결정, ③ 재판의 전제성, ④ 청구기간, ⑤ 변호사강제주의, ⑥ 일사부재리 등이 요구된다.

Ⅱ. 적법요건의 검토 [17점]

1. 대상적격 (1점)

이 사건 퇴직연금삭감조항 및 부칙 제2조는 모두 법률이므로 대상적격에 문제가 없다.

2. 위헌제청신청에 대한 법원의 기각(각하)결정 (2점)

乙은 당해 소송사건의 당사자로서 2016.10.5. 위 법률조항에 대하여 위헌법률심판제청신청을 하였다가 같은 해 10.19. 기각결정을 받은 자이므로 법원의 위헌제청신청기각결정이라는 요건을 충족한다.

3. 재판의 전제성 (9점)

가. 위헌법률심판이나 헌재법 제68조 제2항의 헌법소원심판과 같은 규범통제사건에서 재판의 전제성이 인정되는 경우란, 첫째, 구체적인 사건이 법원에 적법하게 계속중이어야 하고, 둘째, 위헌여부가 문제되는 법률이 당해사건의 재판에 적용되는 것이어야 하며, 셋째, 그 법률이 헌법에 위반되는지 여부에 따라 당해사건을 담당하는 법원이 다른 내용의 재판을 하게 되는 경우, 즉 법원이 심리중인 당해사건의 재판의 결론이나 주문에 어떤 영향을 주는 경우 또는 문제된 법

률의 위헌여부가 비록 재판의 주문 자체에는 아무런 영향을 주지 않는다고 하더라도 재판의 내용과 효력에 관한 법률적 의미가 달라지는 경우를 말한다. - ④

나. 첫째 요건에서, 사안에서 보듯이 정이 제기한 당사자소송이 서울행정법원 2016구합1000호로 적법하게 계속이다. - ②

다. 둘째 요건에서, 퇴직연금삭감조항과 부칙 제2조는 위 미지급 퇴직연금 지급을 구하는 당해사건에서 적용되는 법률조항이다. - ①

라. 셋째 요건에서, 부칙 제2조에 대하여 헌법재판소의 위헌결정이 있으면 乙이 제기한 당해 소송사건에서 다른 내용의 재판, 즉 합헌일 경우와는 달리 승소할 수 있으므로 이 요건을 충족한다. - ②

4. 청구기간 (3점)

헌재법 제69조 제2항의 규정에 의하면 위헌법률심판제청신청을 기각하는 결정을 통지받은 날부터 30일 이내에 헌법소원심판을 청구하여야 하는바, 사안에서 그 기각결정문을 2016.10.22. 송달받고 31일째인 2016.11.22. 심판청구를 하였으므로 청구기간을 하루 도과하였으므로 부적법한 심판청구이다.

5. 기타 요건 (2점)

대리인으로 변호사 丙을 선임하였으므로 변호사강제주의 요건을 충족하였고, 일사부재리 요건은 이 사안과는 관련이 없다.

Ⅲ. 결론 [1점]

이 사건 헌법소원은 청구기간이 경과하여 부적법하다.

문 2-2 20점

Ⅰ. 서론 [3점]

공법상의 권리가 헌법상의 재산권보장의 보호를 받기 위해서는 첫째, 공법상의 권리가 권리주체에게 귀속되어 개인의 이익을 위하여 이용가능해야 하며(사적 유용성), 둘째, 국가의 일방적인 급부에 의한 것이 아니라 권리주체의 노동이나 투자, 특별한 희생에 의하여 획득되어 자신이 행한 급부의 등가물에 해당하는 것이어야 하며(수급자의 상당한 자기기여), 셋째, 수급자의 생존의 확보에 기여해야 한다(생존확보에 기여)는 요건을 갖추어야 한다.[190] - ②

사안에서 공무원인 乙의 퇴직연금수급권은 위 요건을 모두 충족하며, 입법자에 의하여 수급요건, 수급자의 범위, 수급액 등 구체적인 사항이 법률에 규정됨으로써 구체적인 법적 권리로 형성되어 개인의 주관적 공권의 형태를 갖추었다고 할 것이므로,[191] 헌법상 재산권보장의 대상이 된다. - ①

Ⅱ. 신뢰보호원칙 위배여부 [15점]

1. 신뢰보호원칙의 의의 (2점)

신뢰보호의 원칙은 헌법상 법치국가원리로부터 파생되는 것으로, 법률이 개정되는 경우에는 기존 법질서와의 사이에 어느 정도의 이해관계의 상충은 불가피하다고 할 것인바, 이 경우 기존의 법질서에 대한 당사자의 신뢰가 합리적이고 정당한 반면, 법률의 제정이나 개정으로 야기되는 당사자의 손해가 극심하여 새로운 입법으로 달성코자 하는 공익적 목적이 그러한 당사자의 신뢰가 파괴되는 것을 정당화할 수 없는 경우, 그러한 새 입법은 허용될 수 없다는 것이다.[192]

2. 부칙 제2조의 법적 성격 (5점)

과거에 완성된 사실 또는 법률관계를 규율의 대상으로 하는 이른바 진정소급입법에 있어서는 입법권자의 입법형성권보다도 당사자가 구법질서에 기대하였던 신뢰보호의 견지에서 그리고 법적안정성을 도모하기 위하여 특단의 사정이 없는 한 구법에 의하여 이미 얻은 자격 또는 권리를 존중할 입법의무가 있다 할 것이고, 이미 과거에 시작하였으나 아직 완성되지 아니하고 진행과정에 있는 사실 또는 법률관계를 규율의 대상으로 하는 이른바 부진정소급입법의 경우에는[193] 구법질서에 대하여 기대했던 당사자의 신뢰보호보다는 입법권자의 광범위

190) 헌재 2000.6.29. 99헌마289 결정 참조.

191) 헌재 2000.6.29. 99헌마289 결정 참조.

192) 헌재 1995.6.29. 94헌바39 결정 참조.

193) 한편, 진정소급입법이 아니면서 부진정소급입법도 아닌 영역이 있다. 사실상 대부분 법률의

한 입법형성권을 경시하여서는 아니 될 것이므로, 특단의 사정이 없는 한 새 입법을 하면서 구법관계 내지 구법상의 기대이익을 존중하여야 할 의무가 발생하지 않는다.[194] - ③

살피건대, 우리 헌법이 보장하는 재산권은 乙이 종전 법률관계에 따라 최종보수월액의 70%에 해당하는 퇴직연금을 앞으로도 계속 받을 수 있다는 것까지 포함하는 것은 아니고, 또한 개정 공무원연금법이 종전에 乙이 수령한 퇴직연금 중 최종보수월액의 50%를 초과하는 부분, 즉 20%에 해당하는 부분을 환수할 것을 규정하고 있는 것은 아니므로 부칙 제2조는 진정소급입법으로 볼 수 없다. 따라서 이 경우 일반적인 신뢰보호원칙 심사를 행하면 된다. - ②

[진정소급입법으로 보는 경우 : 乙은 이미 공무원연금법상 퇴직연금을 받을 수 있는 재직기간을 충족하고 퇴직하여 퇴직연금을 받고 있던 자로서 그가 퇴직할 당시 최종보수월액 70% 상당을 퇴직연금으로 받을 수 있는 권리관계가 이미 확정된 경우라고 할 것이므로, 이 사건 연금삭감조항과 부칙조항이 포함된 개정 공무원연금법을 2012년 8월 16일 공포하면서 그 적용대상을 2012년 1월 1일 이후 퇴직공무원으로 소급한 것은 진정소급입법에 해당한다.]

3. 신뢰보호원칙 위배여부 (8점) (합헌논증도 가능)

사안에서 부칙 제2조가 신뢰보호원칙에 위배되는지 여부는 첫째, 보호가치 있는 신뢰이익이 존재하는가, 둘째, 과거에 발생한 생활관계를 현재의 법으로 규율함으로써 달성되는 공익이 무엇인가, 셋째, 개인의 신뢰이익과 공익상의 이익을 비교형량하여 어떠한 법익이 우위를 차지하는가를 살펴보아야 한다. - ③

그러므로 살피건대 사안에서 첫째, 乙은 종전의 법률에 따라 최종보수월액의 70%에 해당하는 퇴직연금을 받고 있었으므로 이는 보호가치 있는 신뢰이익에 해당한다. - ②

둘째, 이 사건 조항으로 인하여 달성하려고 하는 공익은 공무원 연금재정의 안정이라고 할 수 있다. - ②

셋째, 위와 같은 乙의 신뢰이익을 고려할 때 공무원연금재정의 안정이라는 목적은 반드시 기존에 이미 퇴직연금을 수령하던 자에게까지 소급해야만 달성된다

변경(개정)에 따른 헌법위반여부(신뢰보호원칙심사)는 이 영역, 즉 장래입법에 속한다.

194) 헌재 1989.3.17. 88헌마1 결정 ; 헌재 2008.7.31. 2005헌가16 결정 등 참조.

고 보기는 어렵다. - ②

예컨대 법이 시행되는 2016년 8월 16일 이후에 퇴직하는 자에게 적용한다고 하더라도 충분히 입법목적을 달성할 수 있을 것이다. - ③

[진정소급입법으로 보는 경우 : 진정소급입법, 즉 과거에 속하는 이미 종료된 사태에 적용되어야 하는 규정은 원칙적으로 허용되지 아니하며, 특단의 사정이 있는 예외적인 경우에만 허용된다. 즉, 진정소급입법이 허용되는 예외적인 경우로는 일반적으로, 국민이 소급입법을 예상할 수 있었거나 법적 상태가 불확실하고 혼란스러웠거나 하여 보호할 만한 신뢰의 이익이 적은 경우와 소급입법에 의한 당사자의 손실이 없거나 아주 경미한 경우에, 이들 신뢰보호의 요청에 우선하는 심히 중대한 공익상의 사유가 소급입법을 정당화하는 경우를 들 수 있다.[195]

그러므로 살피건대, 사안에서 보는 바와 같은 급격한 연금삭감율을 더군다나 이미 퇴직연금을 받고 있던 자들에게까지 소급하여 적용하는 입법을 예상할 수 있었다고 할 수 없고 또한 이러한 소급입법으로 인하여 乙 등 퇴직연금 수령자들의 손실이 경미하다고 할 수 없으므로 부칙 제2조와 같은 진정소급입법은 정당화될 수 없어 헌법에 위반된다.]

Ⅲ. 결론 [2점] (합헌결론도 가능)

부칙 제2조는 일반적인 신뢰보호원칙에 위배하여 乙의 재산권을 침해한다.

[진정소급입법으로 보는 경우 : 부칙 제2조는 진정소급입법이 정당화되는 요건에 해당하지 아니하므로 乙의 재산권을 침해한다.]

문 3[196] 10점

헌법 제13조 제3항은 "모든 국민은 자기의 행위가 아닌 친족의 행위로 인하여 불이익한 처우를 받지 아니한다."라고 규정하여 소위 '연좌제'를 금지하고 있는 바, 이 조항은 '친족의 행위와 본인 간에 실질적으로 의미 있는 아무런 관련성을 인정할 수 없음에도 불구하고 오로지 친족이라는 사유 그 자체만으로' 불이익한

195) 헌재 1996.2.16. 96헌가2등 결정 참조.

196) 이 문제와 해설은 헌재 2005.12.12. 2005헌마19 결정 및 헌재 2011.9.29. 2010헌마68 결정을 참조하여 재구성되었음.

처우를 가하는 경우에만 적용된다. - ③

그 밖의 경우에는 문제된 불이익을 보호하는 다른 헌법규범이나 기본권규범을 찾아 그 친족과의 관계에서 본인에게 그러한 불이익을 주는 것이 과연 합리적 근거가 있는지, 또는 입법목적 달성을 위해 필요한 한도 내의 수단인지를 살펴봄으로써 그러한 법적 규율의 정당성 여부를 충분히 판단할 수 있기 때문이다. - ②

사안에서, 당선무효조항은 후보자의 배우자가 저지른 일정한 중대선거범죄는 선거에 있어서 전적으로 후보자의 당선을 위하여, 또한 후보자와의 의사연락하에 이루어진 행위로서 총체적으로는 후보자 자신의 행위와 다를 바 없다고 보아, 후보자를 공범으로 인정하여 형사처벌은 하지 않더라도 그러한 불법행위에 따른 이익을 박탈하는 것이 정당하다는 고려에서 비롯된 것이다. - ②

당선무효조항은 배우자가 죄를 저질렀다는 이유만으로 후보자에게 불이익을 주는 것이 아니라, 후보자와 불가분의 선거운명공동체를 형성하여 활동하게 마련인 배우자의 실질적 지위와 역할을 근거로 후보자에게 연대책임을 부여한 것이다. 그러므로, 당선무효조항은 '친족인 배우자의 행위와 본인 간에 실질적으로 의미 있는 아무런 관련성을 인정할 수 없음에도 불구하고 오로지 배우자라는 사유 그 자체만으로' 불이익한 처우를 가하는 것이 아니어서 헌법 제13조 제3항에서 금지하고 있는 연좌제에 위배되지 아니한다. - ③

문제 3

문 1 35점

甲은 경찰관(총경)으로 정년퇴직한 후 이른바 탐정업에 종사하고자 하는 사람이다. 甲은 「신용정보의 이용 및 보호에 관한 법률」 제40조 후단 제4호 본문(이하 "탐정업 금지조항"이라 한다) 및 제5호(이하 "탐정명칭 금지조항"이라 한다)가 신용정보업자 이외에는 미아·가출인·실종자·사기꾼 등 사람 찾기를 업으로 할 수 없고, 또 누구든지 탐정 또는 이와 유사한 명칭을 사용하지 못하게 하고 있어 과잉금지원칙에 위배하여 자신의 직업의 자유를 침해한다고 주장한다. 甲의 주장에 대하여 검토하시오. (적법요건은 언급하지 말 것)

※ 참고사항

(1. - 탐정업금지조항 관련) 甲을 포함한 모든 국민은 도난·분실 등으로 소재를 알 수 없는 물건 등을 찾아주는 일을 직업으로 삼을 수 있고, 개별 법률이 정한 요건을 갖추어 신용조사업, 경비업, 손해사정사 등 법이 특별히 허용하는 범위에서 탐정업 유사직역에 종사할 수 있다. (2. - 탐정명칭금지조항 관련) 외국에서 인정되는 이른바 탐정업 분야 중 일부 조사관련 업무가 이미 우리나라에도 개별 법률을 통하여 신용조사업, 경비업, 손해사정사 등 다른 명칭으로 도입되어 있다.]

문 2 15점

乙은 2019.4.3. 실시될 국회의원 보궐선거에 입후보하려는 사람이다. 乙은 위 보궐선거일 기준으로 19세 이상 25세 미만인 사람으로서, 국회의원의 피선거권 연령을 25세 이상으로 정한 공직선거법 제16조 제2항(이하 "피선거권조항"이라 한다)이 자신의 공무담임권을 침해한다고 주장한다. 乙의 주장에 대하여 검토하시오. (적법요건은 언급하지 말 것)

문 3　25점

국회는 국회의원인 丙이 평소에 국회의원으로서의 책무를 소홀히 하고, 특히 2018년 정기회에서 다른 국회의원을 모욕하였다는 사유로 윤리특별위원회의 심사를 거쳐 丙을 제명하였다. 국회의원에 대한 징계에 대하여 설명한 후(5점), 丙이 국회의 자신에 대한 제명처분에 대하여 헌법재판소에 헌법소원심판을 제기할 수 있는지에 대하여 논하시오(20점).

문 4　25점

「도시계획사업법」은 도시계획사업실시계획 인가사무를 국토교통부장관이 광역자치단체장인 시·도지사에게 위임할 수 있고, 시·도지사는 이를 다시 기초자치단체장인 시장·군수에게 재위임할 수 있도록 규정하였다. 한편 「쓰레기처리법」은 쓰레기처리의 관할권을 광역자치단체인 시·도가 가지며, 시·도는 필요에 따라 기초자치단체인 시·군의 신청에 의해 당해 지역에서 발생하는 쓰레기처리 업무의 전부 또는 일부를 위임할 수 있도록 규정하였다. 이에 기초자치단체인 A시는 광역자치단체장인 B도지사의 "도시계획사업실시계획 인가처분"과 위 "쓰레기처리법 조항"이 헌법 제117조 제1항에 의하여 보장되는 A시의 지방자치권을 침해하였다는 이유로 권한쟁의심판을 청구하고자 한다. [※ 위 「도시계획사업법」과 「쓰레기처리법」은 가상의 것이며 현재 시행 중임을 전제로 함]

4-1. 위 "도시계획사업실시계획 인가처분"과 "쓰레기처리법 조항"이 권한쟁의심판청구의 대상이 될 수 있는가? (12점)

4-2. 위 권한쟁의심판청구에서 A시는, "헌법 제117조 제1항에 따라 주민들과 밀접한 관계에 있는 기초자치단체가 광역자치단체보다 우위에 있다"고 주장하는바, 이에 대하여 논하시오. (13점)

관련규정

「신용정보의 이용 및 보호에 관한 법률」 제1조(목적) 이 법은 신용정보업을 건전하게 육성하고 신용정보의 효율적 이용과 체계적 관리를 도모하며 신용정보의 오용·남용으로부터 사생활의 비밀 등을 적절히 보호함으로써 건전한 신용질서의 확립에 이바지함을 목적으로 한다.

제40조(신용정보회사 등의 금지사항) 신용정보회사 등은 다음 각 호의 행위를 하여서는 아니 되며, 신용정보회사 등이 아니면 제4호 본문의 행위를 업으로 하거나 제5호의 행위를 하여서는 아니 된다.

4. 특정인의 소재 및 연락처(이하 "소재 등"이라 한다)를 알아내거나 금융거래 등 상거래관계 외의 사생활 등을 조사하는 일. 다만, 채권추심업을 허가받은 신용정보회사가 그 업무를 하기 위하여 특정인의 소재 등을 알아내는 경우 또는 다른 법령에 따라 특정인의 소재 등을 알아내는 것이 허용되는 경우에는 그러하지 아니하다.
5. 정보원, 탐정, 그 밖에 이와 비슷한 명칭을 사용하는 일

「공직선거법」 제16조(피선거권) ② 25세 이상의 국민은 국회의원의 피선거권이 있다.

「국회법」 제155조(징계) 국회는 의원이 다음 각 호의 어느 하나에 해당하는 행위를 하였을 때에는 윤리특별위원회의 심사를 거쳐 그 의결로써 징계할 수 있다. 다만, 의원이 제10호에 해당하는 행위를 하였을 때에는 윤리특별위원회의 심사를 거치지 아니하고 그 의결로써 징계할 수 있다. (각호 생략)

제163조(징계의 종류와 선포) ① 제155조에 따른 징계의 종류는 다음과 같다.

1. 공개회의에서의 경고
2. 공개회의에서의 사과
3. 30일(제155조제2호 또는 제3호에 해당하는 행위를 한 의원에 대한 징계는 90일) 이내의 출석정지. 이 경우 출석정지기간에 해당하는 「국회의원수당 등에 관한 법률」에 따른 수당·입법활동비 및 특별활동비(이하 "수당등"이라 한다)는 2분의 1을 감액한다.
4. 제명(除名)

제164조(제명된 사람의 입후보 제한) 제163조에 따른 징계로 제명된 사람은 그로 인하여 궐원된 의원의 보궐선거에서 후보자가 될 수 없다.

「지방자치법」 제10조(지방자치단체의 종류별 사무배분기준) ③ 시·도와 시·군 및 자치구는 사무를 처리할 때 서로 경합하지 아니하도록 하여야 하며, 사무가 서로 경합하면 시·군 및 자치구에서 먼저 처리한다.

해설 및 채점기준

문 1[197] 35점

Ⅰ. 서론 (쟁점의 정리) [3점]

이 사건의 쟁점은 "탐정업 금지조항"이 탐정업에 종사하고자 하는 甲의 직업선택의 자유를 침해하는지, "탐정명칭 금지조항"이 甲의 직업수행의 자유를 침해하는지 여부이며, 위헌심사기준으로는 문제에서 주어진 대로 과잉금지원칙을 적용한다.

Ⅱ. 제한되는 기본권(직업의 자유)과 위헌심사기준 [5점]

헌법 제15조가 규정하는 직업선택의 자유는 자신이 원하는 직업을 자유롭게 선택하는 좁은 의미의 '직업선택의 자유'와 그가 선택한 직업을 자기가 원하는 방식으로 자유롭게 수행할 수 있는 '직업수행의 자유'를 포함하는 '직업의 자유'를 의미한다.[198] - ①

甲은 경찰에서 퇴직한 후 탐정명칭을 사용하여 특정인의 사생활 등을 조사하는 일을 업으로 하는 이른바 탐정업을 개설·운영하려는 사람이다. 청구인은 '탐정업 금지조항'에 의하여 특정인의 소재 및 연락처를 알아내거나 사생활 등을 조사하는 일을 업으로 할 수 없게 됨으로써 "직업선택의 자유"가 제한되고, '탐정명칭 금지조항'에 의하여 탐정명칭을 사용할 수 없게 됨으로써 "직업수행의 자유"가 제한된다. - ②

직업수행의 자유는 직업결정의 자유에 비하여 상대적으로 그 침해의 정도가 작다고 할 것이어서, 이에 대하여는 공공복리 등 공익상의 이유로 비교적 넓은 법률상의 규제가 가능하다. 그러나 직업수행의 자유를 제한할 때에도 헌법 제37조 제2항에 의거한 비례원칙에 위배되어서는 안 된다.[199] - ②

---

197) 이 문제와 채점기준은 헌재 2018.6.28. 2016헌마473 결정을 기초로 구성되었음.

198) 헌재 2011.10.25. 2011헌마85 결정 참조.

199) 헌재 2015.7.30. 2014헌바6 결정 ; 헌재 2017.11.30. 2015헌바377 결정 참조.

Ⅲ. 과잉금지원칙 위배여부 [25점]

국가작용 중 특히 입법작용에 있어서의 과잉(입법)금지의 원칙이라 함은 국가가 국민의 기본권을 제한하는 내용의 입법활동을 함에 있어서 준수하여야 할 기본원칙 내지 입법활동의 한계를 의미하는 것으로서, 국민의 기본권을 제한하려는 입법은 그 목적이 정당해야 하고, 방법(수단)이 적합해야 하며, 침해의 최소성과 법익의 균형성을 갖추어야 한다. - ①

1. 탐정업 금지조항의 경우 (12점)

가. 목적의 정당성 〈2〉

특정인의 소재 및 연락처를 알아내거나 사생활 등을 조사하는 일을 업으로 하는 경우 그 조사과정에서 각종 불법적인 수단이 동원될 가능성이 높고, 조사결과로 취득한 개인정보의 오용·남용으로 인하여 개인의 사생활의 비밀과 평온이 침해될 우려가 크다. '탐정업 금지조항'은 특정인의 소재·연락처 및 사생활 등 조사의 과정에서 자행되는 불법행위를 막고 개인정보 등의 오용·남용으로부터 개인의 사생활의 비밀과 평온을 보호하기 위한 것으로서 그 입법목적이 정당하다.

나. 수단의 적절성 〈2〉

탐정업 금지조항은 '특정인의 소재 및 연락처를 알아내거나 사생활 등을 조사하는 일'을 업으로 하는 것을 금지함으로써 사생활 등 조사행위에 따른 부작용 발생을 사전에 차단하고 있으므로 위 입법목적 달성에 적합한 수단이다.

다. 침해의 최소성 〈5〉

현재 국내에서 타인의 의뢰를 받아 사건, 사고에 대한 사실관계를 조사하고 누구나 접근 가능한 정보를 수집하여 그 조사결과 등을 제공하는 업체들이 자유업의 형태로 운영되고 있으나, 정확한 실태파악은 어려운 실정이다. 최근에는 일부 업체들이 몰래카메라 또는 차량위치추적기 등을 사용하여 불법적으로 사생활 정보를 수집·제공하다가 수사기관에 단속되어 사회문제로 대두되기도 하였다. 이러한 국내 현실을 고려할 때, 특정인의 소재·연락처 및 사생활 등의 조사업을 금지하는 것 외에 달리 위 조항의 입법목적을 동일한 정도로 실현할 수 있는 방법을 찾기 어려우므로, '탐정업 금지조항'은 침해의 최소성 요건을 준수하였다. - ②

'탐정업 금지조항'에 의하여 이른바 탐정업의 개설·운영을 전면적으로 금지할 것이 아니라, 일정한 자격요건을 갖춘 자에게 탐정업을 할 수 있도록 허용하는 대신 행정상 지도·감독을 강화하는 제도를 마련함으로써 직업선택의 자유를 덜 제한하면서도 '탐정업 금지조항'의 입법목적을 실현할 수 있는지 살펴본다. 탐정제도의 도입은 국민의 의견을 수렴하여 궁극적으로 입법을 통해 이루어져야 하는 문제이다. 입법자에게는 탐정업의 업무범위, 자격요건, 제재 및 감독수단 등 탐정제도의 주요 내용을 정책적인 판단에 따라 형성할 수 있는 입법재량이 있고, 그러한 입법자의 판단은 원칙적으로 존중되어야 할 것이다. 그러나 탐정제도에 관하여 입법형성의 여지가 있다고 하더라도 위와 같은 탐정제도의 도입에 의해 '탐정업 금지조항'의 입법목적을 동일한 정도로 실현할 수 있다고 단정할 수 없다. - ②

따라서 '탐정업 금지조항'은 침해의 최소성 요건을 충족한다. - ①

라. 법익의 균형성 〈3〉

'탐정업 금지조항'은 특정인의 소재 및 연락처를 알아내거나 사생활 등을 조사하는 일을 업으로 하는 행위를 금지함으로써 특정인에 대한 사생활 등 조사과정에서 자행되는 불법행위를 막고 개인의 사생활의 비밀과 평온을 보호하는 데 기여한다. 비록 '탐정업 금지조항'으로 인하여 甲이 특정인의 소재·연락처 및 사생활 등을 조사하는 일을 업으로 하는 것이 일반적으로는 금지되었다 하더라도, 甲은 현재에도 도난·분실 등으로 소재를 알 수 없는 물건 등을 찾아주는 일을 직업으로 삼을 수 있다. 개별 법률이 정한 요건을 갖추어 신용조사업, 경비업, 손해사정사 등 법이 특별히 허용하는 범위에서 탐정업 유사직역에 종사할 수도 있다. - ②

그렇다면 '탐정업 금지조항'은 이를 통해 달성하고자 하는 공익이 그로 인해 청구인이 입게 되는 불이익에 비하여 중대하므로 법익의 균형성 요건도 충족한다. - ①

2. 탐정명칭 금지조항의 경우 (12점)

가. 목적의 정당성 〈2〉

'탐정명칭 금지조항'은 정보원, 탐정 및 그 유사명칭(이하 "탐정유사명칭"이라 한다)을 수단으로 이용하여 개인정보 등을 취득함으로써 발생하는 사생활의 비밀 침해를 예방하고, 개별 법률에 따라 허용되는 개인정보 조사업무에 대한 신용질서를 확립하고자 마련되었으므로, 그 입법목적이 정당하다.

나. 수단의 적합성 〈2〉

탐정유사명칭의 사용자체를 금지함으로써 그 허용에 따른 부작용 발생을 가장 강력하고 효과적으로 억제하므로 위에서 본 입법목적 달성에 적합한 수단이다.

다. 침해의 최소성 〈5〉

우리나라에서는 '탐정업 금지조항'에 따라 특정인의 소재 및 연락처를 알아내거나 사생활 등을 조사하는 일을 업으로 하는 행위가 금지되어 있다. 그럼에도 불구하고 탐정유사명칭의 사용을 허용하게 되면, 일반인들은 그 명칭 사용자가 '탐정업 금지조항'에 의해 금지된 행위를 적법하게 할 수 있는 권한을 보유한 사람 내지 국내법상 그러한 행위를 할 수 있는 자격요건을 갖춘 사람이라고 오인하여 특정인의 사생활 등에 관한 개인정보의 조사를 의뢰하거나 개인정보를 제공함으로써 개인의 사생활의 비밀이 침해될 우려가 크다. 또한, 외국에서 인정되는 이른바 탐정업 분야 중 일부 조사관련 업무가 이미 우리나라에도 개별 법률을 통하여 신용조사업, 경비업, 손해사정사 등 다른 명칭으로 도입되어 있으므로, 탐정유사명칭의 사용을 제한 없이 허용하게 되면 이러한 탐정업 유사직종 사이의 업무범위에 혼란을 일으켜 개별 법률에 의해 허용되는 정보조사업무에 대한 신용질서를 저해할 우려도 있다. - ②

입법자는 탐정업의 금지만으로는 탐정유사명칭 사용금지를 부가한 경우와 동일한 정도로 위와 같은 부작용 발생을 억제하여 입법목적을 달성할 수 있다고 보기 어렵다고 판단하여 '탐정명칭 금지조항'을 별도로 마련한 것이고, 그러한 입법자의 판단이 명백히 잘못되었다고 볼 수는 없다. - ①

결국, '탐정업 금지조항'이 탐정업의 전형적이고 주요한 업무를 금지하고 있는 상황에서 그러한 업무를 직업으로 하는 사람을 표상하는 탐정유사명칭의 사용을 제한하는 것 외에 달리 입법목적을 동일한 정도로 실현할 수 있는 방법을 찾기 어려우므로, '탐정명칭 금지조항'은 침해의 최소성 요건을 준수하였다. - ②

라. 법익의 균형성 〈3〉

'탐정명칭 금지조항'은 정보원, 탐정, 그 밖에 이와 비슷한 명칭을 사용하는 일을 금지함으로써 탐정유사명칭을 수단으로 이용해서 개인정보 등을 취득할 수 없게 하여 사생활의 비밀 침해를 예방하고, 개별 법률에 의해 허용되는 정보조사 업무에 대한 신용질서 확립에도 기여한다. 비록 '탐정명칭 금지조항'으로 인하여 탐정을 직업으로 삼고자 하는 청구인이 탐정명칭을 사용하지 못하게 되었다고 하더라도 그로 인해 청구인이 입는 불이익은, '탐정업 금지조항'에 의하여 특정인의 소재 및 연락처를 알아내거나 사생활 등을 조사하는 일을 업으로 하는 행위가 금지되어 있는 이상, '탐정업 금지조항'에 저촉되지 않는 범위 안에서 탐정 업무를 수행할 수 있는 예외적인 경우에 탐정명칭을 사용할 수 없게 됨으로써 받는 불이익에 한정된다. - ②

그렇다면 '탐정명칭 금지조항'은 이를 통해 달성하려는 공익이 그로 인해 甲이 입게 되는 불이익에 비하여 작지 아니하므로 법익의 균형성 요건도 충족한다. - ①

Ⅳ. 결론 [2점]

위에서 본 바와 같이 '탐정업 금지조항'은 직업선택의 자유를 제한함에 있어, '탐정명칭 금지조항'은 직업수행의 자유를 제한함에 있어 각 과잉금지원칙에 위배되지 아니하므로, 甲의 주장은 그 이유 없다.

문 2[200] 15점

Ⅰ. 서론 [2점]

피선거권조항은 선거일 기준 25세 미만인 국민의 피선거권을 제한한다. 공무담임권은 선출직 공무원을 포함한 모든 공직에 취임할 수 있는 권리로서 공직선거에 입후보하여 당선될 수 있는 피선거권을 포괄하므로,[201] 피선거권조항으로

200) 이 문제와 채점기준은 헌재 2018.6.28. 2017헌마1362등 결정을 기초로 구성되었음.

201) 헌재 2014.3.27. 2013헌마185 결정 참조.

인하여 乙의 공무담임권이 침해되는지 여부가 문제된다.

Ⅱ. 공무담임권 침해여부 [12점]

1. 공무담임권의 내용을 구체화하는 입법형성권의 범위와 그 한계 (5점)

헌법 제25조는 "모든 국민은 법률이 정하는 바에 의하여 공무담임권을 가진다."라고 규정하여 국회의원을 비롯한 각종 선거직공무원과 기타 국가기관의 공직에 취임하여 이를 수행할 권리를 기본권으로 보장하고 있다. - ①

그러나 공무담임권은 원하는 경우에 언제나 공직을 담당할 수 있는 현실적인 권리가 아니라 공무담임의 기회를 보장하는 성격을 갖는 것으로서, 선거에 당선되거나 또는 공직채용시험에 합격하는 등 일정한 공무담임에 필요한 요건을 충족하는 때에만 그 권리가 구체화되고 현실화되기 때문에 입법자는 이러한 공무담임의 전제조건으로서 각종 공직선거의 내용과 절차, 선거권·피선거권 등 공직선거에 참여할 수 있는 권리 또는 자격을 구체적으로 정하는 권한과 책임을 진다.[202] - ②

따라서 국회의원선거에 입후보하여 국회의원으로 당선될 권리로서 피선거권을 누구에게, 어떤 조건으로 부여할 것인지는 입법자가 그의 입법형성권의 범위 내에서 스스로 정할 사항이지만, 이때에도 헌법이 피선거권을 비롯한 공무담임권을 기본권으로 보장하는 취지와 대의민주주의 통치질서에서 선거가 가지는 의미와 기능이 충분히 고려되어야 한다는 헌법적인 한계가 있다. - ②

2. 피선거권조항의 위헌여부 (7점)

헌법 제25조에 따라 국회의원의 피선거권을 누구에게 어떤 조건으로 부여할 것인지는 입법형성권에 맡겨져 있다. 입법자는 피선거권 연령을, 대의제 민주주의에서 선거가 가지는 의미와 기능, 국회의원의 지위와 직무, 국민의 정치의식과 교육수준 등의 여러 요소들을 종합적으로 고려하여 정책적으로 정할 수 있다. 여기에는 연령설정을 통하여 달성하려는 공익과 그로 인한 공무담임권의 제한 사이에 균형과 조화를 이루어야 한다는 헌법적 한계가 있다. 다만, 구체적인 연령기준이 입법형성권의 한계 내로서 현저히 높거나 불합리하지 않다면 헌법에 위

202) 헌재 2003.8.21. 2001헌마687등 결정 참조.

반된다고 할 수 없다. - ③

기관구성권과 정책결정권을 분리하고 정책결정권을 대의기관에게 자유위임하는 대의제 민주주의에서 국회의원과 같은 대의기관에는 그 지위와 권한에 상응하는 대의활동능력 및 정치적 인식능력이 요청된다. 이에 상응하는 능력과 자질을 갖추기 위하여 요구되는 정규 또는 비정규적인 교육과정과 직접 또는 간접적인 경험을 쌓는 데 소요되는 최소한의 기간, 국민 또는 주민의 대표자로서 국가 또는 지방의 정책결정에 관여하는 선출직 공무원의 후보자에 대하여 기대되는 납세 또는 병역의무의 성실한 이행에 필요한 기간, 선거권 연령에 비하여 피선거권 연령을 높게 정하는 다른 국가들의 입법례 등을 고려할 때, 국회의원의 피선거권 연령을 25세 이상으로 정한 것은 입법형성권의 한계 내의 것으로 25세 미만인 국민의 공무담임권을 침해하는 것으로 볼 수 없다. - ④

Ⅲ. 결론 [1점]

이상 살펴본 바와 같이 피선거권조항은 乙의 공무담임권을 침해하지 않는다.

문 3[203] 25점

Ⅰ. 국회의원에 대한 징계 [5점]

국회는 의원을 징계할 수 있는데(헌법 제64조 제2항 후단), 의원의 징계라 함은 원내질서를 문란하게 하거나 국회의 품위와 위신을 손상한 의원이 있을 때 국회가 당해 의원에게 과하는 제재를 말한다. - ②

국회는 의원이 국회법 제155조(징계) 각 호[204]의 어느 하나에 해당하는 행위

203) 이 문제와 채점기준은 2016년 제58회 사법시험 헌법 〈제2문의 2〉를 기초로 구성되었음.

204) 1. 헌법 제46조 제1항(청렴의무) 또는 제3항(이권운동금지)을 위반하는 행위를 하였을 때, 2. 제29조의 겸직금지규정을 위반하였을 때, 3. 제29조의2의 영리업무종사 금지규정을 위반하였을 때, 4. 제54조의2(정보위원회에 대한 특례) 제2항을 위반하였을 때, 5. 제102조(의제 외 발언의 금지)를 위반하여 의제와 관계없거나 허가받은 발언의 성질과 다른 발언을 하거나 이 법에서 정한 발언시간의 제한 규정을 위반하여 의사진행을 현저히 방해하였을 때, 6. 제118조(회의록의 배부·배포) 제3항을 위반하여 게재되지 아니한 부분을 다른 사람에게 열람하게 하거나 전재 또는 복사하게 하였을 때, 7. 제118조 제4항을 위반하여 공표금지 내용을 공표하였을 때, 8. 제145조(회의의 질서유지) 제1항에 해당되는 회의장의 질서를 어지

를 하였을 때에는 윤리특별위원회의 심사를 거쳐 그 의결로써 징계할 수 있다.[205] - ①

징계의 종류로는 (1) 공개회의에서의 경고, (2) 공개회의에서의 사과, (3) 30일(제155조 제2호 또는 제3호에 해당하는 행위를 한 의원에 대한 징계는 90일) 이내의 출석정지,[206] (4) 제명(除名)의 4가지가 있다(국회법 제163조 제1항). - ②

Ⅱ. 국회의원 제명에 대한 헌법소원의 허용여부 [20점]

1. 문제의 제기 (3점)

제명을 의결하려면 재적의원 3분의 2 이상의 찬성을 요하며, 징계로 제명된 자는 그로 인하여 궐원(缺員)된 의원의 보궐선거에서 후보자가 될 수 없다(국회법 제164조). 제명을 포함한 국회의 징계처분에 대해서는 법원에 제소할 수 없다(헌법 제64조 제4항). 다만, 헌법재판소에 헌법소원심판청구가 가능한지에 대하여는 견해가 대립한다.

2. 부정설 (4점)

헌법이 국회의 자율권을 보장하고 있고 그 일환으로 국회의 징계처분에 대하여는 법원에 제소할 수 없다고 규정한 것이므로, 국회가 스스로 그 소속 의원의

럽히는 행위를 하거나 이에 대한 의장 또는 위원장의 조치에 따르지 아니하였을 때, 9. 제146조(모욕 등 발언의 금지)를 위반하여 본회의 또는 위원회에서 다른 사람을 모욕하거나 다른 사람의 사생활에 대한 발언을 하였을 때, 10. 제148조의2를 위반하여 의장석 또는 위원장석을 점거하고 점거해제를 위한 제145조에 따른 의장 또는 위원장의 조치에 따르지 아니하였을 때, 11. 제148조의3(회의장 출입의 방해 금지)을 위반하여 의원의 본회의장 또는 위원회 회의장 출입을 방해하였을 때, 12. 정당한 이유 없이 국회 집회일부터 7일 이내에 본회의 또는 위원회에 출석하지 아니하거나 의장 또는 위원장의 출석요구서를 받은 후 5일 이내에 출석하지 아니하였을 때, 13. 탄핵소추사건을 조사할 때 「국정감사 및 조사에 관한 법률」에 따른 주의의무를 위반하는 행위를 하였을 때, 14. 「국정감사 및 조사에 관한 법률」 제17조에 따른 징계사유에 해당할 때, 15. 「공직자윤리법」 제22조에 따른 징계사유에 해당할 때, 16. 「국회의원윤리강령」이나 「국회의원윤리실천규범」을 위반하였을 때 [전문개정 2018.4.17]

205) 다만, 의원이 제10호에 해당하는 행위를 하였을 때에는 윤리특별위원회의 심사를 거치지 아니하고 그 의결로써 징계할 수 있다.

206) 이 경우 출석정지기간에 해당하는 「국회의원 수당 등에 관한 법률」에 따른 수당·입법활동비 및 특별활동비는 2분의 1을 감액한다.

신분을 박탈하는 제명처분을 한 것에 대하여 국회 외부의 기관인 헌법재판소에 헌법소원의 형태로 제소하는 것도 금지되는 것으로 보아야 한다. 즉, 국회 자율권 존중의 필요성은 법원만이 아니라 헌법재판소에 대해서도 요구된다고 할 것이므로, 헌법재판소에도 제소할 수 없다고 할 것이다.[207)]

3. 긍정설 (3점)

국회의원의 신분을 박탈하는 제명처분에 대하여 헌법에 이를 다투는 것(제소)을 금지하는 명문의 규정을 두지 않는 한 허용되어야 한다. 미국연방대법원도 국회의원의 제명결의가 헌법에 규정된 연령, 시민권, 거주요건 이외의 사유에 의하여 이루어진 경우에는 사법심사의 대상이 된다고 하였다.[208)][209)]

4. 검토 (10점)

헌법 제64조 제4항과 같이 국회의 자격심사나 징계처분에 대하여 법원에 제소할 수 없다는 규정은 1962년헌법(제5차 개정헌법)에서 처음 도입되어 현행 헌법(제9차 개정헌법)에까지 그 내용에 변함이 없이 이르고 있는바, 1962년헌법 당시에는 헌법소원제도가 없는 상황이었다. - ①

현행 헌법은 헌법재판소에서 심판하는 헌법소원제도를 도입하였는바, 헌재법 제68조 제1항은 "공권력의 행사 또는 불행사"로 인하여 기본권을 침해받은 자가 헌법소원을 청구할 수 있다고만 되어 있을 뿐, 헌법소원의 대상으로서의 "공권력의 행사 또는 불행사"가 무엇을 의미하는 것인가에 대하여 구체적으로 규정하고 있지 않다. 그러나, 헌법소원심판의 대상이 될 수 있는 공권력의 행사 또는 불행사는 헌법소원의 본질상 대한민국 국가기관 또는 지방자치단체의 공권력작용(입법권·행정권·사법권)을 의미하고 외국이나 국제기관의 공권력작용은 이에 포

207) 양건, 전게서(2020), 1315면.

208) Powell, et al. v. McCormack, Speaker of the House of the Representatives, et al., 395 U.S. 486(1969). 권영성, 전게서(2010), 939면.

209) 한편, 헌법재판소는 (헌법소원사건은 아니지만) 권한쟁의사건에서, "국회는 국민의 대표기관, 입법기관으로서 폭넓은 자율권을 가지고 있고, 그 자율권은 권력분립의 원칙이나 국회의 지위·기능에 비추어 존중되어야 하는 것이지만, 한편 법치주의의 원리상 모든 국가기관은 헌법과 법률에 의하여 기속을 받는 것이므로 국회의 자율권도 헌법이나 법률을 위반하지 않는 범위 내에서 허용되어야 하고 따라서 국회의 의사절차나 입법절차에 헌법이나 법률의 규정을 명백히 위반한 흠이 있는 경우에도 국회가 자율권을 가진다고는 할 수 없다."고 판시한 바 있다.(헌재 1997.7.16. 96헌라2 결정)

함되지 아니한다.[210] - ③

그런데 국회의원에 대한 제명처분은 대한민국의 국가기관에 의한 공권력작용임이 분명하므로 헌법소원의 대상적격이 인정되고 이에 대하여는 법원에 제소할 수 없으므로 헌법소원의 보충성요건(헌재법 제68조 제1항 단서)도 충족한다. - ②

그리고 헌법재판소는 공무담임권의 보호영역에는 ① 공직취임의 기회의 자의적인 배제[211] 뿐 아니라, ② 공무원 신분의 부당한 박탈,[212] ③ 권한(직무)의 부당한 정지[213]까지도 포함되는 것이라고 판시하였는바, 제명처분이 내려지면 국회의원으로서의 신분을 상실하므로 이는 공무담임권의 보호영역에 대한 제한(침해)에 해당한다. 따라서 국회의 제명처분으로 국회의원으로서의 신분을 박탈당한 자는 헌법재판소에 헌법소원심판을 청구할 수 있다고 보아야 할 것이다. - ④

문 4-1[214] 12점

Ⅰ. 권한쟁의심판청구의 대상인 "처분"의 의미 [6점]

헌재법 제61조 제2항에 따라 권한쟁의심판을 청구하려면, 피청구인의 처분 또는 부작위가 존재하여야 한다. - ①

여기서의 처분은 입법행위와 같은 법률의 제정과 관련된 권한의 유무 및 행사상의 다툼, 행정처분은 물론 행정입법의 제정과 같은 모든 행정작용 그리고 법원의 재판 및 사법행정작용 등을 포함하는 넓은 의미의 공권력처분을 의미한다. - ①

한편, 헌법재판소는 권한쟁의심판과 위헌법률심판은 원칙적으로 구분되어야 한다는 점에서,[215] 법률에 대한 권한쟁의심판은 '법률 그 자체'가 아니라 '법률의 제정과 관련된 행위'[216] 내지 '법률의 제정행위'[217]를 그 심판대상으로 해야 할

210) 헌재 1997.9.25. 96헌마159 결정 참조.

211) 헌재 2001.2.22. 2000헌마25 결정 참조.

212) 헌재 2002.8.29. 2001헌마788등 결정 참조.

213) 헌재 2005.5.26. 2002헌마699등 결정 참조.

214) 이 문제와 채점기준은 2014년 제56회 사법시험 헌법 〈제2문의 1〉을 기초로 구성되었음.

215) 독일연방헌법재판소는 법률조항 자체에 대한 권한쟁의심판도 허용한다. (BVerfGE 1, 208 [220] ; 4, 144 [148])

것이라고 하였다.[218] - ②

그리고 여기서 '처분'이란 법적 중요성을 지닌 것에 한하므로, 청구인의 법적 지위에 구체적으로 영향을 미칠 가능성이 없는 행위는 '처분'이라 할 수 없어 이를 대상으로 하는 권한쟁의심판청구는 허용되지 않는다. 예컨대, 동 처분이 국가사무인 경우 지방자치단체는 그 처분을 대상으로 하는 권한쟁의심판을 청구할 수 없다.[219] - ②

Ⅱ. 사안의 검토 [5점]

살피건대, 개별적 행정행위 역시 헌재법 제61조 제2항의 '처분'의 개념에 포함되므로 광역자치단체장인 B도지사의 도시계획사업실시계획 인가처분은 일반적으로는 위 '처분'에 해당할 것이나, 사안에서 「도시계획사업법」은 인가사무를 국토교통부장관이 광역자치단체장인 시·도지사에게 위임할 수 있고, 시·도지사는 이를 다시 기초자치단체장인 시장·군수에게 재위임할 수 있도록 규정하였으므로, 도시계획사업실시계획인가사무는 시장·군수에게 위임된 기관위임사무로서 국가사무이다.[220] - ②

따라서, 도시계획사업실시계획 인가처분은 A시의 권한에 속하지 아니하는 국가사무에 관한 것으로서 이에 대한 권한쟁의심판청구는 부적법하다고 할 것이므로, 사안에서 B도지사의 '도시계획사업실시계획 인가처분'은 권한쟁의심판청구의 대상이 되지 않는다. - ①

한편, 법률에 대한 권한쟁의심판은 '법률 그 자체'가 아니라, '법률의 제정과 관련된 행위' 내지 '법률의 제정행위'를 그 심판대상으로 해야 할 것이므로, '쓰레기처리법 조항' 자체에 대한 권한쟁의심판청구는 허용되지 않는다. 따라서 위 '쓰레기처리법 조항'도 권한쟁의심판청구의 대상이 되지 않는다. - ②

---

216) 예를 들어 국회의장의 법률안 가결선포행위.(헌재 1997.7.16. 96헌라2 결정)

217) 헌재 2005.12.22. 2004헌라3 결정. [헌법재판소는 **국회가 지방교육재정교부금법을 개정하여 지방자치단체인 청구인(서울특별시)의 예산편성권을 침해하였다**고 청구한 사건에서 이와 같은 국회의 법률제정행위를 심판대상으로 인정하였다.]

218) 헌재 2006.5.25. 2005헌라4 결정.

219) 헌재 2008.3.27. 2006헌라1 결정 ; 헌재 2006.3.30. 2003헌라2 결정 등 참조.

220) 헌재 1999.7.22. 98헌라4 결정 참조.

Ⅲ. 결론 [1점]

B도지사의 '도시계획사업실시계획 인가처분'과 위 '쓰레기처리법 조항'은 모두 권한쟁의심판청구의 대상이 되지 않는다. - ①

문 4-2 13점

Ⅰ. 보충의 원리 [5점]

지방자치는 헌법상의 일반원칙인 '보충의 원리'(Subsidiarität)를 실현하기 위한 중요한 헌법상의 제도이다. - ①

즉, 사회의 기능은 개개 사회구성원의 기능에 비하면 '보충적'인 것처럼, 국가의 기능은 지방자치단체의 기능에 비하면 '보충적'이어야 하기 때문에, 국가의 기능은 지방자치단체의 기능을 뒷받침해 주는데 그쳐야지 지방자치단체의 기능을 무시하고 그것을 자신의 기능으로 흡수해서는 아니 된다는 것이 바로 '보충의 원리'에서 나오는 지방자치의 당위성에 관한 논리이다. - ②

보충의 원리는 이처럼 국가와 지방자치단체가 각각 어떠한 권능과 의무를 가져야 하는가를 밝혀 주는 이른바 '기능분배의 원리'라고도 말할 수 있다. 보충의 원리는 지방자치제도 그 자체에 대해서는 물론이고 지방자치단체가 처리해야 하는 업무의 질과 양을 정하는데 있어서 매우 중요한 시사를 한다. - ②

Ⅱ. 현행법의 태도 [7점]

우리 헌법은 위와 같은 '보충의 원리'에 입각해서 지방자치를 제도적으로 보장함으로써(제118조), 지방자치의 '제도적 보장'을 침해하거나 지방자치단체의 자치기능을 지나치게 제약하는 중앙정부의 독선적인 업무비대화 현상을 견제할 수 있는 제도적인 장치를 마련해 놓고 있다. 보충의 원리에 따르면, 행동의 우선권은 언제나 '소단위'에 있는 것이고, 소단위의 힘만으로 처리될 수 없는 사항에 한해서 '차상단위'가 보충적으로 개입할 수 있다.[221] - ②

지방자치법 제10조 제3항이 "시·도와 시·군 및 자치구는 사무를 처리할 때 서

221) 허영, 전게서(2019), 872-873면.

로 경합하지 아니하도록 하여야 하며, 사무가 서로 경합하면 시·군 및 자치구에서 먼저 처리한다."고 규정한 것은 이의 표현이라고 할 것이다. - ②

또한 헌법은 제117조에서 지방자치제도의 보장을 통하여 지역적 사무에 관한 한 '국가에 의한 중앙집권적인 과제이행에 대하여 지방자치행정에 의한 분권적인 과제이행의 원칙적인 우위'를 표현하고 있다. - ①

즉, 지방자치제도의 헌법적 보장은 지방자치단체에게 유리한 과제배분 원칙으로서 지역적 사무에 관한 한 '분권적 과제이행의 우위 원칙'을 의미한다. 이로써 이러한 우위의 원칙은 지역적 사무의 관할을 배분하는 입법자에 대해서도 보호기능을 이행한다.[222] - ②

Ⅲ. 결론 [1점]

따라서 주민들과 밀접한 관계에 있는 기초자치단체가 광역자치단체보다 우위에 있다는 A시의 주장은 타당하다. - ①

222) 한수웅, 전게서(2020), 1330면.

문제 4

문 1 50점

비정부 사회단체인 '경제정의실천연대'의 광주전남지역 공동대표인 甲과 乙은 관할 경찰서장에게 신고하지 아니한 채, 위 단체 회원 10여명과 함께 2017.1.7. 15 : 00경부터 같은 날 16 : 00경까지 사이에 광주광역시 북구 ○○동 소재 ○○빌딩 앞 인도에서 "△△그룹은 노조탄압을 중단하라."는 내용이 기재된 소위 '몸피켓'을 착용한 상태로 구호를 수회 제창하고, 신문 형식의 유인물들을 그 곳을 통행하는 사람들에게 나누어주는 방법으로 미신고 옥외집회를 주최하였다는 이유로 광주지방법원에 기소되었다. 위 법원은 2017.4.28. 甲에 대하여는 벌금 100만원을, 乙에 대하여는 무죄를 각 선고하였다(2017고단456). 이에 甲 및 검사가 각 항소하였고(위 법원 2017노222), 甲과 乙은 항소심 계속 중 '집회 및 시위에 관한 법률'(이하 "집시법"이라 한다) 제6조 제1항, 제22조 제2항(이하 "A조항"이라 한다)에 대하여 위헌법률심판제청신청을 하였으나, 위 법원은 2017.7.29. 甲 및 검사의 각 항소와 위헌법률심판제청신청을 모두 기각하였다. 이에 甲과 乙은 2017.8.25. 헌재법 제68조 제2항에 따른 헌법소원심판을 청구하였다. 한편 甲과 검사는 상고하였고, 대법원은 2017.10.24. 상고를 모두 기각하였다(2017도333).

1-1. 甲과 乙의 헌법소원의 재판의 전제성을 판단하시오. (25점)

1-2. A조항이 규정하고 있는 "옥외집회 사전신고제"가 헌법 제21조 제2항의 '허가제 금지'에 위반되는지 여부를 논하시오. (25점)

문 2 25점

○○문구 주식회사의 근로자들 및 해직자들은 고용노동부장관에게 노동조합 설립신고서를 제출하였다. 고용노동부장관은 '노동조합 및 노동관계조정법' 제12조 제3항 제1호(이하 "B조항"이라 한다)에 근거하여, 위 노동조합 설립신고서에는 해직자 10명이 조합원으로 포함되어 있다는 등의 사유로 이를 반려하는 처분을 하였다. 사안에서 B조항이 규정하고 있는 "노동조합설립신고서 반려제도"가

헌법 제21조 제2항의 '허가제 금지'에 위반되는지 여부를 논하시오.

문 3 25점

경기도지사는 문화재보호법 제27조 제1항, 제74조의 규정에 따라 도내에 소재한 문화재의 보호를 위하여 일정 토지를 문화재보호구역으로 지정·고시하였다. 위 문화재보호구역 내에 위치한 일부 토지를 소유하고 있는 丙은 경기도지사의 위와 같은 문화재보호구역 지정으로 말미암아 문화재보호법과 동법 시행령상의 각종 제한을 받게 되었다. 이에 丙은 이와 같이 재산권 행사에 제한을 가하는 문화재보호구역 지정을 하도록 하면서도 이에 대한 손실보상(Entschädigung) 규정을 두고 있지 않은 문화재보호법 관련조항으로 인하여 자신의 재산권이 침해되고 있다고 주장한다. 丙의 주장을 반박하는 논거를 제시하시오. (평등원칙이나 신뢰보호원칙은 언급하지 말 것)

관련규정

「집회 및 시위에 관한 법률」 제6조(옥외집회 및 시위의 신고 등) ① 옥외집회나 시위를 주최하려는 자는 그에 관한 다음 각 호의 사항 모두를 적은 신고서를 옥외집회나 시위를 시작하기 720시간 전부터 48시간 전에 관할 경찰서장에게 제출하여야 한다. (단서 및 각호 생략)

제22조(벌칙) ② 제5조 제1항 또는 제6조 제1항을 위반하거나 제8조에 따라 금지를 통고한 집회 또는 시위를 주최한 자는 2년 이하의 징역 또는 200만원 이하의 벌금에 처한다.

「노동조합 및 노동관계조정법」 제2조(정의) 이 법에서 사용하는 용어의 정의는 다음과 같다.

4. "노동조합"이라 함은 근로자가 주체가 되어 자주적으로 단결하여 근로조건의 유지·개선 기타 근로자의 경제적·사회적 지위의 향상을 도모함을 목적으로 조직하는 단체 또는 그 연합단체를 말한다. 다만, 다음 각목의 1에 해당하는 경우에는 노동조합으로 보지 아니한다.

가. 사용자 또는 항상 그의 이익을 대표하여 행동하는 자의 참가를 허용하

는 경우

나. 경비의 주된 부분을 사용자로부터 원조받는 경우

다. 공제·수양 기타 복리사업만을 목적으로 하는 경우

라. 근로자가 아닌 자의 가입을 허용하는 경우. 다만, 해고된 자가 노동위원회에 부당노동행위의 구제신청을 한 경우에는 중앙노동위원회의 재심판정이 있을 때까지는 근로자가 아닌 자로 해석하여서는 아니된다.

마. 주로 정치운동을 목적으로 하는 경우

제12조(신고증의 교부) ① 고용노동부장관, 특별시장·광역시장·특별자치시장·도지사·특별자치도지사 또는 시장·군수·구청장(이하 "행정관청"이라 한다)은 제10조 제1항의 규정에 의한 설립신고서를 접수한 때에는 제2항 전단 및 제3항의 경우를 제외하고는 3일 이내에 신고증을 교부하여야 한다.

③ 행정관청은 설립하고자 하는 노동조합이 다음 각호의 1에 해당하는 경우에는 설립신고서를 반려하여야 한다.

1. 제2조 제4호 각목의 1에 해당하는 경우

「문화재보호법」 제1조(목적) 이 법은 문화재를 보존하여 민족문화를 계승하고, 이를 활용할 수 있도록 함으로써 국민의 문화적 향상을 도모함과 아울러 인류문화의 발전에 기여함을 목적으로 한다.

제2조(정의) ① 이 법에서 "문화재"란 인위적이거나 자연적으로 형성된 국가적·민족적 또는 세계적 유산으로서 역사적·예술적·학술적 또는 경관적 가치가 큰 다음 각 호의 것을 말한다.

1. 유형문화재 : 건조물, 전적(典籍), 서적(書跡), 고문서, 회화, 조각, 공예품 등 유형의 문화적 소산으로서 역사적·예술적 또는 학술적 가치가 큰 것과 이에 준하는 고고자료(考古資料)

제27조(보호물 또는 보호구역의 지정) ① 문화재청장은 제23조·제25조 또는 제26조에 따른 지정을 할 때 문화재 보호를 위하여 특히 필요하면 이를 위한 보호물 또는 보호구역을 지정할 수 있다.

② 문화재청장은 제1항에 따라 보호물 또는 보호구역을 지정한 때에는 지정 후 매 10년이 되는 날 이전에 다음 각 호의 사항을 고려하여 그 지정의 적정성을 검토하여야 한다. 다만, 특별한 사정으로 인하여 적정성을 검토하여야 할 시기에 이를 할 수 없는 경우에는 대통령령으로 정하는 기간까

지 그 검토시기를 연기할 수 있다.

1. 해당 문화재의 보존가치
2. 보호물 또는 보호구역의 지정이 재산권 행사에 미치는 영향
3. 보호물 또는 보호구역의 주변 환경

제74조(준용규정) 시·도지정문화재와 문화재자료의 지정과 지정해제 및 관리 등에 관하여는 제27조, 제31조 제1항·제4항, 제32조부터 제34조까지, 제35조 제1항, 제36조, 제37조, 제40조, 제42조부터 제45조까지, 제48조, 제49조 및 제81조를 준용한다. 이 경우 "문화재청장"은 "시·도지사"로, "대통령령"은 "시·도조례"로, "국가"는 "지방자치단체"로 본다.

「경기도 문화재 보호 조례」 제17조(지정의 해제) ⑦ 도지사는 보호물 또는 보호구역의 지정이 적정하지 아니하거나 그 밖에 특별한 사유가 있는 때에는 보호물 또는 보호구역의 지정을 해제하거나 그 지정범위를 조정하여야 한다. ⑧도지사는 도지정문화재의 지정이 해제된 때에는 지체 없이 해당 문화재의 보호물 또는 보호구역의 지정을 해제하여야 한다.

해설 및 채점기준

문 1-1[223] 25점

Ⅰ. 서론 : 재판의 전제성의 의의 및 요건 [7점]

재판의 전제성이라 함은, 위헌법률심판제청(헌재법 제41조 제1항)이나 규범통제형 헌법소원심판청구(헌재법 제68조 제2항)에는 법률이 헌법에 위반되는 여부가 법원(군사법원 포함)이 담당하는 당해사건의 재판에 전제가 되어야 한다는 것을 말한다. 이러한 재판의 전제성 요건은 위헌법률심판절차 또는 규범통제형 헌법소원심판절차의 "구체적" 규범통제절차로서의 본질을 드러내 주는 요건으로, 이들 절차를 "추상적" 규범통제절차와 구분해 주는 의미를 갖는다. - ②

재판의 전제성이 인정되려면, 첫째, 구체적인 사건이 법원에 적법하게 계속

223) 헌재 2014.1.28. 2011헌바174등 결정 참조.

중이어야 하고, 둘째, 위헌여부가 문제되는 법률이 당해 소송사건의 재판에 적용되는 것이어야 하며, 셋째, 그 법률이 헌법에 위반되는지 여부에 따라 당해사건을 담당하는 법원이 다른 내용의 재판을 하게 되는 경우, 즉 법원이 심리중인 당해사건의 재판의 결론이나 주문에 어떤 영향을 주는 경우 또는 문제된 법률의 위헌여부가 비록 재판의 주문 자체에는 아무런 영향을 주지 않는다고 하더라도 재판의 내용과 효력에 관한 법률적 의미가 달라지는 경우여야 한다. - ⑤

Ⅱ. 甲의 헌법소원의 경우 [9점]

1. 첫째 요건 관련 - ③

이 요건은 헌재법 제41조 소정의 위헌제청사건의 경우에는 위헌제청결정 당시는 물론이고 헌법재판소의 결정시까지 구체적 사건이 법원에 적법하게 계속중이어야 한다는 의미이고, 헌재법 제68조 제2항 소정의 헌법소원심판사건의 경우에는 위헌제청신청시 구체적 사건이 법원에 적법하게 계속중이어야 한다는 의미이다.

사안에서 보는 바와 같이, 甲이 위헌법률심판제청신청을 제기할 당시 甲에 대한 집시법위반 피고사건이 광주지방법원 2017노222호로 적법하게 계속중이었다. 따라서 첫째 요건을 충족한다.

2. 둘째 요건 관련 - ②

사안에서 甲은 미신고 옥외집회를 주최하였다는 이유로 기소되어 재판을 받게 된 것이므로 A조항은 당해사건에 적용되는 법률조항임이 분명하다.

3. 셋째 요건 관련 - ④

대법원 판례에 의하면, 위헌결정으로 인하여 형벌에 관한 법률 또는 법률조항이 소급하여 그 효력을 상실한 경우에는 당해 법조를 적용하여 기소한 "피고사건이 범죄로 되지 아니한 때"(형사소송법 제325조)에 해당하여 무죄를 선고하여야 한다.[224]

사안에서 당해사건은 대법원의 상고기각으로 유죄판결이 확정되었지만(2017도333), A조항에 대하여 헌법재판소에서 위헌결정이 선고된다면 헌재법 제75조

224) 대법원 1991.10.22. 선고 91도1617 전원합의체판결. 同旨, 대법원 1992.5.8. 선고 91도2825 판결 ; 대법원 2003.6.27. 선고 2002도7403 판결 ; 대법원 2007.6.28. 선고 2005도8317 판결.

제7항에 따른 재심사건에서 甲에 대하여 다른 내용의 재판, 즉 무죄판결이 선고될 것이다. 따라서 위 셋째 요건도 충족한다.

Ⅲ. 乙의 헌법소원의 경우 [7점]

위 甲의 경우와 마찬가지로 재판의 전제성의 첫째 요건과 둘째 요건은 충족한다. ①

그런데 셋째 요건과 관련하여, 헌법재판소의 확립된 판례에 따르면 당해사건이 형사사건이고 청구인의 유·무죄가 확정되지 아니한 상태에서는 처벌의 근거가 되는 형벌조항의 위헌확인을 구하는 청구에 대하여는 재판의 전제성을 인정할 수 있을 것이나, 청구인에 대한 무죄판결이 확정된 경우에는 처벌조항의 위헌확인을 구하는 헌법소원이 인용되더라도 재심을 청구할 수 없어, 청구인에 대한 무죄판결을 종국적으로 다툴 수 없게 된다.[225] - ②

따라서 이러한 경우 법률의 위헌여부에 따라 당해사건 재판의 주문이 달라지거나 재판의 내용과 효력에 관한 법률적 의미가 달라지는 경우에 해당한다고 볼 수 없으므로 더 이상 재판의 전제성이 인정되지 아니한다.[226] - ②

살피건대, 乙의 경우 사안에서 보는 바와 같이 A조항이 적용되는 공소사실에 관하여 무죄판결이 확정된(대법원 2017도333) 이상, A의 헌법소원심판청구는 재판의 전제성이 인정되지 아니한다.[227] - ②

Ⅳ. 결론 [2점]

헌법재판소의 판례에 의할 때, 甲의 헌법소원은 재판의 전제성이 인정되고,

225) 헌재 2008.7.31. 2004헌바28 결정 참조.

226) 헌재 2009.5.28. 2006헌바109등 결정 ; 헌재 2011.7.28. 2009헌바149 결정 ; 헌재 2013.3.21. 2011헌바150 결정 참조.

227) 이에 대하여는, "청구인에 대한 무죄판결이 확정되어 그 적용법조에 대한 위헌결정을 받아도 무죄판결에 대한 재심청구가 허용되지 아니한다고 하여, 그 재판에 적용되는 법률조항의 위헌여부가 재판의 전제로 되지 않는다거나 그 위헌여부를 심판할 필요가 없다고 보는 것은 재심청구의 가능여부로써 위헌심판청구의 적법여부를 판단하자는 것으로서, **위헌법률심판제도가 본질적으로 객관적인 헌법질서를 보호하기 위한 제도임을 간과**하고 구체적인 분쟁해결이나 권리구제를 도모하는 제도로 전락시키거나, 위헌법률을 실효시켜 헌법의 최고규범력을 확보하려는 헌법정신을 외면하는 결과를 가져올 수 있다."며 재판의 전제성을 인정하여야 한다는 반대의견이 있다. (헌재 2008.7.31. 2004헌바28 결정의 조대현、김종대 재판관)

乙의 헌법소원은 재판의 전제성이 인정되지 아니한다.

문 1-2[228] 25점

Ⅰ. 서론 : 집회의 자유의 의의 [3점]

'집회의 자유'란 "특정 또는 불특정 다수인이 특정한 목적 아래 일시적으로 일정한 장소에 모일 수 있는 자유"[229] 또는 "일정한 장소를 전제로 하여 특정 목적을 가진 다수인이 일시적으로 회합할 수 있는 자유"[230]를 말한다. 집회가 되기 위해서는 최소한 3인이 필요하다는 견해도 있지만,[231] 타인과의 접촉은 한 사람부터 시작하는 것이므로 2인이면 집회가 된다[232]고 본다(대법원판례).[233]

Ⅱ. 집회의 자유의 보호영역 및 기능 [5점]

집회의 자유에는 적극적으로 (1) 집회를 개최하는 자유, (2) 집회를 진행하는 자유, (3) 집회에 참가하는 자유 등이 포함된다. 또한 소극적으로는 (4) 집회를 개최하지 아니할 자유, (5) 집회에 참가하지 아니할 자유가 포함된다.[234] 따라서 사안에서 甲과 乙의 옥외집회 주최행위는 집회의 자유의 보호영역에 해당한다. - ③

집회의 자유는 공동으로 인격을 발현하기 위하여 타인과 함께 하고자 하는 자유로서 타인과의 의견교환을 통하여 공동으로 인격을 발현하는 자유를 보장하

---

228) 헌재 2009.5.28. 2007헌바22 결정 ; 헌재 2014.1.28. 2011헌바174등 결정 참조.

229) 대법원 1983.11.22. 선고 83도2528 판결.

230) 헌재 2009.5.28. 2007헌바22 결정.

231) 독일의 통설이다. 한국의 경우 계희열, 헌법학(中), 박영사, 2007, 480면 ; 권영성, 전게서(2010), 536면 ; 성낙인, 전게서(2020), 1316면.

232) 양건, 전게서(2020), 774면 ; 이준일, 헌법학강의, 홍문사, 2019, 571면 ; 한수웅, 전게서(2020), 807면.

233) 대법원 2012.5.24. 선고 2010도11381 판결 : "집회 및 시위에 관한 법률에 의하여 보장 및 규제의 대상이 되는 **집회란 '특정 또는 불특정 다수인이 공동의 의견을 형성하여 이를 대외적으로 표명할 목적 아래 일시적으로 일정한 장소에 모이는 것'**을 말하고, 모이는 장소나 사람의 다과에 제한이 있을 수 없으므로, 2인이 모인 집회도 위 법의 규제 대상이 된다고 보아야 한다."

234) 헌재 2003.10.30. 2000헌바67등 결정.

고, 국가권력에 의하여 개인이 타인과 사회공동체로부터 고립되는 것으로부터 보호한다.[235)][236)] - ②

Ⅲ. 사전허가금지와 집시법상 사전신고제도 [15점]

이와 같은 집회의 자유를 한층 보장하기 위하여 헌법 제21조 제2항은 "집회에 대한 허가는 인정되지 아니한다."고 규정함으로써 다른 기본권 조항과는 달리 기본권을 제한하는 특정 국가행위를 명시적으로 배제하고 있다. - ②

헌법 제21조 제2항 후단에서 금지하고 있는 집회에 대한 '허가'는 행정권이 주체가 되어 집회 이전에 예방적 조치로서 집회의 내용·시간·장소 등을 사전에 심사하여 일반적인 집회 금지를 특정한 경우에 해제함으로써 집회를 할 수 있게 하는 제도, 즉 허가를 받지 아니한 집회를 금지하는 제도를 의미한다.[237)] - ④

그런데 집회의 자유의 행사는 다수인의 집단적인 행동을 수반하기 때문에 집단행동의 속성상 의사표현의 수단으로서 개인적인 행동의 경우보다 공공의 안녕질서나 법적 평화와 마찰을 빚을 가능성이 큰 것 또한 사실이다.[238)] - ②

특히 옥외집회는 일정한 옥외장소나 도로의 사용을 전제로 하므로 그러한 가능성이 더욱 높고, 이에 따라 사전에 집회의 자유와 다른 법익을 조화시킬 수 있는 제도적 장치가 요청된다. - ②

그리하여 집시법 제6조 제1항은, 옥회집회를 주최하려는 자는 그에 관한 신고서를 옥외집회를 시작하기 720시간 전부터 48시간 전에 관할 경찰서장에게 제출하도록 하고 있다. 이러한 사전신고는 경찰관청 등 행정관청으로 하여금 집회의 순조로운 개최와 공공의 안전보호를 위하여 필요한 준비를 할 수 있는 시간적 여유를 주기 위한 것으로서, 협력의무로서의 신고라고 할 것이다. - ⑤

---

235) 헌재 2003.10.30. 2000헌바67등 결정.

236) 헌재 2003.10.30. 2000헌바67등 : "또한, 집회를 통하여 국민들이 자신의 의견과 주장을 집단적으로 표명함으로써 여론의 형성에 영향을 미친다는 점에서, 집회의 자유는 표현의 자유와 더불어 민주적 공동체가 기능하기 위한 불가결의 근본요소로 기능하고, 선거와 선거 사이의 기간에 유권자와 대표 사이의 의사를 연결하며, 정치적 문제를 확인하는 기능을 한다. 나아가 집회의 자유는 현대사회에서 언론매체에 접근할 수 없는 소수집단에게 그들의 권익과 주장을 옹호하기 위한 적절한 수단을 제공한다는 점에서, 소수의견을 국정에 반영하는 창구로서 매우 중요한 의미가 있다."

237) 헌재 2009.9.24. 2008헌가25 결정.

238) 헌재 1994.4.28. 91헌바14 결정.

Ⅳ. 결론 [2점]

결국, 집시법 전체의 규정 체제에서 보면 법은 일정한 신고절차만 밟으면 일반적·원칙적으로 옥회집회를 할 수 있도록 보장하고 있으므로,[239] A조항이 규정하고 있는 옥외집회에 대한 사전신고제도는 헌법 제21조 제2항의 사전허가금지에 반하지 않는다.

문 2[240] 25점

Ⅰ. 서론 : 쟁점의 정리 [2점]

B조항은 '노동조합 및 노동관계조정법'(이하 "노동조합법"이라 한다) 제2조 제4호 각목의 사유[241]에 해당하는 경우에 노동조합 설립신고서를 반려하도록 규정하고 있다. 위와 같이 노동조합 설립신고서를 반려하도록 하는 내용의 노동조합 설립신고 제도가 헌법상 금지된 결사에 대한 허가제로서 헌법 제21조 제2항에 위반되는지 여부가 문제된다.

Ⅱ. 헌법상 결사의 자유 및 노동조합 설립의 자유의 관계 [8점]

헌법 제21조 제1항이 규정하고 있는 결사의 자유는 견해표명과 정보유통을 집단적으로 구현시켜 사회연대를 촉진하고 국가로부터 사회의 민주성과 자율성을 구현하는 자유로서, 공동의 목적을 가진 다수인이 자발적으로 계속적인 단체를 조직할 수 있는 자유를 말한다. 이러한 결사의 자유에는 (1) 단체결성의 자유, (2) 단체존속의 자유, (3) 단체활동의 자유, (4) 결사에의 가입·잔류의 자유와 같은 적극적인 자유는 물론, (5) 기존의 단체로부터 탈퇴할 자유와, (6) 결사에 가입하지 아니할 소극적인 자유도 포함된다.[242] - ③

239) 헌재 1994.4.28. 91헌바14 결정 ; 헌재 2009.5.28. 2007헌바22 결정 ; 헌재 2014.1.28. 2011헌바174등 결정.

240) 헌재 2012.3.29. 2011헌바53 결정 참조.

241) 사용자 또는 항상 그의 이익을 대표하여 행동하는 자의 참가를 허용하는 경우(가), 경비의 주된 부분을 사용자로부터 원조받는 경우(나), 공제·수양 기타 복리사업만을 목적으로 하는 경우(다), 근로자가 아닌 자의 가입을 허용하는 경우(라), 주로 정치운동을 목적으로 하는 경우(마)를 말한다.

한편, 헌법 제33조 제1항이 규정하고 있는 노동3권 중 근로자의 단결권은 결사의 자유가 근로의 영역에서 구체화된 것으로서,[243] 이는 근로자의 단결을 침해하는 사용자의 행위를 적극적으로 규제하여 근로자가 단결권을 실질적으로 자유롭게 행사할 수 있도록 해준다는 것을 의미한다. - ②

따라서 근로자의 단결권이 근로자 단결체로서 사용자와의 관계에서 특별한 보호를 받아야 할 경우에는 헌법 제33조가 우선적으로 적용되지만, 그렇지 않은 통상의 결사 일반에 대한 문제일 경우에는 헌법 제21조 제2항이 적용되므로 노동조합에도 헌법 제21조 제2항의 결사에 대한 허가제 금지원칙이 적용된다. - ③

Ⅲ. B조항의 결사에 대한 허가금지 위배여부 [14점]

1. 헌법상 결사에 대한 허가 금지의 의미 (2점)

헌법 제21조 제2항 후단의 결사에 대한 허가제 금지에서의 '허가'의 의미는 같은 조항상의 표현에 대한 '검열'이나 '허가', 집회에 대한 '허가'의 의미와 다르지 아니하며, 따라서 결사의 자유에 대한 '허가제'란 행정권이 주체가 되어 예방적 조치로서 단체의 설립여부를 사전에 심사하여 일반적인 단체결성의 금지를 특정한 경우에 한하여 해제함으로써 단체를 설립할 수 있게 하는 제도, 즉 사전허가를 받지 아니한 단체결성을 금지하는 제도라고 할 것이다.[244]

2. 판단 (12점)

노동조합법 제12조 제1항에 의하면 행정관청은 노동조합 설립신고서를 접수한 때로부터 3일 이내에 신고증을 교부하도록 하고 있고, 다만 노동조합이 경비의 주된 부분을 사용자로부터 원조받는 경우, 근로자가 아닌 자의 가입을 허용하는 경우 등과 같이 그 실체적 요건을 갖추지 못한 경우에는 이를 심사하여 그 설립신고서를 반려하도록 하고 있다. 이와 같이 B조항은 노동조합 설립신고서를 제출하는 것만으로 노동조합 설립이 가능하도록 하는 것이 아니라 행정관청의 심사를 통해 노동조합이 자주성 등을 갖추고 있다는 것이 확인된 경우에만 노동

242) 헌재 1996.4.25. 92헌바47 결정 ; 헌재 2002.9.19. 2000헌바84 결정.

243) 헌재 2008.12.26. 2006헌마518 결정.

244) 헌재 2001.5.31. 2000헌바43 결정 ; 헌재 2009.9.24. 2008헌가25 결정 ; 헌재 2012.3.29. 2011헌바53 결정.

조합법상 보호를 받는 노동조합이 될 수 있도록 하고 있다. - ③

그런데 헌법 제33조에 의해 보호받는 노동조합은 국가와 사용자에 대항하여 근로자들이 스스로의 생존을 지키기 위해 자주적으로 단결한 조직으로서 자연발생적으로 생성, 발전해 온 단체이므로 노동조합이 국가나 사용자 등으로부터 자주성을 확보해야 하는 것은 당연하다. 이와 같은 노동조합의 자주성 확보는 노동조합의 본질적 요소로서 근로자가 주체가 되어 자주적으로 단결하여 근로조건의 유지·개선 기타 근로자의 경제적·사회적 지위의 향상을 도모함을 목적으로 조직하는 단체 또는 그 연합체라고 하는 노동조합의 개념(노동조합법 제2조 제4호 참조)으로부터도 요구된다. 따라서 설립단계에서 노동조합이 자주성 등을 갖추고 있는지를 확인하기 위해서는 그에 대한 실질적인 심사를 통하지 않을 수 없다는 점에서 노동조합 설립신고서 반려제도는 부득이하다고 할 것이다. - ④

한편, 노동조합법은 노동조합 설립과 관련하여 노동조합법상의 요건충족 여부를 사전에 심사하도록 하는 구조를 취하고 있으나, 그렇다고 하여 이것이 노동조합 설립의 일반적 금지를 의미하는 것으로 볼 수는 없다. 그리고 행정관청의 설립신고서 수리여부에 대한 결정은 재량사항이 아니라 의무사항으로 그 요건충족이 확인되면 설립신고서를 수리하고 그 신고증을 교부하여야 하며, 다른 고려요소들에 의해 재량적으로 신고서를 반려할 수는 없다. - ③

그렇다면 노동조합법이 노동조합의 자유설립주의를 원칙으로 하면서도 노동조합 설립 이전에 설립신고서를 제출하여 행정관청의 실질적인 심사를 거쳐 신고증을 교부 또는 설립신고서를 반려하도록 하는 것은 노동조합의 본질적 요소인 자주성 등을 확보하도록 하기 위한 부득이한 조치로서, 단체의 설립여부 자체를 사전에 심사하여 특정한 경우에 한해서만 그 설립을 허용하는 '허가'와는 다르다고 할 것이다. - ②

Ⅳ. 결론 [1점]

위에서 살펴본 바와 같이 B조항의 노동조합 설립신고서 반려제도는 헌법 제21조 제2항 후단에서 규정하는 결사에 대한 허가금지에 위반되지 않는다.

문 3[245) 25점

Ⅰ. 문화재보호법 제27조 제1항(이하 "이 사건 법률조항"이라 한다)의 법적 성격 [5점]

경기도지사는 이 사건 법률조항 및 문화재보호법 제74조(준용규정)에 따라 丙의 토지가 포함된 지역을 문화재보호구역으로 지정하였는바, 이로 인하여 丙이 주장하는 재산상의 손실, 즉 재산권의 침해여부는 위와 같은 경기도지사의 문화재보호구역 지정의 근거규정인 이 사건 법률조항의 위헌여부를 검토함으로써 판단할 수 있다. - ①

문화재를 보존하여 민족문화를 계승하고, 이를 활용할 수 있도록 함으로써 국민의 문화적 향상을 도모함과 아울러 인류문화의 발전에 기여함을 목적으로 하는 문화재보호법의 입법목적(동법 제1조 참조)에 비추어 볼 때, 이 사건 법률조항의 규율목적은 기존 권리자들의 법적 지위를 박탈하거나 제한하는 데 있는 것이 아니라 "인위적이거나 자연적으로 형성된 국가적·민족적 또는 세계적 유산으로서 역사적·예술적·학술적 또는 경관적 가치가 큰" 문화재(동법 제2조 제1항) 보호를 위하여 특히 필요한 경우에 이를 위한 보호구역을 지정함으로써 권리자들의 법적 지위를 새로이 형성하려는 것으로 볼 수 있고, 그 규율형식 또한 개별·구체적으로 특정 재산권을 박탈하거나 제한하려는 데 본질이 있는 것이 아니라 일반·추상적으로 문화재보호구역 내의 토지에 대한 사용·수익 관계를 정하고 있는 것이다. - ②

따라서 이 사건 법률조항은 그 규율목적과 규율형식을 고려할 때, 입법자가 장래를 향하여 추상적이고 일반적인 형식으로 재산권의 내용을 형성하고 확정하는 규정이자 재산권의 사회적 제약을 구체화하는 규정(내용규정)이라 할 것이다(헌법 제23조 제1항 및 제2항)).[246) - ②

245) 이 문제와 채점기준은 2020년 제9회 변호사시험 공법사례형 〈제2문의 3〉을 참조하여 구성되었음.

246) 헌재 2014.7.24. 2012헌마662 결정. 同旨, 헌재 2012.7.26. 2009헌바328 : "문화재와 문화적으로 보존가치가 큰 건축물 등의 미관을 유지·관리하기 위해 필요한 지구를 지정하여 그 지정목적에 부합하지 않는 토지이용을 규제하려는 이 사건 법률조항들은, 입법자가 '토지재산권에 관한 권리와 의무를 일반·추상적으로 확정하는' **재산권의 내용과 한계에 관한 규정이자 재산권의 사회적 제약을 구체화하는 규정이다(헌법 제23조 제1항 및 제2항).**" [전원일치 합헌]

Ⅱ. 재산권 침해 여부에 관한 판단 [18점]

1. 위헌심사기준 (5점)

입법자는 재산권의 내용을 구체적으로 형성함에 있어서 사적 재산권의 보장이라는 요청(헌법 제23조 제1항 제1문)과 재산권의 사회적 기속성에서 오는 요청(헌법 제23조 제2항)을 함께 고려하고 조정하여 양 법익이 서로 조화와 균형을 이루도록 하여야 한다. 따라서 입법자는 중요한 공익상의 이유로 재산권을 제한하는 경우에도 비례원칙을 준수하여야 하며, 그 본질적 내용인 '사적 이용권'과 '원칙적인 처분권'을 부인하여서는 안 된다. 요컨대 재산권에 대한 제약이 비례의 원칙에 합치하는 것이라면 그 제약은 재산권자가 수인하여야 하는 사회적 제약의 범위 내에 있는 것이고, 반대로 비례의 원칙에 위배되는 과잉제한이라면 그 제약은 재산권자가 수인하여야 하는 사회적 제약의 한계를 넘는 것이다. - ②

따라서 후자의 경우 입법자는 재산권에 대한 제한의 비례성을 회복할 수 있도록 수인의 한계를 넘어 가혹한 부담이 발생하는 예외적인 경우 이를 완화하거나 조정하는 등의 보상(Ausgleich) 규정을 두어야 한다. 다만, 헌법적으로 가혹한 부담의 조정이란 '목적'을 달성하기 위하여 이를 완화·조정할 수 있는 '방법'의 선택에 있어서는 반드시 직접적인 금전적 보상(Entschädigung)의 방법에 한정되지 아니하고, 입법자에게 광범위한 형성의 자유가 부여되는바,[247] 입법자는 매수청구권·수용신청권의 부여, 지정 해제, 금전적 보상, 기타의 수단 중에서 구체적인 방법과 절차를 정할 수 있다. - ②

그러므로 이 사건 법률조항이 丙과 같이 문화재보호구역 내 토지의 소유자에 대해 그 보호기간 동안 토지에 대한 사용·수익 권능을 제한하는 것이 사회적 제약의 한도를 넘어 소유자의 재산권을 침해하는지, 수인의 한계를 넘는 가혹한 부담이 발생하는 경우라면 이를 조정·완화하기 위한 보상규정을 둠으로써 비례의 원칙에 부합하는 제한인지 여부를 살펴보기로 한다. - ①

2. 비례의 원칙 위배여부 (13점)

가. 목적의 정당성

이 사건 법률조항은 "인위적이거나 자연적으로 형성된 국가적·민족적 또

247) 헌재 2014.7.24. 2012헌마662 결정 참조.

는 세계적 유산으로서 역사적·예술적·학술적 또는 경관적 가치가 큰" 문화재(문화재보호법 제2조 제1항) 보호를 위하여 특히 필요한 경우에 이를 위한 보호구역을 지정함으로써 문화재를 보존하여 민족문화를 계승하고, 이를 활용할 수 있도록 함으로써 국민의 문화적 향상을 도모함과 아울러 인류문화의 발전에 기여함을 목적으로 하는 것인바(동법 제1조 참조), 이는 헌법 제9조가 규정하는 "전통문화의 계승·발전과 민족문화의 창달"에 부합하므로 입법목적의 정당성이 인정된다. - ②

나. 방법의 적절성

위와 같이 "인위적이거나 자연적으로 형성된 국가적·민족적 또는 세계적 유산으로서 역사적·예술적·학술적 또는 경관적 가치가 큰" 문화재 보호를 위하여 특히 필요한 경우에 이를 위한 보호구역을 지정하는 것은 위와 같은 입법목적의 달성에 유효적절하다고 할 것이므로 방법의 적절성도 인정된다고 할 것이다. - ②

다. 침해의 최소성

이 사건 법률조항은 입법목적의 달성을 위하여 토지소유권 자체를 수용하는 대신 소유자의 사용·수익 권능을 정지시키고 있다. 그러나 소유권이 법률의 범위 내에서 그 소유물을 사용·수익·처분할 수 있는 권리(민법 제211조)임을 감안할 때 사용·수익의 정지는 소유권의 주요 권능을 제한하는 것으로 재산권의 내용에 대한 심대한 제한에 해당함으로, 이 사건 법률조항이 비례의 원칙에 부합하기 위해서는 가혹한 부담을 완화하는 보상조치들이 규정되어 있을 것을 요청한다.[248] - ②

살피건데 이 사건 법률조항을 포함한 관련법령에는 이에 관한 손실보상규정이 없으나, 문화재보호법 제27조 제2항은 문화재청장은 동법 제1항에 따라 보호물 또는 보호구역을 지정한 때에는 해당 문화재의 보존가치(제1호), 보호물 또는 보호구역의 지정이 재산권 행사에 미치는 영향(제2호), 보호물 또는 보호구역의 주변환경(제3호)을 고려하여 지정 후 매 10년이 되는 날 이전에 그 지정의 적정성을 검토하여야 한다고 규정하고 있다. - ②

'경기도 문화재 보호조례' 제17조의 규정에 따르면 도지사는 보호물 또는 보

248) 헌재 2014.7.24. 2012헌마662 결정 ; 헌재 2015.11.26. 2013헌바415 결정 참조.

호구역의 지정이 적정하지 아니하거나 그 밖에 특별한 사유가 있는 때에는 보호물 또는 보호구역의 지정을 해제하거나 그 지정범위를 조정하여야 하며(제7항), 도지사는 도지정문화재의 지정이 해제된 때에는 지체 없이 해당 문화재의 보호물 또는 보호구역의 지정을 해제하여야 한다(제8항). - ②

이와 같은 사정을 종합하면 이 사건 법률조항 및 관련법령이 비록 문화재보호구역의 지정에 대하여 손실보상규정을 두고 있지 않다고 하더라도 문화재보호구역으로 지정된 토지 소유자의 부담을 완화하는 보호대책을 마련하고 있으므로 침해의 최소성에 위배되지 않는다고 할 것이다. - ①

라. 법익의 균형성

이 사건 법률조항이 추구하고자 하는 입법목적인 문화재를 보존하여 민족문화를 계승하고, 이를 활용할 수 있도록 함으로써 국민의 문화적 향상을 도모함과 아울러 인류문화의 발전에 기여한다는 공익은 문화재보호구역의 지정으로 인하여 토지소유권의 사용·수익 권능이 정지되는 불이익에 비하여 크다고 할 수 있으므로 법익의 균형성도 충족한다. - ②

Ⅲ. 결론 [2점]

이상 살펴본 바와 같이 이 사건 법률조항은 문화재보호구역 내 토지의 소유자에 대해 그 보호기간 동안 토지에 대한 사용·수익 권능을 제한하고 있지만, 이를 조정·완화하기 위한 보상규정(Ausgleich)을 둠으로써 비례의 원칙에 부합하는 제한이라고 할 것이므로, 丙의 재산권을 침해하지 않는다.

문제 5

문 1 50점

甲은 2015.2.1. 정보통신서비스 제공자인 주식회사 다음커뮤니케이션(이하 "위 서비스제공자"라 한다)이 운영하는 인터넷 사이트 '다음(DAUM)'의 'ㅇㅇ피해자가족연대'라는 카페에 회원으로 가입하여, 위 카페의 자유게시판에 "ㅇㅇ와 선불교"라는 글(이하 "위 게시물"이라 한다)을 게시하였다. 위 서비스제공자는 2015.2.8. 주식회사 ㅇㅇ로부터, 위 게시물에 회사의 명예를 훼손하는 내용이 포함되어 있으므로 위 게시물을 삭제해 달라는 요청을 받고, 같은 날부터 30일간 위 게시물에 대한 접근을 임시적으로 차단하는 조치(이하 "위 임시조치"라 한다)를 하였다. 甲은 2015.2.12. 위 임시조치의 근거가 된 '정보통신망 이용촉진 및 정보보호 등에 관한 법률'(이하 "정통망법"이라 한다) 제44조의2 제2항 중 "임시조치"에 관한 부분 및 제44조의2 제4항(이하 이들 조항을 "이 사건 법률조항"이라 한다)이 자신의 기본권을 침해한다고 주장하면서 헌재법 제68조 제1항에 따른 헌법소원심판을 청구하였다. [아래 1-1 및 1-2는 별개의 문제임]

1-1. 위 헌법소원심판청구의 적법성 판단 중 아래 요건을 검토하시오. (20점)
Ⅰ. 자기관련성 〈7점〉, Ⅱ. 직접성 〈9점〉, Ⅲ. 보충성 〈4점〉

1-2. 국가측(방송통신위원회)의 입장에서, 이 사건 법률조항이 과잉금지원칙에 위배하여 자신의 기본권을 침해한다는 甲의 주장을 검토하시오. (30점)

문 2 20점

제ㅇ대 대통령선거에서 乙은 교육의 경쟁력 제고, 공교육 정상화 등의 교육개혁 없이는 우리나라의 지속가능한 성장이 불가능하다고 판단하고 그 일환으로 다른 교육정책과 아울러 과외를 원칙적으로 금지하는 법률을 제정하는 것을 주요 공약으로 내세워 대통령에 당선되었다. 乙은 임기가 개시되자마자 법률안('과외금지법')을 마련하여 국회에 제출하려 하였으나, 일부 야당과 시민단체들은 이를 반대하면서 과외금지 입법반대 서명운동에 돌입하였다. 이에 乙은 사회적 갈등을 해소하자며 위 법률안에 대한 국민의 찬반을 묻는 국민투표를 실시할 것을 야당에 제안하고, "이를 신임투표로 간주하고자 한다."고 선언하였다. 대통령 乙의 위 법률안을 대상으로 한 국민투표 제안 및 신임투표 간주 선언이 우리 헌법상 민주주의 원리 및 헌법 제72조에 합치되는지 논하시오.

문 3 15점

대형할인점들이 동네마다 영업점을 내는 데 대한 사회적 비난이 고조되자 국회는 대형할인점의 동네 영업점 개설을 제한하는 '상생유통법'을 2017.8.31. 제정하였다. 위 법에는 일정 규모 이상의 할인점은 그 영업주체를 불문하고 각 행정동에 하나 이상을 두지 못하도록 규정하였다. 이에 V-Mart 등 위 법 소정의 요건을 충족하는 대형할인점의 대표자들은 2017.9.20. 자기들의 권익을 보호하기 위하여 전국 대형할인점의 대표자를 회원으로 하는 '전국대형할인점대표자연합'(이하 "할인점연합"이라 한다)이라는 단체를 결성하여 회장(홍길동) 1인, 부회장 2인, 감사 2인을 각 선임하고, 최고의결기구로 '회원총회'를, 기타 산하 조직으로 입법쟁취위원회, 홍보위원회, 애로사항상담소 등을 두었다(다만 사단법인 등록은 되지 않은 상태임). 위 같은 날 회장 등 집행부는 국회의원들에게 영향력을 행사하기 위하여 할인점연합의 이름으로 정치자금을 기부하기로 결의하였으나 정치자금법 제31조 제1항(2017.8.31. 법률 제12345호로 신설되어 같은 날 시행됨. 이하 "A조항"이라 한다)이 단체의 정치자금 기부를 금지하고 있음을 알고, 변호사를 대리인으로 선임하여 2017.12.7. 할인점연합의 이름으로 A조항이 할인점연합의 정치적 표현의 자유 등 기본권을 침해한다는 이유로 헌재법 제68조 제1항에 따른 헌법소원심판을 청구하였다. 이 헌법소원의 적법요건을 판단하시오. [다만, 적법요건 중 기본권주체성과 대상적격은 제외하며, 위 각 날짜는 공휴일이 아닌 것으로 간주함]

문 4 15점

B 광역시는 관내 관광수입증진과 주민들의 교통편의증진을 위해 경전철 건설사업을 진행하여 완공하였으나, 위치선정 및 운행수요예측을 잘못하여 지속적인 운영적자상태로 재정적자가 누적되어 B 광역시는 지불불능의 파산지경에 이르게 되었다. 국회는 B 광역시의 파산상태의 원인을 파악하고 대처하기 위하여 '경전철건설사업진상조사특별위원회'를 구성하고 조사하기로 하였다. 국회 국정조사의 "지방자치 보장을 위한 한계"에 비추어, 위 국정조사가 국정조사의 한계를 넘는 것인지 논하시오.

관련규정

「정보통신망 이용촉진 및 정보보호 등에 관한 법률」 제44조의2(정보의 삭제요청 등) ① 정보통신망을 통하여 일반에게 공개를 목적으로 제공된 정보로 사생활 침해나 명예훼손 등 타인의 권리가 침해된 경우 그 침해를 받은 자는 해당 정보를 취급한 정보통신서비스 제공자에게 침해사실을 소명하여 그 정보의 삭제 또는 반박내용의 게재(이하 "삭제 등"이라 한다)를 요청할 수 있다.

② 정보통신서비스 제공자는 제1항에 따른 해당 정보의 삭제 등을 요청받으면 지체 없이 삭제·임시조치 등의 필요한 조치를 하고 즉시 신청인 및 정보게재자에게 알려야 한다. 이 경우 정보통신서비스 제공자는 필요한 조치를 한 사실을 해당 게시판에 공시하는 등의 방법으로 이용자가 알 수 있도록 하여야 한다.

④ 정보통신서비스 제공자는 제1항에 따른 정보의 삭제요청에도 불구하고 권리의 침해여부를 판단하기 어렵거나 이해당사자 간에 다툼이 예상되는 경우에는 해당 정보에 대한 접근을 임시적으로 차단하는 조치(이하 "임시조치"라 한다)를 할 수 있다. 이 경우 임시조치의 기간은 30일 이내로 한다.

제70조(벌칙) ① 사람을 비방할 목적으로 정보통신망을 통하여 공공연하게 사실을 드러내어 다른 사람의 명예를 훼손한 자는 3년 이하의 징역 또는 3천만원 이하의 벌금에 처한다.

형법 제307조(명예훼손) ① 공연히 사실을 적시하여 사람의 명예를 훼손한 자는

2년 이하의 징역이나 금고 또는 500만원 이하의 벌금에 처한다.

② 공연히 허위의 사실을 적시하여 사람의 명예를 훼손한 자는 5년 이하의 징역, 10년 이하의 자격정지 또는 1천만원 이하의 벌금에 처한다.

「정치자금법」 제31조(기부의 제한) ① 국내·외의 법인 또는 단체는 정치자금을 기부할 수 없다.

제45조(벌칙) ② 제31조 제1항에 위반하여 정치자금을 기부하거나 받은 자는 3년 이하의 징역 또는 1천만원 이하의 벌금에 처한다.

“해설 및 채점기준”

문 1-1 20점

Ⅰ. 자기관련성 [7점]

헌법소원의 청구인은 공권력작용에 대하여 자신이 스스로 법적으로 관련되어야 한다. 그리고 법률에 의한 기본권침해의 경우에 어떠한 경우에 제3자(청구인)의 자기관련성을 인정할 수 있는가의 문제는 무엇보다도 ① 입법의 목적 및 실질적인 규율대상, ② 법규정에서의 제한이나 금지가 제3자에게 미치는 효과나 진지성의 정도 및 ③ 규범의 직접적인 수규자에 의한 헌법소원 제기의 기대가능성 등을 종합적으로 고려하여 판단하여야 한다.[249] - ③

이 사건 법률조항의 문언상 직접적인 수범자는 ‘정보통신서비스 제공자’이고, 정보게재자인 청구인은 제3자에 해당하나, 사생활이나 명예 등 자기의 권리가 침해되었다고 주장하는 자로부터 침해사실의 소명과 더불어 그 정보의 삭제 등을 요청받으면 정보통신서비스 제공자는 지체 없이 임시조치를 하도록 규정하고 있는 이상, 위 임시조치로 청구인이 게재한 정보는 접근이 차단되는 불이익을 받게 되었으므로, 이 사건 법률조항의 입법목적, 실질적인 규율대상, 제한이나 금지가 제3자에게 미치는 효과나 진지성의 정도 및 직접적인 수규자인 정보통신서

249) 헌재 1997.9.25. 96헌마133 결정 ; 헌재 2000.6.29. 99헌마289 결정.

비스 제공자에 의한 헌법소원 제기의 기대가능성 등을 종합적으로 고려할 때, 이 사건 법률조항으로 인한 기본권침해와 관련하여 청구인의 자기관련성을 인정할 수 있다. - ④

Ⅱ. 직접성 [9점]

헌법소원의 청구인은 공권력작용으로 인하여 직접적으로 기본권이 침해되어야 하는바, 여기서 말하는 기본권침해의 직접성이란 "집행행위에 의하지 아니하고 법령 자체에 의하여 자유의 제한, 의무의 부과, 권리 또는 법적 지위의 박탈이 생긴 경우"를 뜻한다.[250] - ③

정통망법 제44조의2 제2항은 제1항에 의한 권리침해 주장자의 요청이 있는 경우 삭제·임시조치 등 필요한 조치를 하도록 하고 있고, 제44조의2 제4항은 임시조치의 요건과 내용을 보완하고 있으며, 제44조의2 제5항은 필요한 조치의 내용·절차 등을 약관에 구체적으로 밝히도록 하고 있어, 결과적으로 이 사건 법률조항으로 인한 기본권의 제한은 사인(私人) 간의 계약관계(약관)에 기초한 구체적인 사인(여기서는 정보통신서비스 제공자)의 행위에 의하여 이루어지게 된다. 하지만 권리침해 주장자의 삭제요청이 있는 경우라면 적어도 이해당사자 간에 다툼이 예상되는 경우에 해당되어 제44조의2 제4항에 따라 임시조치를 할 수 있는 요건이 충족될 수 있고, 제44조의2 제2항에 따르면 그 경우 임시조치 등 필요한 조치를 하도록 의무지우고 있어, 정보통신서비스 제공자의 임시조치로 인한 청구인의 기본권제한은 이 사건 법률조항에 의하여 결정되어 있으므로, 이 사건 법률조항은 정보게재자인 청구인의 기본권을 직접 제한하고 있다. - ⑥

Ⅲ. 보충성 [4점]

헌법소원은 다른 법률에 구제절차가 있는 경우에는 그 절차를 모두 거친 후에 심판청구를 하여야 하는데(헌재법 제68조 제1항 단서). 이를 헌법소원의 보충성이라고 한다. 그러나 헌재법에는 명문의 규정이 없으나 헌법재판소에 의하면 일정한 경우 보충성의 예외가 인정되는바, ① 법령에 대한 직접적인 헌법소원의 경우나 ② 사전에 구제절차를 거칠 것을 기대하기가 곤란하거나 법률상 구제절차가 없는 경우(법

250) 헌재 1992.11.12. 91헌마192 결정 참조.

령소원 이외의 경우)가 그것이다. - ③

사안에서 심판청구의 대상은 법률조항이고, 따라서 다른 법률에 구제절차가 없는 경우이어서 보충성의 예외에 해당하므로 이 요건을 충족한다. - ①

문 1-2[251] 30점

Ⅰ. 서론 (쟁점의 정리) [3점]

이 사건의 쟁점은 이 사건 법률조항이 '타인의 사생활, 명예 등 권리'를 침해하는 또는 침해한다고 주장되고 있는 정보에 대하여 권리침해 주장자로부터의 '삭제 등 요청'과 '소명'이라는 요건하에 정보통신서비스 제공자로 하여금 30일의 범위 내에서 임시조치를 하도록 함으로써, '사인의 사생활의 비밀과 자유 또는 인격권'과 '사인의 표현의 자유'라는 기본권 충돌상황에서 임시적으로나마 30일이라는 범위 내에서 전자에 우위를 두는 선택을 한 것이 과잉금지원칙에 위배하여 정보게재자의 표현의 자유를 지나치게 제약하는 것인지 하는 점이다. 한편, 헌법 제21조 제4항은 "언론·출판은 타인의 명예나 권리 (…)를 침해하여서는 아니 된다."라고 규정하고 있으므로, '타인의 사생활, 명예 등 권리'를 보호법익으로 하고 있는 이 사건 법률조항의 과잉금지원칙 위배여부를 검토함에 있어서는 위 헌법조항의 취지를 충분히 감안하여야 한다.

Ⅱ. 과잉금지원칙 위배여부 [25점]

1. 목적의 정당성 (5점)

정보통신망에 의한 정보유통의 경우 그 신속성·확장성과 익명성·비대면성에 따라 허위정보의 유통에 대한 반론권 행사가 용이하지 않고, 군중심리에 따른 비이성적 집단행동이 발생할 가능성이 크며, 이에 따라 정보통신망을 통하여 일반에 공개되는 정보로 인하여 사인의 사생활이나 명예 등 권리가 침해될 경우 일반적인 민사상 구제절차나 형사처벌 규정만으로는 그 회복이 불가능한 상황이 발생할 수 있다. 이 사건 법률조항은 이와 같은 현실 속에서 사생활을 침해하거

251) 이 문제와 채점기준은 헌재 2012.5.31. 2010헌마88 결정을 기초로 구성되었음.

나 명예를 훼손하는 등 타인의 권리를 침해하는 정보가 무분별하게 유통되는 것을 방지하기 위한 것으로서 그 입법목적의 정당성이 인정된다.

2. 수단의 적절성 (3점)

권리가 침해되었다고 주장하는 당사자의 요청과 소명에 의하여 정보통신서비스 제공자로 하여금 30일의 범위 내에서 위와 같은 정보에 대한 접근을 차단하는 임시조치를 취하도록 하는 것은 권리의 침해가능성이 있는 정보의 유통 또는 확산을 일시적으로 차단한다는 점에서 위 입법목적 달성에 기여하는 적절한 수단이다.

3. 침해의 최소성 (11점)

이 사건 법률조항이 '사인의 사생활의 비밀과 자유, 인격권'과 '사인의 표현의 자유'가 충돌하는 상황에서 침해의 최소성 요건을 충족시켰다고 볼 수 있는지 여부는, 이 사건 법률조항이 예정하는 임시조치 이외에 정보게재자의 표현의 자유를 덜 제약하면서도 입법목적을 효과적으로 달성할 수 있는 다른 수단이 존재하는지와 이 사건 법률조항에 기한 임시조치의 절차적 요건과 내용 자체가 필요최소한의 정도로만 표현의 자유를 규제하고 있다고 평가할 수 있겠는지 하는, 두 가지 관점에서 살펴볼 수 있다. - ②

(1) 표현의 자유를 덜 침해하는 대안이 존재하는지 여부

이 사건 법률조항이 보호하려는 법익으로서 '사생활 침해'란 이를 공개하는 것 자체로 침해가 발생하고, '명예훼손' 역시 타인의 명예를 훼손할 만한 사실이 적시되어 불특정 또는 다수인이 인식할 수 있는 상태에 놓임으로써 침해가 발생하게 된다. 이러한 경우 정보가 공개된 상태를 그대로 두고서는 어떠한 분쟁해결 절차가 사후적으로 진행된다 하더라도 사실상 그 침해를 제거해 내는 것이 불가능하다. 사후적인 손해배상은 단지 정신적 손해에 대한 위자료 지급 정도의 의미를 가질 뿐 이미 침해된 사생활이나 인격적 이익을 회복해 주는 것이 아니며, 사후적인 형사처벌(형법상 명예훼손 처벌규정, 정보통신망을 통한 명예훼손을 처벌하는 정통망법 제70조 등 참조) 역시 피해를 전보하여 주지 못한다. 또한, 권리침해 주장자로 하여금 반박내용을 게재하도록 하거나 링크 또는 퍼나르기 금지, 검색

기능을 이용한 접근 차단, 독립적이고 전문적인 기관에 의한 신속한 분쟁해결절차의 마련 등과 같은 방안들은 이 사건 법률조항의 입법목적을 효과적으로 달성할 만한 대체적인 수단이라고 할 수 없다. - ④

(2) 임시조치의 절차적 요건과 내용이 필요최소한의 제한인지 여부

① 권리의 침해여부를 사인인 정보통신서비스 제공자가 명확히 파악하기 어려우므로 권리침해 주장자의 '소명'을 요구함으로써 그 소명자료를 통해 권리침해 주장의 내용이 사인의 사생활, 명예, 기타 권리가 침해된다는 취지인지, 그러한 주장이 설득력이 있는지를 판단하도록 하고 있다는 점, ② 정보통신서비스 제공자도 서로 경쟁을 하면서 영리활동을 하는 사경제 주체이므로 단순히 사생활 침해나 명예훼손 가능성이 있는 정보를 차단함으로써 손해배상책임을 감면받으려는 동기 못지않게 자신의 서비스를 제한 없이 제공함으로써 이용자들을 더 많이 유치하려는 동기도 임시조치 여부에 관한 의사결정에 상당한 영향을 미칠 것이라는 점, ③ 권리침해 정보의 유통·확산을 방지하기 위해 신속한 대응이 요구되는 시점에 권리침해 주장자의 '증명'까지 요구하는 것은 무리라는 점 등에 비추어 보면, 이 사건 법률조항에 기한 임시조치가 권리침해 주장자로부터의 '소명' 절차를 전제하고 있는 것은 정보게재자의 표현의 자유에 대한 침해를 최소화하기 위한 노력으로 평가할 수 있다. 또한 이 사건 법률조항은 30일 이내라는 비교적 짧은 기간 동안의 정보 접근만을 차단할 뿐이어서 정보게재자의 이익 역시 보호한다. 따라서 이 사건 법률조항이 규정하고 있는 임시조치의 절차적 요건과 내용은 정보게재자의 표현의 자유를 필요최소한으로 제한하도록 설정되어 있다고 평가할 수 있다. - ④

따라서 이 사건 법률조항은 침해의 최소성 요건을 충족한다. - ①

4. 법익의 균형성 (6점)

앞서 본 바와 같이 정보통신망을 통한 표현이 갖는 익명성과 비대면성, 빠른 전파가능성, 사생활이나 명예라는 법익은 공개 자체로 인하여 치명적 침해를 입게 되는 성질의 법익인 점, 타인의 명예나 권리를 표현의 자유가 갖는 구체적 한계로까지 규정하여 보호하고 있는 헌법 제21조 제4항의 취지 등에 비추어 볼 때, 사생활 침해, 명예훼손 등 타인의 권리를 침해할 만한 정보가 무분별하게 유

통됨으로써 타인의 인격적 법익 기타 권리에 대한 침해가 돌이킬 수 없는 상황에 이르게 될 가능성을 미연에 차단하려는 공익은 매우 절실하다. - ③

반면, 권리침해 주장자로부터 해당 정보에 대한 삭제요청이 들어온 경우 소명자료를 통하여 합리적인 판단의 기회를 가진 후 '30일'이라는 제한된 기간 동안 임시조치를 한 후 당사자 사이에 조기에 분쟁해결절차를 통하여 최종적 결론에 이르도록 유도하는 이 사건 법률조항으로 말미암아 침해되는 정보게재자의 사익이란 아무런 제한 없이 표현의 자유의 시의성을 보장받을 이익이라고 할 것이다. 따라서, 이 사건 법률조항을 통하여 달성하려는 공익과 이로써 제한되는 사익 사이에 불균형이 발생한다고 볼 수도 없으므로 이 사건 법률조항은 법익균형성 요건도 충족한다. - ③

Ⅲ. 결론 [2점]

위에서 본 바와 같이 이 사건 법률조항은 정보게재자의 표현의 자유를 제한함에 있어 과잉금지원칙에 위배되지 아니하므로, 청구인의 주장은 그 이유 없다.

문 2[252] 20점

Ⅰ. 서론 : 헌법 제72조의 국민투표의 법적 성격 [3점]

직접민주주의의 실현수단[253]의 하나로서 헌법 제72조가 규정하고 있는 국민투표는 그의 실시여부를 대통령의 재량으로 한다는 점에서 '임의적' 국민투표이다.[254] 또한 헌법 제72조의 국민투표는 입법이나 헌법개정에 국민의 참여를 가능하게 하는 '입법수단'의 성격을 가진 국민투표가 아니라, 정치적 헌법기관인 행정부와 입법부 사이의 충돌이 있는 경우 국민이 직접 심판하도록 함으로써 국정에 관한 최고의 조정자로서 기능한다는 점에서 '중재적' 국민투표의 성격을 지니고 있다.

---

252) 이 문제와 채점기준은 2012년 제54회 사법시험 헌법 〈제1문의 1〉을 기초로 구성되었음.

253) 직접민주주의의 실현수단으로는 국민발안, 국민표결(국민투표), 국민질의, 국민소환 등이 있다.

254) 한편, 헌법 제130조 제2항의 국민투표는 그 실시가 필요적으로 요구된다는 점에서 '필수적' 국민투표이다.

Ⅱ. 민주주의원리와 국민투표 [3점]

헌법 제1조가 규정하고 있는 국민주권원리는 그 자체로서 '국민에 의하여 가능하면 많은 국정 사안이 직접 결정될 것'을 요청하지 않는다. 국민주권원리는 대의제와 직접민주제 모두를 통하여 실현될 수 있고, 오히려 헌법은 국민주권주의의 실현방법으로서 '권력분립적 대의제'를 채택하여 직접민주적 요소를 지극히 예외적인 경우로 제한함으로써 정반대의 입장을 취하고 있다. 따라서 국민투표의 가능성은 국민주권주의나 민주주의원리와 같은 일반적 헌법원칙에 근거하여 인정될 수 없다.[255)]

Ⅲ. '중요정책'에 법률안이 포함되는지 [6점]

대의제를 근간으로 하는 헌법구조에 직접민주적 요소를 삽입하는 경우, 삽입된 직접민주적 요소는 대의제와 조화를 이룰 수 있어야 한다. 특히 국가권력을 위임받은 국가기관 상호간의 권한 및 법치국가원리와 같은 기본적 헌법원리에 위반되어서는 안 된다. 그런데 헌법 제72조의 '중요정책'에 법률안이 포함되는 것으로 해석한다면, 대통령의 법률안 제안에 의하여 국민이 국민투표로써 법률의 제정여부를 사실상 결정하게 된다. - ③

입법권을 국회에 전속시키고 있는 현행 헌법(제40조)에서 이와 같은 입법형태는 헌법에 명문으로 규정되지 않는 한 허용될 수 없다. 즉, 헌법 제72조의 '중요정책'에 '법률안'이 포함되는 것으로 해석하는 것은 사실상 헌법개정에 해당하기 때문에, 법률안에 대한 국민투표는 이를 명시적으로 허용하는 헌법개정을 통해서만 가능하다. - ③

Ⅳ. '중요정책'에 국민의 신임여부가 포함되는지 [6점]

1. 순수형 재신임 국민투표의 경우

대통령이 국민투표를 통하여 자신에 대한 신임을 묻고자 하는 것은 대의제를 실현하기 위하여 직접민주주주의적 수단을 남용하는 것을 의미한다. 국민투표는 직접민주주의를 실현하기 위한 수단이라는 점에서 국민투표의 본질상 '대표자에

255) 헌재 2004.5.14. 2004헌나1 (노무현 대통령 탄핵) 결정.

대한 신임'은 국민투표의 대상이 될 수 없다. 우리 헌법에서 대표자의 선출과 그에 대한 신임은 오직 선거의 형태로써 이루어져야 한다. - ③

2. 정책연계형 재신임 국민투표의 경우

대통령은 헌법상 국민에게 자신에 대한 신임을 국민투표의 형식으로 물을 수 없을 뿐만 아니라, 특정 정책을 국민투표에 붙이면서 이에 자신의 신임을 결부시키는 것도 위헌적인 행위로서 헌법적으로 허용되지 않는다. 정책을 국민투표에 붙이면서 "이를 신임투표로 간주하고자 한다."는 선언은 국민의 결정행위에 부당한 압력을 가하고 국민투표를 통하여 간접적으로 자신에 대한 신임을 묻는 행위로서 대통령의 헌법상 권한을 넘어서는 것이다.[256] - ③

Ⅴ. 결론 [2점]

대통령 乙이 과외금지법안을 대상으로 국민투표를 제안한 행위 및 이를 신임투표로 간주하겠다고 선언한 것은 헌법상 민주주의원리 및 제72조에 합치되지 않으므로 현행 헌법상 허용되지 않는다.

문 3 15점

Ⅰ. 서론 [2점]

헌재법 제68조 제1항 헌법소원의 적법요건으로는 (1) 기본권주체성, (2) 대상적격(헌법소원대상성), (3) 법적 관련성(① 자기관련성, ② 현재성, ③직접성), (4) 보충성, (5) 청구기간, (6) 권리보호이익, (7) 변호사강제주의, (8) 일사부재리 등이 요구된다. 이하에서 위 (1), (2)를 제외한 적법요건의 충족여부를 살펴본다.

Ⅱ. 적법요건의 검토 [12점]

1. 자기관련성

공권력작용은 일정한 상대방을 전제로 그들을 향하여 이루어지게 되는데, 헌

256) 헌재 2004.5.14. 2004헌나1 (노무현 대통령 탄핵) 결정.

법소원심판절차에서 자기관련성이 입증되려면, 즉 어떤 공권력작용이 청구인의 기본권을 침해한다고 판단하기 위해서는 적어도 청구인이 그 공권력작용의 상대방이라는 점이 인정되어야 한다. 사안에서 청구인은 A조항에 따라 정치자금을 기부할 수 없는 수범자, 즉 국내의 단체이므로 자기관련성이 인정된다. - ②

2. 현재성

헌법소원의 청구인은 공권력작용과 현재 관련이 있어야 하며, 장래 어느 때인가 관련될 수 있을 것이라는 것만으로는 헌법소원을 제기하기에 족하지 않다. 즉, 청구인이 현재 기본권을 제한당한 경우이어야 한다.[257] 사안에서 청구인은 A조항으로 인하여 현재 정치자금을 기부할 수 없는 제한을 받고 있는 것이므로 현재성 요건을 충족한다. - ②

3. 직접성

헌법소원의 청구인은 공권력작용으로 인하여 직접적으로 기본권이 침해되어야 하는데, 여기서 말하는 기본권침해의 직접성이란 집행행위에 의하지 아니하고 법령 자체에 의하여 자유의 제한, 의무의 부과, 권리 또는 법적 지위의 박탈이 생긴 경우를 뜻한다.[258] 사안에서 청구인은 별도의 집행행위가 필요없이 A조항에 의하여 직접 정치자금을 기부할 있는 자유가 제한되므로 직접성요건을 충족한다. - ②

4. 보충성 (2점)

헌법소원은 다른 법률에 구제절차가 있는 경우에는 그 절차를 모두 거친 후에 심판청구를 하여야 한다(헌재법 제68조 제1항 단서). 그러나 헌법재판소에 따르면, 법령에 대한 헌법소원과 같이 다른 법률에 구제절차가 없는 경우나,[259] 사전에 구제절차를 거칠 것을 기대하기가 곤란한 경우에는 보충성의 예외로 바로 헌법소원을 청구할 수 있다.[260] 사안에서 A조항에 대하여는 법률자체의 효력을 직접 다투는 것을 소송물로 하여 일반법원에 소송을 제기하는 길이 없어, 다른 법률상 구제절차가 없는

257) 헌재 1994.6.30. 91헌마162 결정.
258) 헌재 1992.11.12. 91헌마192 결정 참조.
259) 대법원 1994.4.26.자 93부32 결정 참조.
260) 헌재 1996.10.4. 94헌마68등 결정.

경우이므로 보충성의 예외(비적용)에 해당하여, 보충성요건도 충족한다.- ②

5. 청구기간 (3점)

헌법소원심판은 그 사유가 있음을 안 날부터 90일 이내에, 그 사유가 있은 날부터 1년 이내에 청구하여야 한다(헌재법 제69조 제1항 본문). 그리고 헌법재판소의 판례에 의하면, 위 90일의 기간과 1년의 기간을 모두 준수하여야 적법한 청구가 되는 것이고 그 중 어느 하나라도 경과하면 부적법한 청구가 된다.[261] - ①

한편, 법령에 대한 헌법소원의 청구기간은 그 법령의 시행과 동시에 기본권의 침해를 받게 되는 경우에는 그 법령이 시행된 사실을 안 날부터 90일 이내에, 법령이 시행된 날부터 1년 이내에 헌법소원을 청구하여야 하고, 법령이 시행된 뒤에 비로소 그 법령에 해당되는 사유가 발생하여 기본권의 침해를 받게 되는 경우에는 그 사유가 발생하였음을 안 날부터 90일 이내에, 그 사유가 발생한 날부터 1년 이내에 헌법소원을 청구하여야 한다. - ①

사안에서 C조항은 2017.8.31.부터 시행되었으나, 청구인은 2017.9.20. 단체결성이 이루어졌으므로 이때가 기본권침해의 사유가 발생한 날이 되며 그날로부터 1년 이내일 뿐만 아니라, 이때 기본권침해의 사유가 있음을 알았다고 하더라도 그 날부터 90일 이내인 2017.12.7. 이 사건 헌법소원심판을 청구한 것이므로 청구기간을 준수하였다. - ①

6. 기타 (3점)

사안에서 헌법재판소가 A조항에 대하여 위헌결정을 선고하면 청구인은 정치자금을 기부할 수 있는 것이므로 권리보호이익이 존재한다. 헌재법 제25조 제3항의 규정에 의하면 사인은 그 자신이 변호사가 아닌 한 변호사를 대리인으로 선임하여 심판청구를 하여야 하는바, 사안에서 청구인은 변호사를 대리인으로 선임하여 심판청구를 한 것이므로 이 요건을 충족한다. 또한 헌법재판소는 이미 심판을 거친 동일한 사건에 대하여는 다시 심판할 수 없는바(헌재법 제39조), 사안은 헌법재판소에서 이미 심판을 거친 동일한 사안이 아니므로 일사부재리 요건도 충족한다.

---

261) 헌재 2004.4.29. 2004헌마93 결정 참조.

Ⅲ. 결론 [1점]

이상 살펴본 바와 같이 이 사건 헌법소원은 판단대상인 모든 적법요건을 충족한다.

문 4[262] 15점

Ⅰ. 서론 : 문제의 제기 [3점]

지방자치단체의 사무에는 자치사무와 위임사무가 있는데, 위임사무는 지방자치단체가 위임받아 처리하는 국가사무(지방자치법 제167조 제1항)임에 반하여, 자치사무는 지방자치단체가 주민의 복리를 위하여 처리하는 사무이다(헌법 제117조 제1항 참조). 사안에서 경전철 건설사업은 자치사무에 해당한다. 따라서 이러한 자치사무에 대한 국회의 국정조사가 지방자치 보장을 위한 한계를 유월하였는지 살펴본다.

Ⅱ. 국회 국정조사의 의의 [3점]

헌법은 제61조 제1항에서 국회의 국정감사·조사권을 규정하면서, 제2항에서 그 절차 기타 필요한 사항은 법률[263]로 정하도록 규정하고 있다. 여기에서 국정조사란 특정의 국정 사안(국민적 의혹이나 비리사건 등)을 대상으로 하여 조사의 필요가 있을 때 수시로 공개리에 행하는 조사를 말한다.

Ⅲ. 국정조사의 지방자치 보장을 위한 한계 [7점]

지방자치제의 전면적인 실시와 더불어 지방의회가 구성되어 있으므로, 국회가 지방자치단체에 대하여 국정조사를 실시하는 것은 지방자치의 논리에 부합하지 않는 측면이 있다. - ②

국감법 제7조 제2호에서는 감사대상기관으로 "지방자치단체 중 특별시·광역시·도"와 같은 광역자치단체로서 "그 감사범위는 국가위임사무와 국가가 보조

262) 이 문제와 채점기준은 2013년 제55회 사법시험 헌법 〈제2문의 2〉를 기초로 구성되었음.

263) 국정감사 및 조사의 절차에 관해서는 '국정감사 및 조사에 관한 법률'(국감법) 및 '국회에서의 증언·감정 등에 관한 법률'(국회증언법)이 제정되어 시행되고 있다.

금 등 예산을 지원하는 사업으로 한다."고 규정하고, 동법 제7조 제4호에서는 "제1호 내지 제3호 외의 지방행정기관·지방자치단체·감사원법에 의한 감사원의 감사대상기관"은 "본회의가 특히 필요하다고 의결한 경우에 한하여" 감사대상이 된다고 규정하고 있다. - ②

따라서 지방자치의 보장을 위하여 지방자치단체에 대한 국정감사에 일정한 제한을 두고 있고 국정조사에 대하여는 달리 제한하는 규정을 두고 있지 않지만, 지방자치제도를 헌법이 보장하고 있는 취지를 고려할 때, 특히 지방자치단체의 자치사무에 대하여는 국정조사를 자제해야 할 것이다. - ③

Ⅳ. 결론 [2점]

사안에서 B 광역시의 자치사무인 경전철 건설사업에 대하여 국회가 국정조사를 한다는 것은 헌법이 지방자치제도를 보장하는 취지에 어긋나는 것으로서 위에서 본 국정조사의 한계를 유월하는 것이라고 할 수 있다. 다만, 국가가 보조금 등 예산을 지원하는 사업이었다면 국정조사를 할 수도 있을 것이다(국감법 제7조 제2호 참조).

문제 6

문 1 35점

甲은 A회사가 신용보증기금의 보증하에 ◇◇은행으로부터 5천만원을 대출받을 때 연대보증을 하였는데, A회사가 대출금 반환채무를 변제하지 못하자 신용보증기금이 이를 대위변제한 후 채무자와 연대보증인 甲을 상대로 구상금청구소송을 제기하여 2016.4.13. 승소판결을 받고 5.7. 위 판결이 확정되었다. 한편 신용보증기금은 5.21. 보증인인 甲을 상대로 채무불이행자 명부등재신청을 하였고, 6.1. 위 신청이 인용되어 甲은 현재 채무불이행자 명부에 등재되어 있다. 이에 甲은 채무불이행자 명부제도에 관한 민사집행법 제72조 제4항(이하 "이 사건 법률조항"이라 한다)이 헌법 제10조 인간의 존엄 및 행복추구권, 제17조 사생활의 비밀보장권을 침해하여 위헌이라고 주장한다. 이 사건 법률조항으로 인하여 제한되는 기본권을 찾아[264] 동 법률조항이 과잉금지원칙에 위배하여 甲의 기본권을 침해하므로 위헌임을 논증하시오.

※ **채무불이행자명부(債務不履行者名簿)** 제도는 불성실한 채무자로 하여금 이 명부에 등재됨으로 인하여 받게 될 명예, 신용의 훼손 등의 불이익을 피하기 위하여 채무의 자진이행 또는 명시명령의 충실한 이행에 노력하도록 하는 등 간접강제의 효과를 거둠과 동시에, 일반인으로 하여금 거래 상대방에 대한 신용조사를 쉽게 하여 거래의 안전을 도모하려는 데 그 목적이 있다.

문 2 15점

학교용지확보를 위하여 공동주택 수분양자들에게 초·중학교의 학교용지 마련을 위한 부담금을 부과할 수 있도록 하고 있는 '학교용지 확보에 관한 특례법' 조항(구체적 내용은 생략)이 헌법상 의무교육의 무상원칙에 반하는지 여부를 논하시오.

264) 甲이 주장하는 기본권에 대한 판단도 필요함.

문 3　30점

乙은 이 사건 부동산(구체적인 내용은 생략)을 신축하여 임대하기 시작할 때, 극심한 주택부족현상을 해결하기 위한 방편으로 임대주택의 건설 및 주택의 임대를 촉진할 사회적 필요성이 대두됨에 따라 시행된, 조세감면규제법(제67조의4) 규정에 따라 장차 5년 이상 10년 미만 임대하면 양도소득세의 50%를, 10년 이상 임대하면 그 100%를 면제받을 수 있었다. 그런데, 위 조세감면규제법 규정이 2011년에 개정됨에 따라 임대주택건설촉진법에 따른 임대주택으로서의 요건을 갖추었다면 임대기간에 관계없이 양도소득세의 100%를 면제받게 되었고, 임대사업자로서의 자격을 갖추었던 乙은 당시 10년 미만의 기간 이 사건 부동산을 임대하였지만 양도소득세의 100%를 면제받을 수 있었다. 이후 2014년에 위 조세감면규제법 규정이 다시 개정되어, 임대주택건설촉진법에 의한 임대주택의 경우에도 5년 이상 이를 임대하여야 양도소득세를 면세받을 수 있게 되었지만, 당시 이미 5년 이상 이 사건 부동산을 임대하고 있었던 乙은 여전히 양도소득세를 100% 면제받을 수 있었다. 그런데, 농어촌보호법이 제정되어 2014.7.1.부터 시행되었고, '동법 부칙 제3조 제1항 단서 후단'(이하 "B조항"이라 한다)에 따라 위 농어촌보호법 시행 이후 양도된 이 사건 부동산의 경우도 그 적용을 받게 되어, 乙은 양도소득세 감면액의 20%를 농어촌특별세로 징수당하게 되었다. B조항이 헌법 제13조 제2항에 위반되며, 그렇지 않다 하더라도 신뢰보호원칙에 위배하여 자신의 기본권을 침해한다는 乙의 주장에 대하여 검토하시오.

※ 참고사항

농어촌보호법은 '한·중 FTA' 협상의 타결에 따른 후속대책의 일환으로 추진되는 농어업의 경쟁력 강화와 농어촌 산업기반시설의 확충 및 농어촌 개발사업에 필요한 재원을 조달하기 위하여, 2014.7.1.부터 10년간 한시적으로 특별세를 신설하는 내용으로 제정된 것이다. 그 중 대표적인 것이 소득세·법인세 등을 감면받는 경우 그 감면분 중의 일부(100분의 20)를 농어촌특별세로 징수하는 것이다.

문 4 20점

C도 교육청 교육감은 교육의 경제적 효율성을 제고하고 인구절벽이라는 시대 상황을 정책에 반영하기 위하여, 전체 재학생수가 10명 미만인 초등학교의 경우 해당 학교를 폐지하기 위한 작업을 준비하였다. 또한 C도 의회는 'C도 학교설치 조례' 제2조의 [별표 1] 란 중 "D초등학교"란을 삭제하는 내용의 'C도 학교설치 조례 개정안'을 의결하였고, 동 조례안은 공포·시행되었는데, 별도의 경과규정은 두지 않았다(내용 생략). 이에 C도의 도민이자 D초등학교의 재학생인 丙은 위 개정조례에 따른 통학조건의 변화로 인하여 자신의 기본권이 침해되었다고 주장한다. 신뢰보호원칙의 관점에서 丙의 주장을 뒷받침하는 논거를 제시하시오.

관련규정

「농어촌보호법」 제5조(과세표준과 세율) ① 농어촌특별세는 다음 각호의 과세표준에 해당 세율을 곱하여 계산한 금액을 그 세액으로 한다.

호별	과세표준	세율
1	조세감면규제법·관세법 및 지방세법에 의하여 감면을 받는 소득세·법인세·관세·취득세 또는 등록세의 감면세액	100분의 20

부 칙

제1조(시행일) 이 법은 2014.7.1.부터 시행한다.

제2조(유효기간) 이 법은 2024.6.30.까지 효력을 가진다.

제3조(소득세 또는 법인세를 본세로 하는 농어촌특별세에 관한 적용례) ① 제5조 제1항 제1호에 규정된 소득세 또는 법인세의 감면을 받는 세액에 부과되는 농어촌특별세는 이 법 시행일부터 2024년 6월 30일까지의 기간(이하 "시행기간"이라 한다) 중에 종료하는 과세연도분에 대하여 적용한다. 다만, 조세감면규제법 제15조의 규정에 의한 감면의 경우에는 이 법 시행기간 중에 발생하는 소득분에 대하여 적용하며, 양도소득세 및 특별부가세(양도차익에 대한 법인세를 포함한다)의 감면의 경우에는 시행기간 중에 양도하는 분에 대하여 적용한다.

해설 및 채점기준

문 1[265] 35점

Ⅰ. 서론 [3점]

사안에서 이 사건 법률조항으로 인하여 제한되는 甲의 기본권은 甲이 주장하는 인간의 존엄 및 행복추구권 또는 사생활의 비밀보장권이 아니라 개인정보자기결정권이라는 점과, 이 사건 법률조항은 과잉금지원칙에 위배하여 甲의 개인정보자기결정권을 침해하여 위헌이라는 점을 논증한다.

Ⅱ. 이 사건 법률조항의 위헌성 [30점]

1. 제한되는 기본권 (12점)

개인정보자기결정권은 자신에 관한 정보가 언제 누구에게 어느 범위까지 알려지고 또 이용되도록 할 것인지를 그 정보주체가 스스로 결정할 수 있는 권리이다. 즉, 정보주체가 개인정보의 공개와 이용에 관하여 스스로 결정할 권리를 말한다. 개인정보자기결정권의 보호대상이 되는 개인정보는 개인의 신체, 신념, 사회적 지위, 신분 등과 같이 개인의 인격주체성을 특징짓는 사항으로서 그 개인의 동일성을 식별할 수 있게 하는 일체의 정보라고 할 수 있고, 반드시 개인의 내밀한 영역이나 사사(私事)의 영역에 속하는 정보에 국한되지 않고 공적 생활에서 형성되었거나 이미 공개된 개인정보까지 포함한다.[266] - ③

또한 그러한 개인정보를 대상으로 한 조사·수집·보관·처리·이용 등의 행위는 모두 원칙적으로 개인정보자기결정권에 대한 제한에 해당한다. 개인정보자기결정권은 정보주체로 하여금 개인정보의 공개와 이용을 스스로 통제하도록 함으로써 타인에게 형성될 정보주체의 사회적 인격상에 대한 결정권을 정보주체에게 유보시킨다는 의미를 갖고 있다.[267] - ②

---

265) 이 문제와 채점기준은 헌재 2010.5.27. 2008헌마663 결정을 참조하여 구성되었음.

266) 헌재 2005.5.26. 99헌마513 결정 참조.

267) 헌재 2005.5.26. 99헌마513 결정 참조.

개인정보자기결정권은 인간의 존엄과 가치, 행복추구권을 규정한 헌법 제10조 제1문에서 도출되는 일반적 인격권 및 헌법 제17조의 사생활의 비밀과 자유에 의하여 보장된다.[268] - ②

사안에서, 이 사건 법률조항은 채무자의 이름, 주소, 주민등록번호, 집행권원과 불이행한 채무액 및 그 등재 사유와 날짜를 기재한(민사집행규칙 제32조 제2항) 채무불이행자 명부를 누구든지 열람·복사할 수 있도록 하는 것인바, 채무불이행자 명부에 기재된 위 사항들은 채무자 개인에 관한 정보로서 개인의 명예와 관련되어 인격주체성을 특징짓는 사항으로서 그 개인의 동일성을 식별할 수 있게 하는 정보이다. 따라서 이 사건 법률조항과 가장 밀접하게 관련을 맺고 있는 기본권은 개인정보자기결정권이다. - ③

청구인들이 주장하는 인간의 존엄 및 행복추구권, 사생활의 비밀보장권은 그 보호영역이 개인정보자기결정권의 보호영역과 중첩되는 범위에서만 관련되어 있다고 할 수 있으므로, 특별한 사정이 없는 이상 개인정보자기결정권에 대한 침해여부를 (과잉금지원칙에 따라) 판단함으로써 위 기본권들의 침해여부에 대한 판단이 함께 이루어지는 것으로 볼 수 있어 그 침해여부를 별도로 다룰 필요는 없다.[269] - ②

2. 과잉금지원칙을 위배여부 (18점)

가. 과잉금지원칙의 의의

국가작용 중 특히 입법작용에 있어서의 과잉입법금지의 원칙이라 함은 국가가 국민의 기본권을 제한하는 내용의 입법활동을 함에 있어서 준수하여야 할 기본원칙 내지 입법활동의 한계를 의미한다(법치국가원리 및 헌법 제37조 제2항).[270] - ②

나. 과잉금지원칙에 따른 심사

(1) 입법목적의 정당성

목적의 정당성이란 국민의 기본권을 제한하려는 입법의 목적이 헌법 및 법률

268) 헌재 2005.7.21. 2003헌마282등 결정; 헌재 2008.10.30. 2006헌마1401등 결정; 헌재 2009.9.24. 2007헌마1092 결정; 헌재 2010.9.30. 2008헌바132 결정; 헌재 2012.12.27. 2010헌마153 결정; 헌재 2015.6.25. 2014헌마463 결정; 헌재 2015.7.30. 2014헌마340등 결정: 헌재 2016.3.31. 2014헌마7 결정 등 참조.

269) 헌재 2005.5.26. 99헌마513 결정 ; 헌재 2009.10.29. 2008헌마257 결정 ; 헌재 2010.5.27. 2008헌마663 결정 ; 헌재 2012.7.26. 2010헌마446 결정 ; 헌재 2015.10.21. 2014헌마637등 결정 등 참조.

270) 헌재 1992.12.24. 92헌가8 결정 참조.

의 체제상 그 정당성이 인정되어야 한다는 요건을 말한다. - ①

사안에서 채무자에게 채무이행을 간접강제하고, 일반인으로 하여금 거래 상대방에 대한 신용조사를 쉽게 하여 거래의 안전을 도모하려는 이 사건 법률조항의 입법목적은 정당하다. - ②

(2) 방법의 적절성

방법의 적절성(수단의 적합성)이란 기본권을 제한하려는 입법목적의 달성을 위하여 그 방법이 효과적이고 적절하여야 한다는 원칙을 말하며, 다만 최선의 방법임을 요하는 것은 아니다. - ①

사안에서 채무불이행자 명부를 누구나 열람·복사할 수 있도록 함으로써 불성실한 채무자로 하여금 이 명부에 등재됨으로 인하여 받게 될 명예, 신용의 훼손 등의 불이익을 피하기 위하여 채무의 자진이행 또는 명시명령의 충실한 이행에 노력하도록 하는 등 간접강제의 효과를 기대할 수 있으며, 채무불이행자 명부의 열람은 거래 상대방에 대한 신용조사의 한 수단이 되므로 거래의 안전에도 기여한다고 할 것인바, 방법의 적절성도 인정된다. - ②

(3) 침해의 최소성

침해의 최소성이란 입법권자가 선택한 기본권제한의 조치가 입법목적달성을 위하여 설사 적절하다 할지라도 보다 완화된 형태나 방법을 모색함으로써 기본권의 제한은 필요한 최소한도에 그치도록 하여야 한다는 원칙을 말한다. - ①

사안에서 채무자와 아무런 관련이 없는 제3자가 채무불이행자 명부의 열람을 통해 채무자의 채무불이행 사실 등을 아는 것은 그 개연성이 현저히 낮을 뿐만 아니라 채무자의 관념상 내지는 추상적 명예훼손에 불과하여 간접강제의 효과가 크다고 할 수 없다. 오히려 채무자의 채무불이행 사실이 알려지는 것이 간접강제의 효과를 나타내는 경우는 채무자가 경제활동 내지 거래관계 형성 상황에 직면한 때라고 할 것인데, 이 단계에서는 이미 채무자의 거래상대방이 어느 정도 특정되므로 이들에게만 명부의 열람·복사를 허용하더라도 채무이행의 간접강제라는 입법목적의 달성에 부족함이 없다. - ②

한편, 열람·복사자의 입장에서 보더라도 채무자와 아무런 관계가 없는 자가 채무불이행자 명부를 열람·복사하려는 경우는 상정하기 어렵고, 실제로 이러한 경우가 있다 하더라도 이를 허용할 필요성을 인정할 수 없다. 통상 채무자의 신용상태에 관심을 가지게 되는 경우는 적어도 채무자와 경제활동을 하고자 하거나 거래관계를 형성하려는 단계까지는 나아간 경우일 것이므로 이 정도의 소명을 한 자에게 명부의 열람·복사를 허용하더라도 거래의 안전도모라는 입법목적을 달성할 수 있다. - ②

따라서 이 사건 법률조항이 열람·복사의 신청에 아무런 제한을 두지 아니하고 누구나 채무불이행자 명부를 열람·복사할 수 있는 가능성을 열어 둔 것은 최소침해성의 원칙에 반한다. - ①

(4) 법익균형성

법익의 균형성이란 그 입법에 의하여 보호하려는 공익과 침해되는 사익을 비교형량할 때 보호되는 공익이 더 커야 한다는 원칙을 말한다. - ①

사안에서 이 사건 법률조항이 추구하는 "채무이행의 간접강제 및 거래의 안전도모"라는 공익에 비해 누구나 채무불이행자 명부를 열람·복사할 수 있는 가능성을 열어 둠으로써 "채무자의 개인정보자기결정권"이라는 사익이 침해될 위험이 더 크다고 할 것이어서 법익균형성의 원칙에도 반한다. - ③

Ⅲ. 결론 [2점]

그러므로 이 사건 법률조항이 채무불이행자 명부에 대한 열람·복사를 신청할 수 있는 자에 아무런 제한을 두지 아니하고 이를 '누구든지'로 한 것은 과잉금지원칙에 위배하여 청구인들의 개인정보자기결정권을 침해하므로 헌법에 위반된다.

문 2[271] 15점

Ⅰ. 의무교육 무상원칙의 의의 [3점]

헌법 제31조는 제1항에서 "모든 국민은 능력에 따라 균등하게 교육을 받을 권리를 가진다."고 규정하여 국민의 교육을 받을 권리를 보장하고 있는 한편, 이러한 국민의 교육을 받을 권리를 현실적으로 보장하기 위한 수단의 하나로서 같은

271) 이 문제와 채점기준은 헌재 2005.3.31. 2003헌가20 결정을 참조하여 구성되었음.

조 제2항에서 “모든 국민은 그 보호하는 자녀에게 적어도 초등교육과 법률이 정하는 교육을 받게 할 의무를 진다.”라고 하여 국민에게 교육의 의무를 부과하였고, 이에 따라 교육기본법(제8조 제1항)은 의무교육을 6년의 초등교육과 3년의 중등교육으로 한다고 규정하여 의무교육의 범위를 중학교까지로 정하였다. - ②

나아가 국가는 학부모가 경제적 여건에 관계없이 교육의 의무를 이행할 수 있도록 헌법 제31조 제3항에서 의무교육은 무상으로 할 것을 원칙으로 천명하여 국가에게 의무교육을 실시할 수 있는 인적·물적 여건을 마련할 의무를 부과하고 있다. - ①

Ⅱ. 의무교육 무상의 범위 [5점]

의무교육 무상의 범위에 있어서 학교 교육에 필요한 모든 부분을 무상으로 제공하는 것이 바람직한 방향이라고 하겠으나, 균등한 교육을 받을 권리와 같은 사회적 기본권을 실현하는 데는 국가의 재정상황 역시 도외시할 수 없으므로, 원칙적으로 의무교육 무상의 범위는 헌법상 교육의 기회균등을 실현하기 위해 필수불가결한 비용, 즉 모든 학생들이 의무교육을 받음에 있어서 경제적인 차별 없이 수학하는 데 반드시 필요한 비용에 한한다. - ②

따라서, 의무교육에 있어서 무상의 범위에는 의무교육이 실질적이고 균등하게 이루어지기 위한 본질적 항목으로, 1) 수업료나 입학금의 면제, 2) 학교와 교사 등 인적·물적 시설 및 그 시설을 유지하기 위한 인건비와 시설유지비, 신규시설투자비 등의 재원부담으로부터의 면제가 포함된다 할 것이며, 그 외에도 3) 의무교육을 받는 과정에 수반하는 비용으로서 의무교육의 실질적인 균등보장을 위해 필수불가결한 비용은 무상의 범위에 포함된다. - ②

한편, 의무교육에 있어서 본질적이고 필수불가결한 비용 이외의 비용을 무상의 범위에 포함시킬 것인지는 국가의 재정상황과 국민의 소득수준, 학부모들의 경제적 수준 및 사회적 합의 등을 고려하여 입법자가 입법정책적으로 해결해야 할 문제이다. - ①

Ⅲ. 사안의 경우 [5점]

앞에서 본 바와 같이 헌법 제31조 제1항 내지 제3항과 교육기본법 제8조 제1항 외에 초·중등교육법은, 국가는 의무교육을 실시하기 위한 시설의 확보 등 필요한 조치를 강구하여야 하고(제12조 제1항), 지방자치단체는 그 관할구역 안의 의무교육대상자 전원을 취학시키는 데 필요한 초등학교 및 중학교와 초등학교 및 중학교의 과정을 교육하는 특수학교를 설립·경영하여야 한다고 규정하고 있다(동조 제2항). - ②

즉 우리 헌법은, 국민에게 교육의 의무를 부과하면서 동시에 국가에 대하여 피교육아동(被敎育兒童)이 교육을 받을 수 있도록 편의를 도모해 주고 경제적으로 어려운 학부모의 교육의무이행을 가능하도록 하기 위하여 무상의 의무교육을 천명하고 있다. 이러한 의무교육제도는 국민에 대하여 보호하는 자녀들을 취학시키도록 한다는 의무부과의 면보다는 국가에 대하여 인적·물적 교육시설을 정비하고 교육환경을 개선하여야 한다는 의무부과의 측면이 보다 더 중요한 의미를 갖는다.[272] - ①

의무교육에 필요한 학교시설은 국가의 일반적 과제이고, 학교용지는 의무교육을 시행하기 위한 물적 기반으로서 필수조건임은 말할 필요도 없다. 따라서 이를 달성하기 위한 비용은 국가의 일반재정으로 충당하여야 한다. 헌법 제31조 제6항은 교육재정에 관한 기본적인 사항을 법률로 정하도록 하고 있는바, 이는 무상에 의한 교육을 받을 권리의 실효성을 보장하기 위한 최소한의 국가적 책무를 헌법에 정한 것으로서 무상의 의무교육제도가 국민보다는 국가에 대한 의무부과의 측면이 더 강하다는 점을 고려하면, 확보되거나 확보할 일반재정 중 다른 부분을 희생해서라도 헌법과 법률이 정한 의무교육의 무상원칙을 달성하여야 한다는 국가의 의무를 밝힌 것이라고 보아야 한다. - ②

Ⅳ. 결론 [2점]

그렇다면, '학교용지 확보에 관한 특례법' 조항이 의무교육에 관하여 일반재정이 아닌 부담금과 같은 별도의 재정수단을 동원하여 특정한 집단으로부터 그 비용을 추가로 징수하여 충당하는 것은 의무교육의 무상성을 선언한 헌법에 위반된다.

272) 헌재 1991.2.11. 90헌가27 결정 참조.

문 3[273] 30점

Ⅰ. 서론 [2점]

B조항이 헌법 제13조 제2항이 금지하고 있는 소급입법에 의한 재산권박탈인지 여부와, 그렇지 않다면 신뢰보호원칙에 위배하여 乙의 재산권을 침해하는지 여부가 문제가 된다.

Ⅱ. 헌법 제13조 제2항에 위반되는지 여부 [8점]

1. 조세의 부과와 재산권제한 (2점)

헌법 제13조 제2항은, "모든 국민은 소급입법에 의하여 (…) 재산권을 박탈당하지 아니한다."고 규정함으로써 소급입법에 의한 재산권 박탈의 금지를 선언하고 있다. 헌법재판소는 납세자의 일반적 재산에 제한을 가하는 조세나 택지초과소유부담금에 관한 헌법소원에서 헌법 제13조 제2항 소정의 소급입법금지의 원칙이 적용됨을 전제로 그 위배여부를 판단하여 왔다. 따라서 농어촌보호법 시행 전에 임대주택을 취득하였다가 동법의 시행기간 중에 이를 양도하는 임대사업자에 대하여 농어촌특별세라는 새로운 금전적 부담을 가하는 근거조항으로서, 그의 일반적인 재산에 제한을 가하는 B조항에 대하여도 헌법 제13조 제2항 또는 신뢰보호원칙에 의한 심사기준이 적용된다.

2. 소급입법의 의미와 그 해당여부 (6점)

소급입법은 신법이 이미 종료된 사실관계에 작용하는지 아니면 현재 진행 중인 사실관계에 작용하는지에 따라 "진정소급입법"과 "부진정소급입법"으로 구분되고, 전자는 헌법적으로 허용되지 않는 것이 원칙이며 특단의 사정이 있는 경우에만 예외적으로 허용될 수 있는 반면, 후자는 원칙적으로 허용되지만 소급효를 요구하는 공익상의 사유와 신뢰보호의 요청 사이의 교량과정에서 신뢰보호의 관점이 입법자의 형성권에 제한을 가하게 된다.[274] - ③

273) 이 문제와 채점기준은 헌재 2001.4.26. 99헌바55 결정을 기초로 구성되었음.

274) 헌재 1995.10.26. 94헌바12 결정 ; 헌재 1998.11.26. 97헌바58 결정 ; 헌재 1999.7.22. 97헌바76등 결정.

B조항은 농어촌보호법 시행 전에 이미 양도되어 과세요건이 완성된 양도소득세 감면분에 대하여 소급하여 그 일부를 농어촌특별세로 부과하려는 것이 아니라, 동법 시행 당시 보유·임대 중인 임대주택에 대하여 동법의 시행기간 중 장차 그것이 양도되면 그에 대한 양도소득세 감면분 중 일부를 농어촌특별세로 부과하려는 것이므로, 이는 아직 완성되지 아니하고 진행과정에 있는 사실 또는 법률관계를 규율대상으로 하는 이른바 "부진정소급입법"에 해당하는 것이므로, 원칙적으로 허용되는 것이다. 따라서 이는 종래의 법적 상태의 존속을 신뢰한 임대주택 보유자에 대한 신뢰보호의 문제일 뿐 소급입법에 의한 재산권 박탈의 문제는 아니므로, B조항은 소급입법에 의한 재산권 박탈금지의 원칙을 선언하고 있는 헌법 제13조 제2항에 위배되지 아니한다. - ③

Ⅲ. 신뢰보호원칙 위배여부 [18점]

1. 신뢰보호원칙의 의의와 심사방법 (5점)

신뢰보호의 원칙은 헌법상 법치국가 원리로부터 파생되는 것으로, 법률이 개정되는 경우에는 기존 법질서와의 사이에 어느 정도의 이해관계의 상충은 불가피하다고 할 것인바, 이 경우 기존의 법질서에 대한 당사자의 신뢰가 합리적이고 정당한 반면, 법률의 제정이나 개정으로 야기되는 당사자의 손해가 극심하여 새로운 입법으로 달성코자 하는 공익적 목적이 그러한 당사자의 신뢰가 파괴되는 것을 정당화할 수 없는 경우, 그러한 새 입법은 허용될 수 없다는 것이다.[275] - ②

이러한 신뢰보호원칙의 위반여부는 한편으로는 침해되는 이익의 보호가치, 침해의 정도, 신뢰의 손상 정도, 신뢰침해의 방법 등과 또 다른 한편으로는 새로운 입법을 통하여 실현하고자 하는 공익적 목적 등을 종합적으로 형량하여야 한다.[276] 따라서 신뢰보호원칙의 위반여부를 판단함에 있어서는, 첫째, 보호가치 있는 신뢰이익이 존재하는가, 둘째, 과거에 발생한 생활관계를 현재의 법으로 규율함으로써 달성되는 공익이 무엇인가, 셋째, 개인의 신뢰이익과 공익상의 이익을 비교형량하여 어떠한 법익이 우위를 차지하는가를 살펴보아야 할 것이다.[277] - ③

275) 헌재 1995.6.29. 94헌바39 결정 ; 헌재 1996.2.16. 96헌가2등 결정.
276) 헌재 2001.2.22. 98헌바19 결정 ; 헌재 2001.4.26. 99헌바55 결정.
277) 헌재 2009.5.28. 2005헌바20등 결정.

2. 사안에의 적용 (13점)

가. 침해되는 신뢰이익

이 사건 농어촌특별세는 지가상승으로 인한 불로소득에 대하여 과세되는 양도소득세가 감면되는 경우 그 감면세액 중의 일부를 징수하는 것으로 본질적으로는 불로소득인 지가상승에 대하여 과세하는 것이라 볼 수 있다. 따라서 침해받는 이익의 보호가치는 원천적으로 크다고 할 수 없다. 또한, 乙과 같이 농어촌보호법 시행 전에 이미 임대주택을 보유·임대하고 있었던 임대사업자의 경우를 보면, 임대주택에 대한 양도소득세 감면규정이 처음 시행될 당시 이미 임대주택사업을 시작한 자는 그로부터 5년 이상 10년 미만의 임대기간 후 이를 양도하였을 때 그 당시의 조세감면규제법(제67조의 4) 규정에 따라 양도소득세의 50%를 면제받을 것으로 예상하였다가, 도중에 동법의 개정으로 양도소득세의 100%를 감면받게 되었으므로 당초의 50% 감면기대가 100% 감면기대로 늘어났던 것이, 농어촌보호법이 제정됨에 따라 다시 80% 감면의 결과로 축소되게 된 것으로서, 감면에 대한 기대와 신뢰는 본래부터 영구적인 것이 아니라 법의 개정에 따라 신축적·잠정적인 것이라 할 것이며, 종전에 받고 있던 특혜의 정도가 축소되었을 뿐 일반의 양도소득세 납세자와 비교하여 여전히 80%라는 높은 감면의 혜택을 누린다. - ⑤

나. 공익목적

한편, 위와 같은 입법변천과정을 그 배경이 되는 공익적 목적과 연관지어 살펴보건대, 당초 극심한 주택부족현상을 해결하기 위한 방편으로 임대주택의 건설 및 주택의 임대를 촉진할 사회적 필요성이 대두됨에 따라, 임대기간에 따라 양도소득세액의 50% 내지 100%를 감면하던 것이, 중간에 임대주택건설촉진법에 의한 임대사업자의 경우에는 임대기간의 장단을 묻지 않고 100%를 감면하는 것으로 바뀌었으며, 이후 위 법률에 의한 임대사업자의 경우에도 임대기간이 5년 이상인 경우에만 이를 감면하는 것으로 다시 바뀌는 등 입법 당시의 사회환경이나 경제여건의 변화에 따른 정책적인 필요에 따라 감면의 범위가 지속적으로 조정되어 오던 것이었다. 그러던 중 이번에는 '한·중 FTA' 협상의 타결에 따라 농어업의 경쟁력 강화와 농어촌 산업기반시설의 확충 및 농어촌 개발사업에 필요한 재원을 조달하여야 할 시급한 필요성이 대두되자, 위 감면세액 중 일정비율을 농어촌특별세로 징수하

게 됨으로써 다시 한번 감면비율이 조정받는 결과에 이른 것이다. - ⑤

다. 비교형량

그렇다면, 농어촌보호법 시행 전에 형성된 신뢰이익의 가치와 손상의 정도와, 농어촌특별세가 실현하고자 하는 위와 같은 시급한 공익성을 비교형량할 때, 후자가 전자보다 더 크다고 하지 않을 수 없다. 법률이 개정되는 경우에는 기존 법질서와의 사이에 크든 작든 어느 정도의 이해관계의 충돌이 불가피하기 마련이며, 특히 조세법규는 그 때 그 때의 시급한 정책적인 필요에 의하여 신속한 개정이 이루어질 수밖에 없다는 점을 아울러 고려할 때, 정책적·잠정적인 조세우대조치라 할 임대주택 양도소득세 감면제도를 시행함에 있어, 그 감면비율을 적정범위 내에서 축소 조정함으로 인하여 초래되는 신뢰의 손상은 기존의 신뢰이익에 대한 배려가 따로 없음에도 불구하고, 앞에서 본 그 조정의 공익적 목적에 의하여 헌법상 그 정당성을 인정할 수 있다. - ③

Ⅳ. 결론 [2점]

이상에서 본 바와 같이 B조항은 헌법 제13조 제2항이 규정하는 소급입법에 의한 재산권박탈이 아니고 부진정소급입법에 의한 재산권제한이라고 할 수 있는바, 신뢰보호원칙에 의한 심사에 의할 때 동 원칙에 위배하여 乙의 재산권을 침해한다고 볼 수 없으므로, 乙의 주장은 그 이유 없다.

문 4 20점

Ⅰ. 서론 [2점]

사안에서 개정된 'C도 학교설치 조례' 제2조의 [별표 1](이하 "이 사건 조례조항"이라 한다)에 의하여 丙의 교육을 받을 권리(의무교육을 받을 권리)가 제한되는바, 문제에서 제시한 신뢰보호원칙 위배여부를 검토한다.

Ⅱ. 제한되는 기본권 [6점]

헌법 제31조 제1항에서 규정하는 '교육을 받을 권리'란 국가로부터 교육에 필요한 시설의 제공을 요구할 수 있는 권리 및 각자의 능력에 따라 교육시설에 입학하여 배울 수 있는 권리를 말한다.[278] 나아가 헌법은, 모든 국민은 그 보호하는 자녀에게 적어도 초등교육과 법률이 정하는 교육을 받게 할 의무를 진다(헌법 제31조 제2항)고 규정하고 있으며, 이에 따라 교육기본법 제8조는 "의무교육은 6년의 초등교육 및 3년의 중등교육으로 한다(제1항). 모든 국민은 제1항에 따른 의무교육을 받을 권리를 가진다(제2항)."고 규정하고 있다. - ②

사안에서 이 사건 조례조항에 의하여 丙은 D초등학교를 더 이상 다닐 수 없게 되었으므로 교육을 받을 권리(특히 의무교육을 받을 권리)를 제한받게 된 것이다. - ①

한편, 고전적인 공법이론에 따르면 군인의 복무관계, 공무원의 근무관계, 수형자의 복역관계, 국·공립학교 학생의 재학관계 등 이른바 '특별권력관계'(또는 특수한 신분관계)에서는 '일반권력관계'와는 달리 법률에 의한 기본권제한의 원칙이 존중될 필요가 없다고 보았다. 하지만 오늘날 확립된 법치주의 헌법질서에서는 특별권력관계에서도 그러한 특별한 생활질서를 설정하고 유지하기 위한 필요한 범위 내에서는 일반국민에 대한 기본권제한과는 다른 방법과 범위로 기본권을 제한할 수 있는 것이지만, 그러한 경우에도 기본권제한에 관한 법치주의원칙이 그대로 적용되어야 한다는 점에 관하여는 이론(異論)이 없다. - ②

사안에서 이 사건 조례조항에 의하면 D초등학교는 C도립 초등학교, 즉 공립학교이다. 따라서 丙과 같은 공립학교 학생에 대하여도 법률에 의한 기본권제한, 기본권제한에 대한 사법적 통제 등 법치주의의 기본원칙은 예외 없이 적용되어야 하는바, 이하에서는 신뢰보호원칙 위배여부를 검토한다. - ①

Ⅲ. 신뢰보호원칙 위배여부 [10점]

1. 신뢰보호의 원칙의 의의와 사안의 경우 (3점)

일반적으로 국민이 어떤 법률이나 제도가 장래에도 그대로 존속될 것이라는 합리적인 신뢰를 바탕으로 하여 일정한 법적 지위를 형성한 경우, 국가는 그와 같은 법적 지위와 관련된 법규나 제도의 개폐에 있어서 법치국가의 원칙에 따라 국민의 신뢰를 최대한 보호하여 법적안정성을 도모하여야 한다.[279] 따라서 법률의 제정이나 개정시 구법질서에 대한 당사자의 신뢰가 합리적이고도 정당하며

278) 헌재 1991.2.11. 90헌가27 결정 ; 헌재 1992.11.12. 89헌마88 결정 ; 헌재 2001.2.22. 99헌바93 결정.
279) 헌재 2001.9.27. 2000헌마152 결정 참조.

법률의 제정이나 개정으로 야기되는 당사자의 손해가 극심하여 새로운 입법으로 달성하고자 하는 공익 목적이 그러한 당사자의 신뢰의 파괴를 정당화할 수 없다면, 그러한 새로운 입법은 허용될 수 없다.[280] - ②

사안의 경우 C도는 오랫동안 D초등학교를 운영해 왔으므로 동 초등학교의 관할구역에 사는 학생들로서는 자신이 동 초등학교에 다닐 수 있다는 신뢰를 가졌는데, 개정된 'C도 학교설치 조례'는 별도의 경과규정을 두지 않았기 때문에 이 사건 조례조항으로 인하여 동 초등학교가 폐지됨으로 인하여 이러한 신뢰가 손상되었으므로 신뢰보호원칙 위배여부를 심사해야 한다. - ①

2. 신뢰보호원칙에 따른 심사 (7점)

신뢰보호원칙의 위반여부를 판단함에 있어서는, 첫째 보호가치 있는 신뢰이익이 존재하는가, 둘째 과거에 발생한 생활관계를 현재의 법으로 규율함으로써 달성되는 공익이 무엇인가, 셋째 개인의 신뢰이익과 공익상의 이익을 비교형량하여 어떠한 법익이 우위를 차지하는가를 살펴보아야 한다.[281] - ②

(1) C도는 오랫동안 D초등학교를 운영해 왔으므로 동 초등학교의 관할구역에 사는 주민인 학생에게 동 초등학교에 다닐 수 있다는 법적 신뢰를 부여한 것이다. - ①

(2) 이 사건 조례조항으로 달성하고자 하는 공익은 교육의 경제적 효율성을 제고하고 인구절벽이라는 시대상황을 정책에 반영한다는 것이다. - ①

(3) 위와 같은 공익에 비하여 이 사건 조례조항으로 인하여 D초등학교가 폐지되어 丙은 그동안 다니고 있었던 D초등학교를 더 이상 다닐 수 없게 되었는바, 예를 들어 丙과 같이 현재 D초등학교에 다니고 있는 학생들의 경우 졸업할 때까지 동 학교의 폐교를 유예하는 등의 경과규정을 두지 않음으로써 丙의 교육을 받을 권리(특히 의무교육을 받을 권리)가 심각하게 손상되었다. - ③

Ⅳ. 결론 [2점]

이상 살펴본 바와 같이 이 사건 조례조항은 신뢰보호원칙에 위배하여 丙의 교육을 받을 권리(특히 의무교육을 받을 권리)를 침해하였다고 할 것이다.

280) 헌재 2002.11.28. 2002헌바45 결정 참조.

281) 헌재 2009.5.28. 2005헌바20등 결정 참조.

찾아보기